중앙아시아 출신 유학생의
상호문화소통과 문화적응

사회통합 총서 11
중앙아시아 출신 유학생의 상호문화소통과 문화적응

2021년 4월 25일 초판 인쇄
2021년 4월 30일 초판 발행

지은이 | 김영순 · 갈라노바 딜노자 · 아지조바 피루자
교정교열 | 정난진
펴낸이 | 이찬규
펴낸곳 | 북코리아
등록번호 | 제03-01240호
주소 | 13209 경기도 성남시 중원구 사기막골로 45번길 14
우림2차 A동 1007호
전화 | 02-704-7840
팩스 | 02-704-7848
이메일 | sunhaksa@korea.com
홈페이지 | www.북코리아.kr
ISBN | 978-89-6324-760-1(94300)
978-89-6324-636-9(세트)

값 24,000원

* 이 저서는 2017년 정부(교육부)의 재원으로 한국연구재단의 지원을 받아 수행된 연구임(NRF-2017S1A5B4055802).

사회통합 총서 11

중앙아시아 출신 유학생의 상호문화소통과 문화적응

김영순 · 갈라노바 딜노자 · 아지조바 피루자

북코리아

서문:
상호문화소통의 아름다움

우리는 이 책 『중앙아시아 출신 유학생의 상호문화소통과 문화적응』에서 중앙아시아에서 온 유학생 21명을 만나게 된다. 그들은 본국에서 한국으로 유학 결정을 하고, 한국에 와서 학업을 수행하고 있다. 우리는 이 책에서 그들이 겪는 학교와 학교 밖의 일상에서 문화적응 과정과 함께 본국에서부터 한국에 이르기까지의 상호문화소통 경험을 읽을 수 있을 것이다.

사전적 의미의 '유학'이란 "외국의 학술 · 기술 · 문화 등을 공부하기 위해 외국의 교육기관이나 연구기관 등에서 교육을 받거나 연구 활동에 종사하는 것"을 말한다. 유학생이란 유학행위를 하는 당사자를 일컫는다. 실제 일상에서 유학생은 자신이 속한 교육 및 연구기관에만 있는 것이 아니라 해당 유학 국가의 사회구성원들과 끊임없이 교류하며 자신이 지닌 문화를 토대로 한국의 문화와 매개한다. 이런 점에서 유학생들의 상호문화소통 경험은 다문화 사회 연구에서 중요한 위치를 점한다.

이국의 문화를 특정 기간 동안 경험한다는 것은 주체로서의 개인 생애에서 자신을 혁신시킬 수 있는 엄청난 도전이 아닐 수 없다. 우리는 누구든지 새로운 환경에 놓일 수 있기에 이 책의 문화적응과 상호문화소통 이야기는 '남의 이야기'가 아니라 바로 '나의 이야기'가 될 수 있음을 유념해야 한다. 따라서 한국 유학 기간 겪었던 중앙아시아 유학생의 이야기는 단지 그들의 이야기만이 아니라 우리 모두의 '이야기'일 수 있다.

어쩌면 이는 하이데거의 '공동존재' 방식이나 마틴 부버의 '너와 나의 대화'의 관점에서 이해될 수도 있다. 다시 말해 중앙아시아 유학생의 한국 생활은 일방적인 문화적응이 아니라 경험과 행위 자체가 상호문화소통의 한 과정으로 간주될 수 있다는 것이다. '내'가 주체라는 것은 '너'를 타자로 간주하지 않고 주체로 인정할 때 비로소 성립하는 등식이다. 상호문화소통은 바로 '타자의 주체화'를 전제로 한다. 우리가 캠퍼스에서 만나는 유학생들은 다른 문화를 지닌 '타자'가 아니라 다양성을 지닌 존중받을 주체이며 우리 사회의 구성원이다. 이 책은 바로 중앙아시아 유학생의 경험이 바로 우리의 경험이 될 수 있음을 강조한다.

미리 앞날개의 저자소개 란을 읽은 독자라면 책을 집필한 저자 모두 유학을 경험했다는 사실을 인지할 수 있을 것이다. 대표집필자인 필자는 독일 베를린에서 석사와 박사과정을 공부했으며, 공동집필자인 갈라노바 딜노자 박사와 이지조바 피루자 박사는 중앙아시아 우즈베키스탄 출신으로 한국의 인하대학교에서 박사과정을 수학했으며, 필자는 이 두 우즈베키스탄 유학생의 박사학위 지도교수다. 이들의 수학 과정을 지켜본 필자는 베를린에서 유학했던 청년 연구자 시절을 되돌아볼 수 있었고, 이들을 지도하면서 늘 '유학 첫날' 같은 학문적 초심을 잃지 않고자 노력했다. 두 박사 역시 자신들과 비슷한 학문 목적의 유학을 하는 중앙아시아 출신 유학생들을 연구하면서 끊임없는 '성찰'을 했다고 한다.

이 책은 인하대 다문화융합연구소가 한국연구재단의 인문사회토대연구지원사업의 일환으로 수행한 '에스노그래피 활용 이주민의 다문화 생활세계에 관한 연구'의 범주에서 자료를 수집한 것이다. 연구수행 기간 동안 갈라노바 딜노자 박사와 아지조바 피루자 박사는 당시 박사과정으로서 중앙아시아 출신과 고려인 출신의 유학생을 대상으로 문화적응 과정과 상호문화소통 경험에 관해 심층면담을 수행했다. 수집된 자료들을 원천으로 하여 두 박사의 학위논문이 완성되었으며, 이 책은 학위논문에 기술된 내용은 물론 학위논문에서 미처 다루지 못한 내용들을 함께 엮었다.

이 책은 연구개요와 더불어 모두 7장으로 구성된다. 1장 '외국인 유학생 정책의 현황과 전망'에서는 외국인 유학생의 현황과 실태 그리고 외국인 유학생 정책을 사회통합정책의 관점에서 다룬다. 2장 '중앙아시아 유학생의 특성과 현실'에서는 중앙아시아 유학생의 현황과 실태, 중앙아시아 유학생에 관한 연구 경향, 고려인 유학생의 현황과 실태, 고려인 유학생에 관한 연구 경향을 기술한다. 3장 '상호문화소통과 문화적응'은 중앙아시아 유학생의 경험을 분석하고 해석하는 데 필요한 상호문화소통과 문화적응에 관한 이론과 개념을 제시한다. 4장 '상호문화소통 역량의 함양 과정'에서는 상호문화소통 이론에 근거하여 중앙아시아 유학생의 상호문화소통 역량의 확보 과정을 기술한다. 5장 '상호문화소통 경험의 생애사적 의미'에서는 중앙아시아 유학생의 유학 이전과 이후의 생애 과정에서 경험한 상호문화소통 이야기를 기술한다. 6장 '한국으로의 유학 동기와 준비 과정'에서는 중앙아시아 유학생이 자신의 본국에서 한국 유학의 꿈을 그리고 유학을 준비하는 내용을 담는다. 7장 '대학 생활에서의 문화적응 양상'에서는 중앙아시아 유학생이 본격적으로 대학 생활을 하면서 경험하는 이야기를 적는다.

이 책은 다년간 연구과제였던 한국연구재단의 인문사회토대연구 지원사업의 사회통합 총서 저술 프로젝트의 마지막 총서라는 점에서 더욱 의미가 깊다. 무엇보다 이주민 중에서도 소수자인 외국인 유학생, 그것도 중앙아시아 유학생의 문화적응과 상호문화소통을 다루었다는 점에서 더욱 큰 의미를 두고 싶다. 이 책 사회통합총서 11권『중앙아시아 출신 유학생의 상호문화소통과 문화적응』을 끝으로 우리 연구팀의 숙제는 끝났다. 그간 에스노그라피의 대상이 되었던 다양한 이주집단(결혼이주여성, 이주노동자, 중앙아시아 고려인, 사할린 한인, 재독 및 재미 이주여성, 북한이탈주민, 난민 등)에 대해 80여 명의 연구진이 협동적인 연구를 진행해왔다. 연구 과정에서 얻은 수많은 질적 자료들이 총서로 엮어졌으며, 때로는 소논문과 학위논문으로 작성되었다. 그렇지만 아직 아카이브에 담겨 있는 자료들이 많아서 이들을 세상에 드러내는 작업이 우리 연구팀의 숙제로 남는다.

또한 인문사회토대연구지원사업의 사회통합총서 저술 프로젝트를 마무리하면서 감사를 전할 분들이 너무도 많다. 그중 다년간 과제에서 전임연구교수로 활동하신 정지현, 박봉수, 박미숙, 조영철, 김정희, 최승은, 황해영 박사와 공동연구진으로 임해주신 손영화, 오영훈 교수, 이미정, 김기화, 정경희, 오영섭, 김정은, 오정미, 임지혜, 권도영 박사님께 무어라 감사함을 전할지 모르겠다. 또한 연구과제 수행 중 연구보조원으로 활동했던 딜노자, 피루자, 남혜경, 이춘양 박사과정 연구생들은 이미 어엿한 박사가 되었고, 지금은 일선 연구 현장에서 질적 연구자로서 학문수행을 하고 있다.

프로젝트에 참여했던 모든 연구원은 그간 신명을 다해 연구자로서 역량을 발휘하고 책임을 다했다. 그러나 한국연구재단의 인문사회토대연구지원사업의 연구책임자이며 사회통합총서 집필책임자로서 필자는 아직 남아 있는 자료들을 세상에 드러내 상호문화소통의 도구로 작동시켜야 할 의무를 갖는다. 이 의무를 다하는 날에야 비로소 모든 책임을 다했다고 자부할 것이다. 우리 연구팀이 쏘아 올린 이주민의 이야기들이 밤하늘을 수놓는 아름다운 별들이 될 것이라는 확신과 함께.

일상이 늘 '유학 첫날'임을 꿈꾸며

대표집필자 김영순

CONTENTS

CONTENTS

연구개요

이 책은 학문을 익히기 위해 한국으로 유학 온 중앙아시아 유학생의 대학 생활을 둘러싼 문화적응 연구를 토대로 한다. 이 책의 저자들 역시 중앙아시아에서 유학 와서 한국에서 박사과정을 수련하고 학위를 취득한 후 전문연구자의 길을 걷고 있다. 공동저자인 딜노자 박사와 피루자 박사는 인하대학교 다문화교육학과와 다문화융합연구소에서 BK21 교육연구단의 연구원으로 활동하면서 질적 연구 방법으로 학문을 수행했다. 이 책은 이들이 박사학위 논문 작성을 위한 질적 연구 수행 과정에서 수집한 자료를 근거로 한다.

우선 이 책은 중앙아시아 유학생에 관한 문헌 연구를 통해 연구의 시사점을 얻은 바 있다. 기존의 관련 연구에서 첫째, 중앙아시아 유학생들은 문화적응 스트레스를 받고 있으며 언어적인 측면이 가장 큰 원인으로 나타났다. 둘째, 중앙아시아 유학생들은 서로 다른 문화적 배경에서 살아온 한국인 학생들과 긍정적인 관계를 맺는 것을 가장 중요한 과제로 여기고 있었다. 셋째, 앞의 두 가지 요소를 통해 상호문화소통 교육이 요구됨을 확인했다. 이와 같은 선행연구의 시사점은 중앙아시아 출신 고려인 유학생을 포함한 재한 중앙아시아계 유학생들에게 상호문화소통 경험이 어떤 의미를 지니고 있으며, 그들의 상호문화소통 경험 양상이 어떠한지를 밝히고자 했다.

개인은 경험을 내러티브로 조직하고 표현한다. 문화접촉과 문화적응 과정에 나타난 정체성은 유학생들의 환경에 따라 다양하게 나타나므로 이에 대한 상세한 이해가 필요하다. 이 저술을 위해 수행된 연구 방법은 특정한 맥락 속에서 사람들에 의해 경험된 현상을 기술하고 설명하여 더 큰 이해와 의미를 얻기 위해 내러티브 연구와 사례연구를 융합한 내러티브 사례연구를 사용했다(신경림 외, 2010).

일반적으로 내러티브 연구는 이야기를 통해 인간의 경험을 탐구하는 질적 연구의 한 가지 방법(유기웅 외, 2012)이며, 생애 경험에 관한 관심을 바탕으로 구성된다. 내러티브 연구의 목적은 개인의 경험을 형성하고 질서화함으로써 의미를 형성하는 것이며, 이를 통해 자신 및 타인의 행위를 이해하고, 사건 및 대상들을 의미 있는 '전체'로 조직하는 데 있다. 따라서 주체, 주체 간, 주체와 대상 간 행위와 사건들을 시간에 따라 연결하고 인식하는 연구 방법이다(Denzin & Lincoln, 2011). 즉, 내러티브는 경험을 형성하고 질서화함으로써 의미를 도출하며, 이를 통해 자신 또는 타인의 행위를 이해하고 사건과 대상을 의미 있는 전체로 조직하며 행위 및 사건들의 시간에 따른 결과를 연결하고 인식하는 방식이다(Denzin & Lincoln, 2011).

또한 사례연구는 특정한 행위자나 특정 문제를 심도 있게 연구할 때 좋은 방법이다(김윤옥 외, 2009; 김영순 외, 2018). 연구자는 유학생들을 직접 접촉하여 그들의 이야기를 구체적으로 듣고자 했고, 문화적응 경험의 맥락과 상황을 이해하고자 했다. 또한 외국인 유학생의 문화적응에 관한 이론과 실태조사 결과의 한계점을 보완하고, 문화적응 경험이 출신국, 연령, 종교, 한국 체류 기간에 따라 다르게 나타날 수 있어 일괄적인 통계적 분석보다는 유학생들에게 초점을 맞추어 깊이 있게 연구하는 것이 적합하다고 판단했다. 이러한 목적을 이루기 위해 다양한 질적 연구 방법 중에서 내러티브 연구 방법과 사례연구 방법을 융합한 방법을 활용해 연구를 진행했다. 연구를 위한 자료수집의 경우 1그룹은 2016년 12월부터 2018년 10월까지, 2그룹은 2019년 1월부터 2019년 6월까지 진행되었다.

연구자는 연구참여자들에게 연구의 목적을 충분히 설명한 후 연구 목적에 적합한 참여자들을 소개받아 눈덩이 표집(snowballing sampling)을 사용하여 모집했고, 표본 추출의 적절성과 충분성을 고려하여 선정했다. 적절성이란 연구에 가장 좋은 정보를 제공해줄 수 있는 참여자를 선정하는 것이고, 충분성은 현상에 대해 충분하고 풍부한 설명을 하기 위해 충분한 자료를 수집함을 의미한다. 구체적으로 표현하면, "연구자가 자신을 연구의 도구로 삼아서 연구하고자 하는 연구참여자와 관계 맺기를 하는데, 그 과정에서 가장 중요하게 작용한 것이 바로 라포(rapport)"라고 할 수 있다. 라포는 감정이입, 상호 신뢰, 이해, 공감대, 우정 등으로 해석되기도 하지만, 이는 숫자로 측정될 수 없는 인간관계의 한 측면이므로 쉽게 정의할 수 없다. 따라서 연구자는 성공적인 연구를 수행하기 위해 연구참여자 선정에 대해 연구 초기부터 심사숙고해야 할 필요가 있다.

연구참여자는 유학 동기 및 목적과 대학 생활에서 본인의 문화적응 경험을 허심탄회하게 이야기해줄 수 있는 중앙아시아 유학생 8명(1그룹)과 3개국 출신의 고려인 유학생 13명(2그룹)이다. 연구자는 다양한 국가 출신의 서로 다른 문화 배경을 가진 유학생들의 경험을 듣기 위해 연구참여자 수를 풍부하게 확보했고, 최종적으로 21명을 연구참여자로 선정했다. 연구참여자의 선정 기준은 다음과 같다.

첫째, 재한 중앙아시아와 고려인 유학생 중 한국 체류 기간이 1년 이상

된 학생을 선정했다. 한국문화를 접촉하고 이를 충분히 이해하기 위해서는 최소한 1년 이상의 한국 체류 경험이 필요하기 때문이다. 즉, 유학생 집단에서 비교적 오랫동안 한국에 머무르면서 학위 취득 목적으로 현재 유학생활을 하고 있으며, 한국의 사회 · 문화적 적응에서 다양하고 풍부한 경험을 좀 더 솔직하게 표현할 수 있는 사람을 연구참여자로 선정했다. 둘째, 한국어능력시험 3급 이상으로 한국어 소통이 가능한 사람을 선택했다. 한국어능력시험 3~4급은 '중급' 수준, 5~6급은 '고급' 수준으로 평가된다. 따라서 3급 이상이 되어야 자신의 경험을 자연스럽게 잘 전달할 수 있다는 것을 의미한다. 셋째, 본 연구의 목적을 충분히 이해하고 연구에 적극적으로 참여하여 개인의 경험을 자료화하는 데 동의한 사람을 선정했다. 연구참여자가 자발적으로 연구에 참여하는 것이 인간을 대상으로 한 연구의 윤리적 원칙이기 때문이다. 최종 연구참여자는 연구자가 직접 만나거나 전화해서 연구 목적과 내용을 설명하고 간단한 면담 이후에 선정했다. 최종 선정된

〈표 0-1〉 중앙아시아 유학생의 일반적 특성(그룹 1)

연구 참여자	성별	연령	학과	학년	구성 언어	TOPIK 등급
1A	여	21	컴퓨터공학	3학년	러 · 우 · 영 · 한 · 독	6급
1B	여	24	정치외교학	4학년	러 · 우 · 영 · 한 · 독	5급
1C	여	24	국제통상학	3학년	러 · 우 · 영 · 한	5급
1D	여	32	국어문학	박사 5차	러 · 우 · 영 · 한 · 타타르	6급
1E	여	28	경영학	석사 4차	러 · 우 · 영 · 한	6급
1F	여	24	국어문학	석사 2차	러 · 우 · 영 · 한	5급
1G	남	23	경영학	3학년	러 · 우 · 영 · 한	4급
1H	남	23	경영학	3학년	러 · 우 · 영 · 한	3급

연구참여자 21명의 일반적인 특성은 〈표 0-1〉, 〈표 0-2〉와 같다. 〈표 0-1〉은 중앙아시아 유학생(그룹 1)의 정보이며, 〈표 0-2〉는 중앙아시아 고려인 유학생(그룹 2) 연구참여자들의 일반 정보다.

연구참여자들의 이름은 개인정보 보호를 위해 전사 기록을 할 때 가명으로 처리했고, 나이와 소속과 상관없이 알파벳순으로 기술했다. 그룹 1의 연구참여자는 국내 대학교에서 재학 중인 8명 중앙아시아 유학생들이다. 여성 6명과 남성 2명이며, 나이는 20대 초부터 30대 초까지다. 연구참여자들의 전공은 경영학 3명, 국어문학 2명 그리고 나머지 연구참여자들은

〈표 0-2〉 고려인 유학생의 일반적 특성(그룹 2)

연구 참여자	성별	연령	학과	학년	구성 언어	TOPIK 등급
2A	여	23	경영학	4학년	러 · 영 · 한	5급
2B	여	23	경영학	3학년	러 · 영 · 우 · 독 · 한	5급
2C	여	22	경영학	3학년	러 · 영 · 한	4급
2D	여	22	문화경영학	학사	러 · 영 · 우 · 한	5급
2E	여	22	영어영문학	학사	러 · 영 · 우 · 한	4급
2F	여	23	경영학	4학년	러 · 영 · 한	3급
2G	여	24	정치외교학	석사	러 · 영 · 한	4급
2H	여	24	한국어학	석사	러 · 영 · 우 · 한	4급
2I	여	27	한국어학	박사	러 · 영 · 스 · 한	5급
2J	여	22	국제학부	학사	러 · 영 · 카 · 한	6급
2K	남	26	경제학	학사	러 · 영 · 카 · 한	4급
2L	여	27	한국어학	석사	러 · 영 · 카 · 한	4급
2M	여	25	영어영문학	학사	러 · 영 · 카 · 한	3급

컴퓨터공학, 정치외교학 그리고 국제통상학 등이다. 연구참여자는 학부생 5명, 석사과정 학생 2명 그리고 박사과정 학생 1명으로 구성되어 있다. 연구참여자들은 우즈베크어, 러시아어, 영어, 한국어를 기본적으로 구사하며 이외에 독일어, 타타르어 등을 하는 연구참여자들도 있고 한국어능력시험 수준은 3~6급이다.

그룹 2의 연구참여자들은 3개국 출신의 고려인 유학생 13명이다. 13명의 연구참여자 중 여성은 12명, 남성은 1명이고, 나이는 20대 초반부터 30대 초반이다. 전공은 경영학, 문화경영학, 영어영문학, 국제학부와 경제학, 한국어학 등 다양하다. 한국 체류 기간은 대부분 2~4년이지만, 실제로 대학에서 공부한 지 3년 이상인 연구참여자도 어학연수까지 합치면 실제 한국 체류 기간은 5년 이상이 된다.

본 저술에 활용된 기본적인 연구 방법은 문헌연구와 내러티브 사례연구이며, 자료수집을 위해 심층인터뷰를 했다. 대화가 전제되는 심층인터뷰를 통해 연구참여자들이 한국으로 유학하게 된 동기 및 목적 그리고 준비과정과 더불어 대학 생활에서 한국인과 접촉하면서 경험하는 문화적응을 이해하고 심층적 정보를 파악하기 위해서다. 모스와 필드(Morse & Field, 1995)의 관점에 따라 심층면담 방법으로 비형식적인 면담과 반구조화된 면담을 진행했다. 비형식적인 면담은 연구자와 연구참여자 사이에 자연스러운 상황에서 대화를 진행하여 신뢰감과 공감대 형성을 목적으로 한다. 따라서 연구자는 본 연구에서 연구자와 연구참여자 간에 친밀감을 조성하기 위해 비형식적인 심층면담을 진행했다.

반구조화된 면담은 연구자가 질문해야 할 내용을 거의 알고 있지만, 답변을 예측할 수 없는 경우에 활용한다. 연구자는 연구참여자에게 자기 경험에 대한 설명적인 이야기를 하도록 만들고, 사례를 물어보는 등 면담

도중 연구참여자에게 자신의 말로 어떤 상황을 설명할 자유를 부여하기 위해 사용한다(박수정, 2002). 반구조화된 질문지는 사전에 연구실 선후배들과 전문가의 검토를 통해 연구의 목적을 드러낼 수 있는 문항을 중심으로 논의를 거쳐 완성했다. 연구자는 심층면담을 진행하기 전에 선행연구를 통해 연구참여자에게 질문할 주제에 대해 질문지를 준비했다. 질문지 내용에서는 인적 사항과 한국으로 유학은 동기와 목적, 장래희망 등을 기본적으로 포함했다. 그다음에는 대학 생활 적응과 사회·문화적응, 유학 생활에서의 어려움과 문제점, 대인관계 등의 내용을 다루었다. 질문지의 개요는 다음 〈표 0-3〉과 같다.

자료수집은 다음과 같은 절차로 이루어졌다. 연구참여자에게 1차 질문지를 이메일로 전송하여 구체적인 경험에 대한 답변을 각자 편한 언어(우즈베크어, 러시아어, 영어, 한국어)로 받았다. 그리고 연구자가 카테고리화할 수 있는 부분을 찾아 2차 질문지를 작성하여 이메일로 질문지를 전송했다. 이후에 이메일로 보낸 질문지를 기초로 연구자와 1:1 심층인터뷰를 통해 좀 더 다양한 사건과 경험, 감정에 관해 이야기하는 방법을 사용했다. 심층인터뷰를 시작하기 전에 연구참여자들에게 본 연구의 목적과 연구 방법을 간단하게 설명하여 동의를 받았다. 연구자는 심층인터뷰를 할 때 그들을 지속적으로 참여관찰하며 필요한 부분을 현장 노트에 적어놓았다. 1그룹에 대

〈표 0-3〉 질문지 개요

구분	내용
기본 정보	출생지, 연령, 성별
	교육과정, 외국어 실력 수준
	혼인 여부, 종교, 장래 희망

구분	내용
한국 유학 동기	한국으로 유학을 오게 된 가장 중요한 동기는 무엇인가?
	한국으로 유학 온 가장 중요한 목적은 무엇인가?
	공부하고 있는 전공을 선택한 가장 중요한 이유는 무엇인가?
	유학을 오지 않았다면 모국에서 지금 무엇을 하고 있겠는가?
문화적응	한국문화에 적응할 때 어떤 어려움이 있는가? 그 어려움을 어떻게 극복하는가?
	한국 문화적응 중 가장 어렵고 힘든 부분은 어떤 것인가?
대학 생활 적응	한국에서의 유학 생활에 대한 본인의 느낌은 어떠한가?
	외국인 유학생에 대한 본인의 소속 학교의 관리와 처우는 어떠한가?
	한국에서의 유학 생활 중 어렵고 힘든 순간은 어떠한 경우가 있는가?
	한국에서의 유학 생활 중 어렵고 힘든 순간은 어떤 방식으로 극복했는가?
	한국에서의 유학 생활 중 만족감을 느낄 때는 어떠한 경우인가?
	장학금을 받아본 적이 있는가(전액, TA장학금, 수업료 감면 등 포함)? 받아본 적이 있다면 어떤 장학금을 받았는가?
	학비와 생활비를 어떻게 부담하고 있는가?
	한국어 공부를 어떻게 하고 있는가?
	대학에서의 인간관계는 어떠한가?
사회 적응	한국 사회로부터 본인이 차별의 느낌을 받은 적이 있다면 어떠한 경우가 있는가?
	한국 사회로부터 차별을 받았을 경우, 본인은 어떤 방법을 통해 극복했는가?
	본인의 한국 사회로의 진입과 적응은 어떠했는가?
	본인은 한국 사회로의 진입과 적응을 위해 어떠한 노력을 했는가?
	한국 유학 생활을 통해 변화된 점은 무엇인가(개인적 · 학업적 · 신체적 · 문화적 측면에서)?
	한국어로 의사소통을 하는 것에 대해 어려움을 느꼈는가?
	한국 유학 생활에서 언제 가장 보람을 느꼈는가?
	한국 사회에서 외국인 유학생을 위해 바라는 것은 무엇인가?

한 심층인터뷰는 2017년 12월부터 2018년 3월까지 연구참여자가 편하게 느끼는 곳에서 90~120분 정도 2~3회에 걸쳐 그들에게 편한 언어(우즈베크어, 러시아어 및 한국어)로 진행되었다. 면담은 대면, 화상통화, SNS 등 다양한 방법을 사용했으며, 1차 심층인터뷰 내용을 분석하여 부족한 부분을 2차 인터뷰를 통해 보완했고, 최종 내용 보완을 위해 3차 인터뷰를 했다. 심층인터뷰를 시작하기에 앞서 연구참여자의 허락을 받고 녹음한 후 녹음 파일을 전사했다.

연구참여자들의 한국어 실력이 중급 이상이라도 그들에게는 한국어가 외국어이기 때문에 자기 의견을 제시하는 데 한계가 있었다. 면담 시 한국어로 표현하기 어려운 부분들을 그들에게 모국어인 러시아어로 자세히 설명함으로써 질 좋은 연구 자료를 수집할 수 있었다. 전사하기 전 번역의 오류를 줄이기 위해 번역된 전사 내용을 연구참여자에게 전달하여 검토를 받은 후 수정 · 보완했다. 면담 장소는 연구참여자의 동선을 고려하여 주로 기숙사와 대학교 근처에 있는 스터디카페 등 연구참여자들이 선호하는 장소에서 실시했다. 연구자는 연구참여자와 라포를 형성하면서 밀도 있고 심도 있게 심층적인 이야기를 나눌 수 있었다. 그룹별 연구참여자의 면담 일정은 다음 〈표 0-4〉, 〈표 0-5〉와 같다.

질적 연구에서 자료 분석이란 연구자가 연구 주제에 대한 이해를 높이고, 발견한 내용을 타인에게 제시할 수 있도록 수집한 자료를 체계적으로 정리하고 탐구하는 과정을 말한다(Bogdan & Biklen, 2007). 본 연구의 자료 분석과 해석 과정은 다음과 같다. 먼저 녹음된 면담 내용을 녹취하고 워드 파일 형태로 저장했다. 연구참여자의 경험을 심층적으로 이해하고 파악하기 위해 녹음 내용을 반복적으로 청취하면서 기록했고, 기록한 후에는 계속해서 읽고 분석하여 전체적인 흐름을 이해하고 진술된 의미를 파악하고자 했다.

〈표 0-4〉 연구참여자 면담 일정(그룹 1)

연구 참여자	진행 언어	1차 면담			2차 면담			3차 면담		
		일시	장소	시간	일시	장소 / 방법	시간	일시	장소/ 방법	시간
1A	한국어	2018. 1.23	기숙사	110분	2018. 3.15	집 / 면담	40분	2018. 3.25	집	15분
1B	우즈베크어	2018. 1.16	기숙사	120분	2018. 3.16	화상 통화	30분		-	
1C	우즈베크어	2018. 1.16	기숙사	100분	2018. 3.16	화상 통화	40분	2018. 3.25	화상 통화	15분
1D	우즈베크어	2018. 1.27	카페	120분	2018. 3.17	화상 통화	30분		-	
1E	한국어	2018. 1.31	카페	120분	2018. 3.18	카페/ 면담	40분		-	
1F	우즈베크어	2018. 2.01	교실	100분	2018. 3.17	화상 통화	40분		-	
1G	러시아어	2018. 2.02	카페	110분	2018. 3.18	카페/ 면담	40분		-	
1H	러시아어	2018. 2.02	카페	100분	2018. 3.18	화상 통화	40분	2018. 3.25	화상 통화	20분

〈표 0-5〉 연구참여자 면담 일정(그룹 2)

연구 참여자	진행 언어	1차 면담			2차 면담		
		일시	장소	시간	일시	장소 / 방법	시간
2A	러시아어 한국어	2019.1.23	카페	130분	2019.2.16	화상통화	50분
2B		2019.1.11	기숙사	120분	2019.2.22	기숙사	105분
2C		2019.1.13	카페	100분	2019.3.01	카페	70분
2D		2019.1.15	카페	120분	2019.3.18	카페	60분

연구 참여자	진행 언어	1차 면담			2차 면담		
		일시	장소	시간	일시	장소 / 방법	시간
2E	러시아어 한국어	2019.1.17	기숙사	100분	2019.3.29	기숙사	90분
2F		2019.1.22	카페	110분	2019.4.06	화상통화	50분
2G		2019.1.24	카페	120분	2019.4.17	화상통화	40분
2H		2019.1.27	카페	90분	2019.4.27	화상통화	60분
2I		2019.1.28	카페	130분	2019.4.30	카페	50분
2J		2019.1.29	기숙사	120분	2019.5.10	기숙사	70분
2K		2019.1.30	카페	100분	2019.5.13	카페	120분
2L		2019.2.01	카페	90분	2019.5.17	화상통화	60분
2M		2019.2.23	카페	80분	2019.5.18	화상통화	60분

자료 분석 방법은 "수집된 자료를 원자료로 사용하는 방식"을 사용했다. 전체적인 흐름을 파악하기 위해 데이터를 전사함과 동시에 반복적으로 나타나는 유사 내용을 대범주-중범주-소범주로 분류하여 유형화한 후 주제 분석표를 작성했다. 기록을 마친 후 텍스트를 토대로 얻어진 결과를 재분류했고, 재분류된 자료를 연구 결과로 작성했다.

분석의 타당도를 높이기 위해 연구 결과 분석을 놓고 공동연구자 간 확인 작업을 하여 연구자의 해석에 타당한 검증과 다양한 해석의 가능성을 열어두는 연구자 삼각측정(investigator triangulation)을 실시했다. 이 방법은 공동연구자들 간 조언과 지적을 구하여 연구 결과 분석에 대한 주관적 오류와 판단을 보완하여 분석의 타당성을 높이기 위한 확인 절차라고 할 수 있다(Stake, 1995; 김지훈 · 이민경, 2011). 질적 연구는 연구자 개인의 관점과 문제의식을 해석하는 과정에 포함할 수 있다는 점에서 연구 결과에 대한 일반화에서 문제 제기가 있을 수 있다. 그러나 질적 연구 결과는 연구 결과의 보편성과 일반성을 전제하기보다는 오히려 맥락적 해석을 통해 개인적 경험을 재구성함으로써 다시 사회적 의미로 확장할 수 있다는 데 그 의의가 있다(Mucchielli, 1991; Manen, 1990; 이민경, 2012).

질적 연구에서는 윤리성과 타당성, 신뢰성이 중요한 역할을 한다. 래더(Lather, 1991)는 타당성의 네 가지 틀을 제시했는데, 이 중 첫째는 역설적 타당성으로 연구자가 문제를 통해 진실을 제시하는지를 의미한다. 둘째는 유사논리 타당성으로 이는 역설적이고 복합적인 것이며, 이론화에서 벗어나거의 중재되지 않는 방식을 말한다. 타당성의 세 번째 틀은 근본적 타당성이다. 이는 근본적인 구조 없이 중복되는 것에 의문을 제기하는 것을 뜻한다. 그리고 마지막으로 도발적 타당성이다. 이는 연구자가 다른 사람들이 아는 것을 더 자세히 이해하기 위해, 또는 사람들이 잘 이해하지 못한 것을 기록하기 위해 준비하는 것을 의미한다(Creswell, 2007).

신뢰도는 질적 연구에서 수집한 자료에 대한 다양한 코딩 담당자의 반응의 안정성에 해당하며, 외부 점검을 요구하는 질적 연구의 형식이다. 따라서 본 연구의 신뢰도 및 타당성을 높이기 위해 관련 연구자들의 검토를 받았다. "동료 검토는 연구 과정에 대해 외부의 점검을 가능"(Lincoln & Guba, 1985; Creswell, 2007)하게 하기 때문이다.

또한 이 책은 연구참여자들을 대상으로 심층인터뷰를 실시했기 때문에 규정화된 연구윤리를 준수하기 위해 노력했다. 질적 연구 방법으로 된 연구의 첫 단계에서부터, 즉 연구계획서 작성, 연구참여자 선정, 자료수집 및 분석 그리고 결론을 내리는 과정까지 연구자의 윤리적인 판단이 요구된다. 연구자는 연구 주제를 선정하는 데 어떤 개인이나 집단이 지닌 문제를 해결할 수 있고 권력이 있는 사람과 권력이 없는 사람들의 이해관계에 어떠한 영향을 줄 수 있는지에 대해 반드시 생각해야 한다. 아울러 질적 연구 방법에서 자료수집을 위해 대표적으로 사용하는 심층인터뷰 과정에서 연구자가 예상하지도 못했던 문제들이 발생할 가능성이 있기 때문에 주의해야 한다. 또한 수집한 자료들을 분석할 때 연구참여자의 의도와 다르게 분석할 가능성이 있으므로 질적 연구자는 이러한 윤리적인 문제를 혼자서 하기보다는 옆에 있는 동료들과 의논해보고 그들의 도움을 요청하는 것이 더 효과적(Diener & Crandall, 1978; 유기웅 외, 2012: 342)이다.

질적 연구자는 참여자의 생활에 함께 참여하여 오랫동안 자료를 수집하면서 참여자의 내면세계를 이해해야 하는데(신경림 외, 2004), 이 때문에 연구참여자는 사생활을 노출할 수밖에 없다. 따라서 연구참여자에게 긍정적 또는 부정적 결과를 가져올 수도 있는 상황들을 고려해야 한다. 이는 연구참여자를 연구 대상으로써 '타자화(他者化)'하지 않으며, 연구 과정에서 함께 '동고동락'하는 존재로서 인격을 존중해야 하는 연구자의 윤리적인 성찰 과정과도 같다. 인간을 대상으로 한 모든 연구는 연구참여자와 자료수집에서 반드시 윤리적 고려가 항상 수반되어야 한다. 이것은 연구참여자 선정 과정과 참여 동의 여부, 자료수집 과정을 구체적으로 기술함으로써 확보될 수 있다(신경림 외, 2004).

연구 대상으로서의 인간 보호를 위해 설립된 기관윤리심의위원회(Institutional Review Board: IRB)는 인간 보호를 위해 다음의 세 가지 원칙을 제시했다(Denzin & Lincoln, 2014). 첫째, 인간 존중이다. 이는 연구참여자가 자발적으로 연구에 참여해야 함을 의미한다. 이러한 존중은 두 가지 차원에서 이루어진다. 첫 번째 차원은 개개인은 자율적인 사람으로서 다뤄져야 한다는 것이고, 두 번째 차원은 자율성이 약한 사람(미성숙자나 장애인)은 보호를 받을 자격이 있다. 둘째, 연구자가 연구 대상자의 안정감을 보장해야 한다. 연구자가 연구 대상자에게 끼칠 수 있는 해악을 방지해야 하며, 이익을 얻지 못하더라도 가능한 한 해악을 최소화해야 한다. 셋째, 정의의 원칙이다. 이는 연구의 혜택 및 부담의 공정한 분배를 의미한다. 부당성은 어떠한 집단이 용이한 조작이나 이용 가능성 때문에 연구 대상자를 과잉 이용할 때 발생한다. 이처럼 인간을 대상으로 한 연구들은 사전 동의, 사생활 보호, 속이지 않음 등의 윤리 강령에 근거를 두어야 한다(Denzin & Lincoln, 2014). 이 연구는 연구의 이러한 윤리 원칙에 근거하여 수행했다.

첫째, 심층인터뷰를 실시하기 전에 연구참여자들에게 본 연구의 목적 및 내용에 대한 설명을 충분히 한 후에 익명성 보장, 자발적 연구 참여 동의, 발생 가능한 이익과 불이익, 심층인터뷰 내용을 학문 목적으로만 사용하여 연구참여자들의 권리를 보장하겠다는 내용을 전달했다. 더불어 심층인터뷰 중간에 불편함을 느낄 경우 인터뷰 중단을 요청할 수 있다는 내용을 설명한 후에 연구참여자 동의서에 연구자와 연구참여자가 함께 서명하여 한 부씩 나누어서 보관했다. 둘째, 현장성을 살리기 위해 심층인터뷰 내용을 녹음하여 전사한 후에 그 녹음 파일과 전사 내용을 연구참여자들의 이메일로 보내고 그들의 검토를 받은 후 논문에 인용했다. 연구 참여에 동의한 이후의 연구에서 발생하는 상황에 대해 연구자와 연구참여자 공동으로 책임이 있다는 부분에 관해 확인을 거쳤으며, 연구참여자들에게 인터뷰 참여에 대한 감사의 표시로 인터뷰 시간에 소정의 문화상품권을 제공했다. 셋째, 연구자는 연구 과정에서 연구참여자가 원치 않은 개인적인 정보를 유출하지 않기 위해 연구참여자가 제공한 모든 자료를 별도로 마련한 파일 및 보관함에 소장했다. 넷째, 연구에 활용한 모든 자료는 연구를 종료하고 연구물이 출간됨과 동시에 폐기할 것을 연구참여자들에게 알림으로써 1차 면담에서의 연구 참여 동의 및 연구참여자의 보호를 위한 절차를 마쳤다.

다섯째, 면담 이후에도 필요하거나 제안하고 싶은 의견에 대해 언제든지 이야기할 수 있도록 연구자의 연락처를 제공했다. 심층면담을 실시하는 동안 연구참여자의 경험을 기억하기 위해 노트에 연구참여자의 말투와 표정 등을 구체적으로 기록했다. 그리고 비밀 보장을 유지하기 위해 연구참여자들의 이름을 연구자만 알아볼 수 있도록 표기했다.

1장

외국인 유학생 정책의 현황과 전망

1. 외국인 유학생의 현황과 실태
2. 외국인 유학생 정책의 현황

1. 외국인 유학생의 현황과 실태

유학은 개인에게 비용과 시간이 요구되며, 미래 개인의 삶에 중요한 전환점이 될 수 있다는 맥락에서 개개인의 인생 설계와 밀접한 관계를 맺고 있기에 한 사람의 인생 설계와 투자에서 개인적 차원이 직접 영향을 미친다. 그래서 유학생들은 일반적인 초국적 이주 현상과 마찬가지로 세계적 환경과 국가 간의 관계 하에 개인의 상황을 고려해 유학을 결정한다.

과거에는 주로 개발도상국 출신 유학생이 선진국이라고 불리는 미국이나 유럽으로 유학을 결정했다면, 최근에는 서구 간, 아시아 국가 간 유학도 급격히 증가하고 있다. 이는 현대 유학이 소수 엘리트의 이동 또는 국가가 경비를 지원하는 유학에서 '대중형 유학'으로 변화하고 있는 새로운 유학문화와도 밀접한 관련이 있다. 또한 대중적인 유학과 더불어 모국의 대학에서 외국의 자매대학과 연결되어 유학을 결정하는 경우가 많은데, 유학생의 출신지와 목적지 간의 상호관계와 네트워크에 의한 유학을 결정하는 것이 많음을 알 수 있다. 이렇게 외국인 유학생 수가 급증하는 것은 세계화에 따른 국가 간 이동의 대중화, 고등교육의 대중화 등으로 국내 대학들이 외국인 유학생 유치를 위해 적극적으로 노력하고 있기 때문이다.

전 세계적으로 확장된 국제화에 발맞추어 한국을 비롯하여 중국, 싱가포르, 일본 등 아시아 국가들에서도 대학 교육을 위한 국제화를 구축하려는 움직임이 가속화되고 있다. 특히 아시아 국가들이 채택하고 있는 대학 교육의 국제화 전략 목표 중 하나는 국제 교류 학생 프로그램을 지속해서 확대하는 것이다. 세계 각국에서 학업 목적으로 한국을 찾아오는 외국인이 증가하고 있을 뿐만 아니라 한국에 입국하여 학위를 취득하려는 외국인 유학생 수가 증가하고 있다. 최근 한국 사회의 다문화사회로의 전환과정에서 외국인 유학생의 급격한 증가는 중요한 의미를 가진다. 이제 한국은 더 이상 단일민족으로 살아가는 사회가 아니다. 외국인을 가깝게 만날 수 있고, 이들과 함께 공부하고 문화를 교류할 수 있으며, 외국의 신기술도 학습하고 교류할 수 있는 시대가 되었다.

외국인 유학생의 유입은 한국의 출산율 감소로 인한 국내 입학 지원자

〈표 1-1〉 연도별 전체 외국인 유학생의 증감 추이

(단위: 명)

연도	2015	2016	2017	2018	2019	2020
합계	96,357	115,927	135,087	160,671	180,131	165,743
유학 (D-2)	66,334	76,040	86,875	102,690	118,254	111,639
한국어 어학연수 (D-4-1)	30,017	39,873	48,208	57,971	61,867	65,095
외국어 연수 (D-4-7)	6	14	4	10	10	9
전년 대비 증감률	11.5%	20.3%	16.5%	18.9%	12.1%	-2.8%

출처: 출입국 외국인정책본부(2020년 4월 말, 통계월보)

가 줄어듦에 따라 대학마다 충원되지 못한 정원을 채우기 위해 외국인 유학생을 적극적으로 유치하면서 확산되었다. 또한 한국 정부도 경제적 관점에서 외국인 유학생 유치를 적극적으로 지원하고 있다. 2020년 4월 말 기준 법무부의 통계 자료에 따르면, 국내 대학 학위과정에 있는 외국인 유학생은 총 16만 5,743명이다. 그중에서 유학 비자를 소지하고 있는 유학생은 11만 1,639명이며, 어학연수와 기타 연수에 참여하고 있는 외국인 유학생 수는 6만 5,104명으로 나타났다. 외국인 유학생의 연도별 현황은 〈표 1-1〉과 같다.

한국 내 외국인 유학생의 유학 형태별* 분포를 살펴보면, 2018년 자비 유학생은 12만 7,647명이었지만, 2019년에는 14만 6,247명으로 1만 8,600명이 증가했다. 이는 전년도에 비해 약 15% 이상 큰 폭으로 증가한 것으로 나타난다. 이와 같은 외국인 유학생의 증가 이유는 전 세계 유학 대상자들에게 한국이 한류에 대한 열풍과 더불어 IT강국으로 인식되었기 때문이며(정상화, 2018) 소셜 미디어와 SNS를 통해 국가 홍보가 이루어지면서 대한민국의 이미지 상승으로 연결되었기 때문이다. 이것은 국제 교육시장에서 유학생 유치를 통해 한국 교육시장의 경쟁력 확보 및 정부와 각 대학이 노력한 결과다. 특히, 자비 유학생 증가는 한국 대학이 직면한 학령인구 감소에 따른 재정 위기를 극복하는 데 큰 역할을 할 것으로 여겨진다.

유학 형태별 외국인 유학생 수 증감 현황을 살펴보면, 자비 유학생, 정부 초청 장학생, 대학 초청 장학생, 자국 정부 파견 장학생, 기타 장학생 순으로 나타난다. 현재 한국 대학에 유학 중인 외국인 유학생은 중국, 일본과 더불어 방글라데시, 네팔, 파키스탄, 인도 등이며, 남아시아와 베트남, 필리

---

* 유학 형태란 유학비용을 누가 부담하는가에 따른 분류를 말한다.

핀, 태국, 우즈베키스탄, 카자흐스탄, 키르기스스탄 등 동남아시아와 중앙아시아, 러시아 지역은 물론 아메리카, 유럽, 아프리카 등 전 세계 다양한 나라 출신의 유학생들로 구성되어 있다.

한국 내 외국인 유학생 중에 중국인 유학생 수가 급증하고 있는데, "지리적 인접성, 미국, 일본 등지보다 상대적으로 저렴한 유학비용, 한류 열풍에 따른 한국 및 한국 문화에 대한 관심 고조, 중국과의 경제교류 확대로 인한 한국 기업의 중국인 고용 증대" 등이 그 이유로 분석되고 있다(김상욱 · 윤지원, 2017). 또한 미국이나 일본보다 한국의 유학 조건이 훨씬 좋다고 생각하는 유학생도 있는데, 유학비용이 저렴하다는 점 외에 장학금과 의료보험 혜택을 받을 수 있기 때문이다. 특히 한국의 많은 대학이 재정 부담을 줄이기 위해 유학생을 경쟁적으로 유치하려는 목적으로 외국인에게 특별장학금을 지급하는 것도 한국이 유학의 선택지로 등장하게 하는 데 큰 역할을 하고 있다(손교교, 2012).

전통적 유학 선호국인 미국과 유럽이 아니라 한국의 지역대학으로 유학 목적지를 선택한 아시아 학생의 유학 동기는 "지리적 인접성과 아시아 국가에서의 한국의 위상, 등록금, 생활비 등 현실적인 조건과 개인적인 사회문화적 요구들이 복합적으로 상호작용한 결과"이자 "글로벌 학위와 한국어 등 문화자본을 통해 본국에서의 사회적 지위 향상에 대한 기대" 등으로 다양하게 나타나고 있다(이민경, 2012). 자비 유학생이 유학 형태 중 압도적으로 높은 비율을 차지하는데, 외국인 유학생이 지불하는 유학 비용을 고려할 때, 이들에 대한 대학 교육 및 서비스 질에 대한 관리감독, 정부 차원의 정책적 지원도 고려할 필요가 있다.

외국인 유학생의 국적별 현황을 살펴보면, 중국 유학생 수는 5만 6,893명으로 전체 학생 수의 60%를 차지하고 있다. 그다음으로 베트남, 우

〈표 1-2〉 외국인 유학생의 국적(지역)별 현황

(단위: 명)

구분	총계	유학(D-2)	한국어연수 (D-4-1)	외국어연수 (D-4-7)
총계	165,743	111,639	54,095	09
중국*	59,893	53,101	6,792	0
한국계	1,241	1,105	136	0
베트남	56,892	20,093	36,794	5
우즈베키스탄	10,162	7,148	3,014	0
몽골	8,337	5,902	2,435	0
네팔	2,716	2,254	462	0
일본	2,352	1,676	676	0
파키스탄	1,776	1,732	44	0
인도네시아	1,477	1,319	158	0
인도	1,362	1,251	111	0
방글라데시	1,357	1,295	62	0
프랑스	1,299	1,186	113	0
미국	1,070	918	152	0
미얀마	1,038	694	344	0
러시아(연방)	962	597	365	0
말레이시아	862	753	109	0
카자흐스탄	861	736	125	0
독일	828	798	30	0
(타이완)	788	584	204	0
기타	11,711	9,602	2,105	4

출처: 출입국 외국인정책 통계월보(http://www.moj.go.kr, 2020.04.30 기준). 재구성

* 한국계 포함

즈베키스탄, 몽골 그리고 네팔, 일본, 파키스탄 유학생으로 나타나고 있다. 선진국으로 분류되는 유학생은 미국(1,070명)과 프랑스(1,299명) 순이다. 외국인 유학생의 국적(지역)별 현황은 〈표 1-2〉와 같다.

아시아 지역 특히, 남아시아와 동남아시아 일부 저소득 국가 출신의 유학생 수가 증가하고 있는 양상은 눈여겨볼 만한다. 이를 통해 미래에도 한국으로 유학을 오게 되는 대부분의 외국인 유학생은 한국보다 경제적으로 낙후된 저소득 국가 출신들이 많아질 것으로 생각된다. 이는 현재 한국에 유학 중인 저소득 국가의 외국인 유학생이 자국의 정치, 경제, 문화, 취업, 복지, 수준 등을 낮게 평가하고 있지만, 한국에 대해서는 긍정적인 평가를 하고 있다고 해석할 수 있다(정상화, 2018). 또한 외국인 유학생은 한국으로의 유학 이후 성취할 자신의 자질 및 능력 향상, 취업의 이점, 사회적 신분 상승과 학문적 욕구의 충족 등을 고려하고 있다고 볼 수 있다(안영진, 2009). 다음 〈표 1-3〉은 학위과정별 외국인 유학생 수를 나타낸 것이다.

〈표 1-3〉에 나타난 바와 같이 외국인 유학생의 학위과정별 현황을 살펴보면, 학위과정에 재학 중인 외국인 유학생의 비중이 높으며, 비학위과정에서는 어학연수 과정이 높은 비중을 차지하고 있다. 외국인 유학생 중 가장 많은 수를 차지하는 아시아 지역의 유학 과정별 분포를 살펴보면, 2019년 기준으로 학위과정 유학생이 10만 215명을 차지하고 있는 반면, 비학위과정의 대학부설 한국어학당 연수생은 4만 4,756명, 기타 연수생은 1만 5,194명으로 나타났다.

외국인 유학생의 한국 대학 유입은 국내 대학의 세계화, 국제화에 큰 영향을 미칠 수 있어 국내 대학의 인지도와 경제적 측면에서 긍정적이고 커다란 효과를 가져올 수 있다. 다만 자격 조건이 없는 외국인 유학생에 대한 소속 대학들의 미진한 사후관리 대책은 외국인 유학생의 학업 중도 포

〈표 1-3〉 학위과정별 외국인 유학생 수

(단위: 명)

구분	계	학위과정				비학위과정		
		전문학사 / 학사	석사	박사	소계	어학 연수생	기타 연수생	소계
2007	49,270	22,171	7,247	2,638	17,214	14,184	3,030	32,056
2008	63,952	28,197	9,143	3,245	23,367	19,521	3,846	40,585
2009	75,850	36,525	10,697	3,369	25,259	20,088	5,171	50,591
2010	83,842	43,709	12,480	3,811	60,000	17,064	6,778	23,842
2011	89,537	44,644	14,516	4,496	63,653	18,424	7,460	25,884
2012	86,878	40,551	15,399	4,639	60,589	16,639	9,650	26,289
2013	85,923	35,503	16,115	5,097	56,715	17,498	11,710	29,208
2014	84,891	32,101	15,826	5,709	53,636	18,543	12,712	31,255
2015	91,332	32,972	16,441	6,326	55,739	22,178	13,415	35,593
2016	104,262	38,944	17,282	6,878	63,104	26,976	14,182	41,158
2017	123,858	45,966	18,753	7,313	72,032	35,734	16,092	51,826
2018	142,205	56,097	21,429	8,510	86,036	41,661	14,508	56,169
2019	160,165	65,828	23,605	10,782	100,215	44,756	15,194	59,956

출처: 교육통계서비스, 간추린 교육통계(http://kess.kedi.re.kr, 2019년 11월 기준) 재구성

기 및 한국 사회 부적응으로 인한 이탈 현상을 발생하게 하고, 한국에 유학 온 학생들의 꿈과 희망이 무참히 깨져버리는 중대한 잘못이 될 수 있다. 따라서 한국 사회에 제대로 적응하지 못하는 그들에게 책임을 전가하는 것보다는 그들을 맞이하여 한국 사회의 구성원으로서 관계를 맺게 하면서 한국 사회가 그들에게 유학 본래의 취지에 대한 목표를 달성할 수 있도록 정

부의 적절한 대책과 정책이 함께 이뤄져야 할 것이다(정상화, 2018). 또한 (증가하는) 외국인 유학생 중 학교생활을 성공적으로 마무리하는 부류가 있지만, 학업 부적응에 따른 주변 여건의 여러 가지 어려움으로 원래 계획했던 희망적인 유학 생활이 실패로 끝날 경우 등에 대해 외국인 유학생 스스로 철저한 관리가 필요하다(권귀영, 2017).

과거 유학의 본질은 유학을 주도한 사회의 소수 엘리트나 부유층 또는 국가가 지원하는 일부 유학생이 선진국에서 지식과 기술을 배우고 익히며 선진국의 다양한 장점을 자국으로 되돌아와서 국가발전에 기여하는 데 목적을 두었다. 하지만 최근에는 일부 개발도상국 출신의 소수 유학생이 브로커 등을 통해 편법으로 한국에 유학을 오기도 하며, 일부 외국인 유학생이 학업에 열중하기보다는 취업을 위해 학교로부터 이탈하여 위장 취업을 하거나 불법으로 체류하는 경우가 있다. 이것은 선진 기술과 지식의 확장이라는 유학 본래의 취지와는 상관없이 일부 유학생에게 유학을 빙자하여 타국에서의 불법 정착 또는 위장 취업을 위한 하나의 도구로 변질될 수 있음을 시사하고 있다. 이러한 문제는 결국 외국인 유학생 유치 정책이 정부와 대학의 노력으로 외국인 유학생 수가 외형적으로 크게 성장하고 있지만, 이를 뒷받침할 수 있는 내적인 질적 성장이 병행되지 못했음을 의미한다.

2.
외국인 유학생 정책의 현황

한국 정부는 지난 몇십 년 동안 다양한 고등교육 개혁과 국제화에 노력해왔다. 국내 대학들도 이에 부응하며 대학 교육의 국제화를 위해 지속적으로 노력을 기울여왔다. 외국인 유학생 정책과 관련하여 정부의 주요 담당 부처는 교육부와 법무부다. 한국 정부는 2004년도에 'Study Korea Project'를 발표하면서 외국인 유학생 유치 및 정책을 본격적으로 시작했고, 그 결과 지난 16년 동안 해마다 외국인 유학생 수가 증가하고 있다. 한국 정부는 외국인 유학생의 수적 및 질적 관리를 위해 다양한 정책을 시기와 환경의 변화에 맞춰서 시행하고 있다(이은화, 2015). 교육부는 외국인 유학생 유치를 지원함과 동시에 '유학생 인증제'를 '국제화 교육 역량 인증제'로 확대함으로써 유학생에 관한 질 관리를 병행하고 있다. 2000년부터 2020년까지 국내 외국인 유학생을 유치하기 위한 교육부의 주요 정책을 시기별로 살펴보면 다음 〈표 1-4〉와 같다.

〈표 1-4〉에 나타난 바와 같이, 국내 외국인 유학생의 유인 요인과 정책을 살펴보면 크게 두 가지로 구분할 수 있다. 하나는 외국인 유학생의 규

〈표 1-4〉 외국인 유학생에 관한 주요 정책

연도	외국인 유학생 관련 유치 및 지원정책
2001	'외국인 유학생 유치 확대 종합 방안'
	'한국유학박람회'
2004~2005	'Study Korea Project' 및 세부 추진 계획
2008	'Study Korea Project' 발전 방안
	'외국인 유학생 및 어학 연수생 표준 업무 처리 요령', '외국인 어학 연수생 관리 지침'
2009	'외국인 유학생 관리 부실 대학 제재 방안', '외국인 유학생 지원 · 관리 개선방안'
2010	'글로벌 교육 서비스 활성화 방안'
2011	CAMPUS ASIA PROGRAM
	'우수 외국인 유학생 유치 및 관리체계 선진화 방안'
	'유학생 유치 관리 역량 인증제 시범 실시' '외국인 유학생 유치 · 관리 역량 인증제'
2012	외국인 유학생 유치 · 관리(1주기: 2012~2015)
	'Study Korea 2020 Project 추진 계획'(2013~2020)
2014	'Study Korea 2020 Project 세부 추진 계획'(전략적 유학생 유치 및 정주 지원 방안)
2015	'유학생 유치 확대 방안'
2016	교육 국제화 역량 인증제 및 외국인 유학생 유치 · 관리 실태 조사(2016~2020)
	CAMPUS ASIA PROGRAM – 한 · 중 · 일 사업 추진 계획
2019	외국인 유학생 및 어학 연구생 표준 업무 처리 요령(최근 개정)
2020	교육 국제화 역량 인증제 및 외국인 유학생 유치 · 관리 실태조사(3주기 2020~)

모 확대에 중점을 둔 정책이며, 다른 하나는 유학생의 질 관리에 중점을 둔 정책이다. 2000년대 초반 한국의 경제 성장과 '한류'의 영향으로 인해 한

국 유학에 대한 외국인 유학생의 관심이 점점 더 높아졌다. 한국 정부는 이러한 이유로 외국인 유학생을 적극적으로 유치하기 위한 정책을 시행했다. 외국인 유학생 유치 정책을 구체적으로 살펴보면, 2001년 교육인적자원부* 는 국내 외국인 유학생을 2000년 약 6천 명에서 2003년 1만 2천 명으로 2배 이상 증가시켰다. 또한 외국인 유학생을 위한 장학금 제도, 영어 강좌 개설, 유학생 기숙사 신축, 한국 유학 정보와 입학 정보를 자세히 볼 수 있도록 인터넷 홈페이지를 구축하는 등의 방안을 제시한 '외국인 유학생 유치 확대 종합 방안'을 발표했다.

그 첫 번째 정책은 2010년까지 국내 외국인 유학생 5만 명 증원을 목표로 한 외국인 유학생 유치 확대 종합 방안(2001)이다. 교육인적자원부는 2001년 국내 대학의 세계화와 국제화, 역량 강화와 우수한 해외 인적자원 유치 등을 목적으로 교육부 국립국제교육원이 국내 대학과 함께 해외에서 한국 유학을 홍보하고, 대학별 입학 정보를 제공하는 '한국유학박람회'** 를 개최했다. 한국유학박람회는 2001년부터 2023년까지 20만 명의 외국인 유학생 유치를 목표로 37개국 202개 도시에서 개최되고 있다. 그 이후 대표적인 정책은 외국인 유학생 규모 확대에 중점을 두고 시기별로 개정을

---

* 교육인적자원부의 연대별 외국인 유학생 유치 인원 목표는 2000년(6,160명), 2003년(12,000명), 2006년(20,000명), 2009년(40,000명), 2010년(50,000명)이었다.

** 한국유학박람회는 2000년대 중반까지 아시아 국가를 중심으로 하고, 특히 중국에서 두드러졌다. 그래서 현재 외국인 유학생 수의 약 60%를 중국인 유학생이 차지한다고 볼 수도 있다. 그러나 2007년 이후에는 아랍에미리트, 사우디아라비아, 브라질, 폴란드 등 외국인 유학생의 유입이 시작되었다. 2017년에는 멕시코, 이란 등 12개국 17개 도시에서 유학박람회를 개최하여 6만 7천여 명의 현지 학생들이 참가했다. 2018년에는 아시아, 아메리카와 유럽 13개국 17개 도시에서 한국의 우수한 대학들과 함께 한국유학박람회를 개최하여 많은 외국인 유학생의 관심을 이끌었다. 한편, 2015년에는 사이버 한국유학박람회를 시작했고 오프라인 유학박람회가 개최되지 않는 국가나 지역에 한국 유학을 적극적으로 홍보하고 한국 대학들의 입학 정보를 온라인으로 제공하고 있다. 2017년도에는 사이버상의 한국유학박람회에서 155개국 2만 4,586명이 참여했다.

거듭한 'Study Korea Project'다. 이 정책들 외에도 글로벌 교육 서비스 활성화 방안(2010), 한 · 중 · 일 3국을 잇는 Campus Asia 사업(2011), 외국인 유학생 유치 확대 방안(2015) 등 외국인 유학생 유치 시장에서의 경쟁력 확보를 위한 규모 확대 정책이 있다. 'Study Korea Project' 발전 방안에 대한 주요 내용은 다음 〈표 1-5〉와 같다.

2009년에는 외국인 유학생 관리 부실 대학에 대한 제재 방안을 출발점으로, 2011년에는 유학생 유치관리 역량 인증제가 시범적으로 도입되었다. 이때부터 외국인 유학생의 생활적응 및 유학 환경 조성 등 지원방안 개선에 중점을 둔 정책이 대두되기 시작했다. 그 당시 규모 확대에 치중한 유학생 유치 정책으로 인해 야기되었던 유학생들의 한국어 능력 저하, 불법 체류 및 중도탈락률 증가, 한국인 학생들과의 마찰 등의 문제를 해결함과 동시에 정체된 유학생 유입 성장과 중국인 유학생 감소에 대한 대응이 포함된 다양한 유학생 지원 정책이 발표되었다.

〈표 1-5〉 'Study Korea Project' 발전 방안

주요 영역	내용
우수 외국인 유학생 유치 확대	- 외국 정부 파견 국비유학생 유치 및 정부 초청 장학생 규모 확대
외국인 유학생 유치국가 다변화	- 국내 · 외 대학 간 학생 교류 확대를 위한 규제 완화(※ 외국 정부와의 교육교류 약정체결, 외국대학과의 교육과정 공동운영 자율화, 해외입양아 · 한국어 전공자 유치 등)
외국인 유학생 관리	- 외국인 유학생 선발 절차 강화(수학 · 재정 능력 등), '유학생 정보 시스템' 구축을 통한 외국인 유학생 관리 on-line화, 유학생 관리와 재정 지원 사업 연계 확대
외국인 유학생 수학 · 생활환경 개선	- '영어 전용 강좌 및 한국어 연수 프로그램' 지원 확대, 주요 거점 지역별 공동 기숙사 건립 유도 등 기숙사 수용률 제고, 문화 · 생활적응지원, 1인 1보험 가입 등 의료혜택 지원을 확대함

2012년 교육개혁협의회 회의에서는 2020년까지 외국인 유학생 20만 명을 국내에 유치하고 친한(親韓) 네트워크를 만드는 'Study Korea 2020 Project' 추진 계획(2012)을 발표했다. 교육과학기술부는 그동안 'Study Korea Project'(2005~2012) 추진을 통해 2004년 1만 6천 명에서 2012년 8만 7천 명으로 유학생 수를 확대했다. 그러나 외국인 유학생 지원 관리에 대한 분야가 강조되며, 기존 양적인 유학생 유치에서 질적인 유학생 관리로 전환함으로써 한국 고등교육의 브랜드 가치 제고를 도모했다.

교육과학기술부는 기존 'Study Korea Project'(2005~2012)에서 한 걸음 더 나아가 우수 유학생 유치 지원 규모의 확대, 귀국 및 정착까지 연계된 전주기적 유학 지원, 유학생 지원 조직 체계 등을 정책적으로 보완하여 'GKS 사업21 규모 확대', '한국 유학 시스템을 통한 홍보 활성화', '유학생 정주 여건 개선 및 취업 연계' 등 세부 추진 과제를 설정했다.

2013년 국가 정책 조정 회의를 통해 외국인 유학생 유치를 위한 종합 계획인 'Study Korea 2020 Project'의 수립 이후 외국인 유학생 유치 · 지원을 위해 추진 계획인 '전략적 유학생 유치 및 정주 지원 방안(2013)'을 발표

〈표 1-6〉 전략적 유학생 유치 및 정주 지원 방안

주요 영역	내용
전략적 유학생 유치 가속화	- 유학생 유치 · 관리 역량이 우수한 대학에 입학하는 유학생에 대해서는 사증발급 심사를 대폭 간소화하여 출신 국가와 관계없이 표준 입학 허가서만으로 심사 - 유치 대상국의 특성을 반영한 맞춤형 유치 추진 ※ 유학박람회, 한국교육원(17개국 39개원) 활용, 국가 장학사업(GKS) 규모 확대 등
학업 · 생활적응 지원 강화	- 어학기준 완화 - 의료보험 가입 의무화 및 시간제 취업 허용시간도 확대
취업 지원 확대	- 유학생 채용박람회 확대 등

했다. 이 정책은 입국부터 취업까지 유학생의 전 주기에 걸친 지원을 위한 것으로, 외국인 유학생 유치 규모의 양적 확대와 함께 유학 후 본국으로 돌아가 자리 잡는 데까지를 목표로 한다. 이를 위해 유학생의 생활과 학업을 지원하는 현장 실천형 전략 수입 요구에 따라 유학생 유치 가속화, 학업·생활적응 지원 강화, 취업 지원 확대 등의 정책 방안을 제시했다.

2015년에는 교육부에서 국무회의를 통해 '유학생 유치 확대 방안(2015)'을 보고했다. 과거에 지속적으로 증가하던 전체 유학생 수가 2011년 이후 정체됨에 따라 'Study Korea Project 2020'에 대한 보완이 요구

〈표 1-7〉 유학생 유치 확대 방안

주요 영역	내용
대학의 유학생 유치 · 관리 역량 강화	- 외국인 및 재외동포 유학생 특화 교육과정 개설 (예시) '유학생 특화과정': 일부 전공필수, 핵심교양은 유학생 전용 강의(팀 티칭)를 운영하고, 일반 과목(전공 선택, 일반교양 등)은 국내 학생과 함께하는 공동 강의 형태로 운영 - 한국어과정 어학 연수생 등의 학위과정 유치 확대 - 우수 유학생 취업지원 및 동문조직 지원 확대 - 재외동포 및 예비대학생 대상 한국어 교육(세종학당 지정)과 유학 정보 제공 확대
우수 지방대학 유학생 유치 활성화	- 지방대학 특성화 사업(CK) 활용 - 정부초청장학생(GKS)의 지방대학으로 확대, 아세안 우수 이공계 대학생 초청연수 사업을 지방대학 중심의 연수로 추진 - 권역별 유학생 종합지원센터 운영 및 통합 기숙사 건립 추진
유학생 유치 지원 및 기반 구축	- 외국인 구직자 추천 시 '유학생 형제 · 자매, 배우자' 정보 제공 추진 - 재외 한국학교에 외국인 입학을 허용(정원 30% 이내)하여 국내 대학 진학 유도 - 한국교육원 및 세종학당 활용, 유학박람회 활성화를 통해 해외 유학 홍보 강화 - 국립국제교육원의 기능을 재조정하여 유학생 유치의 전담기구화 추진, 한국 대학의 국제화 기반 확충 지원

되었기 때문이다. 주요 내용을 살펴보면 위의 〈표 1-7〉과 같다.

유학생 유치 확대 방안의 가장 큰 특징은 대학 내 유학생 특화 교육과정 개설 방안이 국내 대학 내 부족한 한국어 능력으로 학교와 유학생이 겪고 있는 어려움을 해소할 수 있다는 데 있다. 당시 교육부에서는 학부 기준 대학 입학 사정 기준을 TOPIK 3급 수준으로 권고했지만, 많은 대학은 유학생의 유치 규모 확대를 위해 이러한 권고 사항을 잘 지키지 않았다. 이 때문에 이러한 정책적 보완은 사후관리, 즉 입학 후 보강 교육에 대한 필요성이 대두되고 있던 시점에서 발표된 정책이었다. 이러한 정책 방향에 맞춰 각 대학은 외국인 유학생 전용과목 개설에 대한 논의가 활발하게 이루어지고 있을 뿐만 아니라 현재 개설된 강좌 수도 상당히 많아지고 있다. 이러한 결과는 외국인 유학생 유치 정책에 대한 정부 지원과 대학들의 협력뿐만 아니라 외국인 유학생의 한국에 관한 관심 및 한류 열풍으로 인해 한국 유학에 대한 선호도가 급증한 데 따른 것으로 여겨진다.

2장

중앙아시아 유학생의 특성과 현실

1. 중앙아시아 유학생의 현황과 실태
2. 중앙아시아 유학생에 관한 연구 경향
3. 고려인과 고려인 유학생의 현황과 실태
4. 고려인과 고려인 유학생에 관한 연구 경향

1.
중앙아시아 유학생의 현황과 실태

2020년 10월 기준으로 총 외국인 유학생은 15만 4,118명(유학생 10만 4,987명, 한국어 연수생 4만 9,126명)을 차지하고 있다(출입국통계자료, 2021.1.18). 국적별로 살펴보면 베트남 5만 6,821명, 중국 5만 3,184명, 뒤이어 우즈베키스탄은 9,189명으로 3위다. 그중 우즈베키스탄은 유학생 6,807명, 한국어 연수생 2,382명이다. 재한 카자흐스탄 유학생은 586명으로 18위를 차지하고 있으며 유학생은 522명, 한국어 연수생은 64명이다. 중앙아시아의 나머지 세 나라(키르기스스탄, 타지키스탄, 투르크메니스탄) 출신 유학생 현황은 출입국 통계 자료의 기타 국적 외국인 유학생 부분에 포함되어 있다. 자세한 내용은 다음 〈표 2-1〉과 같다.

〈표 2-1〉에서 제시한 국적별 국내 외국인 유학생 수를 살펴보면, 베트남계 외국인 유학생은 총 5만 6,821명으로 1위를 차지하고 있다. 아울러 중국은 5만 3,184명(한국계 1,013명)으로 2위, 우즈베키스탄은 9,189명으로 3위, 몽골은 8,124명으로 4위 그리고 일본은 2,169명으로 5위다. 그다음 순위에 파키스탄(1,540명), 인도네시아(1,371명), 인도(1,291명), 방글라데시(1,186명), 미얀

〈표 2-1〉 외국인 유학생 국적별 현황

구분	총계	유학(D-2)	한국어연수(D-4-1)
총계	**154,118**	**104,987**	**49,126**
베트남	56,821	23,721	33,097
중국	53,184	47,005	6,179
한국계	1,013	952	61
우즈베키스탄	9,189	6,807	2,382
몽골	8,124	6,021	2,103
네팔	2,799	2,490	309
일본	2,169	1,420	749
파키스탄	1,540	1,515	25
인도네시아	1,371	1,158	213
인도	1,291	1,163	128
방글라데시	1,186	1,151	35
미얀마	1,041	706	335
프랑스	914	726	188
미국	884	593	291
러시아(연방)	871	504	367
타이완	865	570	295
말레이시아	729	606	123
홍콩	597	363	234
카자흐스탄	586	522	64
기타	9,957	7,946	2,009

출처: 법무부 출입국 · 외국인정책본부, 2020년 10월, 「출입국 · 외국인정책 통계월보」.

마(1,041명), 프랑스(914명), 미국(884명), 러시아(871명), 타이완(865명), 말레이시아(729명), 홍콩(597명), 카자흐스탄(586명) 그리고 기타(9,957명) 등이 있다.

2020년 고등교육기관 외국인 유학생 통계 자료에 따르면 2020년 기준으로 중앙아시아 유학생은 총 1만 598명이며 우즈베키스탄(9,104명), 카자흐스탄(945명), 키르기스스탄(370명), 타지키스탄(118명) 그리고 투르크메니스탄(61명) 등의 순위다. 구체적인 내용은 다음 〈표 2-2〉와 같다.

〈표 2-2〉와 같이 국내 대학교에 재학 중인 중앙아시아 학생 중 우즈베키스탄 유학생이 9,104명으로 가장 큰 비중을 차지하고 있다. 대학 · 전문대학 학생 5,827명, 석사과정 1,472명, 박사과정 142명, 그리고 연수과정 학생이 1,663명이다. 그다음으로 큰 비중을 차지한 것은 945명으로 카자흐스탄 유학생이다. 카자흐스탄계 대학 · 전문대학 학생은 580명, 석사과정 학생은 136명, 박사과정 학생은 41명 그리고 연수과정 학생은 184명이다.

〈표 2-2〉 중앙아시아 유학생 현황

구분	총계	학위과정			연수과정
		대학 · 전문대학	석사	박사	
총계	**10,598**	**6,679**	**1,711**	**189**	**2,015**
우즈베키스탄	9,104	5,827	1,472	142	1,663
카자흐스탄	945	580	136	41	184
키르기스스탄	370	173	70	5	122
타지키스탄	118	70	17	1	30
투르크메니스탄	61	29	16	-	16

출처: 2020년 4월, 고등교육기관 외국인 유학생 현황*

* 교육통계서비스(https://kess.kedi.re.kr)

그 뒤를 이은 순위는 370명으로 키르기스스탄이 차지한다. 키르기스스탄 출신 대학 · 전문대학 학생은 173명, 석사과정 학생은 70명, 박사과정 학생은 5명, 그리고 연수과정 학생은 122명이다. 4위는 118명으로 타지키스탄이 차지한다. 타지키스탄계 학부생은 70명, 석사과정 학생은 17명, 박사과정 학생은 1명, 그리고 연수과정 학생은 30명이다. 마지막 5위는 61명으로 투르크메니스탄이 차지한다. 투르크메니스탄 출신 대학 · 전문대학 학생은 29명, 석사과정 학생은 16명이다. 투르크메니스탄계는 박사과정 학생이 없으며 연수과정 학생은 16명이다.

한국 내 중앙아시아 출신 유학생이 매년 증가하는 상황이며, 이에 대한 이유는 다음의 배경을 들어 설명할 수 있다. 첫째, 외교적 차원이다. 1991년 소련이 붕괴되고 중앙아시아의 5개 나라(우즈베키스탄, 카자흐스탄, 키르기스스탄, 투르크메니스탄, 타지키스탄)가 각자 공화국이 된 후 한국과의 외교 관계가 시작되었다. 한국과 중앙아시아 국가 간에 1992년 외교 관계가 조약된 후 중앙아시아에 한국어를 유창하게 구사하는 뛰어난 인재들이 요구되었기 때문이다. 그래서 한국에 유학 목적으로 입국하기 시작했다. 우즈베키스탄의 경우 최초 우즈베키스탄계 유학생은 1994년 한국에 온 남학생이다. 이후 한국 정부의 여러 가지 프로그램을 통해 한국으로 유학을 온 중앙아시아 유학생 수가 지속적으로 증가했다.

둘째, 교육적 차원이다. 중앙아시아의 5개 국가 교육기관에서 한국어 전공이나 한국어 강좌가 개설되었다. 1937년 고려인이 중앙아시아 지역으로 이주한 후, 1956년 우즈베키스탄의 수도에 위치한 타슈켄트 국립 니자미 사범대학교(Tashkent State Pedagogical University)에서 고려인을 대상으로 하는 모국어 교육이 이루어졌다. 그리고 1991년 우즈베키스탄이 공화국이 되고 1992년 한국과 우즈베키스탄 간의 외교 관계가 수립된 이후 고려인을 대상으로 실시된 모국어 교육은 모든 민족을 대상으로 한 한국어교육으로 전환되었다. 아울러 1992년 우즈베키스탄의 수도 타슈켄트에 대한민국 교육부 산하 타슈켄트 한국교육원이 설치되었다.

현재까지 우즈베키스탄의 5개 대학에 한국어 전공이나 한국어 강좌가 개설되었다. 타슈켄트 국립 사범대학교는 1956년도에, 타슈켄트 국립 동방대학교는 1991년도에 한국어 전공과정이 개설되었다. 또한 타슈켄트 국립 외교경제대학교는 1994년도에, 타슈켄트 국립 세계언어대학교는 1998년도에, 사마르칸트 국립 외국어대학교는 2000년도에 한국어 강좌를 개설했다.

카자흐스탄 경우 다수의 대학교에서 한국어학과를 개설했으며 알마티 한국교육원, 누르술탄 한국문화원, 심켄트 세종학당 등에서 한국어 수업과 각종 문화 프로그램을 제공하고 있다. 또한 한국문화에 대한 관심이 높아지면서 한국 유학 및 한국 기업에 취업하기 위한 한국어 학습자가 지속적으로 증가하고 있다. 이러한 긍정적인 증가세는 2018년 누르술탄 나자르바예프 영재학교에서 한국어를 제2 언어로 공식채택하는 계기가 되었다(대한민국 외교부, 2019).

1992년 4월 27일 한국과 타지키스탄 간의 외교 관계가 수립된 후 양국 간의 교육을 비롯한 여러 분야에서 협력이 이루어지기 시작했다. 2004년 9월 타지키스탄 국립 외국어대학교에서 한국어학과가 개설되었고, 2013년 9월 타지키스탄 국립사대 영어학과의 복수전공 학과로 한국어학과가 개설되었다. 그뿐만 아니라 2011년 9월 타지키스탄 외국어대학교 내에 두샨베 세종학당이 개설되었다. 또한 2017년 8월부터 한국연구재단에서 파견한 IT 전문가 1명이 타지키스탄 기술대학교 컴퓨터학과 학생들을 교육하고 있으며, 2018년 3월에는 기술대학교 내 한-타지키스탄 IT센터가 개설되었다. 아울러 2016년 9월 개관한 슬라보닉대학교 한국문화센터에서도 한국어 학습 희망자들에게 소그룹별 한국어 강습을 하고 있다(대한민국 외교부, 2019).

1992년 2월 7일 한국과 투르크메니스탄 간의 외교 관계가 수립된 후 2006년까지 양국 간 인적 교류 및 협력 수준이 미미했지만, 2007년 2월 베르디무함메도프 대통령 취임 및 2007년 6월 주투르크메니스탄 대사관이 개설 후 양국 관계가 급속히 발전했다. 2008년 9월 투르크메니스탄 국립아자디세계언어대학교에 한국어학과가 개설되었고, 2019년 1월에는 투르크메니스탄 중등학교 내 한국어 시범교육이 개시되었다. 그뿐만 아니라 2008년부터 한국영화제, 2014년부터 한국영화주간이 계속적으로 개최되고 있다.

2001년부터 현재까지 매년 진행되고 있는 한국유학박람회*는 중앙아시아 학생들이 한국에 유학 오는 큰 계기가 되고 있다. 예컨대, 교육부 및 국립국제교육원은 2016년 5월 28일(토)~6월 2일(목) 기간 동안 중앙아시아에 위치한 우즈베키스탄과 카자흐스탄에서 한국유학박람회를 개최했다. 이 박람회에서 42개의 한국 대학은 타슈켄트에서 유학생 유치를 위한 한국유학 홍보를 했으며, 이 행사에 1만 명 이상의 현지 학생들이 참여했다(교육부 소식, 2016).

2014년 인하대학교는 우즈베키스탄의 수도인 타슈켄트에 인하대 타슈켄트 캠퍼스(Inha University in Tashkent: IUT)**를 개교했다. 이 대학은 최근 우즈베키스탄뿐만 아니라 세계적으로 인기가 많은 IT교육 전문대학교로 우

* 한국유학박람회란 국내 대학의 국제화, 우수 해외 자원 유치 등으로 해외에서 국내 대학별 입학 정보 등을 마련하는 행사다(http://www.yonhapnews.co.kr).

** 인하대학교 홈페이지(http://www.inha.ac.kr)

즈베키스탄에 있는 국내 및 국제대학 중 5위(2017년 기준)를 차지하고 있다. 현재 타슈켄트 인하대학교에서 1,500명 이상의 학생이 공부하고 있다.*

2017년 인하대학교에서는 외국인을 대상으로 국제학부를 신설했는데, 이는 우즈베키스탄 학생들이 한국에 더 많이 오게 되는 동기가 되었다. 국제학부의 목적은 다양한 문화적 배경을 지닌 외국인 유학생을 대상으로 하여 학생들에게 질 높은 수업을 마련함으로써 그들을 글로벌 인재로 양성하는 것이다. 이 학부의 2017년 1학기 첫 입학생은 총 49명이었으며 우즈베키스탄 유학생 46명, 카자흐스탄 유학생 3명이다. 2017년 2학기 입학생은 모두 30명이고, 다양한 문화적 배경을 가지고 있는 유학생**이다. 우즈베키스탄의 타슈켄트 인하대학교 및 IT 전공이 인기와 관심을 끌면서 한국내 우즈베키스탄 유학생들은 2014년부터 현재까지 꾸준히 증가한 것으로 보인다.

2018년부터 한국의 다양한 대학교가 우즈베키스탄에서의 분교를 적극적으로 설립하고 있다. 2018년 타슈켄트 부천대학교(Bucheon University in Tashkent) 및 타슈켄트 여주기술대학교(Yeoju Technical University in Tashkent), 2019년 타슈켄트 아주대학교(Ajou Universitety in Tashkent) 및 페르가나 한국국제대학교(Korea International University in Ferghana) 등을 들 수 있다. 2020년 12월 양국의 교육부 · 투자대외무역부 · 외무부 등 담당자들 간에 진행된 화상회의에서는 한국의 서원대학교가 우즈베키스탄의 자치공화국인 카라칼팍스탄공화국에서 농업, IT, 바이오, 한국어교육 등을 전공으로 하는 서원대학교 분교 설립에 대한 협의가 이루어졌다.***

---

* 타슈켄트 인하대학교 홈페이지(https://inha.uz)

** http://www.inha.ac.kr

*** 한-우즈베키스탄 비즈니스협회 홈페이지(http://www.uzko-trade.org)

셋째, 문화적 차원이다. 1999년 중앙아시아에서 한국 드라마가 방영된 이후 한국에 대한 긍정적인 이미지가 만들어졌다. 주로 한국 드라마를 통해 한국을 알게 된 중앙아시아 청소년에게 한국은 IT · 경제 · 교육 · 의학 등 다양한 분야에서 발전한 나라로 인식되었다. 따라서 이러한 분야가 발전된 나라에 가서 공부하는 것이 많은 젊은이의 꿈이 되었다. 다시 말하면, 한국 드라마에서 봤던 곳을 직접 눈으로 보고, 한국 드라마 장면을 통해 알게 된 한국 음식을 직접 먹어보고, 한국 드라마에서 느꼈던 공부에 대한 열정을 직접 경험해보고, 한국 드라마에서 들었던 귀엽고 부드러운 한국말을 한국에서 생활하며 배우고, 한국 사회 구성원들과 직접 대화해보고 싶은 희망과 목적이 우즈베키스탄에서 한국으로 유학 오게 된 큰 계기가 되었다. 1999년 말부터 우즈베키스탄의 방송국에서 우즈베크어나 러시아어로 방송된 「별은 내 가슴에」, 「겨울 연가」, 「대장금」, 「주몽」 등 한국 드라마가 많은 인기를 끌었으며, 한국을 비롯한 한국의 문화나 사회 또는 한국 사람들에 대한 관심이 높아졌다.

카자흐스탄의 경우 「주몽」과 「꽃보다 남자」 등 드라마를 통해 시작한 한류 열풍은 한식으로 이어지고 있다. 2018년 누르술탄 메리어트호텔에서 닭강정과 삼계탕, 잡채 등이 메뉴에 포함되었고 아스타나 조리학교에서는 한식이 정식 교육과정으로 채택되었다. 카자흐스탄과 마찬가지로 키르기스스탄에서도 드라마 「꽃보다 남자」가 많은 인기를 끌었으며, 싸이의 「강남 스타일」도 키르기스스탄의 K-pop 열풍에 한몫을 했다. 특히 「꽃보다 남자」는 드라마의 주인공인 '구준표와 결혼하는 법'이라는 영화 제작으로까지 이어진 바 있다. 타지키스탄의 경우 한류는 주로 한국 사극 드라마를 통해 전파되고 있다. 우즈베키스탄과 마찬가지로 「대장금」은 타지키스탄에서도 많은 인기를 얻었다. 「대장금」은 2007년 첫 방영 후 4~5회 재방영되었다. 또한 2016년 방영된 「기황후」는 2~3회 재방영되었고, 2017년 방영된 「장옥정」은 2019년 재방영되었다(대한민국 외교부, 2019).

위에서 살펴본 것처럼 한국의 IT · 교육 · 경제 · 의학 등 다양한 분야에서의 발전에 대한 긍정적인 이미지는 중앙아시아 출신 학생들이 한국에 유학 온 계기가 되었다고 할 수 있다. 우즈베키스탄 유학생의 유학 목적 사유 분석을 한 슈쿠로바 메흐리니소와 이춘호(2019)는 우즈베키스탄 유학생이 한국 유학을 결정하는 요인 및 특성으로 세 가지를 제시한다. 첫째 요인은 위에서 살펴본 것처럼 한류 열풍 영향으로 증가한 한국어에 대한 관심, 한국의 경제 성장에 대한 긍정적인 이미지, 교육 분야에서 우즈베키스탄과 한국 간의 적극적 교류, 한국 정부의 외국인 유학생 유치 및 한국 유학 관련 홍보 정책, 그리고 재한 결혼이주여성과 이주노동자에 의한 연쇄이주 등이다. 둘째 요인은 한국에서 열심히 공부하고 훌륭한 인재가 되어 모국 발전에 이바지하는 것이다. 그리고 마지막 요인은 우즈베키스탄 내 한국 기업에 취직하기 위해서다.

2.
중앙아시아 유학생에 관한 연구 경향

국내 대학 재학 중인 우즈베키스탄 유학생의 유학 동기 및 대학 생활 어려움 · 스트레스에 대한 연구(아지조바 피루자, 2018; 압돌라예바 닐루파르 · 고장완, 2019)에 따르면 우즈베키스탄 유학생의 유학 동기는 밝은 미래를 위한 준비 및 가족의 영향이다. 그리고 우즈베키스탄 유학생의 국내 대학 생활에서 경험하는 어려움 · 스트레스로는 경제적, 학업적, 대인관계, 미래와 취업에 대한 걱정, 차별 등을 제시했다.

우즈베키스탄을 비롯한 중앙아시아 유학생, 특히 남성들은 성년이 된 후 부모에게 경제적으로 의존하는 것을 좋지 않게 생각하고 있다. 그래서 대부분 중앙아시아 남자들은 고등학생, 즉 미성년 때부터 부모님께 용돈을 받지 않고 아르바이트를 시작한다. 이 때문에 한국에 유학 온 후 아무리 경제적으로 어려워도 부모의 도움 없이 등록금이나 생활비를 스스로 해결한다. 하루에 2~3시간 정도 자며 낮에 공부하고 밤에 편의점에서 아르바이트 하는 유학생도 많다. 기존 연구들에서 볼 수 있는 것처럼 우즈베키스탄 유학생의 '경제적인 어려움' 이며, 다음 순위는 '학업적 어려움'이 차지한다.

중앙아시아 교육시스템은 러시아 교육시스템에 근거하고 한국 교육시스템은 미국 교육시스템을 바탕으로 이루어진다. 유학생은 이러한 다른 교육시스템과 더불어 전문적인 용어나 전문적 배경지식으로 인해 학업적 스트레스를 겪게 된다. 그뿐만 아니라 국내 외국인 유학생 간 서로에 대해 가지고 있는 선입견이나 고정관념 때문에 수업에서 진행되는 팀 프로젝트 같은 협동학습 활동은 그들에게 또 다른 스트레스가 된다(주휘정, 2010; 김영순 · 갈라노바 딜노자, 2017).

대학생들은 팀별 과제나 협동이 필요한 대학 생활에서 사람들과 상호작용할 때 언어적인 측면보다 문화적인 차원에서 더 어려워했고, 석 · 박사 원생들은 교수나 선 · 후배 관계를 힘들어하고 있다(강현민 외, 2014). 유학생을 대상으로 하는 교육으로 한국 언어교육이 가장 많이 이루어지고 있지만, 유창한 언어생활을 위해서는 문화에 대한 교육도 요구된다. 그동안 서로 다른 문화권에서 살아온 사람들이 서로의 문화에 대한 지식과 함께 상호문화를 존중하고 이해하려는 열린 마음 역시 필요하기 때문이다.

한국 내 중앙아시아 유학생을 대상으로 한 연구에 따르면 자문화와 다른 소통 방식(이미정 외, 2015), 한국의 사회 및 문화와 관련된 언어적 · 비언어적인 표현(김영순 · 갈라노바 딜노자, 2017) 등을 배우고, 특히 대학 초기적응 시기에 긍정적인 대인관계를 맺는 것이 그들에게 가장 큰 과제로 나타나고 있다(강현민 외, 2014; 오세경 외, 2015). 이와 같은 결과는 최희정(2020)의 중앙아시아 출신 이공계 유학생의 한국 유학 경험에 관한 연구에서도 볼 수 있다. 이에 따르면 중앙아시아 유학생은 다양한 나라에서 온 학생들과 영어로 수업을 들으면서 문화적 경험도 하고 양질의 이공계 교육도 받을 수 있다는 것에 대한 높은 가치 및 의미를 부여하고 있다. 반면 지방에 위치한 '글로벌' 캠퍼스에서 공부하는 중앙아시아 유학생은 낮은 한국어 능력으로 인해 한국 사회를 충분히 이해하고 학교 안팎의 한국인과 의미 있는 관계를 형성하는 데 어려움을 경험하고 있다. 국내 우즈베키스탄 유학생 202명을 대상으로 그들의 세계 시민의식 수준을 살펴본 임지영 외(2020)의 연구 결과에 의하면 국내 대학교에 재학 중인 우즈베키스탄 유학생의 세계 시민의식은 높은 것으로 나타났으며, 세계 시민의식의 하위요인별 수준은 인지적 영역이 정의적 영역과 실천적 영역보다 모든 하위 영역에서 높은 수준으로 나타났다. 세계 시민의식이 높게 나타났음에도 우즈베키스탄을 비롯한 중앙아시아 유학생이 언어 · 문화 · 사고방식 · 생활양식 등 다양한 요인으로 한국 문화권 사람들과의 관계 형성에 어려워하는 것을 기존 연구들을 통해 확인할 수 있다. 엄미정 외(2012)의 조사 결과에 따르면, 유학생이 유학 생활 이후 유학 전에 생각했던 것과 가장 크게 다른 점은 식생활 및 문화적응 요인(31.0%)이다. 이런 문제점들은 유학생의 일상생활뿐만 아니라 대학 생활에도 큰 영향을 미치는 요인이다. 언어는 문화의 한 부분이고 사회와 밀접한 관계를 맺고 있기 때문이다.

한국 대학에 재학 중인 중앙아시아 유학생을 대상으로 이루어진 연구들에 따르면 중앙아시아 유학생이 겪고 있는 한국 문화적응 스트레스 요인으로는 한국의 '빨리빨리' 문화가 있다. 그뿐만 아니라 상대방의 지위와 나이에 따라 달라지는 한국의 인사예절과 의사소통 방식에도 어려움을 느낀다. 아울러 중앙아시아 학생들은 가족생활보다 직장생활을 더 중요하게 생각하는 한국 사회에 대한 부정적인 측면을 가지고 있다(이미정 외, 2015). 예컨대 중앙아시아 유학생이 한국 사회 속에서 생활하면서 직장 생활을 위해 결혼생활, 또는 자녀 출산을 포기하는 사람들을 경험하게 된다. 이에 대해 중앙아시아 유학생은 문화충격까지는 아니더라도 극심한 문화차이를 경험한다. 중앙아시아에서는 아무리 좋은 직장에서 일하고 아무리 높은 지위에 있어도 결혼하지 않고 자녀가 없으면 사회 구성원들에게 존중이나 인정을 받기 어렵다.

우즈베키스탄 유학생이 한국 사회에 적응하는 과정에서 겪는 문화충격을 외면적 및 내면적 영역에서 살펴본 연구(민혜경 · 이영희, 2020)에 따르면 우즈베키스탄 유학생은 외면적인 영역에서 한국 사람들이 술을 많이 마시는 것, 돼지고기를 많이 먹는 것 그리고 외모를 지나치게 중시하는 것 등을 제시한다. 그리고 내면적 영역에 대한 문화충격을 긍정적 측면과 부정적 측면에서 분석할 수 있는데, 우즈베키스탄 유학생은 한국에서 남성과 여성의 지위가 동등한 것에 대한 긍정적인 생각을 가지고 있었다. 반면에 그들은 한국 사람들이 웃어른을 공경하지 않는 것과 외부인에게 불친절한 것에 대해 부정적으로 생각하고 있었다.

기존 연구 결과들을 근거로 하여 중앙아시아 유학생의 특성을 길트 홉스테데(Geert Hofstede, 1988)의 다섯 가지 문화차원 이론을 바탕으로 살펴보면 다음과 같다. 홉스테데는 거주한 국가에 따라 문화적인 특성이 다르게 나

〈표 2-3〉 홉스테데의 다섯 가지 국가문화 차원

구분 기준	구분 내용	
권력 거리(Power Distance)	작은 권력 거리	큰 권력 거리
개인주의/집단주의 (Individualism/Collectivism)	개인주의	집단주의
남성주의/여성주의 (Masculinity/Femininity)	남성주의	여성주의
불확실성 회피 (Uncertainty Avoidance)	낮은 불확실성 회피 성향	높은 불확실성 회피 성향
장기지향/단기지향 (Long Term Orientation/Short Term Orientation)	단기지향	장기지향

타난다는 전제하에 국가문화 차원을 다섯 가지로 구분했다. 그가 구분한 다섯 가지 국가문화 차원은 권력 거리, 개인주의와 집단주의, 남성주의와 여성주의, 불확실성 회피 성향 그리고 장기지향 및 단기지향 등이다. 이는 〈표 2-3〉과 같다.

홉스테데의 연구에서 가장 중요한 국가문화 차원은 권력 거리이며, 이는 사회에서 불평등하게 분배된다는 사실을 문화가 수용하고 강화하는 정도를 의미한다(Ghemawat & Reiche, 2011). 다시 말하면, 구분한 국가문화 차원 중 권력 거리(PDI: Power Distance index)란 "한 국가 내의 시설(institutions) 및 조직(organizations)의 힘없는 구성원이 권력의 불평등한 분포를 기대하고 수용하는 정도"라고 정의할 수 있다. 여기에서 말하는 시설이란 가족이나 학교 또는 지역사회 같은 사회의 기본 단위를 의미한다. 그리고 조직이란 "사람들이 일하는 곳"을 뜻한다(Hofstede, Hofstede & Minkov, 2010). 홉스테데는 '작은 권력 거리'와 '큰 권력 거리'로 그 정도 차이를 구별했다. 작은 권력 거리 사회는 상사와 부하직원 간의 감정적 거리로, 비교적 작은 편이어서 부하직원은 상사에게 쉽게 접근해서 반대 의견을 낼 수 있는 사회를 의미한다. 반면 큰 권력 거리 사회란 의존 및 반의존 간의 극화현상이 나타나고 부하직원이 상사에게 직접 다가가서 반대 의견을 내놓는 일을 흔히 볼 수 없는 사회를 뜻한다(김태현, 2017). 권력 거리가 큰 사회와 작은 사회 간의 핵심적인 차이점은 다음 세 가지 차원에서 잘 드러난다.

첫째, 가족이나 학교 또는 보건관리 서비스다. 권력 거리가 큰 사회에서 부모-자녀, 교사-학생, 의사-환자 간의 관계에서는 모든 주도권을 부모나 교사 또는 의사가 가지고 있으므로 이런 관계는 불평등한 성격을 가진다. 반면에 권력 거리가 작은 사회에서 부모-자녀, 교사-학생, 의사-환자 간의 관계는 동등한 자리에서 이루어진다.

둘째, 직장이다. 주어진 사회에서의 권력 거리가 크거나 작은지에 따라 앞에서 살펴본 부모-자녀, 교사-학생, 의사-환자 간의 관계는 직장생활을 하는 데도 계속 영향을 미친다. 구체적으로 말하자면, 권력 거리가 큰 사회에서 상사-부하 간의 관계에서는 모든 주도권을 상사가 지니므로 서로 간의 불평등한 관계가 이루어지지만 작은 권력 거리 사회에서는 상사-부하 간의 관계는 평등하게 이루어진다.

셋째, 정부의 사상이다. 정부의 사상은 국가의 권력 거리가 큰지 작은지에 따라 다른데, 큰 권력 거리 사회에서 권력을 가진 자와 국민 간의 관계가 불평등감이 크고 권력 거리가 작은 사회에서는 권력을 가진 사람과 국민 간의 관계가 조금 더 평등한 것을 볼 수 있다. 이러한 요소들은 국가마다 다르게 나타나기 마련이다. 다시 말하면, 국가가 속한 사회 및 문화에 따라 작거나 큰 권력 거리가 존재한다.

홉스테데가 주장한 국가문화 차원의 두 번째는 개인주의/집단주의(Individualism /Collectivism)다. 개인주의란 개인 간의 구속력이 느슨한 사회, 즉 자신의 직계 가족만 돌보는 것을 의미한다. 반대로 집단주의는 태어날 때부터 강력하고 단결이 잘된 내집단에 통합되어 있고, 평생 무조건 내집단에 충성하는 대가로 그 집단이 개인을 계속 보호해주는 사회를 말한다(Hofstede, Hofstede & Minkov, 2010). 아울러 집단주의적 사회 구성원은 집단 내와 집단 간을 명확하게 구별하고 그룹 내(예: 가족, 조직)를 위해 개인의 이익에 종속될 것으로 예상된다(Ghemawat & Reiche, 2011).

개인주의는 개인의 시간, 자유 그리고 도전 등을 말한다. 개인의 시간은 자신의 개인 생활이나 가족생활을 위해 충분한 시간을 갖고 이에 따라 행동하는 것을 뜻한다. 자유란 자기 자신의 시간을 마음대로 활용하는 것을 의미한다. 그리고 마지막으로 도전은 개인적 성취감을 위해 자기가 원하는 것을 시도해보는 것을 말한다.

한편 집단주의는 연수, 물리적 조건 및 기술의 활용 등으로 구성되어 있다. 연수란 자기 자신의 기술을 양성하거나 새로운 기술을 배울 기회가 있는지를 뜻한다. 물리적 조건은 물리적으로 주어진 상태나 상황을 말한다. 그리고 기술의 활용이란 자기 자신의 기술이나 능력을 직장에서 효과적으로 활용하는 것을 의미한다. 개인주의 및 집단주의는 일반적 규범과 가족; 언어, 성격과 행동; 학교, 직장 현대 정보 및 커뮤니케이션 기술(ICT: Information and Communication Technologies); 정치와 사상 등의 항목으로 구분되어 국가마다 다르게 나타난다.

홉스테데는 다음으로 남성주의/여성주의(Masculinity/Femininity)를 기준으로 삼았다. 문화적으로 결정되는 사회적 역할에 따라 사회는 남성적 사회와 여성적 사회로 구분된다. 남성적 사회는 남성과 여성의 사회적 역할이 명확하게 구분되는 사회다. 이 사회에서 남성들은 자기주장이 강하고 거칠며 물질적 성공에 집중한다. 반면 여성들은 겸손하고 부드럽고 삶의 질에 관심을 둔다. 여성적 사회에서는 남녀 역할이 중첩된다. 다시 말하면, 남성과 여성 모두 겸손하고 부드러우며 삶의 질에 관심이 많은 것이 특징이다(Hofstede, Hofstede & Minkov, 2010).

아울러 남성주의 사회에서 남성의 역할과 거의 보편적으로 관련된 성취, 자기주장, 경쟁 및 물질적 성공 같은 부정적 가치의 지배를 반영한다고 생각된다. 반면에 여성주의 사회에서는 개인적인 관계, 다른 사람들을 돌보는 것과 삶의 질 같은 부드러운 가치에 중점을 둔다(Ghemawat & Reiche, 2011). 여성주의와 남성주의 일반적 규범 및 가정; 남녀와 성; 교육과 소비자 행동; 직장; 정치와 종교 등 항목으로 분리되어 각 국가가 속한 사회 및 문화에 따라 다르게 나타난다.

국가문화 차원의 네 번째 기준은 불확실성 회피(Uncertainty Avoidance)다. 이는 한 문화의 구성원들이 불확실한 상황이나 미지의 상황으로 인해 위협을 느끼는 정도를 말한다. 낮은 불확실성 회피 성향이란 경쟁 및 갈등은 다양한 것으로 피하지 않으며 혁신적인 생각 또는 행동에 대해 수용적이고 모호한 상황 및 모험에 대해 불안을 느끼지 않고 적극적으로 받아들이는 것을 의미한다. 반면에 높은 불확실성 회피 성향이란 안전을 중요하게 생각하며 모험 및 변화 등을 피하고 형식적 · 관료적 규칙 및 전문가의 충고에 더욱 많이 의존하는 것을 말한다(김태현, 2017).

또한, 불확실성 회피가 높은 문화권은 구조 및 예측 가능성을 선호하므로 명시적인 행동 규칙 및 엄격한 법규가 적용된다. 이러한 문화의 구성원은 고용주 변경, 새로운 접근법 채택 또는 활동 참여에 대한 위험 회피 경향이 있다. 반면에 불확실성이 낮은 사회에서는 위험을 감수하면서 혁신과 다양한 견해를 수용하는 데 도움이 되는 구조화되지 않은 상황과 모호함이 선호된다(Ghemawat & Reiche, 2011). 불확실성 회피는 일반 규범과 가족; 건강, 교육 및 쇼핑; 직장, 조직, 동기; 시민 및 정부; 포용력, 종교 및 사고방식 등 항목으로 구분되어 국가마다 다르게 이루어진다.

홉스테데가 주장한 국가문화 간의 차이를 구분하는 마지막 기준은 장기지향/단기지향(Long-Term Orientation/Short-Term Orientation)이다. 장기지향은 미래의 보상을 지향하는 미덕의 수양을 뜻하며, 끈기와 절약 가치가 여기에 속한다. 반대로 단기지향은 과거 및 현재와 연결된 미덕의 수양을 말하며 이는 전통 존중, '체면' 유지, 사회적 의무의 이행 가치 등을 포함한다(Hofstede, Hofstede & Minkov, 2010). 장기지향과 단기지향은 일반 규범, 개인적 감정과 건강; 사생활, 소비 행동, 성 및 정치 등 항목에서 잘 나타나며, 이는 각 국가가 속한 사회 및 문화에 따라 다르게 나타난다.

위에서 살펴본 바와 같이 홉스테데가 논의한 다섯 가지 차원을 토대로 중앙아시아 국가 중 카자흐스탄과 한국 사회를 미국과 스웨덴 등과 대조하여 비교했는데, 그 결과는 다음과 같다.

[그림 2-1]에서 카자흐스탄 · 우즈베키스탄과 한국 국가문화의 특징을 살펴보기 위해 미국과 스웨덴 등의 국가들도 같이 제시했다. 한국과 카자흐스탄 · 우즈베키스탄의 권력 거리는 다른 나라들(미국과 스웨덴)과 비교해볼 때 비교적 높은 편에 속한다. 하지만 한국과 카자흐스탄 · 우즈베키스탄의 이런 높은 권력 거리는 서로 다른 관점에 초점을 두고 있다. 이를 홉스테데가 분류한 가족, 학교, 직장 등에서 이루어진 관계 설명에서 찾을 수 있다.

홉스테데가 주장한 권력 거리는 다른 나라들과 비교하면 한국과 카자흐스탄 · 우즈베키스탄에서 높은 편이지만, 이는 서로 다른 관점에 초점을 두고 있다. 즉, 한국 사회에서의 큰 권력 거리는 학교나 직장생활 또는 사회에서 눈에 잘 띄는 '직장 중심 큰 권력 거리'인 반면에 중앙아시아 사회

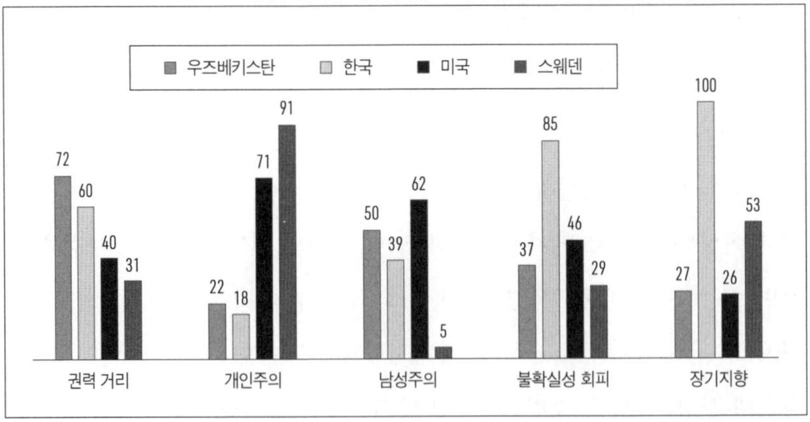

[그림 2-1] 홉스테데의 다섯 가지 문화차원 이론에 근거한 국가문화 비교

출처: Hofstede G. (1988), Ernazarov A. (2012)

에서의 큰 권력 거리는 가족 안에서 강하게 이루어진 '가족 중심 큰 권력 거리'다.

중앙아시아문화는 이슬람 종교의 규칙 및 원칙으로 구성되어 있으므로 부모에 대한 존중 및 효도를 굉장히 중요시한다. 이슬람 종교에 따르면 가장 큰 죄는 부모에게 효도하지 않고 그들을 화나게 하고 나이 든 부모를 두고 가는 것이다. 알티르미지(Al-Termiziy)는 예언자 무함마드의 말씀을 이렇게 전달한다. "부모를 기쁘게 하는 것이 주님을 기쁘게 하는 것이요, 부모를 화나게 하는 것은 주님을 화나게 하는 것이지요."(Addurrahman al-Sheha; 최영길 옮김, 2015). 따라서 중앙아시아문화에서는 부모에 대한 권력 거리가 가장 높으며, 자녀는 이 권력 거리를 '권력'이 아니라 부모에 대한 존중, 믿음, 애정 그리고 효도로 인식한다. 또한, 친절한 대접과 좋은 관계는 아버지보다는 어머니에게 우선권이 있으며, 어떤 사람이 예언자에게 한 말을 아부 후라이라(Abu Hurairah)가 다음과 같이 전한다(Dr. Addurrahman al-Sheha; 최영길 옮김, 2015).

> "사도님, 가장 좋은 관계를 맺는 데 누가 최우선입니까?" 이 질문에 사도께서 대답하시길, "당신의 어머니이지요. 그다음에도 당신의 어머니이지요. 또 그다음에도 당신의 어머니이지요. 그다음에는 당신의 아버지입니다. 그다음에는 아버지 다음이고 그다음에는 그 사람 다음입니다."

위에서 살펴본 것처럼 중앙아시아문화권 사람들은 가장 먼저 어머니, 그다음에 아버지에게 효도한다. 중앙아시아 사람들이 자주 쓰는 "천국은 어머니의 발밑에 있다"라는 속담은 이러한 사상에 근거한다.

중앙아시아 사회는 한국과 비슷한 집단주의 사회다. 이러한 집단주의

의식은 가족이나 언어, 성격과 행동, 또는 학교나 직장생활 등에서 잘 드러난다. 예를 들면, 두 나라 문화가 강조하는 가족이나 친구들 간에 모여서 식사하는 것, 큰 결정을 하기 앞서 가족이나 친척들과 상담하는 것, '나'보다 '우리'에 대해 생각하는 것, 자기의 개인적인 이익보다 자기가 속한 집단의 이익을 더 중요시하는 것 등이다.

위에서 설명한 집단주의의 방향성은 한국이 중앙아시아 국가들보다 더 높은 편이며, 이는 특히 직장 및 사회 구성원들 간의 '체면' 또는 '눈치' 등에서 잘 드러난다. 체면과 눈치는 전형적 집단주의 문화의 산물이고, 한국의 대표적인 문화로서 한국 사회에서 살아가는 데 필요한 요소다. 체면이란 집단의 화합을 유지하기 위해 윗사람에게 요구되는 덕목을 의미하고, 눈치란 집단의 가치를 존중하기 위해 아랫사람에게 요구되는 덕목을 말한다(김해옥, 2010). 한국 사회가 가진 높은 집단주의의 한 사례를 들자면 아랫사람이 윗사람이 타고 다니는 자동차보다 더 좋은 자동차를 타고 다니는 것은 예의에 어긋난다는 것이다.

남성주의/여성주의의 기준으로 살펴보면 중앙아시아 국가들은 한국보다 남성주의가 강한 편이다. 남성주의/여성주의와 관련된 문제는 어느 종교에서나 그 중심을 차지하는데, 남성주의 사회에서는 인간에게 강경한 행동을 하는 것이 옳다고 여기는 강경한 하나님이나 신들이 숭배 대상이 된다. 반면에 여성주의 사회에서는 동료 인간에게 사려 깊은 행동을 요청하는 부드러운 신들이 숭배 대상이다. 예를 들어 기독교는 강인하고 남성적인 요소와 부드럽고 여성적인 요소들 사이에 서 있다. 천주교 전통을 지닌 국가는 남성적인 가치를 더욱 보존하는 경향이 있는 반면에 개신교는 전통의 국가들보다 여성적인 가치를 보존하는 경향이 있다. 그리고 불교는 일본에서 남성적인 성격을 가지지만, 태국과 한국에서는 여성적인 성격을 지닌다. 아울러 이슬람교는 수니파와 시아파라는 두 가지 파로 구분되는데, 수니파는 신념 면에서 시아파보다 더 남성적인 형태다(Hofstede, Hofstede & Minkov, 2010).

2015년 통계청 조사에 의하면 한국에는 개신교(약 19.7%), 불교(약 15.5%), 천주교(약 7.9%)가 있다. 이 외에 정교회 및 이슬람, 또는 한국 기원의 토착 민족종교로는 천도교, 대종교, 원불교 등이 있다. 더불어 인구의 56%는 종교를 가지지 않는다.* 반면 우즈베키스탄 인구의 88%는 이슬람교이며, 이 중에서 다수(70%)가 수니파다. 그 외에 12% 중에서는 러시아 정교회가 대부분이다.** 알라 하나님의 말씀에 따르면 "남성은 여성의 보호자이니라. 이는 하나님께서 여성보다 남성에게 더 강한 힘을 주었기 때문이다. 남성은 자신의 모든 역량으로 여성을 부양해야 하느니라."(Addurrahman al-Sheha; 최영길 옮김, 2015). 다시 말하자면 무슬림 가정에 여자아이가 태어나면 그 아이는 결혼할 때까지 아버지나 친오빠, 남동생 또는 삼촌의 보호를 받고 결혼한 후에는 남편의 보호를 받는다. 이슬람교에서 '보호'는 남성이 여성을 남들로부터 보호해주고 아끼며 경제적 도움을 제공하는 것을 의미한다.

한국은 전통적으로 유교의 영향으로 인해 가부장적인 문화가 발달하여 남자를 여자보다 더 귀하게 생각하는 경향이 있었다. 그러므로 남성과 비교하면 여성이 사회적으로 많은 차별을 받았고 정당한 권리를 주장하기가 어려웠다(법무부 출입국외국인정책본부, 2012). 그러나 1920년 한국에서 페미니즘의 다양한 형태, 즉 자유주의 페미니즘, 사회주의 페미니즘, 기독교 페미니즘 등이 등장하면서 남녀평등이 확산되고 있다.*** 유엔개발계획(UNDP)이 전 세계 189개국을 대상으로 조사한 결과에 의하면 2018년 성불평등지

---

* https://namu.wiki

** https://ko.wikipedia.org

*** https://ko.wikipedia.org

수(Gender Inequality Index: GII) 순위에서 한국은 세계에서 10위(1위 스위스, 2위 덴마크, 공동 3위 네덜란드, 스웨덴, 공동 5위 벨기에, 노르웨이, 7위 슬로베니아, 8위 핀란드, 9위 아이슬란드, 10위 한국, 11위 싱가포르, 12위 슬로베니아, 이탈리아)로 기록되었다. 이런 점으로 미루어볼 때 우즈베키스탄에서는 남성주의가 강한(50점) 반면, 한국에서는 덜 그렇다(39점)고 할 수 있다.

불확실성 회피 및 장기지향/단기지향은 카자흐스탄과 한국의 국가문화에서 큰 차이를 보이지 않지만, 우즈베키스탄과 한국 간의 큰 차이를 볼 수 있다. 우즈베키스탄은 낮은 불확실성 회피 성향 사회임에 반해 한국은 높은 불확실성 회피 성향 사회다. 낮은 불확실성 회피 성향 사회에서 불확실성은 생활의 일상적인 일을 있는 그대로 받아들이는 경향이 강하다. 반면에 높은 불확실성 회피 사회에서는 생활 속에 내재하는 불확실성은 극복되어야 하는 지속적인 위협 요소로 받아들여진다. 장기지향/단기지향은 우즈베키스탄과 한국의 국가문화 차이 중 가장 큰 차이를 보이는 부분이다. 우즈베키스탄에서는 자유, 권리, 성취, 독자적 사고를 주요 업무 가치로 삼지만, 한국에서는 학습, 정직, 적응성, 책임과 자기절제를 주요 업무 가치로 삼는다(Hofstede, Hofstede & Minkov, 2010).

우즈베키스탄은 장기지향이 낮은 수준을 지니며 전통을 굉장히 중요하다고 생각한다. 또한 주변 사람들의 의견을 중요시하며 '체면'에 대한 관심이 높고, 특히 과도한 소비가 되더라도 '다른 사람에게 지면 안 된다'라는 사회적 압력이 강하다. 이를 한 사례를 통해 보자면, 보통 우즈베크문화권의 사람들은 자녀의 결혼식을 다른 사람들에게 지지 않게 활발하게 하려고 아이가 태어날 때부터 큰 노력을 한다(돈을 저축하거나 결혼식에 필요한 물건을 미리 산다). 그런데 거의 평생 저축한 재산을 자녀의 결혼식 때 하루 만에 다 써버린다. 이는 '체면'이나 '다른 사람에게 지면 안 된다'라는 의식 때문이다.

한편으로, 한국은 가장 높은 장기지향을 선호하는 사회 중 하나다. '유일하고 전능하신 하나님'이라는 개념은 한국인에게는 익숙하지 않다. 사람들은 미덕과 실용적인 좋은 예를 통해 삶을 살아간다. 한국에서의 기업은 장기적인 자기자본 비율, 분기별 이익보다는 시장점유율의 꾸준한 성장 등을 우선시한다. 그들은 모두 회사의 내구성을 제공한다. 그 뒤에 있는 생각은 회사가 주주를 위해 분기마다 돈을 버는 것이 아니라 많은 세대에 걸쳐 사회에 봉사하는 것이다.

한국에 유학 중인 중앙아시아 유학생은 자기 자신이 가지고 있는 개별 성격의 차이와 함께 20년 이상 영향을 받고 자라온 국가문화적 특성에 기인한 갈등 상황에 놓여있다. 이처럼 비슷하지만 다른 문화권에 체류하고 있는 유학생은 성공적인 한국 유학 생활, 한국문화권 사람들과 원활한 대인관계 형성 및 상호문화소통을 위해 타문화에 대한 깊은 이해, 다문화 감수성, 상호문화존중 등 역량이 필요하다.

3.
고려인과 고려인 유학생의 현황과 실태

19세기 후반부터 한국인은 지속적으로 북쪽으로 황무지를 개간하며 정착지를 확장해갔으며, 계속해서 새로운 땅을 찾아 이동해갔다. 그들은 한반도 밖에서 조국을 그리며 일제와 싸우는 독립운동을 했고, 정착을 위해 거친 땅을 일구면서 살았다. 이러한 한인 이주민의 집성촌을 배경으로 항일운동 기지가 형성되었다. 1888년에는 한국과 러시아 간에 협정이 체결되어 한인 이주민은 러시아로 귀화하고, 토지를 소유할 수 있는 새로운 규정이 제정되었다. 1917년 초에는 러시아에 거주한 고려인이 이미 10만여 명에 달했다. 1937년 중일전쟁이 발발하자, 스탈린은 일본과 전쟁을 치르기 위해 극동의 고려인을 중앙아시아로 강제 이주시켰다. 피땀을 흘리며 이제 막 정착한 연해주에서 고려인은 자신들이 개척한 모든 것을 잃어버리고 영문도 모른 채 강제로 기차에 태워져 중앙아시아 전역으로 보내졌다.

18만 명의 이주민 중 대부분이 우즈베키스탄과 카자흐스탄 지역으로 분산되었다. 소련은 이곳에서도 고려인의 거주지 이전의 자유와 다른 지역으로의 이동에 대한 자유를 박탈함으로써 고려인을 지속적으로 탄압했다.

또한 직업 선택의 자유도 제한했다. 고려인은 소련에서 거주했지만 조국을 잊지 않고 살기 위해 고려인학교를 만들어 2세와 3세에게 우리말과 우리글을 가르쳤고, 아리랑과 우리 노래를 불렀다. 사는 땅이 러시아이기에 러시아말을 사용하지만, 조국의 언어와 문화는 항상 그들의 가슴속에 묻어두고 있었다.

1991년 소비에트연방공화국이 붕괴한 이후, 각 민족 공화국이 독립국가가 되면서 당시 우즈베키스탄에 약 20만 명, 러시아에 13만 8천여 명, 카자흐스탄에 약 10만 명의 고려인은 자동으로 거주하던 국가의 국적을 취득하면서 그 나라의 국민이 되었다. 독립선언 이후, 각 국가는 자기 민족의 언어를 공화국의 공식 언어로 채택했으며, 러시아어는 외국어로 전락했다. 해당국의 민족어를 모르는 타민족이 러시아어를 사용한다고 해도 제2 민족으로 지위가 격하되었으며, 사회 전반에 민족 차별이 만연하여 다민족 사람 간의 사회적 또는 인간적 관계를 더 어렵게 만들었다.

우즈베키스탄에 거주한 고려인도 그 나라의 언어를 습득할 수 있어야만 살아갈 수 있는 어려운 환경에 처하게 되었다. 모든 국가 기관이나 직업, 대학 진학 등에서 자기 민족을 우선 채용 또는 적용했다. 상대적으로 민족 차별이 적다는 카자흐스탄도 정부 기관에서 카자흐 민족 비율이 74%에 이를 정도였다. 고려인은 이런 환경에서 자신이 살던 곳을 떠나 거주환경이 더 나은 곳을 찾아 이주를 결정했다. 특히, 우즈베키스탄은 국가 공용어로 그 나라 언어만을 인정하는 민족 차별정책을 강행했으며, 시장경제 체제로 전환했음에도 경제침체상태가 계속되었다. 그래서 우즈베키스탄에 거주하던 고려인은 카자흐스탄, 우크라이나, 러시아 등지로 이주했다.

소련연방공화국 시절 중앙아시아 고려인은 국경에 관계없이 자유롭게 왕래할 수 있었다. 그러나 소련 해체 이후 이러한 월경 행위는 국경으로 인해 제한되었을 뿐만 아니라 이를 국제이주로 간주했다. 하지만 수많은 고려인은 좀 더 나은 거주환경을 찾아 중앙아시아 국가들과 러시아 등으로 이주했다. 따라서 대부분 고려인은 구소련의 여러 독립 국가에서 가족과 친지들이 뿔뿔이 흩어져 살고 있다. 이렇게 흩어진 고려인은 정기적 혹은 부정기적으로 이동했고, 전화나 인터넷 및 SNS 등의 통신 매체 등의 방법을 활용하여 국경을 넘나드는 친족 공동체를 유지하며 살고 있다.

2004년 한국 정부는 외국인근로자의 고용에 관한 법률을 제정하여 '외국인고용허가제'를 시행함으로써 외국인노동자를 고용 측면에서 국내 노동자와 동등하게 보장해주었다. 외국인고용허가제는 1993년부터 시행된 산업연수생제도가 외국인근로자의 인권을 침해하고 불법적으로 취업을 유발한다는 문제를 해결하기 위해 도입되었다. 이 제도는 외국인노동자를 필요로 하는 사업자가 직종과 목적 등을 먼저 제시하고, 정부가 타당성을 검토함으로써 외국인노동자의 허가 여부를 결정하는 정책이다.

고려인도 중앙아시아 출신의 외국인노동자처럼 단순 노동자로 한국에 입국한다. 1999년 제정된 「재외동포법」이 정부가 수립되기 이전에 해외로 이주한 동포를 대상에서 제외했기 때문이다. 2002년 「재외동포법」의 문제점에 관한 개선책으로 재외동포의 단순 노무 분야(서비스 업종) 취업을 허용하는 제도(취업 관리제)가 도입되었다. 그러나 이 제도가 시행되면서부터 또 다른 문제가 야기되었고, 이것을 해결하기 위해 2007년 이들 지역에 거주하던 동포에게 한국으로 자유롭게 왕래하고 취업할 수 있는 '방문 취업제'가 도입되었다. 또한 '무연고 방문 취업'을 할 수 있는 H-2 비자가 발급되었다. 이를 계기로 중앙아시아와 러시아 지역에 살고 있던 고려인 중 많은 수가 한국으로 유입되고 있다.

국내 거주 고려인 인구 현황(출입국관리본부 통계월보, 2019년 12월 31일 기준)에 따르면, 국내 거주 고려인은 2019년 3월 기준, 8만 3,890명으로 집계됐다. 2016년 3만 8,875명, 2017년 5만 6,025명, 2018년 7만 1,525명에 이어 매년 증가하는 가운데 2016년 3월 대비 무려 215% 증가했다. 국가별로 살펴보면, 우즈베키스탄이 43%, 러시아가 35%로 가장 높은 비율을 차지했다. 이어 카자흐스탄(16%), 키르기스스탄(3%), 우크라이나(3%) 순인데, 이는 경제적으로 어려운 고려인 가족들이 일할 곳과 거주할 곳을 찾아 한국 땅을 밟고 있기 때문이라고 본다.

1990년 9월 한국과 소련의 수교 이후 출입국외국인정책본부에서 발행한 통계연보에 따르면, 중앙아시아계 고려인 수가 꾸준히 증가하고 있고, 취업 분야가 단순 노무직으로 한정되어있다는 것을 알 수 있다. 한국 정부는 2013년 국내에 체류하고 있는 고려인을 합법적으로 체류하고 적응시키기 위해 「고려인동포법」을 개정하여 시행하고 있다. 또한 '사회통합프로그램'을 이용하여 한국 조기 적응에 도움을 주고, '1345 외국인 종합안내센터'를 활용하여 러시아어 상담을 제공하고 있다.

민간 차원에서는 경기도 안산시, 광주광역시, 충북 청주시, 경북 경주시, 경남 김해시와 기타 지역에 고려인 마을이 형성된 도시마다 이들을 지원하는 시민단체들이 많이 증가하고 있다.* 고려인이 한국에 체류할 수 있는 관련 법제와 지원정책을 살펴보면 다음과 같다. 고려인 관련법은 크게 두 가지다. 전체적인 재외동포를 대상으로 하는 법과 오로지 고려인만을 대상으로 하는 법이 있다. 재외동포 일반을 대상으로 하는 관련법으로는 「재외동포의 출입국과 법적 지위에 관한 법률」(일명 재외동포법), 「재외동포재단법」 등이 있으며, 고려인만을 대상으로 하는 법으로는 「고려인동포 합법

---

* 안산 고려인 지원 단체 '너머'와 광주광역시 광산구 월곡동 '고려인 마을 종합지원센터'가 대표적인 사례다.

적 체류자격 취득 및 정착 지원을 위한 특별법」(일명 고려인동포법)이 있다.

고려인 관련 제도는 재외동포 자격 부여 제도(F-4 사증제도), 방문취업제도(H-2 사증제도), 단기방문제도(C-3 사증제도), 외국국적동포 영주제도(F-5 자격 부여 제도), 외국국적동포 기술교육제도 등이 있다. 재외동포 자격 부여 제도는 "단순 노무 종사 가능성이 희박한 대학 졸업자, 법인기업 대표, 기능사 이상 자격증 소지자, 만 60세 이상 동포 등에게 F-4 사증을 부여하는 제도다. 방문취업제와 연계해서 국내 노동시장의 혼란 우려가 없는 제조업 등 특정 산업 분야에서는 장기 근속한 H-2 사증 소지자에게도 F-4 사증으로의 변경을 허용하고 있다. 방문취업제도는 중국과 CIS 출신 만 25세 이상인 동포에게 5년간 유효한 복수사증인 H-2 사증을 발급하고 유효기간 범위 내에서 자유롭게 출입국이 가능하며, 최대 4년 10개월까지 체류를 허용하는 제도다. 단기방문제도는 단기방문(C-3) 사증 가운데 동포방문으로 분류되는 C-3-8 사증을 부여하는 제도로, 만 60세 미만의 외국국적동포에게 최대 90일까지 체류가 허용되며 3년간 유효한 복수사증을 부여하는 제도다.

외국국적동포 기술교육제도는 전산 추첨을 통해 기술 교육 대상으로 선정된 사람에게 국내 기술 교육 기회를 부여하는 제도로, C-3-8 사증을 발급받은 동포 가운데 만 25~49세인 자에게 신청 자격이 있고, 선정된 자는 재외동포 기술교육지원단에서 지정한 농 · 축산 · 어업 및 제조업 등 분야 직종에 해당하는 기술 교육 학원에서 기술 교육을 받을 수 있다.

고려인 관련 사업은 지방자치단체와 중앙정부 사업으로 구분할 수 있다. 중앙정부 사업으로는 외교부의 재외동포 현황 조사, 법무부의 이민자 조기적응 프로그램, 다양한 재외동포 관련 사업 등이 있다. 중앙정부의 고려인 관련 사업에서 고려인만을 위한 사업은 드물고, 대부분 전체적인 재외동포를 위한 사업이 있다. 하지만 CIS 현지에 거주하는 고려인을 직접 지원하는 사업들이 있다. 재외동포재단에서 시행하고 있는 CIS 동포 관련 사업들은 많은 고려인을 국내로 초청하는 것이지만, 국내에 장기적으로 거주하는 고려인에 대한 지원 사업은 체계적으로 시행되고 있지 않은 실정이다. 국내 거주 고려인을 위한 정책으로는 '영주귀국 사할린 동포 지원 사업' 이외에 아직까지 미미한 실정이다.

지방자치단체의 고려인 관련 정책은 지자체별로 고려인 관련 조례제정을 했거나 추진하고 있지만, 실질적으로 재정적 및 복지적 지원이나 사업은 아직은 활발하게 이루어지지 않고 있다. 하지만 국내 최초로 고려인 동포 관련 조례에 앞장선 광주광역시에서 (사)고려인 마을을 통해 고려인의 생활을 직접적으로 지원하고 있다. 또한 광주광역시에서는 고려인 자조 단체가 결성되어 활발하게 활동하고 있다. 2000년대 초반 광주광역시 고려인 자조 단체는 고려인의 친교 목적이 우선이었다. 이것이 시초가 되어 2009년 '고려인 지원 센터'를 설립하고, 2013년 '고려인 마을 협동조합'을 설립하기에 이르렀다. 고려인 마을 협동조합은 새로 입국하는 고려인에게 한국어 통역, 고려인 미취업자 숙식 제공 및 취업 알선, 고려인 문화 행사 등의 활동을 벌이고 있다(오정은 외, 2014). 광주광역시 외에 경기도 지역에서 고려인 관련 사업을 하고 있지만, 아직은 원활하게 이루어지지 않고 있고, 안산시의 한글 야학 '너머' 같은 민간단체 주도의 고려인 지원기관이 고려인과 관련된 사업을 대표하는 실정이다.

대부분 이주자는 새로운 환경으로 이주한 후에 문화충격과 차별 느낌, 가족과의 이별, 사회적응, 직업 적응과 언어소통 문제, 소외감, 생활관습과 경제적 부족 등 어려움을 겪게 된다. 이주자는 새로운 환경에 적응하는 데 우울, 불안, 스트레스, 적대감, 정체성 혼란 등 심리적 어려움을 피할 수 없다. 러시아 및 중앙아시아 지역에 거주하는 고려인 역시 현지 거주국의 민족 정책으로 인한 모국어(당시 한국어) 사용 금지 조치로 민족어를 상실하게 되었기 때문에 언어 사용과 학습에 어려움을 겪고 있다(정진아, 2014).

4.
고려인과 고려인 유학생에 관한 연구 경향

임채완(2002)의 연구에 따르면, 연해주 고려인은 다른 문화적 배경을 가진 사람과의 결혼에 대해 찬성하는 입장이 다소 우세하지만, 반대하는 견해도 상당수다. 고려인은 연해주에 거주하면서 소수민족으로서 "러시아인과 동등한 대우를 받는다'"(49.5%)라는 응답이 가장 많았지만, 일부 고려인의 경우 "소수민족으로서 차별당하고 있다"(24.6%)라고 응답했다. 또한 소수민족으로서 성공 가능성에 대해 "성공하기 어렵다"라고 응답한 경우보다 "그렇지 않다"라고 응답한 경우가 약간 더 우세한 것으로 나타났다.

김혜진(2008)은 모스크바 및 남부 러시아 지역에 거주하는 고려인 301명을 대상으로 한 설문조사 결과를 바탕으로 현재 젊은 고려인이 가지고 있는 한민족으로서의 민족정체성과 정체성을 형성하는 데 영향을 준 요소들을 알아보았다. 이 연구에서 전통문화의 많은 요소를 상실했음에도 대부분 청년층은 자신이 한인임을 느끼고 있다. 젊은 고려인은 함께 거주하고 있는 한인과의 교제를 통해 한민족이라는 동질감을 느끼는 동시에, 차이점 또한 인지하고 있었다. 선조의 조국에 대한 높아진 관심이나 동포 간의 빈번한 접촉에도 교제 기회의 확대가 반드시 서로 간의 친밀감 형성과 비례하지 않는 것으로 나타났다.

중앙아시아 고려인의 사이버 자료와 인터뷰 자료를 통해 그들의 객관적이고 주관적인 정체성을 분석한 문중호(2009)의 연구에 따르면, 고려인은 고국에 대한 자부심과 혈연관계를 중요시하고 있는 것으로 나타났다. 고려인은 한국의 발전을 경험하면서 고국을 그리워하거나 강한 자부심을 느끼게 되었고, 혼돈과 방황 속에서 뿌리 의식을 지니고 있었다. 하지만 이민 역사가 상대적으로 긴 중앙아시아 고려인 중 많은 수는 러시아화되었기 때문에 고유한 한국인의 의식을 찾아보기 어려운 것도 사실이다. 그런데도 그들의 의식 속에는 고국에 대한 강한 애착이 있었다. 그것은 이들이 소수민족으로서 '고려사람'이라고 불렸기 때문에 자의 반 타의 반으로 한민족으로서의 강한 자의식이 생겨날 수밖에 없었다고 볼 수 있다. 물론 세대가 바뀜에 따라 점차 이런 의식이 사라져가고 있는 것은 사실이지만, 고국에 대한 강한 자부심이 지속적으로 계승된 것도 사실이다. 이들의 정체성을 '제3의 정체성'이라고 부른다. 이는 한국적인 요소와 중앙아시아 및 러시아적인 요소들이 복합적으로 구축되어 고려인만의 독특한 정체성을 형성하기 때문이다.

고려인 후손은 한국의 문화를 주로 다음과 같은 세 가지 경로를 통해 접촉하고 있다. 첫째, 한국 정부의 지원을 받는 한국어 교육기관이다. 한국 정부는 러시아와 중앙아시아 국가들과 수교를 맺은 이후, 정책적으로 문화교류를 활발하게 지원할 뿐만 아니라 교육 분야에서도 지원하고 있다. 즉, 외교부와 교육부, 문화체육관광부는 코이카(KOICA), 한국교육원, 세종학당 등을 통해 현지 대학교의 한국어과에 교수진과 교재를 제공하고 있고, 고려인을 비롯한 현지인에게 한국어 교육과 한국 전통과 문화 관련 홍보와 교육을 시행하고 있다. 이러한 정부 기관들의 활동은 중앙아시아의 고려인 뿐만 아니라 우즈베크인이나 카자흐인 등 현지의 청년 세대까지도 그 대상에 포함되지만, 재외동포재단처럼 주로 고려인만을 대상으로 유학과 연수 기회를 제공하는 기관도 있다.

둘째, 한국에 거주하여 일자리를 가졌던 사람이나 유학 경험이 있는 가족과 친구들을 통해 간접적으로 한국을 접하는 경우가 있다. 특히, 우즈베키스탄 고려인은 한국에서 일하거나 유학하는 가족 및 지인 수가 점점 증가하고 있다. 한국은 현재 우즈베키스탄 고려인이 러시아나 카자흐스탄과 더불어 노동이주를 선호하는 국가 중 하나다. 또한 한국 드라마나 방송 프로그램 및 K-pop 등은 고려인의 젊은 세대에게 한국문화와 한국어를 알게 하는 강력한 수단이 되고 있다.

셋째, 본인이 직접 한국에 체류한 경험이다. 고려인 청년 중 40%가 한국 정부나 종교 단체 등을 통해 어학연수, 한국 체험 행사, 대학 또는 대학원 진학, 친지 방문을 목적으로 한국을 방문했다. 하지만 고려인 청소년은 한국 방문과 상관없이 현재 자신이 태어나서 사는 국가가 자신의 모국이며, 한국은 '조상의 나라'로 여기고 있었다. 그럼에도 자신의 뿌리가 탄생한 국가가 한국이기 때문에 '나의 뿌리 나라'라는 인식도 있다.

고려인과 후손이 지닌 정체성은 다음과 같은 특징을 지니고 있다(김병혁, 2018). 첫째, 모국 사회에서 부모 세대의 시민권 제한은 후속 세대의 유동적인 정체성에 일정한 영향을 미친다. 이러한 영향은 한국으로의 이주로 이어지게 했으며, 결국 초국적 삶의 형태를 띠게 되었다. 둘째, 모국 사회와 이주 사회에서 겪은 차별은 매우 다른 형태로 나타났다. 이와 같은 다양한 차별 경험은 초국가적인 정체성을 형성하는 데 영향을 많이 끼치게 되었다. 이들의 정체성은 이주 사회 내부를 지향함과 동시에 이주 사회 외부인 모국 사회에도 매우 개방적인 인식을 지니게 되었다. 셋째, 다양한 차별을 받은 고려인은 한국과 모국에 계속해서 정착하려는 의지가 사라지고 있으며, 심지어 양쪽 국가에 정주할 수 없다는 자신들을 비관하고 있다. 그럼에도 한국으로 이주하여 취업하거나 자식을 교육시키고, 친지를 초청하고 싶은 바람이 나타났다. 넷째, 모국과 한국 사회에서 경험한 경제적 불안정은 두 국가에 안정적인 정착처를 찾지 못하는 상황에 놓이게 되었다. 이렇게 중앙아시아 또는 러시아에 거주하고 있는 고려인은 이쪽도 저쪽도 아닌 '회색지대의 경계인'으로서의 삶을 유지하며 개인적인 또는 가족적인 이익에 따라 초국적인 정체성을 가지고 있다.

이소영(2010)은 설문조사를 통해 우즈베키스탄과 카자흐스탄 고려인의 민족정체성을 분석하며 차이점을 살펴보았다. 카자흐스탄 고려인은 우즈베키스탄 고려인보다 거주국의 민족 정책에 대해 우호적으로 나타났으며 민족 정책 인식, 민족정체성에 대한 전체적인 평균이 높게 나타났다. 또한 한민족 언어 · 문화의 이해에서 한국어를 구사하고, 고려인 음식을 즐겨 먹으며, 고려인의 전통 풍습 및 명절을 잘 지키는 고려인일수록 민족정체성이 높게 나타났다.

하지만 많은 고려인과 그 후손은 키르기스스탄으로 강제 이주를 한 후부터 한국어, 글, 문화와 풍습을 잃기 시작한 데다 성은 그대로 사용했지만 이름을 러시아식으로 바꾸어 사용하고 있다. 다시 말하면, 시간이 지나갈수록 고려인의 민족의식이나 정체성은 점점 사라져가고 있다는 것이다(정이리나, 2013).

중앙아시아 한인과 사할린 한인사회의 민족정체성 형성과 변화를 비교한 텐 옥사나(2010)의 연구에서도 중앙아시아 고려인과 사할린 한인 간의 차이점을 확인할 수 있다. 두 집단의 차이점은 사할린 한인 1세대의 본국에 대한 애착 수준이 우즈베키스탄 고려인에 비해 상대적으로 높게 나타났다. 반면 공통으로 나타난 현상은 민족정체성과 애착 수준에서의 세대 차이다. 사할린 1세대 고려인이 고향으로서의 한국을 그리워하는 '노스탤지어' 현상을 보이는 것에 반해, 고려인 2~3세대에게 고향은 러시아이고, 한국은 단지 더 좋은 삶을 찾기 위한 조상의 고향이라고만 생각하고 있었다. 고려인의 젊은 세대는 점점 더 다문화가정을 형성하면서 한민족의 언어와 문화를 잃어버리게 되었다. 사할린 한인 4세대 중 자신을 한인보다 러시아인으로 인정하는 사람들이 많아지고 있다는 것은 사할린 한인의 민족정체성이 사라지고 있다는 것을 보여준다. 또한 고려인 후손이 한국으로 이주하는 배경은 경제적 이유, 행정적 이유, '조상의 나라'라는 혈연적인 요소들이 있다. 이들은 똑같은 민족이라 생각하며 한국으로 이주했지만, 한국문화나 한국인과의 다름으로 인해 적응과정에 어려움을 겪게 된다. 물론 한국인과 비슷한 점이 있음에도 고려인 유학생은 다른 환경에서 성장하며 그 사회 영향을 받았기 때문에 다를 수밖에 없을 것이다. 그렇다면 한국에 들어와 체류하는 다른 사회의 영향을 받은 고려인 유학생의 한국 생활과 문화적응은 어떻게 되고 있을까? 다른 언어, 민족과 인종에 둘러싸인 환경에서 살아온 고려인 유학생에게 한국 생활은 익숙하지 않을 것이다. 이들도 다른 외국인 유학생과 마찬가지로 한국에 대한 사전 지식을 가지고 유학하러 온 사람들도 있고, 한류 영향을 받고 한국어를 전공하고 싶은 사람들도 있을 것이다. 그럼에도 한국문화와 한국인과 접촉하면서 발생하는 문화적응의 어려움을 피할 수 없을 것이다.

고려인 청소년은 '역사적 조국(историческая родина)'이라는 모국과 타국의 경계에 놓인 채 한국에 대한 막연한 기대감으로 한국을 방문하거나 한국인과 접촉한 후, 한국인으로서 정체성 혼란으로 이어지는 경험을 하게 된다. 이러한 현상은 일반적으로 디아스포라 한인의 본질적인 '경계성'으로 인해 형성된 '탈영토화'된 정체성으로 쉽게 설명될 수 있다.

한국에서 거주하고 있는 고려인 4세대 청년들의 문화적응을 연구한 남혜경 · 이미정(2016)에 따르면, 개인적 수준의 요인에서 고려인 청년들의 문화적응 요소는 한국어 능력과 상이한 가치관 및 정체성의 갈등이며, 사회적 수준의 요인은 음식문화에 대한 적응과 상하관계의 조직문화, 봉사를 통한 사회활동 참여다. 문화적응의 개인적 경험으로는 한국어의 필요성에 관한 것뿐만 아니라 한국 청소년과의 정서 및 가치관의 차이가 있었다. 또한 고려인 청소년은 외모가 한국인과 같아서 한국인이라고 생각하지만, 자신의 정체성은 우즈베키스탄인 혹은 러시아인으로 생각하고 있었다.

3개국(우즈베키스탄, 카자흐스탄, 러시아) 출신 고려인 중도입국 청소년 3명의 학교생활을 분석한 이남주 · 김민(2017)의 연구에서도 이와 유사한 결과가 도출되었다. 연구자들의 분석 결과에 따르면, 가장 중요하게 영향을 미치는 것은 한국어 의사소통이었다. 또래 관계에서는 한국어 부족과 문화적 차이로 인해 상호 친밀감 형성에 어려움을 겪었다. 교사와의 관계에서 교사들은 중도입국 청소년에게 친절했지만, 한국어 부족과 학습 활동의 부진함으로 인해 학교 활동에서 제외된 경우에는 교사의 무관심으로 여기고 있었다. 학업성취 면에서 한국과 모국의 교과과정 및 진도 수준 차이가 수업에 적응하는 데 어려움을 겪게 했다.

한국에 거주하는 고려인 청년층의 민족정체성을 연구한 김혜진(2016)은 학업, 취업, 결혼 등의 이유로 한국으로 이주한 후 고려인 청년층의 민족정체성이 변화하고 있다고 주장했다. 이들은 한국으로의 이주 전에는 비교적 민족정체성이 확고했지만, 한국으로의 이주 후에는 이러한 정체성이 혼동되기 시작했다. 언어적인 어려움 및 고려인을 바라보는 한국 사회의 차별적인 시선 등 다양한 문제를 안고 있음에도 대부분의 고려인 후손은 무엇보다 한국 생활의 편리함과 경제적 여건으로 인해 새로운 환경에 잘 적응하려고 노력하고 있다. 한국으로의 이주 전후에 접하는 한국문화는 이들의 가치관을 변화시키는 매체로 기능함과 동시에 '조상의 나라'에 대해 긍정적으로 생각하는 계기가 되어 민족정체성을 변화시킬 수 있는 중요한 요인 중 하나다. 하지만 이들을 바라보는 편견의 시선 및 열등시하는 태도는 한국인을 부정적으로 생각하는 경향을 낳기도 했다.

광주광역시 거주 고려인 동포 청소년의 생활실태를 분석한 김나영 · 선봉규(2018)에 따르면, 고려인 청소년은 생활 전반에서 적응하는 데 어려움을 겪고 있다. 특히, 고려인 청소년은 고려인이 집중적으로 거주하고 있는 지역에서 생활하기 때문에 한국어보다는 러시아어 사용 빈도가 높아서 한국어 실력이 늘지 않는다는 것이다. 이러한 한국어 미숙으로 인해 학교뿐만 아니라 생활 전반에서 어려움을 경험하고 있다는 것이다. 또한 고려인 청소년은 지역사회 내에서 주민 또는 고려인 청소년 간의 갈등이 자주 발생하고 있다. 왜냐하면, 서로의 문화적 차이를 수용하려는 감수성이 낮고, 적응하는 과정에서 스트레스가 높게 나타나기 때문이다.

이와 같이 고려인 청년은 개인적 차원의 문화적응에서 한국어의 미숙함으로 인한 갈등을 경험했을 뿐만 아니라 가치관의 차이와 자신의 정체성에 대한 갈등을 경험하고 있었다. 그렇기 때문에 고려인 청년은 자신들을 한국인으로 생각하기보다는 거주했던 국가정체성을 더 많이 가지지만, 출신 국가 국민도 아니고 한국인도 아닌 '제3의 정체성'을 지향하기도 했다. 이러한 상황에서 고려인 청년들이 한국어를 학습하고 한국문화를 이해하며 살아가고자 하는 것은 그들 스스로 정체성을 새롭게 형성하는 과정 또는 문화적응의 과정에 있다는 것을 보여주고 있다. 문화와 환경이 다른 한국 사회에 적응하는 고려인 청년은 고려인이라는 정체성을 가지면서 우즈베키스탄인과 러시아인 및 한국인 같은 정체성에도 개방적인 태도를 견지하고 있다. 그래서 현실을 대하는 태도가 매우 긍정적이고 적극적으로 대처하고 있다.

3장

상호문화소통과 문화적응

1. 상호문화와 상호문화성
2. 상호문화소통과 역량
3. 상호문화소통 교육과 상호문화소통 역량 평가
4. 문화적응과 문화충격 이론

1.
상호문화와 상호문화성

모든 문화는 보편적인 요소들을 지니고 있지만, 주어진 환경에 따라 서로 다른 차이점도 가진다. 주변 환경에 대한 인간의 대응방식이 각각 달라서 이러한 문화 차이가 생길 수밖에 없다. 즉, 문화적 차이는 다른 문화권과 대비되고 비교했을 때 나타나는 현상이다. 이러한 문화적 차이는 타문화를 배척하고 자기중심의 문화, 즉 자문화 중심주의를 내세우는 위험성을 가진다.

상호문화주의에서 바라보는 문화는 타문화를 배척하고 자기 문화만 내세우는 경향을 지니기보다 상호결합적인 성격을 지닌다. 다시 말하자면, 문화는 타문화에 대해 수용적인 자세를 취하게 된다. 즉, 문화와 문화 간의 접촉 및 교류는 궁극적으로 어떤 공유될 수 있는 지점으로 수렴하려는 경향을 가지며, 더 나아가 보편화하려는 경향을 보이게 된다(박인철, 2015). 이처럼 문화와 문화 간의 접촉 및 만남을 통해 이루어지는 개개 문화의 변화, 또는 이에 수반되는 상호융합의 현상과 가능성을 '상호문화성'이라고 정의한다.

상호문화성에서 중심 개념인 '상호문화'는 문화 간의 대화 및 연결을 중시하는 것을 의미한다(현남숙 · 김영진, 2015). 'inter'라는 접두사의 의미를 최대로 고려한다면, 'interculture'라는 단어는 상호작용, 교환, 장벽 제거, 상호성, 진정한 연대성을 의미한다(Carlo, 1998). 아울러 'inter'의 1차적 함축 의미를 살펴보면, 그것은 이미 언제나 주어진 언어적 · 문화적 다양성을 인정하면서 "서로 다른 문화 사이의 소통"(허영식, 2015)을 강조하는 것으로 이해될 수 있다.

상호문화는 영어로 'intercultural' 또는 'cross-cultural' 등의 용어를 사용한다. 그런데 이 두 개념 간에 차이점이 있다. 'intercultural'은 내부적 문화 및 상대주의적 문화 관점에서 서로 다른 문화적 배경을 지닌 사람들 간에 발생하는 이질성에 기반을 둔 상호교류적인 개념으로 에믹(emic)의 관점을 지닌다. 반면에 'cross-cultural'은 한국어로 '교차문화 간'이라고 번역되며, 대조문화적 또는 보편문화적 관점에서 두 개 이상의 문화권에서 유사한 점으로 발견되는 공통적인 개념 및 요인에 관련된 현상으로 에틱(etic)의 관점을 가진다. 앞에서 볼 수 있듯이 'intercultural'의 교류를 전제로 하므로 그룹이나 다른 문화권 차원에서 발생하는 문화적 현상과 차이점이 있다. 거디쿤스트(Gudykunst, 2002)에 따르면 대부분 학자는 'intercultural'이라는 용어를 통해 '대면(face-to-face)' 상황을 설명한다. 이 현상은 특정 문화권 안에서 일어나는 것이 아니라 다양한 문화권 사람들의 접촉으로 발생하는 개념이다(Arasaratnam & Doefel, 2015; Kim, 1992).

'Intercultural'을 표현하기에 '문화 간', '이문화 간'은 다른 문화라는 특징이 강조된 것으로 보이므로 본 연구에서는 '상호문화'라는 표현을 사용했다. 20세기 초 독일 사회학자 지멜(Simmel)은 '상호문화'라는 개념을 처음으로 도입했다. 지멜은 타자, 이방인 또는 이주민의 긍정성 및 사회적 필연성을 연구하고 언급했다. 그는 19세기 말과 20세기 초의 이주 현상을 분석했으며, 이주가 일시적 · 우연적 현상이 아니라 필연적인 현상이어서 이에 대한 철학적 및 인식론적 접근이 필요하다고 했다. 특히 그는 '다양성의 인정'을 언급했다. 그의 주장은 특히 20세기 초 독일에서 미국으로 떠난 독일 학자들에 의해 구체화되었다. 이런 결과로 1924년부터 1945년까지 미국에서는 상호문화교육국이 생겨났다. 이는 미국 연방정부가 기존의 동화주의 정책을 수정하기 위해 설립한 기관이다. 그러나 그 당시 미국에서는 다문화주의와 그에 기초한 다문화교육이 이루어지면서 상호문화 개념은 개발되지 못했다. 1970년대에 독일이나 프랑스 등 서유럽국가들에서는 국내에 유입된 외국인 근로자 및 그 가족을 통합하는 문제가 발생했는데, 이로 인해 서유럽국가에서 상호문화 개념이 중요하게 자리 잡게 되었다(장한업, 2014).

상호문화 개념이 한국에 도입되어 사용되는 배경은 독일이나 프랑스와 유사하다. 다시 말하면, 인력 부족으로 인해 1990년 이후에 유입이 늘어난 외국인근로자, 고령화로 인해 증가하고 있는 결혼이주여성 그리고 2001년과 2004년 한국 정부가 실행한 '외국인 유학생 유치 확대 종합방안(Study Korea Project)'으로 인해 학문 습득 목적으로 한국을 찾아오기 시작한 외국인 유학생 등으로 한국 사회에는 다양한 인종 · 민족이 혼합되고 있다. 이처럼 한국 사회가 다문화사회로 변화하면서 특히 언어 및 문화적 문제가 발생하고 있다. 그리고 최근 들어 이런 문제들을 해결할 방안으로 '다문화' 및 '상호문화'라는 개념이 사용되기 시작했다.

상호문화성의 핵심은 문화와 문화 간의 관계 맺음에 있다(박인철, 2015). 상호문화성은 문화와 문화의 단순한 접촉 및 교류가 아니라 문화 속에 있는 보편적 성격과 문화 사이에 존재하는 깊은 유대감 또는 내적 연관성이다(선행철 외, 1997). 즉, 상호문화성은 개방성을 가지고 자기가 공유하는 문화와 같은 자리에서 타문화를 바라보고 공감하며 인정하고 존중하는 것을 말한다. 따라서 상호문화성의 본질을 탐구하려면 인간에 대한 철학적 성찰이 필요하다.

상호문화 개념은 1980년대 말과 1990년대 초에 등장한 철학이며, 이는 자기중심성을 비판하여 문화 간 동등한 만남 및 소통을 강조한다. 상호문화는 '상호문화성(interculturally)'이라는 개념의 중심으로 이루어진 현상이며 주요 목적은 "서구 철학이 보편 철학인 듯 자기 우월의 방식으로 다른 문화권의 전통을 대상화시키며, 그들이 가진 철학적 목소리를 배제하는 것을 비판하고 다양한 문화의 사유가 평등한 권리를 지니며 진정한 세계 철학을 개발시키고자 하는 기획"이다(최현덕, 2009). 상호문화성은 1990년대 이후 교통 및 인터넷 등의 통신 발달, 그리고 경제적인 교류의 확장, 세계화가 급격히 진행됨으로써 주목받게 되었다.

상호문화 개념을 바탕으로 해서 상호문화성을 논의한 학자들은 몰(Mall), 포르네 베탕쿠르(Fornet-Betancour), 비머(Wimmer) 등이다. 몰은 상호문화 논의에서 해석학의 문제를 제시했고, 포르네 베탕쿠르는 문맥성 및 현실변혁에 대한 문제를 제기했으며, 비머는 대화의 방향성에 대한 문제를 제시한다(주관승, 2016). 몰에 따르면 '상호문화성'이라는 개념은 유럽적 문화이건 비유럽적 문화이건 간에 특정한 문화의 보편화에 반대한다. 이 때문에 상호문화성은 초문화적 · 종교적 · 정치적 · 교육적 관점 등을 지닌 하나의 태도를 가리킨다. 철학적 관점에서 보았을 때 하나의 철학을 그 누구도 독점할 수 없다는 것을 뜻한다. 종교적 관점에서 보면, 하나의 종교를 특정 종교가 절대적 · 배타적으로 소유할 수 없다는 의미를 지닌다. 이러한 측면에서 보았을 때 상호문화성은 여러 이름을 가진 하나의 진리를 원종교적으로 확신하는 상호 종교성 내에서 자기 자신의 대응물을 지니게 된다. 정치적 관점에서의 상호문화성은 어떤 정당, 집단 및 이데올로기가 정치적 지혜를 독점적으로 소유하는 것을 허용하지 않는 다원주의적 민주주의의 태도를 말한다. 아울러 교육적 관점에서의 상호문화성은 유치원에서 대학에 이르기까지 세 가지 다른 관점, 즉 종교, 정치, 교육 등을 통찰하며 조망할 수 있게 하는 것을 의미한다. 그러므로 이러한 모든 관점은 열린 사회를 전제할 뿐만 아니라 열린 사회의 귀결이라고 할 수 있다.

몰은 동일성 모델이 자문화적 전통을 보편적으로 설정하며 그 중심으로의 통합을 시도하기에 다른 문화의 고유성을 말살한다고 비판한다. 차이의 모델은 타자 인정의 측면에서 개발했음에도 문화 간의 차이를 절대시하기에 대화 가능한 출발점을 찾을 수 없고 상호관계성을 상실하게 된다고 보았다. 이러한 비판을 근거로 하여 몰은 문화의 '동일성' 또는 '차이성'을 넘어 문화의 유비적 '겹침'으로 상호문화관계성을 찾을 수 있다고 설명하고, 모더니즘이 동일성과 초포스트모더니즘의 차이 모델의 양극단을 극복하면서 문화 사이에 소통을 가능하게 할 수 있다고 강조한다(조해정, 2014; 최현덕, 2009 재인용). 주관숭(2016)은 몰이 주장한 유비적 해석학, 또는 겹침의 해석학은 아직 완결되지 않은 상태라고 보고 비판했다.

포르네 베탕쿠르는 문화 간 철학적 소통을 위해 철학이 이론 및 사상을 형상하는 것이 아니라 삶과 세계에 대한 지혜로서의 앎으로 바뀌어야 한다고 언급하고, 구체적 맥락 및 세계에 대한 앎을 나누는 상호문화적인 철학 안에서 자기 방법을 찾게 된다고 주장한다(이선, 2008; 최현덕, 2009 재인용). 다시 말하자면, 포르네 베탕쿠르에게 상호문화철학은 "문화의 다성적 등장을 가능하게 해주는 조건에 관한 탐구"다. 또한 그에 따르면 문맥성이란 다양한 사고방식 간의 내용이 풍부한 대화의 한 조건이다. 다시 말하면, 다양성은 대화를 가능하고 필요하게 만드는 문맥으로 구성된다. 아울러 포르네 베탕쿠르는 대화의 또 다른 조건으로 시간을 제시한다. 그는 대화나 타자를 이해하기 위해 소유된 시간과 이 시간을 통해 얻은 배움이 중요하다고 언급한다(주관숭, 2016). 포르네 베탕쿠르에게 배움이란 타인이나 타인의 문화에 대해 배우기만 하는 것이 아니라 자기가 공유하고 있는 문화나 가치를 포함한 자기의 것을 타인의 입장이 되어 타자의 시선으로 바라보는 것을 뜻한다.

상호문화에 대한 논의를 이끄는 주요 인물 가운데 한 명인 비머는 중심주의를 비판하여 폴리로그(Polylog) 모델을 세웠다. 비머는 서구 중심주의뿐만 아니라 '종족적 철학(Ethnophilosophie)'과도 거리를 두는데, 이는 객관성을 해치기 때문이다. 그는 각각의(문화적, 역사적, 사회적, 정치적) 문맥으로부터 벗어나서 "객관적이며 사태에 맞게" 되기를 원한다. 주관숭(2016)은 폴리로그 모델을 특유의 형식주의라고 보고, 폴리로그와 비슷한 대화 및 소통 또는 상호 영향을 주고받는 상황이 오면 그때 가능하다고 언급한다.

상호문화에 대한 위 학자들의 논의를 종합해보면, 몰은 상호문화에서 해석의 문제, 비머는 대화의 방향성 문제 그리고 포르네 베탕쿠르는 문맥성 및 현실변혁의 문제를 제기했다. 몰은 유비적 해석학에 대해 논의했는데, 그에 따르면 타자와 차이의 파악을 방해하는 해석학은 대화 및 소통 또는 상호 변혁을 추구하는 상호문화의 필수적 조건이다. 그러나 몰의 유비 및 겹침의 해석학은 아직 완결되지 않은 것으로 한계점이 있다(주관숭, 2016). 몰에 의하면 논리학들의 겹침은 "추론들의 논거를 마련하려는 노력"이지만, 사실상 이 겹침은 모호하고 발전시킬 필요가 있다. 비머는 자신의 '폴리로그' 모델에서 중심주의를 비판하고 이론을 만들었다. 비머의 폴리로그는 특유의 형식주의이며 위선적이 될 우려가 있다(주관숭, 2016).

위에서 살펴본 세 학자는 상호문화 이해가 이루어지기 위해 자기중심주의를 없애야 하고 타자의 입장이 되어 자기 자신을 타자의 시선으로 바라볼 필요가 있다고 유사하게 주장한다. 상호문화성은 개별문화의 고유함을 인정하는 동시에 문화적 보편성을 제시하고 자기 자신의 문화뿐만 아니라 타자의 언어 및 문화에 대해 편견이나 고정관념이 없는 태도나 행동을 지닌 것을 의미한다. 따라서 상호문화성은 우리가 사는 21세기 세계화 시대에 필수이며, 이는 특정한 문화가 다른 문화들을 지배하거나 획일화하는 것을 비판하고 전 세계의 문화가 서로 평등한 위치에서 접촉과 교류를 가능하게 한다. 그러므로 상호문화성은 자국 문화에서 볼 수 없거나 느낄 수 없는 다른 세계관 및 문화를 접하고 배울 수 있게 한다. 최근에는 굳이 외국에 가지 않아도 다양한 문화권 사람들을 쉽게 만날 수 있어 한 사회 안에서 다양한 문화권 사람들이 갈등이나 소외 없이 평화로운 공존을 위해 상호문화성이 지닌 깊은 의미를 파악해야 한다.

상호문화교육을 파악하기 위해 상호문화와 교육이라는 용어를 따로 살펴볼 필요가 있다. 클라넷(Clanet, 1993)에 의하면 상호문화는 문화들이 맺는 관계의 복합성 개념과 교류의 상호성 개념을 고려해야 한다고 한다. 그러므로 상호문화성은 상호문화교류의 관계 내에서, 또는 관련된 사람들의 문화적 정체성 존중이라는 관점 속에서 문화들의 상호작용으로 이루어진 일련의 심리적 · 관계적 · 집단적 · 제도적 과정이라고 할 수 있다(장한업, 2013). 즉 상호문화는 문화와 문화가 접촉할 때 발생하는 상호작용 및 상호관계의 독특한 양식, 또는 그것으로부터 발생한 일련의 변화 및 변형을 의미한다.

클라넷(1993)은 '교육'이라는 개념을 "아동을 맡고 있는 성인이 이 아동을 신체적, 정신적 그리고 도덕적으로 발전시키며, 이 아동이 살아갈 사회에 통합시키기 위해 실행하는 행위"라고 설명한다(장한업, 2013). 즉, 교육은 인간이 한 사회 속에서 그 사회 구성원으로 살아가도록 도와주는 역할을 한다. 도이(Doye)는 상호문화교육 개념이 등장한 이유 및 수행에 관해 설명하는데, 그에 따르면 상호문화교육은 1970년대 초에 모국어로서의 프랑스어 교육에서 처음으로 시작되었다. 이런 초기 시도의 특징은 학교가 차이의 권리를 인정하도록 하는 데 초점을 두었다. 이 시도는 학교공동체의 모든 구성원이 다양한 출신 문화들을 존중하고 인정함으로써 외국인 출신 아동 및 청소년이 자기의 문화적 정체성을 주장할 수 있게 해야 한다고 언급했다.

1980년대부터 상호문화 개념은 점점 외국어교육 영역으로 들어오기 시작했다. 그리고 외국문화 학습 방법을 근본적으로 바꾸어놓았다고 할 수 있다. 그러나 외국어 학습 및 의사소통능력의 습득은 학습자가 자라온 사회, 즉 그의 사회적 환경 속에서 형성된 신념, 정의, 가치, 태도, 행동 그리고 모국어 습득과 관련되어 있어 일부 언어학자들이 외국인에게 원어민의 문화 능력을 기대하면 안 된다고 지적한다. 따라서 학습자들은 자국 문화에 대한 이해를 바탕으로 다른 문화에 속하는 기제를 이해할 수 있다. 아울러 학습자는 자신이 공유하는 문화의 암시적인 분류기준을 잘 이해할수록 외국 문화가 세계를 나누는 암시적인 원칙을 그만큼 깊이 객관화하여 파악할 수 있다. 따라서 이 관점에서 보았을 때 상호문화교육은 한편으로 학습자들에게 미지의 사람이 주는 불안감을 감소시키며, 또 다른 한편으로는 편견이나 고정관념의 함정 속에 빠지지 않고 외국 문화와의 접촉 경험을 일반화하게 한다. 이것은 외국 언어 및 문화 교수법이나 교육학의 과제다(Carlo, 1998).

상호문화교육은 자기가 가진 민족중심주의, 이국적 취향, 범주화, 고정관념 그리고 선입견을 배제시키는 것에서 시작한다. 즉, 상호문화교육은 타인이 아니라 자기 자신에게 초점을 맞추고 있다. 압달라 프렛세이(Abdallah-Pretceille, 1999)에 따르면, 상호문화교육은 자기와 자기 집단에 대한 활동이고 '너'나 '그들'만큼 '나'에 대해서도 질문을 던지는 것이다. 그러므로 타인에 대한 모든 질문은 자기 자신에 대한 질문과 겹친다고 주장한다. 그는 상호문화교육의 다음 세 가지 필요성을 제시한다(장한업, 2015). 첫째, 현재 우리가 사는 대부분 사회는 다문화사회가 되었으며, 앞으로는 더욱 그럴 것이다. 둘째, 각각의 문화는 고유한 특수성을 지니고 있으며, 이는 있는 그대로 존중되어야 한다. 셋째, 다문화주의는 잠재적으로 풍요로운 것을 의미한다.

앞에서 압달라 프렛세이가 주장했듯이 현재 우리 사회는 다문화사회로 가고 있고, 이때 상호작용이나 상호관계를 피할 수 없다. 이럴 때는 원활한 상호관계를 설정하고 유지하는 것이 중요하며, 이를 위해 교육이 필요하다. 이 교육이 바로 상호문화교육이다.

상호문화교육의 '목표', '내용' 그리고 '활동'에 대해 여러 학자는 다양하게 정의했다. 압달라 프렛세이는 상호문화교육을 "단순한 교육적 선택이 아니라 교육철학이자 현대사회의 지향점"이라고 하고, 다음과 같은 결론을 내렸다(장한업, 2015).

첫째, 현대사회는 교통수단 및 통신수단의 발전으로 인해 인적 · 물적 교류와 지적 교류가 상당히 활발하다. 그 결과로 개인은 일상생활 내에서 이질성 및 다양성을 더 많이 접하게 되었다.

둘째, 세계화와 지구촌화로 바뀐 우리 사회에서 단 하나의 문화가 아니라 수많은 다양한 문화가 존재하며 공존하게 되었다. 그래서 이제는 타인에 대해 '말하는' 것이 아니라 타인과 함께 '행동하기'가 요구된다.

셋째, 타인과의 원만한 관계를 형성하기 위해서는 자기중심주의, 자민족중심주의 그리고 자문화중심주의를 탈피해야 한다. 그러나 이는 저절로 이루어지는 것이 아니라 교육 및 학습을 통해 이루어진다.

21세기 교육에 관한 국제위원회(The International Commission on Education for the Twenty-First Century)의 결론에 의하면, 상호문화교육이 추구하는 주요 목표는 다음과 같다(서종남, 2012). 첫째, 알기 위한 배움이다. 이는 보편적인 아는 지식을 이용하는 것에 대한 배움을 의미한다. 다시 말하면, 일반교육은 한 인간을 타 언어 및 지식의 영역에 접하도록 이끌고 의사소통을 가능하게 해주는 것을 말한다.

둘째, 행하기 위한 배움이다. 이 개념은 직업적인 기술뿐만 아니라 더 넓은 의미에서 다양한 상황에 대한 대처 능력 및 조직을 이루어 일할 수 있는 능력을 습득하기 위해 행동하는 것에 대한 배움을 뜻한다.

셋째, 함께 살기 위한 배움이다. 이는 다원주의의 가치와 상호이해 그리고 평화, 또는 문화적 다양성을 존중하는 것을 비롯하여 타인에 대한 이해 및 상호의존성에 대한 인식을 높이고 한 공동체 안에 갈등 없이 평화롭게 공존하는 것에 대한 배움을 말한다.

넷째, 존재하기 위한 배움이다. 이 개념은 자신의 개성을 개발시키고 더욱더 높은 자율성 및 판단력, 또한 책임감을 지니며 행동할 수 있는 능력을 갖추기 위한 존재 방법을 배우는 것을 의미한다.

따라서 상호문화교육은 일반적으로 아는 지식을 어디에서 어떻게 작용해야 하는지에 대해 배우고 직접 경험도 해보는 것, 현대 다문화사회에 존재하는 다양한 문화와 접촉하는 데 원활한 의사소통을 가능하게 해주는 것, 그리고 이러한 다양한 문화와 접하면서 함께 잘살아가는 상호의존성 및 공동체 의식을 만들어내는 것, 마지막으로 자기 자신을 발전시키고 자율성, 판단력 및 책임감을 느끼며 이에 따라 행동할 수 있는 것 등을 배우는 것을 목표로 한다.

클레멘트(Clement, 2001)는 상호문화교육의 방법으로 다음의 네 가지를 제시한다(장한업, 2015). 첫째, 자기중심에서 벗어나기다. 이는 자기 자신과 자기가 속한 집단을 외부의 시각으로 바라보는 것을 말한다.

둘째, 타인의 입장이 되어보기다. 이는 공감이나 감정이입 능력을 함양시키는 것, 타인의 입장이 되어보는 것과 더불어 다른 관점에서 바라보는 것을 뜻한다.

셋째, 협력하기다. 이는 고정관념이나 편견 없이 순수하고 열린 마음으로 타인을 이해하려고 노력하는 것을 말한다.

넷째, 타인이 현실과 나를 어떻게 보는지 이해하기다. 이는 전달하고자 하는 메시지를 정확히 해독하는 것을 뜻한다.

또한 유네스코(UNESCO)의 상호문화교육 지침(2006a)은 상호문화교육을 강조한다. 상호문화교육 분야에서 국제 행동을 유도할 수 있는 원칙은 다음과 같다(UNESCO, 2013).

첫째, 상호문화교육은 규정을 통해 학습자의 문화적 정체성을 존중한다. 모든 학습자에게 문화적으로 적절하고 신속한 교육을 제공한다.

둘째, 상호문화교육은 모든 학습자에게 사회에 적극적이고 완전한 참여를 위해 필요한 문화적 지식, 태도 및 기술을 마련하게 한다.

셋째, 상호문화교육은 모든 학습자에게 개인, 민족, 사회, 문화 및 종교 단체 및 국가 간의 존중, 이해 및 연대에 기여할 수 있는 문화적 지식, 태도 및 기술을 제공한다.

위에서 제시한 원칙은 교육의 세 번째 기둥과 직접 관련되어 있다. '함께 사는 법 배우기'는 '다른 사람들의 이해를 발전시키고 상호의존성을 인식하고 공동 프로젝트를 수행하며 갈등을 관리하는 법을 배우는 것' 같은 정신으로 다원성, 상호이해 및 평화의 가치에 대한 존중과 관련된다. 이는 또한 "모든 민족, 인종 및 종교 단체 간의 이해, 관용 및 우정을 증진해야 한다"라고 언급한 인권 선언의 조항과 밀접하게 관련되어 있다(UNESCO, 2013). 이와 같이 상호문화교육은 한 문화가 다른 문화와 접촉할 때 원활한 소통을 제공해주며 모든 학습자를 대상으로 이루어져야 한다. 그뿐만 아니라 상호문화교육은 한 개인이나 여러 집단 간의 존중과 이해를 위해 필요한 요소인 문화적 태도와 능력을 신장시킨다.

2.
상호문화소통과 역량

각 나라는 국경이 있지만, 문화에는 국경이 없다. 국가 간의 교류는 경제적인 측면뿐만 아니라 문화적인 차원, 인적 교류 측면에서도 활발하게 이루어지고 있다. 최근에는 대부분의 나라에서 해당 국가 출신이 아닌 외국인을 만날 수 있으며, 다른 문화를 가진 외국인과 내국인 간의 소통은 피해가기 어렵다. 소통은 문화의 핵심 요소다. 이러한 소통은 언어적 측면뿐만 아니라 비언어적 측면에서도 일어나기에 아무리 침묵을 지킨다고 해도 소통은 이루어진다. 소통은 '나'와 '다른 사람'이 서로 관계를 맺는 행위나 과정이고, 이는 언어적 및 비언어적 상징체계를 바탕으로 '나'와 '다른 사람'이 감정과 사상, 정보 등을 주고받는 현상이다.

접두어 '상호'로 형성된 '상호문화소통' 개념의 함축 의미를 살펴보면, 이는 '서로 다른 문화 사이의 소통'이라는 뜻을 지닌다. 이 현상은 서로 다른 문화 간의 접촉이나 소통에서 발생한다. 상호문화소통을 "한 문화권의 사람이 다른 문화권의 사람이 처리할 수 있도록 메시지를 보내는 행위"(Samovar, Porter, McDaniel, Roy, 2015) 또는 "상호작용에서 문화가 문제시될 때의 소통"(Piller, 2011; 문영인, 2017)이라고 정의할 수 있다.

영어로 'intercultural communication' 개념은 한국어로 '상호문화 의사소통', '상호문화소통', '문화 간 의사소통', '문화 간 소통', '다문화 간 의사소통' 등 여러 용어로 번역된다. '소통'이나 '의사소통'의 영어 대용어는 '커뮤니케이션(communication)'이다. 커뮤니케이션은 라틴어로 '나누다(communicare)'라는 의미를 지닌다.* '소통'은 '차량 소통이 원활하다' 또는 '공기 소통이 잘되어 쾌적하다' 등과 같이 다른 명사와도 결합할 수 있다. '말의 뜻이 통하는 것'을 의미할 때는 '소통' 앞에 '의사(意思)'라는 '뜻'과 '의도'를 나타내는 단어가 붙어 '의사소통'이라는 표현으로 특정해서 사용한다(이성범, 2015).

학문 분야로서의 상호문화소통은 1960년대부터 미국과 캐나다에서 등장했다. 상호문화소통이라는 용어는 미국의 민족학자이자 행동연구자인 홀(Hall)이 "The Silent Language(1959)"에서 처음으로 도입했다. 홀에게 상호문화소통이란 문화적 특성 및 소통 방식의 차이를 이해하는 것이다. 이러

* 커뮤니케이션과 '소통'이나 '의사소통' 개념을 유사한 점으로 본 학자들(김순임, 2005; 윤용선, 2006)이 있는 반면에 이 둘은 서로 다르다고 주장한 학자(이성범, 2015)도 있다. 이 책에서 필자는 이 둘의 개념을 유사한 의미로 사용했다. 한국어로 '소통'은 '잘 통하다'라는 의미를 가진 반면, 영어 '커뮤니케이션'은 라틴어로 '나누다'라는 의미를 가지고 있다. 커뮤니케이션은 현재 다음과 같은 의미로 활용되고 있다 첫째, 말하기, 쓰기 또는 다른 매체를 사용하여 정보를 나누거나 교환하는 행위(The imparting or exchanging of information by speaking, writing, or using some other medium)다. 이는 '통신'이라는 의미다. 둘째, 전화선이나 컴퓨터 같은 것으로 정보를 보내거나 받는 수단(Means of sending or receiving information, such as telephone lines or computers)이다. 이는 '전달'이라는 의미다. 셋째, 도로 또는 철도 같은 여행이나 교통수단(Means of travelling or of transporting goods, such as roads or railways)이다. 이는 '교통수단'이라는 의미다(이성범, 2015). 이와 같은 점을 종합해보면 커뮤니케이션은 통신, 전달 그리고 교통수단이라는 의미를 지닌 단어라고 볼 수 있다. 특히, 커뮤니케이션학에서는 이를 "한 사람에게서 다른 사람에게 전달되는 메시지이며, 이를 의미의 공동 구축(또는 공동 건설)으로 간주되어야 한다(Galanes & Leeds-Hurwitz, 2009; 유네스코, 2013)"라고 정의하므로 이 개념을 한국어로 '소통' 또는 '의사소통'으로 번역할 수 있게 되었다. 따라서 이 책에서 필자는 이 두 개념을 같은 의미로 사용했다.

한 차이는 집단과 집단 간의 문화적 패턴이나 언어적 및 비언어적 코드, 인간관계의 규칙 및 역할, 그리고 사회적 인식(Lusting & Koester, 2006) 등에서 잘 드러난다.

1980년대 이후, 특히 독일 · 프랑스에서 이민자를 중심으로 한 상호문화소통과 관련된 문제가 발생하면서 상호문화소통은 유럽에서 주목을 받게 되었다.

상호문화소통의 목적은 다른 문화, 다른 관습, 역할 규칙에서 살아가는 것을 배우며, 새로운 사고방식이나 행동 방법을 이해하고 즐기고 도와주는 데 있다(구현정 · 전영옥, 2017). 상호문화소통과 관련된 국내 연구들은 상호문화소통 개념 정립(이수범, 2004; 유수연, 2012; 김순임 · 민춘기, 2014), 한국인과 다른 문화권 사람들이 접촉할 때 일어나는 상호문화소통(김숙현 외, 2001; 최윤희 · 김숙현, 1997)을 중심으로 이루어지고 있다.

이수범(2004)은 상호문화 커뮤니케이션이 이루어지는 실제 상황에서 커뮤니케이션의 어려움을 탐색했다. 그에 따르면 비영어권자는 다른 비영어권자와 상호문화 커뮤니케이션을 할 때 반복과 간섭을 활용함으로써 적극적으로 소통하지만, 영어권자와의 상호작용 시에는 이러한 소통이 줄어든다.

유수연(2012)은 상호문화 의사소통 능력을 네 가지, 즉 인지적 지식, 언어학적 지식, 상호문화성 그리고 상호작용 내 행위능력 등으로 분리했다. 그리고 이런 능력을 함양하기 위해 '상호문화 커뮤니케이션의 이해'라는 강의를 개발하고 한 학기 동안 수행했다.

상호문화소통은 자기 문화와 낯선 문화가 접촉하면서 관계를 형성할 때 발생한다. 고유문화가 이방문화와 만나면서 나타난 이러한 중간지대 상호문화소통은 때로는 위협적으로, 때로는 고무적으로 작용할 수 있다. 다시 말하면 그에 대한 지식이 없으면 그 특성 및 성격에 대해 제대로 이해하기가 어려워진다. 그러므로 상호문화소통을 하는 사람들은 상대방의 문화뿐만 아니라 자국 문화에 대한 지식이 충분히 있어야 하고, 이 두 문화가 접촉하면서 이루어지는 상호문화 행위도 할 수 있어야 한다. 즉, 상호문화는 저절로 생성되는 것이 아니라 상대방과 상호문화소통하면서 만들어내는 역동적이고 새로운 문화다.

상호문화 역량(Intercultural Competence)에 관한 주제가 점점 더 중요하게 이슈화되어가고 있는데, 상호문화 역량은 다른 문화권 사람들과 성공적으로 소통할 수 있는 역량을 의미한다. 이는 어린 나이에도 존재할 수 있으며, 의지력과 역량으로 개발 · 개선될 수 있다. 상호문화 역량은 모든 상호작용을 위한 기본 능력으로 필요하다. 특히 다문화사회에서 원활한 상호문화소통을 위해서는 사회적 기술뿐만 아니라 다른 가치관, 견해, 삶과 사고방식에 대한 민감성과 이해력이 요구되는데, 이는 타인을 이해하고 존중하는 상호문화 역량의 개발을 통해 가능하다.

21세기 들어 상호문화 역량은 모든 영역에서 핵심 자질로 강조되고 있다. 이는 다양한 상황이 연출되는 사회집단과 교육기관에서 이루어진다. 특히 외국인 유학생이 있는 대학원의 경우, 상호문화 역량 증진을 위한 커리큘럼이나 가치관이 강화된다. 특히, 지난 수년간 대학원의 특성으로서 '글로벌 시민 정신'에 관한 논쟁은 더욱 확대되고 있다. 다른 많은 정의와 이해를 이끌어낸 많은 연구가 이 분야에서 착수되었다.

상호문화 역량은 특정 태도, 상호문화 지식, 기술 및 반성에 근거하여 상호문화 상황에서 효과적이고 적절하게 상호작용할 수 있는 역량이며, 이를 첸과 스타로스타(Chen & Starosta, 1996), 바이람(Byram, 1997), 길레미(Guilherme, 2000), 디어도프(Deardorff, 2006), 헌터, 화이트, 고드비(Hunter, White, Godbey, 2006),

판티니(Fantini, 2009), 몰로니와 하본(Moloney & Harbon, 2010) 등의 학자가 개념화했다. 이에 대한 자세한 내용은 다음 〈표 3-1〉과 같다.

〈표 3-1〉에서 볼 수 있듯이 첸과 스타로스타(1996)는 상호문화 역량을 특수한 물리적 또는 상징적 환경을 지닌 사람들 간의 적절하고 원만한 상호작용을 가능하게 하는 것이라고 주장한다. 바이람(1997)의 상호문화 역량에 대한 정의에 의하면, 상호문화 역량은 문화적 배경이 다른 사람들과 상호작용하는 능력, 상호문화소통에 대한 지식, 낯선 것에 관심 및 공감을 가진 태도, 해석, 관련 그리고 발견 기술 등을 포함하며 문화적 차이를 극복하고 문화 간의 접촉을 즐기는 능력이다. 그리고 페이지 외(Paige et al.,1999)는 상호문화적 현상에 관한 지식(문화적응 단계, 문화충격, 상호문화 개발, 문화학습, 문화적 정체성, 문화적 소외 등), 상호문화 행동 기술(문화학습 전략, 스트레스 관리 전략, 상호문화소통 역량, 상호문화적 관점 취하기, 문화적응 가능성 그리고 초문화적 능력 등), 문화 보편적 차원의 태도(상이한 문화에 대한 긍정적인 태도, 문화학습에 대한 긍정적인 태도, 문화 차이에 대한 민족상대

〈표 3-1〉 상호문화 역량 개념의 범주화

관련 연구	구분 내용
바이람(1997)	언어 능력, 사회언어 능력, 담화 능력, 상호문화 능력
슝크 (Schugk, 2004)	언어, 비언어적 요소, 사회적인 행동양식, 사회적인 관계, 동기, 가치관과 이데올로기
첸과 스타로스타 (2005)	개인의 태도(자아 노출, 자아 인식, 자아 개념, 사회적 이완), 의사소통 기술(메시지 기술, 사회적 기술, 융통성, 상호작용 관리), 심리적 적응(좌절, 스트레스, 소외감, 모호성), 문화 인식(사회적 가치, 사회적 관습, 사회적 규범, 사회적 체계)
판티니 (2006)	언어와 문화가 다른 상호가 관계를 맺고 그것을 유지하는 능력, 최소한의 오류로 소통할 수 있는 능력, 상호적 관심이나 요구를 수행하기 위해 협력할 수 있는 능력
디어도프(2006)	지식, 기술, 태도

주의적 태도 등)에 대한 이해와 적용 능력을 상호문화 역량이라고 설명한다(김순임 · 민춘기, 2014). 상호문화 역량의 일반적인 의미보다 언어적인 의미를 강조한 판티니(2006)에 따르면, 상호문화 역량은 언어적 또는 문화적으로 서로 다른 사람들과 효과적이고 적절한 상호작용을 하는 데 필요한 역량이다.

디어도프(2006)에게 상호문화 역량은 자기 자신이 가지고 있는 상호문화적 지식, 기술과 태도를 바탕으로 하여 상호작용, 즉 상호문화적인 상황에서 원활한 상호문화소통을 할 수 있는 역량이다. 또한 토마스(Thomas, 2003)는 상호문화 역량을 오해를 피하거나 문맥화하는 방식으로 상호작용 과정을 형성하는 한편, 모든 관련자가 받아들일 수 있고 생산적인 방식으로 협동적 문제 해결을 위한 기회를 창출하는 능력으로 정의한다.

상호문화 역량에 대한 유네스코(UNESCO, 2013)의 정의에 따르면, 상호문화 역량이란 "특정 문화에 대한 적절한 지식 외에도 다양한 문화의 구성원이 상호작용할 때 발생하는 문제에 관한 일반적인 지식뿐 아니라 다양한 기술을 가진 사람과의 접촉을 유지하는 데 도움이 되는 수용적 태도를 유지하는 것"을 의미한다.

상호문화 역량에 대한 여러 학자의 다양한 정의를 종합해보면 다음과 같다. 첫째, 상호문화 역량은 한 문화가 다른 문화와 접촉할 때 효과적이고 적절한 상호작용을 위해 요구되는 능력을 의미한다. 둘째, 상호문화 역량은 문화적인 측면에서뿐만 아니라 언어적인 측면에서도 필요한 능력이다. 상호문화 역량은 원활한 의사소통을 마련하기 때문이다.

상호문화소통 역량(ICC: Intercultural Communication Competence)*에 관한 연구

* 1970년 초에 심리학자 데이비드 맥클랜드(David McCleland)는 '역량'이라는 개념을 처음으로 도입했다. 그에 따르면 역량이란 "직무자와 고성과자를 분리해주는 행동을 설명하는 것"이다. 보야치스(Boyatzis, 1982)는 맥클랜드의 역량과 관련 연구를 관리자 영역으로 확장하고 12개 조직에서 2천 명의 관리자를 대상으로 연구하여 21개 영역으로 구성된 역량 모델을 만들었다. 그에 의하면 역량

는 1980년대부터 이루어져왔다. 상호문화 역량은 상호문화 대면 상황에서 상이한 의미 및 기대를 충족시키는 대인 사이에 이루어지는 고도의 소통 역량을 말하며, 상호문화소통 역량이란 성공적인 목표 충족을 위해 필요한 효과적인 상호작용 또는 맥락에 적절한 방식의 상호작용할 수 있는 역량을 의미한다(민춘기, 2015). 상호문화소통 역량의 개념은 다양한 이론적 렌즈를 통해 연구되어왔다. 상호문화소통 관점에서 상호문화 역량의 다음과 같은 모델이 잘 알려져 있다. 이는 상호문화 감수성 발달 모델(Benett, 1986), 불안/불확실성 감소 모델(Gudykunst, 1993, 1995, 2002; Stephan, Stephan & Gudykunst, 1999), 정체성 협상 모델(Ting-Toomey, 1993), 상호문화 역량 모델(Spitzberg, 1997), 상호문화 역량의 차원적 모델(Byram, 1997), 상호문화 역량의 피라미드 모델(Deadorff, 2004), 상호문화 역량의 과정 모델(Deadorff, 2006), 상호문화소통 역량의 통합 모델(Arasaratnam, 2006), 상호문화 역량의 차원 모델(Fantini, 2000, 2005, 2006) 등을 포함한다.

바이람(1997)은 문화적 배경이 다른 사람들이 만났을 때 서로의 문화적 차이점을 인식하고 존중하며 의사소통에서 발생할 수 있는 오해나 갈등을 감소하고 효과적인 의사소통을 하기 위해 상호문화소통 역량이 요구된다고 주장한다. 바이람은 다음 [그림 3-1]과 같이 상호문화소통 역량을 네 가지로 분류했다.

[그림 3-1]과 같이 바이람은 상호문화소통 역량을 먼저 네 가지, 즉

이란 "어떤 개인이 어떤 역할을 수행하는 데 있어서 성공적인 결과를 가져오는 개인이 지닌 내재적인 것이다. 맥클랜드와 유사한 관점을 가진 스펜서와 스펜서(Spencer & Spencer, 1993)는 역량을 다섯 가지, 즉 ① 동기(motives), ② 특질(traits), ③ 자아개념(self-concept), ④ 지식(knowledge), ⑤ 기술(skill) 등으로 범주화했다. 그들에 따르면 역량이란 "직무나 상황에서 뛰어난 수행, 또는 준거 관련 효과 및 연관된 개인 특성의 기초"를 의미한다. 스패로(Sparrow, 1996)는 역량을 ① 조직역량(핵심역량), ② 관리역량, ③ 개인역량(직무역량)의 세 가지로 구분했다(http://learnx.tistory.com).

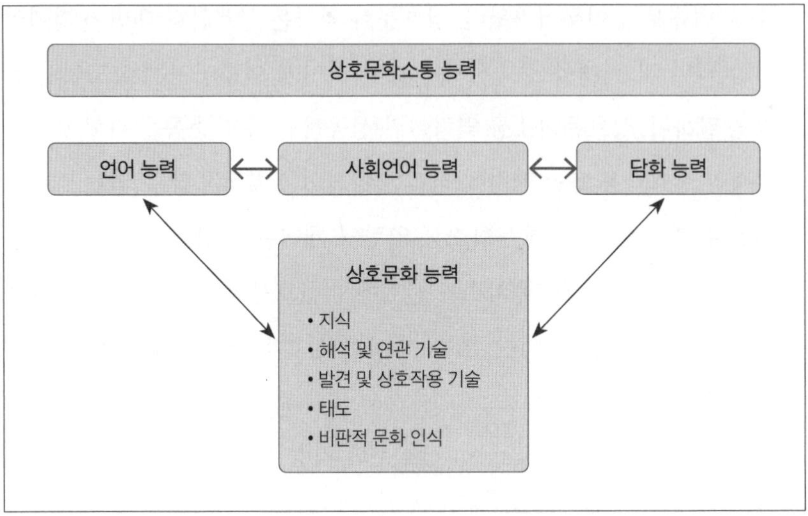

[그림 3-1] 바이람(1997)의 상호문화소통 역량 모델

언어 능력, 사회언어 능력, 담화 능력, 상호문화 능력으로 구분했다. 이 중에서 특히 '상호문화 능력'의 중요성을 강조하고 상호문화 역량을 다섯 가지, 즉 지식, 해석 및 연관 기술, 발견 및 상호작용 기술, 태도 그리고 비판적 문화 인식 등으로 구분했다.

첫째, 지식은 자기가 공유하고 있는 언어나 문화에 대한 지식뿐만 아니라 타인, 즉 소통하고 있는 상대방의 문화와 언어에 대한 지식을 포함한다. 특히 상대방의 문화적 배경에 대한 지식은 상대방에게 열린 마음을 갖게 하고 편견이나 차별을 방지한다. 둘째, 해석 및 연관 기술은 자국 문화와 타문화에 대한 해석을 가능하게 해주는 역량이다. 셋째, 발견 및 상호작용 기술은 자국과 타문화에 대해 이미 배운 지식, 습득한 기술 및 태도를 실생활에서 실제로 활용할 수 있는 역량을 말한다. 넷째, 태도는 타인의 언어와 문화에 대한 지식으로 인해 상대방에게 공감과 호기심을 가지고 실제적인 행동이나 태도를 통해 보여주는 것을 말한다. 상대방의 언어 및 문화를 머릿속에 아무리 잘 습득하고 존중해도 그것을 자기의 태도나 행동으로 보여주지 않으면 아무 소용이 없다. 여기에서 언급한 것은 다른 사람의 입장이 되어 생각할 수 있는 역량을 뜻한다. 다섯째, 비판적 문화 인식은 타인에 대해 배운 지식이나 태도를 통해 발생한 새로운 문화적 정체성을 말한다. 아울러 이런 전체성을 통해 형성되는 고유문화와 타문화에 대해 비판적으로 생각할 수 있는 역량도 여기에 속한다.

위에서 살펴본 상화문화소통 역량에 대한 바이람의 분류를 종합해보면, 상호문화소통 역량은 언어 능력, 사회언어 능력, 담화 능력 그리고 상호문화 능력으로 구성되며 이 요소들의 결합을 통해 성공적인 상호문화소통이 이루어진다.

다음으로 판티니(2000, 2005, 2006)가 구분한 상호문화소통 역량의 구성요소를 살펴보면 다음과 같다(이소연, 2017). 첫째, 개인적 특성으로 상호문화소통 역량은 선천적 · 후천적 특성으로 분리되는데, 공감이나 호기심, 유머, 흥미, 유연함, 참을성, 개방성, 관용, 판단 등이 후천적 특성에 속한다. 둘째, 관계를 맺고 계속적으로 유지하는 능력, 최소한의 오류로 소통하는 능력 그리고 상호 간의 흥미 또는 요청을 충족시키기 위해 협력하는 능력 등 세 가지 영역이 포함된다. 셋째, 지식, 태도, 기술, 인식 등 네 가지 차원으로 구성된다. 넷째, 목표 언어의 숙달도다. 다섯째, 발달 단계라고 하며, 이는 학습 여행자 단계(1~2개월), 체류자 단계(3~9개월), 전문가 단계, 상호문화 전문가 단계다.

위에서 살펴본 것처럼 판티니가 제시한 상호문화소통 역량 구성요소는 제2언어를 가르치거나 습득하는 과정에서뿐만 아니라 타문화에 대한 이해를 높이고 성공적인 상호문화소통을 할 때도 중요한 역할을 한다. 특히 판티니가 언급한 네 가지 차원은 효과적인 상호문화소통을 마련해주는 제일 중요한 요소라고 볼 수 있는데, 이에 대한 좀 더 자세한 설명은 다음과 같다.

인식, 태도, 기술 및 지식을 포함하는 판티니(2000)의 상호문화 역량 모델은 바이람(1997)이 제시한 모델과 유사점이 많으며 언어 교육에서 상호문화 측면에 더 중점을 두어 학습자가 지역 및 세계 수준에서 더 나은 참여자가 될 수 있는 인식, 태도, 기술 및 지식을 개발할 수 있게 함으로써 새로운 언어로 다른 사람들과 이해하고 공감할 수 있다고 덧붙였다. 또한 판티니는 자기 인식과 반성에 관한 인식이 "자신의 발달로 인해 더욱 강화된 것처럼 더 깊은 인식, 기술 및 태도를 이끌어낸다"라고 언급한다. 아울러 그는 상호문화 역량 개발을 위한 좋은 조건은 긍정적인 환경에서 다른 언어 및 문화권 사람들과의 접촉 및 경험이라고 강조한다. 판티니(2000)가 제시한 상호문화 역량 모델은 다음 [그림 3-2]와 같다.

[그림 3-2]에서 볼 수 있듯이 상호문화소통 역량은 네 가지로 구성되

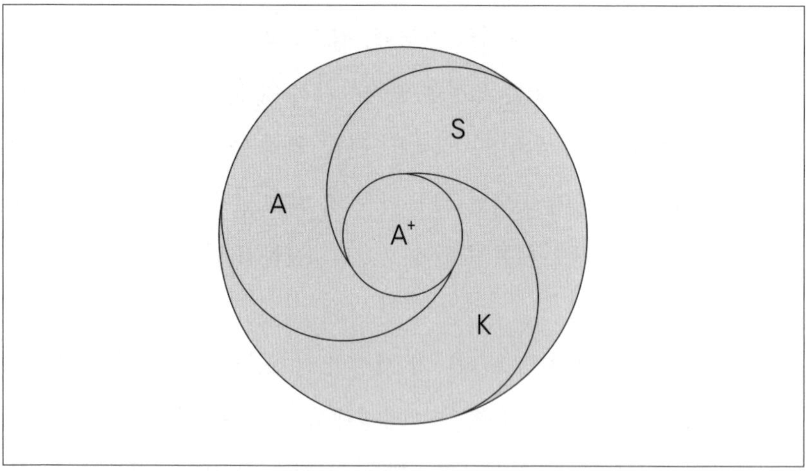

[그림 3-2] 판티니(2000)의 상호문화 역량 모델

어 있으며, 이는 앞에서 살펴본 바이람(1997)의 상호문화소통 역량의 구성 요소와 유사하다. 다만 바이람은 상호문화소통 역량 중 '태도'와 '지식'을 중요하다고 본 반면, 판티니는 '인식'을 가장 중요시하고 있다. 따라서 상호문화소통 역량은 자국 문화에 대해서만 아는 것이 아니라 타문화에 대해서도 배우고, 타문화 구성원들과 적극적으로 상호작용하면서 느낀 차이점을 존중하며, 이런 상황에 맞게 적절한 태도를 보여주고 자기와 타문화 간의 차이를 다양성으로 보고 인식하는 것을 의미한다.

디어도프(2004)는 상호문화 역량의 피라미드 모델을 개발했는데, 이는 [그림 3-3]과 같다.

[그림 3-3]에서 제시한 피라미드 모델의 첫째 요소인 외적 결과(desired external outcomes)는 상호문화 지식, 기술, 태도에 근거하여 자신의 목적을 어느 정도 달성하기 위해 효과적이고 적절하게 행동 및 소통하는 것을 의미한다. 둘째 요소인 내적 결과(desired internal outcome)는 준거틀(informed frame of reference/filter shift)로서 적응 능력(다른 의사소통 방식, 행동, 새로운 문화 환경), 융통성(적절한 의사소통 방식과 행동 선택, 인지적 유연성), 민족상대주의적 관점(ethnorelative view), 공감(empathy) 등의 요소를 포함한다. 셋째, 지식과 이해(knowledge & comprehension)

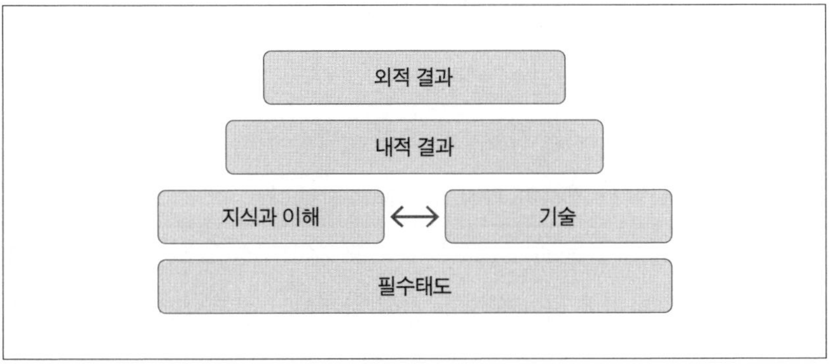

[그림 3-3] 상호문화 역량의 피라미드 모델(Deadorff, 2004)

는 문화적 자기지각(cultural self-awareness), 문화에 대한 깊은 이해와 지식(문화의 맥락, 역할과 영향 그리고 다른 사람들의 세계관 포함), 특정 문화에 대한 지식(cultural-specific information), 사회언어학적 지각(sociolinguistic awareness)을 포함한다. 넷째, 기술(skills)은 듣고, 관찰하고, 해석하기(민족중심주의를 확인하고 최소화하기 위한 인내를 사용하여 문화적 단서와 의미를 찾는다), 분석하고, 평가하고, 관련짓기(분석의 비교 기술을 사용하여 연계, 인과 관계를 찾는다) 등으로 구성되어 있다. 다섯째, 필수태도(requisite attitudes)는 존중(다른 문화와 문화적 다양성에 대한 가치 인정), 개방성(상호문화에 대한 배움과 다른 문화권에서 온 사람에 관한 판단 보류), 호기심과 발견(모호함과 불확실성에 대해 용인함) 등을 포함한다. 디어도프에 따르면 태도란 "배운 지식이나 기술을 존중이나 개방성 또는 호기심 등 태도를 통해 활용하는 것"을 의미한다.

이처럼 지식, 기술과 태도는 융통성 있고, 적용 가능하며, 공감을 얻는 법을 배우고 친척 관계의 관점을 채택하는 개별 학습자의 내적 결과(internal outcomes)로 이루어진다. 이러한 특성은 개인의 관찰 가능한 행동 및 의사소통 스타일을 나타내는 외적 결과(external outcomes)에 반영된다. 이는 개인이 상호문화적으로 유능한지, 또는 배우고 있다는 가시적인 증거다. 다시 말하면, 배운 지식이나 기술 또는 태도는 행동을 통해서만 실천으로 이루어진다. 실천에서 볼 수 없고 내부적으로, 즉 머릿속에서만 있는 지식, 기술 및 태도는 존재한다고 할 수 없다. 상호문화 역량 형성을 위해서는 내부 및 외부 결과가 동시에 요구되기 때문이다.

디어도프(2006, 2009)는 상호문화 역량 발달을 위해 피라미드 모델을 토대로 [그림 3-4]에서 제시한 과정 모델을 개발했다.

[그림 3-4]에서 볼 수 있듯이 과정 모델의 구성요소는 피라미드 모델과 동일하다. 하지만 이러한 요소 간에 발생하는 이동 과정과 방향을 좀 더 자세히 설명하고 있다. 이 모델은 개인 수준에서 대인 수준(상호문화 상호

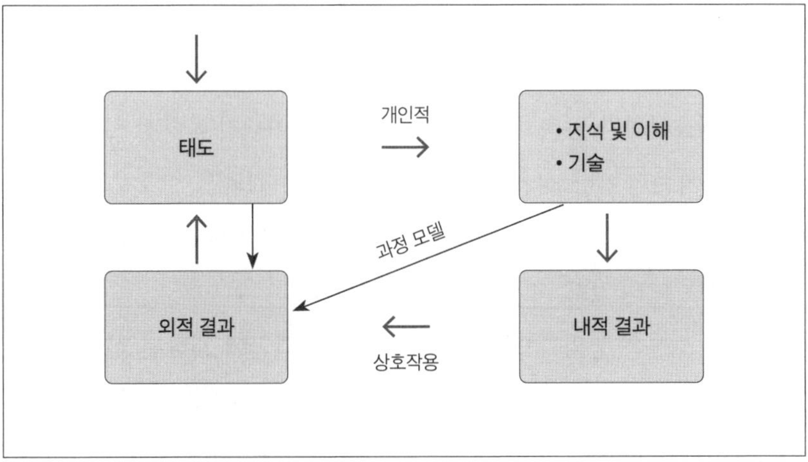

[그림 3-4] 상호문화 역량의 과정 모델(Deardorff, 2006, 2009)

작용)으로의 이동을 나타낸다. 피라미드 모델에서와 마찬가지로 태도와 기술, 지식을 외적 결과에 직접 적용할 수는 있지만, 결과의 적합성과 효율성의 정도는 전체 사이클이 완료될 때보다 높지 않은 상태로 다시 시작할 수도 있다. 내적 · 외적 결과의 고유한 요소는 이 과정 모델에서 유지 관리되며, 실제로 개인은 내부적인 성과를 완전히 달성하지 않고도 다양한 상황에서 적절하고 효과적으로 행동하고 의사소통하는 외적 결과를 얻을 수 있다. 그러나 내적 성과가 달성된 경우보다 적절성과 효과성의 정도가 좀 더 제한적일 수 있다.

디어도프(2006, 2009)가 제시한 상호문화 역량의 과정 모델은 다음과 같은 성과를 가져올 수 있다. 첫째, 자국 문화와 다른 타 문화권 사람들의 다양함을 이해하고 존중하게 한다. 둘째, 이런 사람들과 상호작용할 때 효과적이고 원활한 의사소통을 제공하게 한다. 셋째, 이런 다양한 문화권 사람들과 긍정적인 대인관계를 형성하게 한다. 넷째, 상대방의 다양성을 파악하고 차이점을 인정하며 존중하게 한다.

따라서 상호문화 역량은 우리가 사는 다문화사회에서 필수적으로 요구된다. 상호문화 역량은 유전적으로 얻는 것이 아니라 후천적으로 교육을 통해 배워가는 것이다. 상호문화 역량을 함양하는 교육은 '상호문화교육'이라고 칭하며, 이 교육의 목적은 상호문화 역량을 넘어서 학습자를 세계시민으로 키우는 데 있다.

다음 모델은 동양 문화를 중심으로 하여 최근에 개발된 상호문화소통 역량의 통합 모델(Arasaratnam, 2006; Arasaratnam & Banerjee, 2007, 2011; Arasaratnam, Banerjee, & Dembek, 2010a, 2010b)이다. 상호문화소통 역량의 통합 모델(The Integrated Model of Intercultural Communication Competence: IMICC)은 아라사라트남(Arasaratnam)을 비롯한 몇몇 학자의 현장연구를 통해 2003년부터 2011년 사이에 개발된 모델이다. 아라사라트남과 되펠(Arasaratnam & Doerfel, 2005)은 15개국에서 37명을 대표로 하여 현장조사를 실시했다. 자료 수집은 의미론적 네트워크 분석 방법을 통해 이루어졌다. 분석 후 다섯 가지 변수, 동기 부여, 상호문화소통 경험, 듣기 능력, 타 문화권 사람들에 대한 공감과 긍정적인 태도가 나타났다. 그것은 상호문화 역량에 대한 새로운 모델의 새로운 존재였다. 이는 다음 [그림 3-5]와 같다.

[그림 3-5] 모델은 앞에서 살펴본 연구들과 달리 말레이시아의 맥락에 따라 종교성 변수를 추가하여 만들어졌다. 이슬람 종교와 아시아 문화는 말레이시아 문화에 강한 영향을 미친다. 서구 문화에서 종교는 상호문화소통 역량에 큰 영향을 미치지 않지만, 말레이시아에서는 종교가 문화 간 상호작용에서 중요한 역할을 한다(Mahmud 외, 2010). 공감은 "인지 및 정서적 역할을 수행하고 상황에 따라 적절하게 행동을 적응시키는 개인의 능력"(Arasaratnam, 2004)으로 묘사된다. 대리인은 능숙한 수행 능력을 발휘할 수

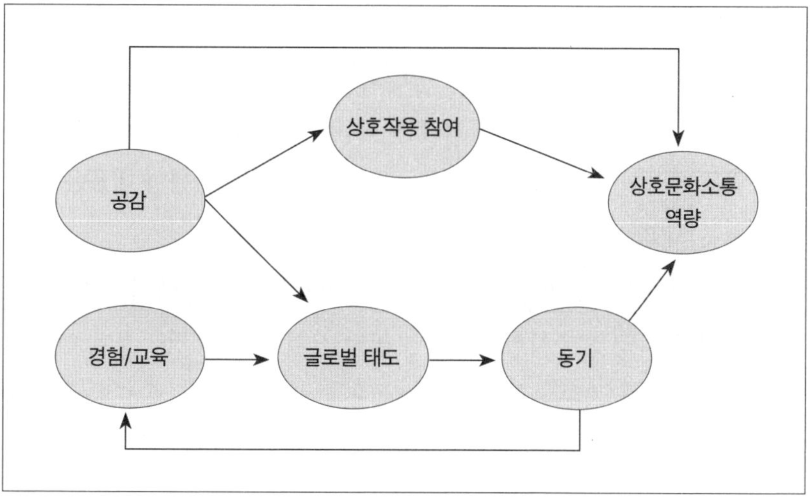

[그림 3-5] 상호문화소통 역량의 통합 모델(Arasaratnam, 2006)

있고, 다른 개인에게 영향을 미치는 행동을 포함할 수 있으며, 자신을 위치시킬 수 있다. 동기 부여는 다른 문화에 대한 학습과 이해의 결정을 위한 문화 간 상호작용에 참여하려는 열망으로 정의된다(Arasaratnam, 2004). 아라사라트남(2006)은 동기 부여가 "다른 문화에 대한 이해와 학습을 위해 문화 간 상호작용에 참여하고자 하는 욕망"이라고 덧붙였다.

다른 문화권 사람들에 대한 글로벌 태도 또는 긍정적 태도 같은 변수(ATOC), 즉 세계적인 태도는 세계관 외에 새로운 문화에 관해 사람의 직접성을 정의한다. 국제적 접근 이외에 다른 사람은 "다른 문화 사람들에 대해 긍정적인 태도를 가지고 있으며 민족 중심적이지 않다"(Arasaratnam, 2004). 소통에 참여로 묘사된 예의를 제공하는 것 외에도 잘 듣는 능력은 "대화에서 인지 및 행동적 참여의 정도"(Arasaratnam, 2004)를 나타낸다. 관심을 잘 기울이는 역량을 가진 사람은 다른 사람의 요구 사항을 이해할 뿐만 아니라 활발하게 이해할 수 있어야 한다.

아라사라트남은 2006년 개발한 상호문화소통 역량의 통합 모델에서 측정하지 못한 개인적 차원에서의 감정적 측면, 즉 '자극 선호(sensation-seeking)'를 추가하여 2010년 동료와 함께 상호문화소통 역량의 또 다른 새로운 모델을 제시했다(Arasaratnam & Banerjee, 2010). 이에 대한 자세한 내용은 다음 [그림 3-6]과 같다.

[그림 3-6]에서 말한 자극 선호란 "상호문화 상황에서 개인의 인지적 특성인 자극을 중시함으로써 모험적 상황에 더욱 적극적인 태도를 갖추고 있을수록 적극적으로 상호문화소통에 참가하는 특징을 의미한다."(Arasaratnam & Banerjee, 2010)

이처럼 상호문화소통이란 둘 이상의 문화적으로 다른 배경을 가진 사람들 간에 소통하는 것을 의미한다. 우리가 사는 21세기는 상호문화소통을

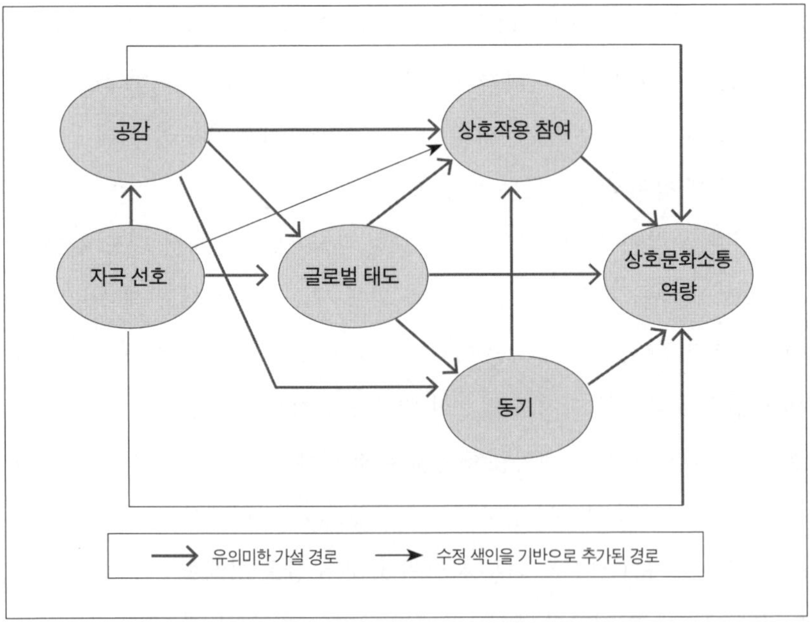

[그림 3-6] 자극 선호와 상호문화소통 역량의 통합 모델(Arasaratnam & Banerjee, 2010)

피할 수 없다. 해외에 굳이 가지 않더라도 타 문화권 사람을 쉽게 만날 수 있고, 문화와 문화의 접촉이 이루어질 수 있기 때문이다. 따라서 상호문화소통 역량은 현대사회의 필수적인 역량이자 성공의 열쇠라고 할 수 있다. 상호문화소통 역량을 키우기 위해서는 상호문화소통 교육이 필요하다.

3. 상호문화소통 교육과 상호문화소통 역량 평가

서로 다른 문화적 배경을 가진 사람들 간의 원활한 상호문화소통을 마련하기 위해 상호문화소통 역량이 요구되며, 이런 역량을 키우는 교육이 상호문화소통 교육이다. 상호문화소통 교육은 자국 및 타문화를 충분히 이해하고 다양한 언어 및 문화를 존중하여 배려할 수 있는 지식, 능력, 태도 및 인식을 개발하는 데 중요한 역할을 한다.

상호문화소통 역량에 인지적 차원, 감정적 차원 그리고 의사소통 행동적 차원이 있으며 상호문화소통 교육의 목표는 세 가지, 즉 인식적 목표, 정서적 목표 그리고 행동적 목표가 있다(Herbrand, 2002). 상호문화소통 교육의 각각의 목표를 세분화해서 살펴보면 다음과 같다. 첫째, 인지적 목표는 자국 문화와 타문화의 공통점과 차이점에 대한 지식을 가지고 양 국가의 문화를 이해하는 데 초점을 둔다. 둘째, 정서적 목표란 자기와 타문화의 차이점에 대한 평가 및 해석, 또는 다른 문화에 대한 관심이나 공감을 키우는 것을 말한다. 셋째, 행동적 목표는 자국 및 타문화에 대해 배운 지식을 실천에서 활용하고, 상호문화소통을 할 때 어떤 문제가 생기면 이를 긍정적으로 해결할 수 있는 능력을 키우는 데 기여한다.

이에 따라 앞에서 제시한 상호문화소통 교육의 세 가지 목표를 종합해 보면, 상호문화소통 교육이란 서로 다른 문화적 환경 속에서 살아온 사람들이 만나서 소통할 때 요구되는 능력을 키우는 데 목적을 두는 것이라고 할 수 있다.

바이람(2009)은 상호문화 역량의 평가를 위해 포트폴리오를 제안한다. 그는 상호문화소통 역량을 평가할 수 있는 'Autobiography of intercultural encounters(AIE)'를 제시하는데, 이는 자기와 타인의 상호문화소통 역량을 평가할 수 있게 한다. 현재 AIE는 유럽공통참조기준, 유럽언어 포트폴리오에서 널리 사용되고 있다. AIE 평가에서는 다른 문화적 배경을 지닌 사람들과 만났을 때 경험한 사건 중에서 하나를 선택하여 이 사건이 그에게 어떤 의미가 있는지 질문을 통해 파악한다. 학습자가 질문에 대답하면서 자기가 경험한 사건을 머릿속에서 분석하고 이런 문화적 접촉 상황에서 더 효과적인 상호문화소통을 위해 무엇이 부족했고 앞으로 무엇을 배워야 할지를 알 수 있다. 이런 관점에서 AIE는 자기의 상호문화 역량을 평가할 수 있는 도구일 뿐만 아니라 이를 통해 상호문화소통 역량을 함양할 수 있는 학습이기도 하다.

AIE의 질문은 학습자가 상호문화소통 경험 중에서 하나를 선택하여 이 사건에 대해 깊이 생각하고 답할 수 있게끔 구성되어 있다. 아울러 AIE의 질문 내용은 바이람이 제시한 상호문화소통 역량 모델의 네 가지 요소인 언어 능력, 사회언어 능력, 담화 능력, 상호문화 능력 등에 기반을 두고 있다. AIE 평가의 질문에 대한 세분화된 내용은 다음과 같다.

첫째, 지식은 다른 문화구성원들에 대한 지식, 지식 발견, 해석과 연관 그리고 비판적 상호문화소통 등으로 구성되어 있다. 다른 문화권 사람들에 대한 지식이란 자국 문화와 다른 문화권 사람들이 속한 사회, 생활양식이나 사고방식 또는 특징을 말한다. 지식 발견은 문화적 배경이 다른 사람을 만났을 때 지식을 토대로 한 기술을 실제로 사용하는지를 의미한다. 해석과 연관은 상호문화소통을 하는 사람들 간에 서로가 가지고 있는 공통점이나 차이점을 발견하고 '다름'을 '다양함'으로 파악하며 존중하는 것을 뜻한다. 그리고 비판적 상호문화 의식이란 다른 문화권 사람들에 대해 가진 고정관념이나 편견을 지식을 통해 없애고 자국 및 타문화에 대해 충분히 인식하여 설명할 수 있는 것을 의미한다.

둘째, 해석 및 연관 기술은 유연함과 소통하는 방법에 민감해지기 등으로 구성되어 있다. '유연함'은 타 문화권 사람과 상호문화소통을 할 때 주어진 상황에 따라 적절하게 태도를 취하거나 행동할 수 있는 것을 말한다. '소통하는 방법에 민감해지기'는 상대방의 소통 방식에서의 다양성을 존중하고 인정하는 것을 의미한다.

셋째, 발견 및 상호작용 기술은 타 문화권 사람들의 정체성 인정, 타자성 존중, 감정이입 태도, 모호함, 관용 등을 포함한다. 상호문화소통을 하는 사람은 자기와 상대방이 지닌 정체성을 인정하고 존중해야 한다. 더불어 다양함에 대한 호기심이나 관심을 가지고 그것을 실제로 보여주어야 한다. 그뿐만 아니라 상호문화소통을 할 때 감정이입 태도가 요구되는데, 이는 상대방의 입장에서 생각해보는 것을 의미한다. 아울러 효과적인 상호문화소통을 위해 긍정적 및 부정적 감정이 필요하며, 이것을 예전에 알게 된 지식이나 태도와 연관시켜야 한다. 그리고 타 문화권 사람들도 자기와 동일한 입장에서 신념이나 가치를 가지고 있으며 이를 인정해줘야 한다.

넷째, 태도는 앞에 제시된 모든 것의 결과라고 볼 수 있다. 그러므로 상호문화소통 능력이 발달하는 데 많은 기여를 한다.

AIE는 10개의 질문과 조언으로 구성되어 있다. 가장 먼저 자기소개('Who I am? / 나는 누구인가?')라는 항목이 나오는데, 거기에 자신 및 타인에 대해 가지고 있는 생각을 서술해야 한다. 이후 상호문화소통 평가를 위한 질문 또는 조언이 본격적으로 시작된다.

AIE 평가가 속한 질문이나 조언 내용의 구체적인 설명은 다음 〈표 3-2〉와 같다.

〈표 3-2〉에서 살펴본 것처럼 AIE 평가는 총 9개로 이루어져 있으며, 이 평가를 하기에 앞서 학습자에게 '나는 누구인가?'라는 질문을 던진다. 그 이유는 상대방에 대한 이해를 위해 자기 자신에 대한 이해가 전제되기 때문이다. 이후 본격적인 평가가 시작되는데, 평가의 첫 질문은 '상호문화 만남 상황'이다. 학습자는 자기 자신의 경험 중에서 하나를 선택하여 선택한 상황에 맞게 제목을 짓고 이런 사건이 발생한 날짜와 장소를 적는다. 학습자에게 여러 가지 사건이나 상황 중에서 하나를 선택하라는 요구는 하나의 구체적인 사례를 통해 학습자의 상호문화 역량 정도를 평가하기 위해서다.

AIE 평가의 두 번째 항목은 '다른 사람'이라고 명명되며, 학습자는 다른 문화적 배경을 가지고 있는 사람을 만날 때 하는 행동이나 태도 또는 인식을 고찰하여 평가한다.

AIE 평가의 세 번째 항목은 '여러분의 느낌'이라고 부르는데, 이는 타문화권 사람과 만났을 때 느끼는 감정을 알기 위한 질문이다. 자기와 다른 문화를 지니고 있는 사람을 만날 때의 긍정적인 행동이나 태도도 중요하지만, 그것보다 상대방에 대한 감정이나 마음이 더 중요하다. 왜냐하면 행동이나 태도만 긍정적이고 마음으로 부정적인 것을 느낀다면 이런 감정이 나

<표 3-2> AIE 평가 내용(Council of Europe, 2007; 김옥선, 2011)

항목 제목	내용
상호문화 만남 상황 (The encounter)	학습자는 상호문화소통 경험 중에서 하나를 선택하여 이 상황의 제목을 붙이고, 이 사건을 선택한 이유를 구체적으로 설명한다. 그리고 이 사건이 일어난 날짜 및 장소에 대한 정보도 요구된다.
다른 사람 (The other person or people)	상호문화소통을 하는 상대방에 대해 서술한다. 이런 만남을 통해 상대방에 대해 어떤 생각이 들었고, 그(들)이 입고 있었던 옷이 어떠했고 그들의 모습은 어떠한지 또는 그(들)의 나이, 성별, 국적, 인종, 종교 등 그들에게 중요하다고 여겨지는 것에 대한 생각을 기술한다.
여러분의 느낌 (Your feelings)	상호문화소통이 이루어진 그 당시에 자신의 감정이나 느낌이 어떠했고 생각이 어떤지를 서술한다. 더불어 그 당시 일어난 사례를 예로 들면서 이런 상황에서 여러분이 무엇을 했는지에 대해서도 기술해야 한다.
다른 사람의 느낌 (The other person's feelings)	자기 자신을 다른 사람들의 입장이 되어 생각해본다. 그 당시 그(들)이 느꼈던 어려움을 상상해보도록 노력하면 어떤 기분이 들까? 행복함 아니면 화가 남? 이 상황이 벌어졌을 때 주어진 예시를 보충하면서 상대방의 생각을 생각해본다.
같음과 다름 (Same and different)	상호문화소통을 하면서 학습자가 느낀 것과 생각한 방식의 공통점 및 차이점에 대해 생각해본다.
서로 이야기하기 (Talking to each other)	학습자가 소통했을 때 어떻게 이야기하고 또는 상대방과 소통이 어떻게 이루어지는지에 대해 생각해본다. 아울러 상대방에게 말을 할 때 감정을 조절했는지를 기술한다.
좀 더 많이 알아내기 (Finding out more)	학습자는 상호문화소통 경험에서 좀 더 많이 알아내기 위해 어떻게 했는지를 서술한다. 만약에 그 후에 대답을 찾았다면 무엇을 어떻게 했는지를 기술한다.
비교를 통해 이해하기 (Using comparisons to understand))	보통 사람들이 다른 집단이나 문화에 속한 것을 자신의 공통적인 것과 대조한다. 그러므로 학습자는 주어진 상황에서 어떻게 하고 자국 문화와 비교하면 이럴 때 어떤 일이 일어나며 이것을 파악하는 데 도움이 되었는지를 서술한다.
되돌아 생각하고 앞서 예견하기 (Thinking back and looking forward)	되돌아보면 상호문화소통 경험에 대한 결론을 유추할 수 있는지, 그 결론은 무엇인지를 서술한다.

중에 표정이나 눈에서 드러나기 때문이다.

'다른 사람의 느낌'은 AIE 평가의 네 번째 항목이고, 이는 타 문화권 상대방의 입장이 되어 생각하는 것을 뜻한다. 일반적으로 사람들은 주변 사람들을 이해하기보다 그들에게 이해받기를 원한다. 그러나 상호문화소통에서는 서로 간에 갈등이 생기지 않도록 입장을 바꿔 생각하는 것이 더욱 효과적이다.

'같음과 다름'은 AIE 평가의 다섯 번째 항목이며, 이는 타 문화권 사람을 만나고 상호문화소통할 때 느낀 서로 간의 유사점이나 차이점을 의미한다. 학습자는 상대방에 대한 공통점이나 차이점을 정확하게 인식해야 이런 차이점을 '틀림'이 아닌 '다양함'으로 볼 수 있기 때문이다.

AIE 평가의 여섯 번째 항목은 '서로 이야기하기'라고 명명하며, 이는 타 문화권 사람을 만났을 때 말을 걸고 서로 이야기하는 것을 말한다. 다른 문화적 배경을 가지고 있는 사람과 많이 만나보고도 그 사람과 한마디도 하지 않으면 상호문화소통 역량을 발전시키는 것은 거의 불가능하다.

'좀 더 많이 알아내기'는 AIE 평가의 일곱 번째 항목이며, 이 항목에서 성공적인 상호문화소통을 위해 요구되는 요소에 대한 학습자의 생각을 적는다.

AIE 평가의 마지막 항목은 '비교를 통해 이해하기'인데, 이는 학습자가 자기가 가지고 있는 문화를 다른 문화권 사람과 대조해보는 것을 의미한다. "모국어가 어떤지를 알고 싶으면 다른 나라의 언어를 배워라"라는 말이 있듯이 자국 문화에 대해 알기 위해서는 타문화에 대해 알고 비교해봐야 한다. 그래야 다양성을 인정하고 존중하게 된다.

위에 거론한 AIE 평가를 통해 학습자의 상호문화소통 역량을 평가할 수 있을 뿐만 아니라 평가를 통해 학습자가 상호문화소통에서 자신의 부족한 점을 알게 되고 보완할 수 있다. 그러므로 AIE 평가는 학습자의 상호문화소통 역량을 함양할 수 있다는 점에서 가치가 있다.

4. 문화적응과 문화충격 이론

외국인 유학생과 같이 문화적으로 다양한 집단의 사람들이 서로 접촉하게 되면, 이들이 가지고 있는 사회적 구조와 제도, 정치, 가치 체계 등이 서로 영향을 미치게 된다. 다른 사회와 문화를 가진 이주민도 새로운 사회에서 다른 문화를 접촉한다. 특히, 이주민은 새로운 사회에 적응하기 위해 심리적 · 사회적 · 경제적으로 적응해야 하는 과제를 떠안고 있다. 하지만 이주민 집단은 본국과 이주국 간의 문화적 거리가 다르므로 새로운 문화에 대한 반응 정도가 다양하게 나타날 수밖에 없다. 예를 들어, 영어를 모국어로 하는 사람이 호주나 뉴질랜드에 정착할 수도 있고, 한국 사람이 미국이나 호주 및 캐나다에 정착할 수도 있다. 하지만 한국 사람이 호주나 뉴질랜드에 정착할 경우, 쌍방 간 문화 차이가 매우 크기 때문에 영어권 사람보다 적응력이 약할 것이다.

이주민 가운데 특히 젊은 세대의 경우에는 정체성 문제로 크고 작은 혼란을 겪을 수도 있다. 다시 말하면, 이들은 자신의 문화와 주류문화 중 어떤 것을 선택해야 하는가의 문제로 갈등을 불러일으킬 수 있다. 따라서 재한 외국인 유학생이라는 이주민의 삶을 연구하기 위해서는 이주 현상에 따른 문화접촉 및 문화적응 역시 살펴볼 필요가 있다.

서로 다른 문화적 배경을 가진 사람들이 접촉하면서 발생하는 문화 간 접촉(intercultural contact)은 두 가지 범주로 구분된다. 문화적으로 다양한 하위 집단을 가진 다문화사회의 구성원 간 이루어지는 사회 내 접촉(within-society contact), 한 사회의 사람이 다른 나라에 일이나 여행, 유학 등 일정한 목적을 가지고 갔을 때 발생하는 사회 간 접촉(between-society contact)이 있다(Bochner, 1986). 대부분 문화 간 접촉에 관한 연구는 사회 간 접촉을 중심에 두고 있다. 이는 세계화(globalization)로 인해 생기는 유학생, 외국인 여행자, 외국인 노동자 등 사회 간 접촉이 증가하는 추세와 맞물려 있다. 또한 국가들이 다양한 문화가 공존하는 사회로 변화하면서 사회 내에서 접촉하는 추세가 급속도로 증가하고 있다. 가난한 나라에서 잘사는 나라로 이동하는 이민자, 기근이나 내전 등을 피해 다른 곳에 정착한 난민은 이주한 사회에서 소수 집단으로 자리를 잡아가며 세대를 이어간다. 이러한 현상들이 형성하는 다문화주의(multiculturalism) 사회에 대한 연구도 지속적으로 진행되고 있다(Ward, Bochner & Furnham, A., 2001).

한편 다양한 문화접촉으로 인해 만들어진 집단은 크게 자발성(voluntariness), 이동성(mobility), 그리고 영속성(permanence)이라는 세 가지 요소로 분류될 수 있다. 자발성은 문화적 이동이 자발적으로 이루어졌는지에 대한 것이다. 이주민이나 유학생 등의 체류자는 자발적으로 이동한 사람들이고, 난민은 비자발적으로 이동한 사람들이다. 이동성은 자신이 새로운 문화로 이동했는지, 새로운 문화의 사람들을 수용했는지의 문제다. 문화적응 집단 중 이주민 집단이나 난민은 새로운 문화로 이동한 사람들이고, 토착민 집단은 새로운 집단을 수용한 사람들이다. 영속성의 차원은 얼마나 오랫동안 새로운 문화 환경에 거주할 것인지에 대한 문제다. 이민한 경우, 특정한 기간 새로운 환경에 거주할 것이고, 유학생이나 여행자 등의 체류자는 일시적으로 머물게 될 것이다. 이와 같이 문화접촉으로 인한 다양한 상황과 이에 적응해가면서 나타나는 문제가 '문화적응(acculturation)'이라는 용어가 탄생하게 된 배경이다. 사회학자나 인류학자들은 문화접촉의 초기 상황에서 나타나는 집단수준의 변화를 '문화적응'이라고 불렀는데, 이들은 문화적응을 "문화적 근원이 다른 사람들 사이의 지속적이고 직접적인 접촉의 결과로 일어나는 변화"라고 정의했다(Redfield, Linton & Herskovits, 1936).

문화적응이란 다른 문화적인 배경을 가진 집단이나 개인 간 접촉으로 인해 변화가 발생하는 것으로 원칙적으로 쌍방 간의 상호작용을 내포하지만, 실제적으로는 수용하는 사회와 수용되는 사회 간의 힘의 불균형을 통해 어느 한 집단이 다른 집단에 비해 더 많은 변화를 경험하는 것이라고 할 수 있다(Berry, 1990).

한 개인이 익숙한 문화에서 나와 새로운 환경과 문화에 편입되는 과정 중 적응을 거치는 것은 필수다. 외국인 유학생은 새롭고 낯선 문화에 적응하면서 다양한 어려움과 문제를 피할 수 없다. 왜냐하면 모국과 적응해야 하는 목표 나라의 사고방식이 다르기 때문이라고 할 수 있다. 이는 새로운 문화에 대한 낯섦, 즉 문화충격 현상으로 볼 수 있다. 외국인 유학생은 다른 문화적 환경에서 경험하는 심리적 반응으로 의사소통 방식, 인사법, 구매 방법과 주문 방법 등의 새로운 문화와 접촉하면서 불안과 갈등을 느끼게 된다(Oberg, 1960).

또한, 사고방식과 문화 양식이 달라 모국의 표현 방식을 상실함으로써 새롭고 낯선 문화적 환경에서의 불안감, 갈등과 스트레스를 경험하게 된다. 외국인 유학생이 익숙한 문화와 생활을 영위하는 방식에서 벗어나 새롭게 변화된 상황에 맞추어 적응하는 과정이 문화적응이다. 이러한 문화적응 과정에서 느끼고 경험하는 어려움이 문화적응 스트레스다(Berry, 1986).

그레이브스(Graves, 1967)는 개인 수준의 심리적 문화적응과 집단 수준의 문화적응을 구분했다. 문화적응이라는 것은 새로운 문화를 접촉한 결과로 발생한 집단의 문화적 변화이고, 심리적 문화적응과 적응은 개인의 심리에서 나타나는 변화다. 최근에는 심리학에서 문화적응에 관한 연구가 광범위하게 이루어지는데, '문화적응(acculturation)'이라는 용어를 집단과 개인으로 구분하지 않고 사용한다.

베리(Berry, 1995)는 적응(adaptation)을 "하나의 문화가 새로운 환경의 문화와 끊임없이 지속적으로 상호작용하면서 결과적으로 이 새로운 환경 속에서 편안함을 느끼는 것"이라고 했고, 블랙(Black, 1991)은 적응(adjustment)을 "이주민이 심리적으로 거주 국가에서 편안하게 사는 정도"라고 정의했다. 해니건(Hannigan, 1990)이 정의한 문화적 적응(cultural adjustment adaptation)이란 적응(adaptation)의 범주에 "언어 습득과 역사적인 인물의 이름을 인식할 수 있는 것, 도시나 음식, 본질적인 관습이나 사람들의 습관에 대한 살아있는 지식을 지니는 것" 등의 일상적이고 실제적인 문제를 포함한다. 이는 지식 획득과 관련된 것으로 정서적인 요인이나 행동적인 요인을 고려하지 않는다.

베리(1987)가 말한 적응(acculturation)의 정의는 "둘 이상의 문화집단과 그 문화집단 속에 소속되어 있는 개인 구성원들이 서로 접촉한 결과로 생긴 문화적이고 심리적인 변화 과정"이다. 이는 "개인이 새롭고 익숙하지 않으며, 문화적으로 변화된 환경에서 겪는 역동적인 과정에서 비교적 안정되고 상호 간에 기능적인 관계를 확립하고 유지하는 것"이라고 정의되고 있다.

그로브(Grove, 1985)는 적응에 사회적인 것과 인지적인 것의 두 가지 차원이 포함된다고 했다. 그가 말한 사회적인 적응은 행동의 사회적 적응성으로 "타인과의 상호작용 과정에서 원하고자 하는 성과에 도달하는 능력"이다. 인지적인 적응이란 "환경에 대한 자신의 견해가 정확하고 완전하며 명백하게 인식"하는 것을 말한다.

딜라드(Dillard, 1983)의 연구에서 외국인 유학생은 다른 학생들에 비해 "심리적인 문제를 가진 위험집단(high risk group)"이 될 가능성이 더 크다고 보고되었다. 따라서 일반적으로 적응과정에서 어려움을 겪게 되며, 이 어려움은 외국인 유학생의 신체적 · 정신적 건강뿐만 아니라 그들의 대학 생활에서도 크고 많은 어려움과 문제를 경험하고 있다고 보고되었다(Barrat, 1994).

설과 워드(Searle & Ward, 1990)는 개인적 차원에서 문화적응을 두 가지로 구분하고 있다. 심리적 적응은 "내적 결과로서 개인적 문화정체성, 정신건강, 만족도의 성취" 등이다. 사회 · 문화적응은 새로운 환경과 관련된 외적 결과이므로 가족생활과 직장, 학교 등에서 일상의 문제를 처리할 수 있는 능력이다. 다른 사회의 두 집단이 장기간 직접적인 접촉 관계로 어느 한쪽이나 양쪽에서 사회의 문화변동이 일어나는 것이고, 문화접촉의 결과로 새롭게 등장한 문화요소는 기존의 요소들과 상호작용하여 추가적인 변화를 생성하기도 하며 창조적인 역할을 수행하기도 하지만, 반대로 새로운 문화요소들이 지배 사회에 적응하지 못해 문화해체 과정을 걷기도 한다(한상복 · 이문웅 · 김광억, 1998).

그러나 이주민의 사회 · 문화적응에 영향을 미치는 요인은 다양하며 인구학적, 생활경험, 환경적, 심리적 요인으로 나눌 수 있다. 첫째, 인구학적 요인이다. 문화적응에서 나타나는 다양한 특성이 문화적응 과정에서 영향을 끼친다. 이 요인의 특성으로는 민족 · 문화적 원인, 교육 수준, 연령, 성별 등이 있다.

실제로 인구학적 대상으로 한 연구(김정선 · 심영자, 2001; Nieto, 2002)에서는 문화적응도가 연령, 교육 수준, 직업, 성별 구성요소와 관계가 있는 것으로 나타났다. 교육 수준도 문화적응 태도와 관계가 있다. 미국의 아시아 이민자에 관한 연구에서도 교육 수준이 높을수록 지배문화를 더 많이 수용하는 것으로 나타났다(Shen & Takeuchi, 2001). 그러나 교육 수준이 높은 이민자도 소수민족이라는 이유로 체류국의 하류층으로 이동하는 것을 경험(Dohrenwend, 1974)하거나 상류 위치로 이동이 차단됨을 경험(Aycan & Berry, 1996)했을 때는 교육 수준이 낮은 이민자보다 심리적 역기능이 더 강하게 나타나(Ouarasse et al., 2005) 오히려 적응하기 어려운 것으로 나타났다.

둘째, 생활경험 요인이다. 이 요인에는 국제경험, 체류 기간, 언어능력 등이 있다. 기존의 국제경험은 아주 중요한 요소로서 문화적응에 매우 긍정적 영향을 미치는 것으로 나타났다(Black & Stephens, 1989). 또한 체류 기간은 문화적응의 중요한 요인이 될 수 있다. 즉, 체류 기간이 길어질수록 문화적응도 향상되는 정(+)의 결과를 보인다(Aycan, 1997). 언어능력 역시 문화적응의 핵심 요소 중 하나로 문화적 정보를 전달한다. 이는 주요 채널로서 문화적응에 큰 영향을 미치는 것으로 나타났다.

셋째, 환경적 요인이다. 이 요인에는 사회적 지원 및 문화적 거리 등이 있다. 사회적 지원으로 제공하는 의사소통, 상호작용, 사회적 관계 등은 문화 간 차이를 좁히고 새로운 사회에서의 문화적응을 촉진한다(Black et al., 1989). 문화적 거리 간격이 클수록 대인 간의 의사소통이나 사회적 합의가 도출되기 어려워 갈등이 발생하면서 문화접촉이 점점 더 줄어들어 적응 문제가 생기는 것으로 나타났다.

넷째, 심리적 요인이다. 이 요인에는 자아존중감 및 대인관계 능력 등이 있다. 자기효능감이 높을수록 문화적응을 잘할 수 있다는 신념이 굳

건하면 꾸준히 노력하게 되고, 결국은 문화적응에 성공할 확률이 높아지는 것으로 나타났다(Black et al., 1989). 대인관계 능력은 주류문화의 기대를 암시하는 것으로 나타나는데, 이는 외국 환경에 대한 불확실성을 감소시키며(Black et al., 1989), 특히 해외주재원의 적응에 중요한 영향을 미치는 것으로 나타났다.

베리와 김(Berry & Kim, 1988) 역시 낯선 사회로 이주한 개인이 시간이 지남에 따라 경험하는 문화적응 과정을 다음과 같이 다섯 단계로 구분했다. 첫째, 접촉 이전 시기에는 새로운 사회로 이주를 결심하도록 하게 만드는 개인적 · 사회적 요인이 작용한다. 개인적 요인은 사업 실패와 좌절보다는 더 나은 삶을 위한 갈등 등과 같고, 사회적 요인은 가난, 전쟁의 위협, 인구 과밀 등과 같다.

둘째, 접촉기는 새로운 사회로 이주한 초기 단계에 속하며, 새로운 문화와 접촉함으로써 문화적 변화와 더불어 행동의 변화가 나타나 스트레스가 발생한다.

셋째, 갈등기는 불확실성과 정체성의 혼란이 나타나는 시기로 심리적으로 가장 불안정한 시기다. 이주자가 새로운 문화에 적응하는 과정에서 이주 국가의 사회문화적 압력이 개인이나 이주자 간의 갈등을 유발하는 시기다.

넷째, 위기기(crisis phase)는 갈등기의 문제가 전혀 해소되지 않고 긴장과 갈등이 지속되면서 그것이 축적되어 심리적으로 불안정한 상태가 된다. 이 시기에 자살, 후회와 좌절, 가정불화 등 문제가 나타난다.

다섯째, 적응기로 갈등기와 위기기를 극복하면 그 문화에 자연스럽게 적응하게 된다.

그러나 위에서 언급한 다섯 가지 시기는 개인과 새로운 문화의 환경 및 여건, 그리고 그에 따르는 시간의 흐름에 따라 상이하게 나타날 수 있다.

베리(1997)는 문화적응의 유형을 통합, 동화, 분리, 주변화의 네 가지로 범주화했다. 통합은 "모국 문화도 유지하면서 새로운 문화인 이주문화를 동시에 받아들이고 참여하기를 원하는" 현상이다. 동화는 "모국 문화를 더 이상 유지하지 않고 완전히 새로운 이주문화를 수용"하는 것이다. 분리는 "모국의 문화만을 유지하고 새로운 이주문화는 거부"하면서 나타나는 현상이다. 주변화는 "모국의 문화를 유지하지 못하고 새로운 문화와도 제대로 관계를 갖지 못하는" 현상이다.

네 가지 범주를 요약하면 다음과 같다. 첫째, 통합형(integration)은 자기 고유의 문화적 가치를 유지하면서 새로운 문화를 수용하는 형태를 말한다. 사람들은 새로운 문화에 대한 주체성과 고유문화에 대한 주체성을 동시에 가지고 있을 수 있다. 이 유형의 사람들은 고유문화와 새로운 문화 두 가지 모두 관심을 가진다. 이 두 가지 문화를 부정적이 아닌 긍정적으로 인식하는 유형은 대부분 성공적인 적응 유형으로 생각한다.

둘째, 동화형은 자신이 가진 고유문화를 완전히 버리고 새로운 주류문화에 흡수되는 형태를 말한다. 새로이 수용한 문화는 적극적으로 받아들이면서 고유문화에 대한 관심은 점점 멀어지는 유형이 여기에 속한다. 이 유형의 사람들은 자신의 고유문화를 유지하려는 성향보다는 새로운 문화와 접촉하려는 성향이 강하다.

셋째, 분리형은 새로이 접촉한 문화를 수용하지 않고 자신의 고유한 문화주체성을 유지하려는 형태다. 이 유형의 사람들은 새로운 문화보다는 자신의 문화를 계속 유지하려는 경향이 있고, 타문화와 교류하기를 회피하려는 경향이 있다.

넷째, 주변형은 자신의 고유문화와 새로운 문화 모두 수용하지 않으려는 유형이다. 이런 유형은 자신의 고유문화에 관심이 없을 뿐만 아니라 새로운 문화도 거부하려는 부정적인 형태다.

이러한 모델은 실제로 네 가지 전략에서 오로지 하나의 전략만 수용할 수 없는 한계를 지니고 있다. 하지만 베리(2001)의 문화적응 이론은 문화적응이 필요한 이주자가 새로운 문화와 접촉하고 수용하면서도 고유한 문화와 정체성을 유지할 수 있는 2차원적 관점을 제시했다는 점에서 문화적응 연구를 진전시켰다는 평가를 받고 있다(정진경 · 양계민, 2004).

이후 베리(2001)는 문화적응은 이주민 자체만의 문제가 아니라 이주민을 수용하는 주류사회 역할의 중요성을 제시했다. 그는 주류사회의 태도를 추가하여 문화적응 이론을 확장시켰다. 이는 이주자의 고유문화 정체성과 새로운 사회와의 관계 설정에 대한 주류사회의 관점이다. 예를 들어, 주류사회에서 이주민에 대한 동화 요구는 용광로 전략(melting pot)이며, 이주자 혹은 이주자 집단은 개인의 선택에 상관없이 주류문화에 동화되어야만 적응할 수 있다고 했다(Berry, 2001). 또한 주류사회가 분리를 강하게 요구할 경우 격리(segregation), 주변화를 요구할 경우 배제(exclusion)가 되어 이주자가 주류사회에 편입하는 데 어려움을 겪을 것이다. 반면에 주류사회에서 통합이 추구된다면, 주류사회가 이주민 고유의 문화를 인정하는 동시에 수용하여 다 같이 공존하는 다문화주의(multiculturalism)를 지향함으로써 이주민이 자신의 문화적응 태도를 스스로 결정할 수 있을 것이다.

새로운 문화가 사람에게 미치는 영향을 '문화적 충격'이라고 한다. 이 용어는 1954년 오베르그(K. Oberg, 1960)가 도입했으며, 다른 많은 연구에 의해 확인되었다. 오베르그(1960)의 문화충격(culture shock) 이론은 "타문화에 체류하면서 경험하는 정서적 반응"을 네 단계로 분류했다. 첫 번째는 밀월(honeymoon) 단계다. 이 단계는 새로운 문화와 접촉하면서 감탄, 황홀, 열정을 느끼는 시기다. 밀월 단계의 특징은 다음과 같다. 예를 들어, 첫째, 업무 처리(등록, 주택, 은행 계좌 등)로 바쁘다. 둘째, 새로운 문화를 관찰하고 새로운 환경에 익숙해진다. 셋째, 유용하고 친절한 대학 교직원과 교수진을 만난다. 넷째, 호스트 문화의 구성원과 첫 번째 사회적 접촉을 한다. 마지막으로 다섯째, 새로운 것을 보고 행하며 새로운 세상을 즐기긴다.

두 번째는 위기 단계다. 이 단계는 불안, 분노, 좌절 등을 느끼는 단계다. 위기 단계의 특징은 다음과 같다. 예를 들어 첫째, 호스트 문화의 구성원과 더 많은 개인적인 관계를 원하지만, 친구를 사귈 시간이나 기회가 거의 없다는 것을 알게 된다. 둘째, 고립되고, 제자리에서 벗어나고, 피곤하고, 아프고, 우울하고, 화나고, 좌절감을 느낀다. 셋째, 자기 문화의 행동이 호스트 문화에서 수용되지 않을 수도 있다는 인식이 커지며, 자신의 행동을 포기, 중단 또는 수정해야 할 수도 있다. 넷째, 높은 기대치가 충족되지 않는다. 다섯째, 어떤 문제에 대해 호스트 문화 탓으로 돌린다. 여섯째, 호스트 문화에 대해 불평하는 자기 문화의 구성원들과 많은 시간을 보낸다. 일곱째, 대상 언어의 미묘함에 문제가 있다고 생각한다.

세 번째는 회복 단계다. 이 단계는 위기를 해결하고 점차 문화를 배워 나가는 시기다. 세 번째 단계의 특징은 다음과 같다. 첫째, 새로운 문화의 '탐험가(explorer)'가 되기로 결정한다. 둘째, 자기성찰의 도전을 받아들인다. 셋째, 자신의 문화적응에 대한 책임을 진다.

네 번째는 적응 단계다. 이 단계는 새로운 환경을 즐기면서 기능적으로는 스스로 유능해지는 단계다. 마지막 단계의 특징은 다음과 같다. 첫째, 언어 능력이 눈부시게 향상된다. 둘째, 호스트 문화 구성원의 행동을 이해한다. 셋째, 마침내 친구를 사귀고 커뮤니티 일부가 된 것 같은 느낌을 가진다. 다섯째, 이상하고 새로운 것에 대해 더 큰 관용을 느낀다. 여섯째, 두 문화 간의 중재자가 된다. 일곱째, 목표 언어로 자신을 이해할 수 있고 원어민을 이해할 수 있다는 것에 자랑스러워한다.

오베르그(1960)와 유사한 방법으로 필립스와 노스워시(Phillips & Norsworthy, 1997)는 외국인 유학생의 문화적응을 다섯 가지로 분류했다. 첫 번째는 허니문 단계다. 이 기간에 외국인 유학생은 새로운 세계에 대한 기대와 흥분을 느낀다. 이 단계에서는 몇 주 또는 몇 개월까지 생활할 수 있는 외국인 유학생에게 이 기간을 어떻게 보내느냐에 따라 유학 생활의 행복과 불행이 좌우된다.

두 번째는 의심 및 유보 단계다. 허니문 단계가 끝나면 여러 가지 요인, 즉 가족에 대한 그리움과 향수병, 언어소통의 어려움과 문화적 부적응, 음식 문제 등으로 인해 자신의 유학 생활에 회의를 경험하는 단계다. 이때 외국인 유학생은 대부분 마음의 문을 닫아버린다.

세 번째는 환멸과 절망의 단계다. 외국인 유학생은 이 단계에서 극심한 정서적 불안을 느끼는 경우가 있다. 어떤 유학생은 이 단계를 극복하지 못하고 학업을 포기하거나 중단하고 고국으로 돌아가서 방황하는 경우가 많다. 이럴 때는 서로 우정을 나누기가 매우 어려운 단계로 외국인 유학생의 심리는 매우 불안하고, 이를 극복하기 위해 해결책을 찾으려고 노력한다.

네 번째는 낙오와 격리 단계다. 외국인 유학생에게 이 단계는 매우 위험한 시기다. 이 시기에 외국인 유학생을 잘 관리하지 못하면 우정을 나누기가 더 어렵게 되기 때문이다.

다섯 번째는 적응과 수용 단계다. 여러 단계를 거치면서 외국인 유학생은 스스로 생활하는 방법을 터득함으로써 생활에 적응하게 된다. 이 마지막 단계에서는 다소간 문화적 충격을 경험하지만, 심각한 상태는 아니다(엄혜경, 2004).

한편, 오베르그(1954)는 문화적 충격을 다음과 같이 여섯 가지 측면으로 강조했다. 첫째, 스트레스(문화적응을 달성하려는 노력의 결과), 둘째, 상실감(친숙한 환경, 가족, 친구 등이 없을 때 발생함), 셋째, 거부감(사람이 새로운 문화에 의해 거부되거나 스스로 거부하는지는 그렇게 중요하지 않음), 넷째, 일반적인 역할 기대치, 가치 및 자기 식별 실패, 다섯째, 불안 또는 문화적 차이를 이해한 결과 다른 부정적인 감정, 그리고 마지막 여섯째, 조화가 결여된 느낌(새로운 문화 환경과 '병합'할 수 없음) 등이다.

4장

상호문화소통 역량의 함양 과정

1. 상호문화소통 경험 개요
2. 자극 선호 과정
3. 상호문화소통 공감
4. 다른 문화에 대한 태도
5. 상호작용 동기
6. 상호문화소통 참여
7. 상호문화소통 역량

1.
상호문화소통 경험 개요

이 장에서는 아라사라트남과 바네르지(Arasaratnam & Banerjee, 2010)의 자극 선호와 상호문화소통 역량의 통합 모델을 활용하여 중앙아시아 유학생의 상호문화소통 역량을 분석했다. 아시아 문화와 이슬람 종교가 중앙아시아 문화에 강한 영향을 미치는데, 아라사라트남과 바네르지(2010)의 자극 선호와 상호문화소통 역량의 통합 모델은 기존 연구들과 달리 동양 문화와 이슬람 종교를 고려하여 만들어졌기에 이 모델을 분석기준으로 선정했다. 아라사라트남은 2006년 개발한 상호문화소통 역량의 통합 모델에서 측정하지 못한 개인적 차원에서의 감정적 측면, 즉 '자극 선호(sensation-seeking)'를 추가하여 2010년 동료와 함께 상호문화소통 역량의 또 다른 새로운 모델을 제시했다(Arasaratnam & Banerjee, 2010). 이에 따르면 자극 선호가 연구참여자들의 상호문화소통 역량을 함양하는 데 큰 영향을 미쳤다. 즉, 그들에게 자극 선호란 따뜻한 마음과 새로운 경험이었다. 그에 따른 세분화된 내용은 다음 [그림 4-1], [그림 4-2]와 같다.

중앙아시아 유학생의 상호문화소통 역량 함양 과정은 그들이 타 문화

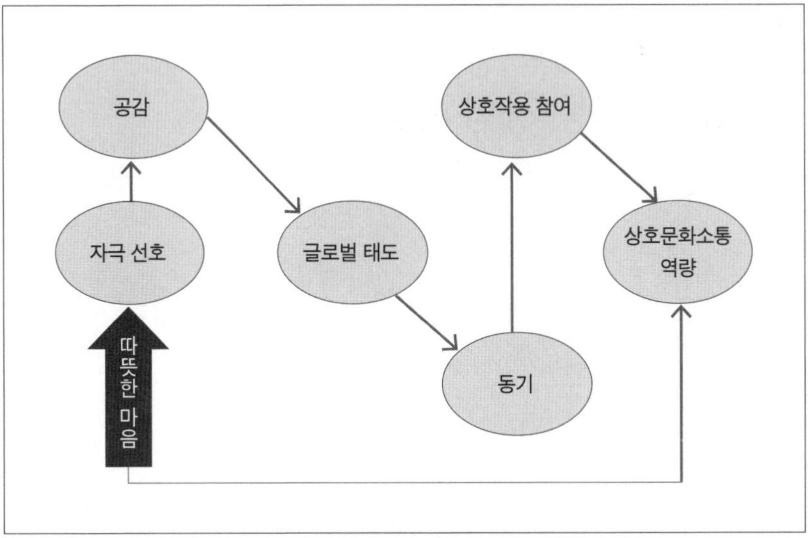

[그림 4-1] '따뜻한 마음' 모형을 통한 상호문화소통 역량 함양 과정

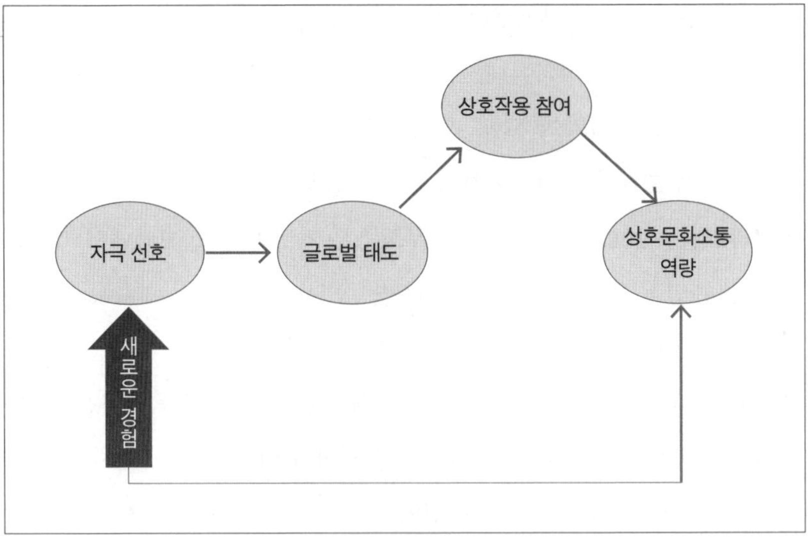

[그림 4-2] '새로운 경험' 모형을 통한 상호문화소통 역량 함양 과정

권 사람과의 소통에서 무엇을 찾는지에 따라 크게 두 가지로 구분된다. 첫째, '따뜻한 마음'이다. 연구참여자들은 대부분 부모님과 함께 같은 집에서 살아왔고 해외에서 혼자 살아본 경험 없이 한국에 유학생으로 들어왔기 때문에 상대방에게 우선적으로 '따뜻한 마음'을 찾는 입장에서 접근하고 있었다. 연구참여자들의 자극 선호가 '따뜻한 마음'일 경우, 그들은 공감(정서

〈표 4-1〉 상호문화소통 역량 내용 분석

구분	내용
자극 선호 (sensation seeking)	따뜻한 마음
	새로운 경험
상호문화소통 공감 (empathy)	인지적 공감
	정서적 공감
다른 문화에 대한 태도 (attitude toward other cultures)	상호 관심
	개방적인 마음
	비판적 사고
상호문화소통 동기 (motivation)	외로움 극복
	세계관 확대
	언어 발달
상호작용 참여 (interaction involvement)	정보 교환
	감정 교환
상호문화소통 역량 (intercultural communication competence)	상호 존중
	상호 이해
	상호 배려
	상호 칭찬
	상호 신뢰

적)을 통해 글로벌 태도를 얻고 동기를 가지고 상호문화에 참여하면서 상호문화소통 역량을 향상시키고 있었다.

중앙아시아 유학생의 두 번째 자극 선호는 '새로운 경험'이며, 그들은 타 문화권 사람들과의 소통에서 세상을 인식하고 바라보는 새로운 '시선'을 찾고 있었다. 자극 선호가 '새로운 경험'일 경우 연구참여자들은 공감 없이도 글로벌 태도로 접근하여 상호문화 참여를 통해 상호문화소통 역량을 갖게 되었다. 이에 대한 세분화된 내용은 〈표 4-1〉과 같다.

중앙아시아 유학생의 상호문화소통 역량은 6단계 과정을 거쳐 함양되었다. 그중에서 첫째 단계는 자극 선호이며, 이는 그들이 타 문화권 사람과의 소통에서 찾거나 기대하는 것을 의미한다. 이는 전체 6단계 중에서 가장 먼저이고 우선적으로 요구된다. 본 연구에서 연구참여자들의 자극 선호는 '따뜻한 마음'과 '새로운 경험' 등으로 구성되어 있다. 둘째 단계는 '상호문화소통 공감'이며, 이는 '인지적 공감' 및 '정서적 공감' 등을 포함한다. 셋째 단계는 '다른 문화에 대한 태도'인데, 이는 '상호 관심', '개방적인 마음', '비판적 사고' 등으로 구성된다. 다음 단계는 '상호문화소통 동기'라고 부르며, 이는 '외로움 극복', '세계관 확대', '언어 발달' 등 하위주제를 포함한다. 다섯째 단계는 '상호문화소통 참여'이며, 이는 '정보 교환', '감정 교환' 등을 포함한다. 그리고 마지막 단계는 '상호문화소통 역량'이라고 부르며 이 단계는 '상호 존중', '상호 이해', '상호 배려', '상호 칭찬', '상호 신뢰' 등으로 구성되어 있다. 다음으로 각 단계를 살펴보고자 한다.

2.
자극 선호 과정

1) 따뜻한 마음

하늘에 빛나는 해는 세상의 모든 생물에게 생명이나 기쁨, 또는 에너지를 제공한다. 해와 마찬가지로 만나는 사람마다 따뜻한 마음과 손으로 대하면 즐겁고 상쾌한 하루를 보낼 수 있다. 거꾸로 냉랭하고 쌀쌀맞은 기분으로 서로 마주하면 세상은 마치 황량한 사막과도 같을 것이다(백세영, 2014). 연구참여자들은 대부분 따뜻한 가정환경에서 부모와 같이 살면서 얻은 따뜻한 마음을 한국에 유학 와서 선배들이나 친구들에게서 찾았다. 다시 말하면, 그들은 유학 생활에서 같은 문화권이나 다양한 문화권 사람들과의 소통에서 가정의 부모에게 받아온 '따뜻한 마음'을 얻고자 하는 입장으로 접근했다. 이러한 의도는 의식적인 것보다 무의식적으로 나타났다. 인간은 특히 낯선 환경 속에서 혼자 있게 되면 주변 사람들의 사랑과 응원을 더욱 필요로 하기 때문이다.

"독일인 친구를 사귀면서 우정이라는 개념의 깊은 의미를 깨달았던 것 같아요. 우리는 생일 때나 명절 때 서로에게 작고 평범한 선물을 진심과 따뜻한 마음으로 보내고 이러한 마음으로 받아요. 즉, 우리에게 선물의 가격이나 크기가 하나도 중요하지 않아요. 소중한 친구에게 받은 어떤 선물이든 나를 행복하게 하기 때문이에요." (연구참여자 1B)

"베트남 친구들과 사귀면서 그들에게 배운 점은 다른 사람에게 관심을 가지고 챙겨주는 것이에요. 예를 들면, 밥을 만들면 부르거나 맛있는 것을 사주거나… 나라마다 자기 감정 표현을 여러 가지 방법으로 보여줘요. 예를 들어서 한국 사람들이 애교를 좋아하고 손으로 행동으로 표현하는 것들을 좋아해요. 다른 민족이라도 모든 사람이 인간이니까 서로를 이해하려고 노력하고, 위로해주고, 같이 고민하고, 서로한테 시간을 내고 서로 고민하면 모든 사람이 좋아할 거로 생각합니다. 한마디로 서로를 사랑하라는 뜻이죠." (연구참여자 1C)

위와 같이 연구참여자들은 소통에서 가장 중요한 것으로 상대방에 대한 마음을 제시한다. 이는 문화와 상관없이 모두 인간이기 때문에 인간으로서 가지고 있는 따뜻한 마음을 상대방에게 전달해야 한다고 주장한다. 연구참여자 1B는 서로에게 자주 연락하고 크든 작든 선물을 주고받음으로써 상대방에 대한 따뜻한 마음을 표현할 수 있다고 본다. 그리고 연구참여자 1C는 아무리 바빠도 상대방을 위해 시간을 내고 서로를 이해하려고 하며, 어떤 일이 있으면 같이 고민해보는 것에서 상대방에 대한 따뜻한 마음을 찾을 수 있다고 언급한다.

연구참여자 1H는 한국인 친구를 사귄 지 3년째다. 그는 친구를 통해 한국과 한국문화 및 사회에 대해 많은 것을 배우게 되었다. 그뿐만 아니라 그와 소통하면서 다양한 세상, 다양한 세상에서 사는 다양한 사람, 그리고 인생과 인간 자체에 대해 고민하고 통찰하게 되었다.

> "한국 친구에게 배운 것이 많아요. 그는 늘 나를 이해해줬어요. 어디에 같이 가면 네가 해외에서 살고 있어서 힘들 거라고 하면서 그는 부잣집 아들이 아니고 자기도 아르바이트하고 있음에도 불구하고 비용을 자기가 냈어요. 그래서 그에게 고마운 마음을 가지고 있어요." (연구참여자 1H)

연구참여자 1H는 한국 사람을 만나 친구가 되어 서로를 이해하고 배려해주는 아름답고 따뜻한 마음을 가지게 되었다. 이러한 따뜻한 마음으로 인해 서로의 단점을 장점으로, 서로 간의 문화적 차이점을 다양함으로 받아들이고 있다. 연구참여자들은 한국인 친구들을 사귀면서 한국 사람들의 따뜻한 마음을 느꼈고, 그들이 중요시하는 '정'의 의미와 가치를 알게 되었다.

> "한국 사람들이 밥을 굉장히 중요하다고 생각하더라고요. 한국 사람들이 맛있는 것을 먹는 것도, 다른 사람들에게 맛있는 것을 사주는 것도 좋아하는 편이에요. 밥을 같이 먹는 문화… 이를 한국어 어휘 표현에서도 볼 수 있는데 예를 들면, '맛있는 거 사줄게' 등이 그래요. 한국문화의 이러한 점을 정말 좋아하고 존중해요. 한국 사람들이 밥만 같이 먹는 게 아니라 노는 것도 같이해요. 어디에 가도 같이 가고 같이 놀고…" (연구참여자 1C)

연구참여자 1C는 한국인 친구들을 사귀면서 한국 사람들이 같이 밥 먹고 같이 노는 것, 즉 기쁨도 슬픔도 같이 나누는 것을 중요시한다는 것을 느꼈다. 특히 같이 밥을 먹는 문화가 그들에게 특별한 의미가 있다는 것을 알게 되었다. 연구참여자 1C에 따르면 한국 사람들이 모든 일을 이렇게 같이하는 문화는 예전에 책을 통해 읽은 '정'의 실제적인 모습이라고 한다. 밥은 인간 생명을 위해 가장 중요한 요소이며, 이러한 소중한 것을 사주거나 같이 먹으면서 감정 공유도 하고 관계가 더 가까워진다.

2) 새로운 경험

인간은 태어나기 전, 즉 어머니의 배 속에서부터 세상과 소통하기 시작한다. 그리고 태어난 이후에도 주어진 환경과 주변 사람들과 지속적으로 소통하면서 자란다. 그러므로 인생에서 만나는 사람들과 소통을 통해 무엇인가를 배우고 알게 된다. 상대방이 자기와 다른 문화적 배경을 지녔을 때는 그 상대방과 소통하면서 자문화에 대해 성찰하기도 하고 타문화에 대해 배우기도 한다. 또한 상호문화소통은 '우물 안 개구리'라는 인식에서 벗어나 세상을 더 넓은 눈과 마음으로 바라보고 이해하게 한다. 이와 같은 관점에서 연구참여자들은 한국에서 유학 생활을 하고 타 문화권 사람들과 소통하며 '새로운 세상', 즉 '새로운 경험'을 찾고자 했다.

> "다양한 문화권 사람들의 사고방식이나 세계관, 또는 그들의 일상생활에 많은 관심을 가지고 있어요. 그리고 그들의 가치관이 무엇이고

어떤 특정한 상황 속에서 어떻게 행동하는지가 궁금해요. 또한 타 문화권 사람들의 자기가 태어나고 자란 나라, 사회 및 문화에 대한 이야기를 듣는 것을 좋아해요. 특히, 각 나라에서 이루어지고 있는 정치에 대한 생각이 어떤지를 알고 싶어요. 각 나라에서의 소수민족 정책에 관심이 많아요. 저는 같은 관심을 지닌 사람들끼리 만나서 같은 주제에 대해 다양한 의견을 듣는 것을 좋아해요. 이러한 소통을 통해 우리는 서로에게 공유하기도 하고 배우기도 해요. 예를 들면, 타 문화권 사람들과 만나서 어떤 문제에 대해 이야기하면 이 문제의 해결책에 대해 각자 다양하고 독특한 의견을 내요." (연구참여자 1D)

"인간은 한 가지만으로 제한하지 않아야 돼요. 세상에서 살면서 여러 가지 것을 해보고 알아보아야 해요. 타 문화권 사람들과 소통하는 것의 장점 중의 하나는 이러한 소통에서 많은 것을 배우기만 하는 것이 아니라 자기가 태어난 나라나 가지고 있는 문화에 대해서도 공유할 수 있는 것이에요. 다시 말하면, '나'는 내가 태어난 나라를 대표하고 '나'를 중심으로 나의 나라와 문화, 사람들이 평가받는 거죠. 즉, '나'는 내가 태어난 나라의 이미지를 만드는 거죠." (연구참여자 1E)

"다양한 국적을 가진 사람들의 생활양식, 사고방식, 문화 등에 관한 관심이 많아요. 터키, 중국, 일본, 프랑스, 몽골, 핀란드, 방글라데시 등에서 온 친구들이 있는데 그중에서 중국인 친구와 제일 가까워요." (연구참여자 1F)

위와 같이 연구참여자들은 다양한 문화권 사람과의 소통에서 같은 주제에 대한 새로운 시선, 자기와 다른 사고방식 등 '새로움'을 찾았다. 이는 아라사라트남과 바네르지(2011)의 연구 결과와 동일하다. 연구참여자들에게 다양한 문화권 사람들과의 소통에서 자극 선호가 '다양함' 및 '새로움'이다. 그들은 한국 유학 생활에서 만난 타 문화권 사람들과 소통하면서 인간을 비롯한 세상의 의미나 가치에 대해 알게 되었고, 서로를 이해해주고 도와주며 서로가 지닌 차이점을 존중하는 것을 배웠다. 또한 소통하는 데 자신이 지닌 문화 관점에서뿐만 아니라 상대방이 가지고 있는 문화 관점에서도 생각하게 되었다. 아울러 자신이 잘 알고 있는 세상을 또 다른 방식으로 바라봄으로써 세상 및 소통에 새로운 의미를 부여했다. 그들에게 상호문화소통은 다른 문화권 사람과의 소통을 통해 서로의 문화를 배우는 것을 넘어서 세상에 대한 지식, 세상에 대한 이해, 세상에 대한 판단, 즉 세상에 대해 성찰하게 된다. 다시 말하면, 연구참여자들에게 상호문화소통은 곧 '세상과의 소통'이다. 따라서 그들은 이러한 소통을 통해 자아도 찾고 타인도 찾을 수 있었다.

3.
상호문화소통 공감

1) 인지적 공감

중앙아시아 유학생은 다양한 문화권 사람과의 소통에서, 특히 '새로운 경험'을 찾는 경우 인지적 공감 능력을 가지고 접근했다. 그들의 자극 선호는 '다양함', '새로움'이기 때문에 그들은 타 문화권 사람들과의 소통에서 나타나는 '차이점'을 '다양성'으로 받아들이고 이해하고 인정하는 '공감'을 이미 가지고 있었다. 공감이란 상대방이 느끼는 감정이나 생각, 또는 경험 등을 인지하면서 소통하는 역량을 의미한다(김영순 외, 2017). 아울러 공감은 다른 사람의 감정을 경험할 수 있는 능력이며, 이는 상대방의 입장에서 생각해보는 것이기도 하다. 상대방을 이해하기 위해서는 입장을 바꿔서 그의 입장에서 생각해보아야 한다. 그리고 이러한 태도를 상대방에게 언어적 및 비언어적으로 표현하면서 보여줘야 한다. 화자가 말하고 있는 사건이나 상황에 대한 공감을 보여줬을 때, 자신의 이야기가 다른 사람에게 잘 받아들여지고 있다는 것을 느끼게 될 때 서로 간의 소통이 더 원활하게 진행된다.

"대학교에서 공부했을 때 베트남인 룸메이트의 부모님과 매일 베트남어로 이야기하는 말을 듣고 베트남어를 안 좋게 봤지만 지금 생각해 보면 우즈베크어도 그 친구에게 이렇게 들릴 수 있다는 생각이 들어요." (연구참여자 1C)

위와 같이 연구참여자 1C는 다른 문화권 사람과의 소통에서 입장을 바꿔 생각해봄으로써 상대방을 이해하게 되었다. 타 문화권 사람의 다양성을 이해하고 인정하려고 하지 않는 이상 그와의 원만한 소통은 불가능하다. 러스티그와 쾨스터(Lustig & Koester, 2006)에 따르면 상대방의 감정이나 생각을 완전히 이해하는 것은 사실 불가능하지만, 어느 정도 공감한다는 것을 보여주는 것(문영인, 2017: 22)이 상호문화소통 역량을 향상하는 데 매우 중요한 요소다. 또한 대부분 연구참여자는 한국 내 대학교에서 공부하면서 상대평가로 형성되는 심한 경쟁주의를 경험했다. 그리고 이들은 그 원인에 대해서도 충분히 파악하고 있었다.

"학교에서 우리 반 학생들은 서로에게 경쟁자예요. 예를 들면, 같은 방에서 공부하거나 심지어 바로 옆자리에 앉아 있어도 '친구'가 아니라 '경쟁자'인 것을 알게 된 거죠. 무엇인가를 물어보면 알아도 다른 사람에게 알려주지 않는 경우가 많아요. '저도 잘 모르겠어요'라고 하면서…. 그 사람이 알려주고 싶어도 결과를 생각하면서 아마 알려주지 못하는 것 같아요. '이를 나만 알아야 한다. 만약에 다른 사람에게 알려준다면 좋은 성적을 못 받을 수도 있다. 지금은 얘는 내 친구가 아니라 내 경쟁자이다. 그래서 알려주면 안 된다'라는 의식이 강한 것 같아요. 나는 이렇게까지 심한지를 물론 몰랐죠." (연구참여자 1B)

위에서 본 것처럼 연구참여자 1B는 한국에서 경쟁이 심하다고 언급하고 있다. 서로 간의 치열한 경쟁으로 인해 같은 반 학생들이 서로가 친구가 될 수 없으며, 친구가 될지라도 수업에서 서로를 '경쟁자'로 보는 경우가 많다. 이러한 경쟁은 학교뿐만 아니라 일상생활에서도 볼 수 있다. 연구참여자 1B는 이런 치열한 경쟁을 부정적으로 생각하고 있지만, 그럴 수밖에 없는 상황을 이해하고 있다.

> "그런데 이렇게 경쟁하지 않으면 한국 사회에서 성공하기가 어려워져요. 그래서 사람들이 그렇게 할 수밖에 없겠죠. 그러나 이는 사람을 너무 피곤하게 만들어요. 예를 들면, 나도 대학교에서 누군가들을 경쟁자로서 볼 수밖에 없어요. 그러나 내가 그렇게 하는 것을 싫어할 수도 있겠죠. 이러한 갈등은 사람을 피곤하게 만들어요. 그래서 이를 한국 사람들은 자기가 원하지 않아도 그렇게 할 수밖에 없는 상황이라고 생각해요. 이를 옳지 않다고, 바꿔야 한다고 할 수 없어요. 왜냐하면 다른 방법이 없으니까…" (연구참여자 1B)

연구참여자 1B는 한국에서의 강한 경쟁을 비판하며 아쉬운 점으로 생각하지만, 이에 대해 충분히 이해하고 있다. 문화는 사회의 조건 및 환경과 밀접한 관계를 맺고 있어 한 사회에 맞는 태도나 행동은 다른 사회에 맞지 않을 수도 있다. 그래서 이를 '틀리다'가 아니라 '다양하다'로 받아들여야 한다.

2) 정서적 공감

공감은 관찰, 기억, 지식 및 추론을 결합하여 다른 사람들의 생각과 느낌에 대한 통찰력을 산출하는 복잡한 형태의 심리적 추론이다. 따라서 감정이입은 다른 사람의 감정적인 상태에 대한 최소한의 인식과 이해뿐만 아니라 다른 사람의 실제 또는 유추된 감정 상태에 대한 정서적인 경험을 포함한다. 정서적 공감은 인간 상호작용의 불가결한 부분이며, 이는 다른 사람들의 감정 신호를 이해하고 적절하게 반응함으로써 사회적 관계 형성과 유지에 특히 중요하다.

중앙아시아 유학생은 타 문화권 사람들과의 소통에서 특히 '따뜻한 마음'을 찾은 경우, 상대방의 감정을 공유하고 상대방의 느낌을 자기에서 빗대어 그와 비슷하게 느낄 수 있는 정서적 공감 능력을 갖추고 있었다. 그들은 타 문화권 사람들과 소통할 때 상대방에 대한 정서적 공감을 농담을 통해 표현했다. 그러나 농담 역시 한 민족의 생활양식이나 사고방식, 또는 원칙이나 규칙을 포함하기 때문에 타 문화권 사람들과 소통할 때 이러한 점을 먼저 고려해야 한다.

"내가 농담하는 것을 좋아하는 편이라서 가끔 오버(over)할 수도 있어요. (웃음) 우즈베크 친구들이랑 대화할 때도 농담을 많이 해요. 그러나 다른 문화권 사람들에게 농담을 할 때 조금 조심해야겠다는 생각이 들었어요. 왜냐하면 다른 문화권 사람들이 농담을 오해하여 나를 비웃고 있다고 생각할 수도 있기 때문이에요. 나라마다 농담은 다르기 때문에 이 부분에 있어서 조심해야 할 것 같아요." (연구참여자 1C)

"친구들을 만나면 농담을 많이 하는 스타일이고, 상대방이랑 잘 맞으면 저는 많이 얘기하는 스타일이에요. 당연히 공통점이 있으면. 공통점이 없으면 그냥 듣는 스타일이고. (웃음) 그리고 그 사람이 진짜로 나에게 필요한 사람이고 진짜로 그 사람이랑 만나서 나는 이야기하고 즐거운 사람이라면 나는 어떻게든 그 사람이랑 소통을 이끌어갈 수 있는 사람이에요." (연구참여자 1E)

연구참여자들은 상대방과 감정 공유를 위해 농담을 활용하고 있었다. 소통에서의 유머는 열린 분위기를 제공하며(Greatbatch & Clark, 2002), 서로 간의 관계를 더욱 좋아지게 한다. 그러나 적절한 상황 속에서 적절하게 활용하지 못한 유머로 인해 관계가 깨질 수도 있다. 따라서 특히 타 문화권 사람과 소통할 때 유머 사용을 조심해야 한다. 유머는 한 나라의 생활양식 및 사고방식과 연관되어 있어서 문화마다 다르게 사용되기 때문이다.

4.
다른 문화에 대한 태도

1) 상호 관심

타 문화권 사람과의 소통에서 '따뜻한 마음'을 찾는 연구참여자들도, '새로운 경험'을 모색하는 연구참여자들도 타인의 문화에 대한 관심을 가지고 이를 개방적인 마음으로 받아들이고 있었다. 상대방에 대한 관심은 모든 관계나 성공의 첫 단계다. 개인은 타인을 만났을 때 그에 대해 관심을 가지고 소통해야 한다. 세상에서 가장 무서운 것은 무관심이다. 무관심이란 어떤 사람이나 사건에 대해 아무 감정이 없는 것을 의미하며, 인간관계에서는 미움보다 더 부정적이다. 개인은 마음속으로 미움은 느낄 수 있지만, 무관심은 느끼지 못한다. 다시 말하면, 사랑과 미움 간의 거리는 매우 가깝고 둘 사이의 감정을 마음으로 느낄 수 있지만, 무관심은 마음속에 아무 감정이 존재하지 않는 공백이다. 그러므로 개인이 타인을 무관심하게 바라보고 무관심하게 소통하면 서로 간의 따뜻함 대신 공백이 생긴다. 이러한 관점에서 연구참여자 1D는 개인이 타 문화권 사람을 만났을 때 서로 간의 공통점을 찾고 상대방에 대한 호기심을 가지고 소통해야 한다고 주장한다.

> "우선으로 서로 간의 공통점이 조금이라도 있어야 한다고 생각해요. 예를 들면, 어떤 동아리나 스터디 등에서 만나게 되면 같은 것에 대해서 배우잖아요. 그래서 이 주제에 대해서 이야기하는 것을 시작하다가 개인적인 생활에 대해서도 이야기를 나누고… 나중에 같은 관심을 갖는 영화도 같이 보고… 같이 식사도 해보고… 상대방과 처음으로 소통할 때는 서로가 관심을 가지고 있는 것에 대한 이야기부터 시작하는 것이 효과적이라고 생각해요. 즉, 서로 간의 유사점을 찾아서 그것에 대해서 이야기를 시작해야 하죠." (연구참여자 1D)

연구참여자 1D는 개인이 타인을 만났을 때 서로가 지닌 유사한 점을 찾고 이에 대해 관심을 가지고 소통해야 한다고 언급한다. 상대방과 같은 관심사를 찾고 이에 대해 상대방의 의견을 물어봄으로써 친해질 수 있다. 그뿐만 아니라 이때 상대방의 의견을 잘 듣고 있다는 뜻으로 반응을 보여줘야 한다.

일부 연구참여자들은 타 문화권 사람들과 소통할 때 주의해야 할 점에 대해 언급한다. 상대방이 한국 사람일 경우 한국 사람들이 사용하는 어휘나 표현, 그리고 그 표현을 어떤 상황에서 사용할 수 있는지에 대해 충분한 시간을 가지고 배워야 한다고 강조한다. 아울러 타 문화권 사람들과 원활하게 소통하기 위해서는 언어적인 지식이 필요한 만큼 문화적 지식도 요구된다. 상대방과 가까워지고 싶으면 그 사람의 문화적 배경, 즉 문화적 가치 및 사고방식에 대한 지식을 우선적으로 알아야 한다.

"한국어로 이야기할 때 한국어를 알아야 되고 한국문화에 대해서 어떤 말을 하면 안 되며 존댓말을 언제, 어떻게, 누구에게 써야 될지에 대한 지식이 필요하다고 생각해요. 그리고 어떤 질문을 하면 안 되는지… 높임말을 적절한 상황에서 써야 되고 누구에게 어떤 행동이나 태도를 하면 되고 또 누구에게 하면 안 되는지에 대해서 알면 되는 것 같아요. 예를 들면, 한국문화에서는 손가락질을 하면 안 돼요." (연구참여자 1A)

"우리는 한 살 차이가 나도, 두 살 차이 나도 다 친구잖아요. 이름 부르고 남자들도 여자들도 그러잖아요. 그런데 한국은 한 살이나 두 살 나이 차이가 있어도 '언니', '오빠'라고 불러요. 그래서 이야기할 때는 존댓말과 반말을 조심해야 한다고 생각해요. 그리고 특히 한국 사람들은 이야기할 때는 돌려서 말하는 편이라서 저도 이야기할 때도 문자 보낼 때도 돌려서 말하는 것이 좋다고 생각해요." (연구참여자 1E)

위에서 볼 수 있듯이 연구참여자들은 한국인 친구들을 사귀고 소통한 경험에 근거하여 한국 사람들과 소통할 때는 한국 어휘 및 표현을 적절하게 사용해야 하고, 특히 나이 및 사회적 지위가 높은 사람들을 부를 때 사용하는 호칭에 대한 지식을 반드시 알아야 한다고 주장한다. 연구참여자들은 언어보다 문화에 대한 지식을 강조한다.

타 문화권 사람들과 소통할 때 언어적인 소통뿐만 아니라 비언어적인 소통에서도 주의해야 한다. 자문화에서 친구들 사이에 사용할 수 있는 동작이라 하더라도 다른 문화에서 좋지 않은 의미를 가질 수 있기 때문이다.

"얼굴 표정은 공통인 것 같아요. 그러나 제스처는 다르잖아요. 예를 들면, 제스처를 한국인 친구에게 잘못 사용해서 서로 간에 오해가 생겼던 경험이 있었거든요. 나는 농담으로 했지만, 친구의 얼굴은 갑자기 차가워졌던 거예요. 이게 뭐냐고 하면서. 그때 친구는 엄청 화났어요. 나중에 이야기했죠. 우리 문화에서 이 동작은 그런 뜻이 아니고 나는 그냥 농담으로 했다고. 그래서 친구는 앞으로 이걸 사용하지 말라고 했죠. 머리에 검지를 놓고 돌리는 동작을 우리는 친구들끼리 농담으로 쓸 수 있지만 이 동작은 한국에서 안 좋은 의미가 있기 때문에 여기에서 쓰면 안 된다고 하더라고요." (연구참여자 1E)

연구참여자 1E의 사례에서 볼 수 있듯이 타 문화권 사람들과 소통할 때 비언어적 소통에 대한 지식도 요구된다. 어떤 제스처를 쓰려면 그 제스처가 타문화에서 어떤 의미를 가지고 있는지를 먼저 확인해야 한다. 똑같은 제스처라도 부여하는 의미는 다를 수 있기 때문이다.

타 문화권 사람들과의 원활한 소통을 위해 언어적인 지식 다음에 문화적인 지식이 요구된다. 문화는 그 나라 사람들의 생활양식, 사고방식 그리고 가치관을 포함하기 때문에 문화에 대한 지식이 우선적으로 필요하다. 그리고 타 문화권 사람과 실제로 만날 때 서로 간의 공통점을 찾아내어 그 공통점에 대한 질문을 하기도 하고, 자기 의견도 표현하는 기술이 필요하다. 이는 상대방에 대한 호기심을 잘 드러낸다. 상대방에 대한 관심은 모든 인간관계의 첫걸음, 즉 시작점이기 때문이다.

2) 개방적인 마음

중앙아시아 유학생들은 다른 문화권 사람들과 친밀한 관계를 형성하거나 유지하기 위해 소통에서 서로 간의 차이점을 개방적인 마음으로 받아들이고 이를 존중하고 있었다. 개방적 사고는 다양성을 적극적이고 긍정적으로 받아들이고 새로운 것에 도전하는 마음을 의미한다(김영순 외, 2017). 이런 마음을 가져야 타 문화권 사람들과 원활한 소통이 이루어지기 때문에 이는 중요하다.

"개방적인 마음으로 접촉하고 이러한 자세를 계속적으로 유지하도록 노력해요. 마찬가지로 그들도 나와 소통할 때 열린 마음으로 접근해요. 그래서 우리는 아무 부담 없이 편하게 이야기해요." (연구참여자 1B)

"예전에 매운 음식을 먹을 수가 없었지만 지금은 잘 먹어요. 방학 때 우즈베키스탄에 갈 때 라면과 비빔밥을 가지고 가요. 그리고 가끔 밤 12시에 매운 라면이나 비빔밥을 먹는 것을 보면 어머니는 놀라요." (연구참여자 1C)

"누구를 만나든 어디에 가든 좋은 점만 보고 좋은 점만 배우고 부정적인 것에 신경 쓰지 않고 긍정적인 것만 찾아요." (연구참여자 1E)

위와 같이 연구참여자들은 타 문화권 사람을 만날 때 다른 사람이나 다른 문화적 규범과 가치에 대한 편견 없는 태도와 열린 마음을 가지고 소통하고 있었다. 대부분 연구참여자는 다양한 문화권 사람들과 소통하면서 새로운 것을 적극적이고 긍정적으로 받아들일 수 있는 열린 마음을 가지게 되었다고 주장한다.

> "한국 사람들이 소통할 때 개방적인 것을 좋아한다고 할 수 있어요. 열린 마음으로 소통하는 것을 좋아하는 편이에요. 그리고 가장 중요한 것은 상대방을 존중하는 것이에요. 어떤 상황에서도 불구하고 상대방을 존중하는 것이 가장 중요하더라고요." (연구참여자 1B)

> "소통을 통해서 알게 된 거는… 음… 한국 사람들이 생각하는 방식을 배우게 됐고 그들이 중요하게 생각하는 열린 마음과 행동에 대해서 알게 됐어요. 뿐만 아니라 한국 사람들의 성격을 알게 됐고 문화, 언어에 대해서도 많은 것을 배웠죠. 밖에서 쓰는 언어와 여기에서 쓰는 언어가 다르잖아요. 그런 것도 많이 알게 되었고…" (연구참여자 1E)

연구참여자들은 한국 사람들과 소통하면서 낯선 것에 대한 거부감이 감소했고, 새로운 것에 도전해보고 싶은 마음이 더 강해졌다. 다시 말하면, 개방적인 마음은 새로운 '무엇인가'를 인정하고 배우려는 마음을 의미한다. 연구참여자들은 다양한 문화권 사람과 소통을 통해 그들의 문화, 언어 그리고 그들의 생활양식이나 사고방식, 또는 소통방식에 대해 배움으로써 열린 마음을 가지게 되었다.

3) 비판적 사고

인간이라면 크든 작든 누구나 실수를 한다. 그러나 중요한 것은 현명한 사람은 실수를 인정하고, 실수를 통해 배우며, 앞으로 이러한 실수를 하지 않도록 한다는 것이다. 어떤 사람은 자기 실수를 인정하지 않고 남을 비난하면서 실수를 통해 아무것도 배우지 않는다. 모든 연구참여자가 타 문화권 사람들과의 소통에서 언어 및 비언어적으로 실수를 했지만, 그 실수는 그들에게 다양한 문화와 다양한 사고방식을 알게 해주는 교훈이 되었다.

"한국 사람들과 소통할 때 한 실수는, 나이 많으신 분들이 나에게 뭔가를 사줬을 때 엄청 많이 불편함을 느끼면서 아니라고 괜찮다고 했었거든요. 그때 나이가 든 사람들이 너에게 무엇인가를 사주면 고마운 마음으로 아무 불편함 없이 받아야 한다고 (배웠어요.) 이는 한국문화라고 하셨거든요. 그 이후에 이런 한국문화를 습득했죠." (연구참여자 1B)

"어떤 한국 친구랑 카톡으로 이야기하고 있었는데 내가 우리 둘과 관련된 것을 그 사람의 의견을 물어보지 않고 내가 혼자서 결정했을 때 (친구가) 삐졌어요. 그때는 거의 한 시간 동안 설명했던 기억이 나요. 그때 우즈베크 문화권 사람들이 상대방과 대화할 때 자기가 결정해놓고 상대방에게 알려준다고. 상대방이 이 의견에 반대하면 반대라고 하고 찬성하면 찬성이라고 한다고 설명해줬어요. 한 시간 동안 설명한 후에 모든 오해가 풀렸어요. 원래는 이는 실수가 아니라 자기 의견을 다르게 표현하는 방식이죠." (연구참여자 1D)

연구참여자들은 한국에 유학 와서 한국 사람들과 소통하며 실수를 통해 중앙아시아문화와 다른 소통방식이나 사고방식을 알게 되었다. 이들은 이러한 차이점을 인정하고 존중하며 그 이후에 한국 사람들과 소통할 때는 이러한 실수를 하지 않도록 노력하고 있다. 연구참여자 1B는 한국문화의 중요한 요소 중 하나인 후배를 배려하고 챙겨주는 것을 그때는 잘 몰랐기 때문에 처음에 부담감을 느꼈지만, 나중에는 이런 관점에 대해 알게 되었다. 연구참여자 1D의 경우 한국인 친구와 사귀면서 한국문화에서 어떤 것에 대해 자기의 의견을 표현하기 전에 일단 상대방의 의견을 물어보는 것이 얼마나 중요한지를 깨달았다. 한국문화에 따르면 상대방의 의견을 물어보는 것이 그 사람에 대한 존중, 인정 그리고 공감을 의미하기 때문이다. 또한 연구참여자 1G는 한국 사람들과 소통하면서 상대방의 가족이나 월급 등 개인적인 질문을 하는 것이 예의가 아니라는 것을 알게 되었다.

> "우리 문화권 사람들과 소통할 때 가족이나 월급에 대해서 자유롭게 대화할 수 있잖아요. 그래서 어떤 한국 사람에게 이에 대해서 물어봤는데 그 사람이 놀랐죠. 알고 보니까 한국문화에서는 가족이나 돈에 대해서 물어보면 안 되더라고요. 이런 문화적인 실수를 해본 적이 있었죠. 그 사람이 나이가 좀 많은 편이어서 우리는 서로 오해가 생기지 않았고 잘 이해했던 것 같아요." (연구참여자 1G)

연구참여자 1G는 한국 사람과의 소통에서 문화적으로 실수했지만, 이 실수를 통해 한국 사람들의 사고방식이나 소통하는 방법 그리고 한국문화에 대해 배웠다.

이처럼 미시적인 관점에서 연구참여자들이 한국에 유학 와서 한국 사람들을 만나 소통하면서 언어적 및 비언어적으로, 또는 문화적으로 한 실수는 그들에게 한국문화와 한국 사람들에 대해 더 자세하게 배울 수 있는 계기가 되었다.

5.
상호작용 동기

1) 외로움 극복

어린 나이에 고향을 떠나 낯선 사회와 문화에 진입한 중앙아시아 유학생들은 초기적응에서 외로움을 제일 많이 느꼈다. 그들은 이러한 외로움을 다양한 문화권 사람들과의 소통을 통해 극복하려고 했다. 그 결과 그들은 타 문화권 사람들과 소통하면서 그들에게 응원을 받고 자신감이 높아졌다. 따라서 이는 그들에게 상호문화소통 동기가 되었다.

> "타 문화권 사람들과 소통을 선호하는 것은 그들과 소통하면서 자신감이 높아지고 자신을 믿게 되기 때문이에요. 제 자신을 낮게 보고 낮게 평가하는 편인데 타 문화권 사람들과 이야기하면 할수록 자신에 대한 자신감이 높아져요. 그들은 나를 늘 응원해주기 때문이에요. 특히 한국 사람들 경우에는. 그래서 저도 상대방을 응원해주고 칭찬하는 방법을 배웠어요." (연구참여자 1B)

"나에게 소통하는 동기는 새로운 무엇인가를 배우는 것이에요. 그래서 나에게 같은 문화권 사람인지 다른 문화권 사람인지가 중요하지 않아요. 제가 소통에서 바라는 것이 새로운 무엇인가를 배우는 것이기 때문이에요." (연구참여자 1A)

이와 같이 연구참여자 1B는 타 문화권 사람들과의 소통에서 응원을 얻었고 자신감이 높아졌다. 또한 연구참여자 1A의 경우에는 이러한 소통에서 새로운 것을 찾고 무엇인가를 배우려고 하는 마음으로 접근했다. 연구참여자들의 이러한 사례를 다른 연구들에서도 자주 볼 수 있다. 유학생들의 문화적응에 관한 해외 및 국내 연구들을 살펴보면 주로 우울, 불안, 외로움, 사회적 어려움 등이 스트레스의 변인으로 나타났다(송원영 · 리난, 2008; Sawir 외, 2008; 임수진 · 한규석, 2009; 문영하 · 김현진, 2014). 예를 들면, 다양한 문화권 나라에서 호주로 유학 온 학생 200명을 대상으로 한 조사 결과에 따르면 3분의 2가 외로움을 경험했다(Sawir et al., 2008). 바이스(Weiss)에 따르면, 유학생들은 두 가지 외로움을 경험한다. 첫 번째는 개인적인 외로움으로 이는 가족과 떨어져 있어 발생한다. 그리고 두 번째는 사회적 외로움이다. 이는 거주하는 사회에서 친구들이 없어 나타난다. 바이스(1973)는 유학생들은 특히 초기적응 시기에 두 가지 외로움을 모두 경험한다고 주장한다. 마찬가지로 재한 우즈베키스탄 유학생들도 개인적 및 사회적 외로움을 경험했고, 이는 다양한 문화권 사람들과 소통하고자 하는 큰 동기가 되었다.

2) 세계관 확대

인간은 자연의 한 부분으로 자기가 태어나고 자란 자연환경에 많은 영향을 받는다. 이러한 영향으로 인해 문화, 즉 인간이 사는 사회, 그 사회 구성원들이 공유하는 지식, 생활양식, 사고방식, 행동, 태도 그리고 믿음이 형성된다. 각 문화는 보편성을 지닌 반면, 특수성도 가지고 있다. 문화는 주어진 자연환경의 영향으로 다양하게 나타난다. 예를 들면, 우즈베키스탄, 카자흐스탄, 키르기스스탄은 지리적으로 근접해 있음에도 각자 독특한 음식과 의복 문화를 형성해오고 있다. 이러한 현상이 나타나는 이유는 우즈베키스탄, 카자흐스탄, 키르기스스탄이 각각 다른 자연환경과 역사 · 사회적 상황에 적응하면서 나름의 생활양식을 개발해왔기 때문이다. 이처럼 각 사회는 독특한 생활양식을 선택함으로써 독자적인 문화를 가지게 되는데, 이를 '문화의 특수성'이라고 한다(김영순 외, 2017). 이러한 특수성으로 인해 문화 다양성이 발생한다.

인간은 타 문화권 사람과 소통을 통해 다른 자연환경 속에서 태어나고 자란 사람과 세상에 대한 폭넓은 가설을 배운다. 그리고 이러한 가설을 토대로 새로운 사건과 새로운 사람들을 인식한다. 그러므로 타 문화권 사람들과의 소통을 통해 자연환경에 따라 다르게 이루어진 다양한 문화를 이해하고 존중하게 된다.

연구참여자들은 한국에서 타 문화권 사람들과 소통을 통해 자연환경에 따라 다양한 문화들에 대해 배우고 서로 간의 차이점을 인식하게 되었다.

"사람들의 종교, 민족, 생활 조건은 중요하지 않으며 모든 사람들은 똑같다는 말을 많이 들어왔습니다. 그러나 저의 경험으로 인하여 그렇지 않다는 것을 알게 되었습니다. 사람들의 인종이나 종교, 생활 조건이 이 민족의 성격과 삶에 큰 영향을 준다는 것을 발견했습니다." (연구참여자 1B)

타문화에 대한 이해 및 존중의 시각은 타문화의 문화적 차이를 인식하고 타문화를 인정하고자 하는 태도에서 시작된다. 이와 같은 태도는 다른 문화에 대한 지식을 습득하고 이해하는 능력을 위한 기반이 된다. 그렇게 개인은 다른 문화의 특정한 맥락 속에서 자신의 행동을 적절하게 변화할 수 있고, 다른 문화의 사람들과 효과적으로 소통할 수 있게 된다. 그리고 이러한 태도는 개인이 가진 편견과 고정관념을 돌이켜보고 반성하는 능력에서 비롯된다. 무엇보다 서로 다름에 대한 배려와 존중, 차이를 인정하고 더불어 살아갈 수 있는 소양을 키우는 것이 우선이다(김영순 외, 2017). 아울러 일상에서 부딪히는 모든 현상에 관심을 갖고 그 속에서 '다양성'을 발견하여 '다름'을 인정하고 '존중'하는 관계를 경험하여 익히는 것도 중요하다.

"타 문화권 사람들과 소통하면서 세계관이 넓어졌어요. 문화를 보는 눈, 사람을 보는 눈, 세상을 보는 눈 등이 변화되었어요." (연구참여자 1A)

"어떤 문제를 해결하는 데 있어서 우리가 일고 있는 방법 이외에 다른 방법도 있다는 것을 알게 되었어요. 어떤 특정한 문제가 생기면 어렸을 때부터 배웠던 딱 하나의 길만 보고 이것이 가장 잘 맞는다고 생각했지만 다양한 문화권 친구들을 사귀면서 또 다른 여러 가지 길도 있다는 것을 깨달았어요. 그리고 저와 다른 사고방식 및 세계관을 이해하도록 노력하고 이를 긍정적으로 받아들이게 되었어요. 또한 다양

한 생활양식, 다른 문화권 사람들의 가치관이 무엇인지에 대해서도 많은 것을 배웠어요." (연구참여자 1D)

"다양한 문화적 배경을 가진 사람들과 소통하면서 그들이 어떻게 살아왔고 어려움을 겪으면 이를 어떻게 극복하는지를 배웠어요. 그리고 우리가 아무리 달라도 서로를 이해해주고 존중하는 것, 서로의 입장이 되어 서로에 대해서 생각하는 것, 서로를 도와주며 서로에 대한 고마운 마음을 가지는 것을 배웠죠." (연구참여자 1E)

아리스토텔레스의 '실천적 지혜' 이론에 따르면 훌륭한 코미디언과 최고의 요리사가 되기 위해서는 실천해야 한다. 우스갯소리가 나온 책을 읽고 웃기는 이야기를 모으고 코미디 이론에 통달했다고 하여 청중과 호흡할 수 있는 코미디언이 될 수 있는 것은 아니다(한희원, 2011). 아울러 아리스토텔레스에 따르면 고마운 편지를 쓰는 습관처럼 고맙다는 편지를 자주 쓰다 보면 감사하는 마음이 어른거리는 것을 느낄 수 있고, 미덕이 깃든 행동을 하다 보면 자연스럽게 그런 행동이 몸에 배어 미덕을 갖춘 공동체 사회의 구성원이 될 수 있다. 사회, 조직에서의 정의는 실천함으로써 자연스럽게 이루어진다고 한다. 따라서 문화 다양성을 인정하고 존중하기 위해서는 실천이 필수다. 왜냐하면 이론으로 아는 것과 실천해서 아는 것은 서로 다르기 때문이다.

3) 언어 발달

중앙아시아 유학생들이 타 문화권 사람들과 소통하는 또 다른 동기는 외국어능력 함양이다. 그들은 다양한 문화적 배경을 가진 사람들과 소통하면서 자신의 외국어능력을 검토하고 목표 언어와 관련된 언어적 · 비언어적인 지식을 얻고자 했다.

> "다양한 문화권 사람들과 소통하면서 나에게 있는 실수를 찾으려고 노력해요. 언어적으로도 그렇고 행동적으로도 그래요. 그들과 소통하는 과정에서 자기 자신의 소통 방식을 검토하는 데다가 다양한 소통 방식도 배워 가요." (연구참여자 1B)

> "우리는 소통할 때 서로의 언어를 배우도록 해요." (연구참여자 1C)

> "한국 유학 생활에서 다양한 문화권 사람들과 만나 소통하면서 세상 및 인간 자체에 대해서도 많은 것을 깨달았어요. 그리고 소통을 통해 언어를 문화와 같이 배웠어요. 언어만 잘하고 문화를 모르면 서로 간의 오해가 생길 수 있기 때문이죠." (연구참여자 1E)

언어는 경험을 통해 학습함으로써 '인간'의 특성을 계발할 수 있게 해준다. 그것은 사고를 공식화하고 다른 사람에게 전달하는 것을 돕는다(Fantini, 1997). 아울러 언어와 문화는 서로 밀접한 관계이며, 문화는 한 사회 안에서 이루어지는 언어와 그 사용방식에 큰 영향을 미친다(Gudykunst, 2004). 예컨대, 한국 사람들과 소통하면서 연구참여자들은 자문화에 비해 간접적인 대화 방식을 경험했다. 처음에 이러한 소통 방식에서 의미를 추측하는 것을 어려워했지만, 시간이 지나자 적응되었다.

> "한국은 더 간접적인 것 같아요. 예를 들면, 약속에 못 오는 경우에는 똑바로 직접적으로 이야기하지 않고 '나는 이런 상황이 생겼는데 어쩌지?'라는 간접적인 표현을 많이 하더라고요. 한국의 소통방식이 '나는 이야기하지만 너는 대답을 찾아라'예요. 그리고 눈치를 보는 스타일인 것 같아요." (연구참여자 1E)

> "한국 사람들이 우즈베크 문화권 사람들보다 간접적인 대화를 많이 사용해요. 그러나 이는 상대방과 관계, 즉 친밀성에 따라 다를 수도 있어요. 예를 들면, 친구끼리는 직접적인 대화가 가능해요. 그러나 모르는 사람이라면 간접적인 대화를 하죠." (연구참여자 1G)

연구참여자들은 한국인 친구를 사귀면서 한국 사람들이 직접적인 소통방식보다 간접적인 소통방식을 선호한다는 것을 알게 되었다. 그러나 이러한 간접적인 대화방식에 익숙하지 않은 그들은 처음에 한국인인 상대방이 말하는 의도를 잘 파악하지 못하는 경우가 많았다. 한국 사람들과 계속 접촉하고 소통하면서 한국인 화자의 말하는 의도를 깨달았다.

또한 일부 연구참여자는 한국문화에서 언어뿐만 아니라 비언어적인 소통을 하는 것도 굉장히 중요하다는 것을 느꼈다.

> "사실 상대방과 소통할 때 비언어적 소통이 굉장히 중요하다는 것을 한국에 와서 알게 됐어요. 그 이전에 상대방과 소통할 때 아무 신경

안 썼거든요. 얼굴, 표정, 시선 등등. 어느 날 학교에 회의가 있었는데 회의가 끝난 후에 어떤 언니가 나를 찾아와서 '○○○, 네 표정이 왜 그래?'라고 물어봤어요. 그때는 놀라서 '왜 내가 말할 때마다 내 표정이 어두워져요?'라고 다시 되물어봤는데 그때 엄청 큰 충격을 받았거든요. 내가 거울을 들고 다니면서 내 표정만 바라볼 수 없잖아요. 한국 사람들이 이렇게까지 상대방에게 신경을 쓴다고 상상하지도 못했거든요. 그래서 그때부터 얼굴 표정에도 신경을 써서 주의해야겠다는 생각이 들었어요." (연구참여자 1C)

"그러나 한국에 처음 왔었을 때 소통하는 데 스킨십이 매우 적어서 놀랐어요. 예를 들면, 우리는 여자 친구들과 친한 남자 친구들과 인사를 할 때 포옹하거나 악수를 하잖아요. 인간관계에 있어서 우리 문화에서 스킨십의 역할이 크다고 봐요." (연구참여자 1D)

위에서 살펴본 것처럼 연구참여자들은 한국에 와서 한국 사람들과 소통하는 데 비언어적 소통의 중요성을 알게 되었다. 사피어(Sapir)는 "인간은 상징을 통해 자기의 생각, 감정, 그리고 욕구를 표현한다"라고 한다. 여기에서 '상징'이 '수단'이라면 의사소통 수단에는 음성언어(spoken language)와 신체언어(body language)가 있다. 어휘적인 측면에서 '비언어적 의사소통(nonverbal communication)'을 분석해보면, '비' + '언어적'으로 구별할 수 있다. '비언어적'이라는 개념은 '언어가 아닌' 의사소통 방식, 즉 신체언어를 지시한다(갈라노바 딜노자 · 강미영, 2017: 9). 그러므로 비언어적 소통에는 표정, 몸짓, 목소리, 시선 등이 포함된다.

연구참여자 1C의 사례를 살펴보면 한국 사람들이 표정을 얼마나 중요하게 생각하는지 알 수 있다. 그녀는 자문화권 사람들과 소통하면서 상대방의 표정이나 시선 또는 몸짓에 신경 쓰지 않는다고 주장한다. 그러나 이러한 비언어적 소통방식은 한국 사회에서 얼마나 중요한 역할을 하는지 알고 있다. 따라서 문화가 언어 학습에 중요한 역할을 한다면, 언어 학습은 상호문화소통에 영향을 미친다.

6.
상호문화소통 참여

1) 정보 교환

언어는 사회 기능의 기본 도구다. 거디쿤스트(2004)에 따르면, 우리는 세 가지, 즉 정보, 표현 및 지시 때문에 언어를 사용한다. 첫째, 우리는 다른 사람들에게 지식을 제공하는 것을 목표로 한다. 둘째, 우리는 특정한 방식으로 단어를 사용하면서 감정 및 태도를 표현한다. 셋째, 언어를 사용하여 일종의 행동을 유도하거나 다른 사람들을 지시한다. 재한 우즈베키스탄 유학생은 타 문화권 사람들과의 소통에서 상대방의 문화에 대해 배우고 자신의 문화에 대해서도 공유하고 있었다. 다시 말하면, 그들 간의 소통은 자문화와 타문화에 대한 정보를 교환함으로써 이루어졌다.

> "우리는 주로 정보를 교환해요. 어떤 정보를 알면 이를 상대방에게 공유하면서 서로에게 알려줘요. 또 어떨 때에는 감정을 교환하기도 해요." (연구참여자 1A)

"대부분 타 문화권 친구들이 학교에서 공부하기 때문에 우리는 주로 학교나 수업, 또는 한국이나 자국에 대해서 이야기해요." (연구참여자 1E)

위와 같이 연구참여자들은 다양한 문화권 사람들과 소통하면서 서로의 공통점인 한국이라는 나라에 거주하고 있으므로 주로 이 나라의 사회나 문화, 대학 생활에 대한 정보를 배우거나 교환하고 있었다. '지식 공유'는 타인을 돕고, 문제를 해결하고, 새로운 아이디어를 개발하고, 타인과 협력할 수 있는 정보와 노하우를 제공하는 것을 의미하며, 이는 소통이나 문서를 통해 이루어진다. 따라서 이러한 소통은 유학 생활에 적응하는 데 매우 중요한 역할을 했다.

2) 감정 교환

감정은 우리 삶의 큰 부분이고, 우리의 경험에 의미를 부여한다. 우리는 감정을 통해 자기 자신과 타인에 대한 중요한 정보를 얻고 이를 또 다른 사람에게 전달한다. 감정은 세계와 관련한 우리의 지위에 관한 정보를 제공한다(Buck, 1984). 또한 감정은 행동에 동기를 부여하기 때문에도 중요하다. 심리학에서 '감정 이론의 아버지'인 실번 톰킨스(Sylvan Tomkins)는 "감정은 동기 부여이며, 사람들이 어떻게 행동하는지 이해하기를 원한다면 자신의 감정을 이해해야 한다"라고 언급했다(Tomkins, 1962, 1963). 마찬가지로 중앙아시아 유학생은 다양한 문화권 친구들과의 소통에서 자신의 감정을 공유하고 상대방의 감정을 이해하려는 자세를 가지고 있었다.

"타 문화권 사람들과 소통할 때 자유를 느껴요. 어떤 주제든 자유롭게 말할 수가 있는 것이 나에게 큰 동기가 되었어요. 그리고 무엇을 느끼면 그대로 표현할 수 있어서 매우 편해요." (연구참여자 1C)

"첫 번째로 나는 우리나라 사람들과 타 문화권 사람들의 사고방식을 비교하고 서로 간의 차이점을 찾아요. 그리고 어떤 상황에서 어떻게 행동하는지를 관찰해요. 또한 한 개념은 각 문화마다 다양한 의미를 가지기 때문에 이를 연구하는 것을 즐거워해요. 그러므로 차이점을 찾으면서 다양한 문화에 대해서 배워요. 문화 차이, 생각 차이, 소통 방법 등을 배워요. 그리고 이러한 차이점을 마음으로 느끼고 이해하고 감정적으로 표현해요. 친구도 마찬가지예요." (연구참여자 1E)

위와 같이 연구참여자들은 타 문화권 친구들과 소통할 때 유학 생활이나 학문적인 지식에 관한 정보뿐만 아니라 유학 생활을 하면서 느끼는 감정도 교환했다. 그들은 서로의 감정을 존중하고 이해하려고 했다. 또한 그들은 서로의 차이점 때문에 갈등이 일어났을 경우 이를 감정 교환을 통해 해결했다. 상호문화소통에서 문화적 차이로 인한 갈등을 피할 수 없다. 그러나 긍정적인 감정 도입으로 자신의 부정적인 감정을 조절할 수 있다. 피할 수 없는 부정적인 감정을 점검할 수 없다면 문화적 차이에 대해 명확하게 고차원적인 생각을 하는 것은 불가능하다(Matsumoto, Leroux& Hee Yoo, 2005). 따라서 연구참여자들은 다양한 문화권 사람들과의 소통에서 감정을 교환함으로써 서로 간의 차이점을 이해하고 갈등을 피하려고 했다.

7. 상호문화소통 역량

1) 상호 존중

칸트에 따르면 상대방이 어떤 사람인가와 관계없이 존중해야 한다. 칸트의 인간 존중 원리에 따르면 인간 존중은 인간인 이상, 즉 단지 인간이라는 이유로, 인간 자체에 대한 존중이며, 인간 모두에게 비차별적으로 존재하는 이성적 능력에 대한 존중이다. 인간 존중은 인간 이성에 대한 존중이다. 결과적으로 칸트의 인간 존중 원칙은 보편 인권 원칙과 통한다. 인간 모두에 대한 사랑, 모두에 대한 공감만이 칸트가 말하는 온당한 인간 존중이 된다.

"보편적인 인간 존중에서 귀결되는 칸트의 인간관에 따르면 우리는 상대방이 지구상의 어디에 살든, 우리가 상대를 얼마나 잘 알든 그들의 성별, 나이, 국적, 피부색, 인종, 종교, 신념에 무관하게 모든 사람을 목적으로 존중하고 인권을 옹호해야 한다. 그들은 단지 인간이기 때문에, 이성적인 능력을 갖고 있기 때문에 그것만으로 존중받을 가치가 있는 것이다."(한희원, 2011: 221)

모든 관계는 존중에 기초해야 하며, 존중이 없으면 우정도 사랑도 또 다른 관계도 존재하지 않는다. 연구참여자들은 타 문화권 사람들을 만나고 소통할 때 서로 간의 차이점을 인정하고 이러한 차이점을 '틀림'이 아니라 '다양함'으로 받아들이고 존중하고 있다.

"제일 먼저 상대방을 존중해야 하고 다음으로 굉장히 조심해야 해요. 상대방의 이야기를 주의 깊게 듣고 자기 의견을 낼 때 직접적으로보다 간접적으로 말하는 것이 효과적인 상호문화소통 기술이라고 생각해요. 그리고 아무래도 서로 간의 존중을 유지하면서 대화해야 성공한 소통이 될 거라고 생각해요." (연구참여자 1B)

연구참여자 1B는 소통에서 가장 중요한 기술로 "가는 말이 고와야 오는 말이 곱다"라는 한국 속담을 꼽는다. 이는 상대방을 존중해야 상대방에게도 존중을 받을 수 있다고 이유를 제시한다. "존중이란 성공적인 인간관계 형성을 위해 필수적 요소로 대상자는 가치 있는 인간으로서 간주되어야 하며 존중되어야 한다."(보건복지부, 2011: 23) 존중은 모든 인간관계의 기초 단계다.

연구참여자 1D의 경우 9년 동안 한국에서 학사 · 석사 · 박사를 하는 동안 만난 대부분 룸메이트가 한국 사람이었다. 대부분 중앙아시아 문화권 사람들처럼 그녀도 이슬람 종교를 가지고 있으며, 종교적인 믿음은 한국 사람들보다 더 강하다. 그래서 연구참여자 1D는 종교적으로 하면 안 되는 것을 하지 않도록 하고 사고방식도, 말하는 방식도 종교와 깊은 관계를 맺고 있다. 그러나 이러한 다양함은 한국인 룸메이트와 친구가 되는 데 아무 문제가 되지 않았다. 서로 다양한 문화적 배경을 가지고 있지만, 서로 간의 차이점을 인정하여 존중해왔기 때문이다.

> "우즈베크 문화권 사람들에게 자기의 전통 풍습과 종교가 한국 사람들보다 더 강하다고 생각해요. 예를 들면, 우리 문화에 따르면 밤에 방 청소하면 안 돼요. 그래서 방 청소를 내가 해야 하는 날에 늦게 오게 되면 룸메이트에게 우즈베크 풍습의 이 부분에 대해서 설명하고 방 청소를 내일 하겠다고 해요. 이럴 때 룸메이트가 이를 이해해야 한다고 생각해요. 이런 상황에서 한국 전통 풍습에 대해서 물어봐요. 이런 식으로 서로의 문화에 대해서 알게 되고 인정하고 이해하며 존중하면서 살아가는 거죠. 그래서 다른 문화적 배경을 가진 사람과 소통할 때 서로의 문화에 대해서 질문하고 자기의 문화에 대해서도 설명해주면서 서로에 대해서 더 많이 알아가게 되고 친해질 수 있을 거라고 생각해요." (연구참여자 1D)

거시적인 측면에서 봤을 때 인간은 같은 목적과 같은 꿈을 가지고 있지만, 이를 표현하는 방식이 다르다. 위 내용에서 볼 수 있듯이 아무리 다양한 문화적 배경을 가지고 있어도 이러한 차이점을 '틀림'이 아니라 '다양함'으로 받아들이면 서로 간의 소통이 갈등 없이 잘 이루어질 수 있다. 연구참여자 1D에 따르면 타 문화권 사람을 만나서 소통할 때 상대방의 문화에 대해 물어보기도 하고, 자문화에 대해 이야기해봄으로써 더 효과적인 소통을 유지할 수 있다. 그러므로 원활한 상호문화소통을 위해 가장 중요한 것은 서로가 가지고 있는 종교와 가치관에 대해 알고 이를 존중하고 인정하여 서로 간의 다양함을 이해하도록 하는 것이다. 서로 간의 차이점을 인정해야 이해할 수 있다.

2) 상호이해

소통이란 단순히 말하는 것이 아니라 상대방의 말을 듣고 대답하면서 상호작용하는 것이다. 상대방의 이야기를 듣고 있다고 해서 그를 이해하고 있다는 것은 아니다. 상대방을 이해하려면 상대방이 말하는 것을 잘 듣고 이해하고자 하는 자세와 마음을 가지고, 또한 입장을 바꾸어 상대방의 입장이 되어 생각해봐야 한다. 다시 말하면, "공감적 듣기란 상대방의 마음을 열고 들어갈 수 있으며, 상대방을 이해한 경우에는 자신을 이해시킬 수 있으므로 상대방을 설득할 수 있는 것을 말한다."(보건복지부, 2011)

> "같은 수업을 들었던 몇 명 한국 친구들이 있는데 그 친구들과 소통하면서 배웠던 점은 상대방의 말을 들어주는 것이에요. 한국 사람들에게 있는 이 점을 정말 존중해요. 우리나라 사람들은 상대방의 말을 끝까지 들어주지 못해요. 상대방이 입을 열자마자 '잠깐만'이라고 해서 자기 의견을 말해요. '대화'라고 할 때는 우리나라 사람들이 오직 자기 자신만 이해하고 상대방에 대해서 잊어버려요. 상대방의 말을 듣지도 않고 자기의 의견, 자기주장만 해요. 그러나 한국 사람들과 진행하는 대화는 달라요. 상대방을 존중하면서 대화를 진행하는 방식이 매우 마

음에 들어요. 상대방이 하는 말에 관심이 없을 수도 있지만 상대방에 대한 존중을 위해 끝까지 참고 들어주는 것을 보고 많은 감동을 받았어요. 이러한 점을 매우 존중해요." (연구참여자 1B)

연구참여자 1B는 한국에 와서 한국인 친구들을 사귀고 소통하면서 중앙아시아 문화권 사람들과 진행하는 대화와 다른 방식으로 이루어지는 소통 모델에 대해 알게 되었다. 그녀는 대부분의 중앙아시아 문화권 사람들이 상대방의 말을 끝까지 잘 들어주지 않고 자기주장을 하려고 하는 경우가 많다는 것을 언급했다. 이와 달리 한국 문화권 친구들과 진행된 소통은 일단 상대방의 말을 끝까지 공감적으로 들어준 다음에 자기 의견을 내는 방식으로 이루어졌다. 따라서 연구참여자 1B는 문화와 상관없이 상대방을 이해하려는 입장을 지니고 잘 들어줘야 한다고 강조한다.

우즈베키스탄 문학의 '아버지'인 알리쉐르 나보이는 『함사』라는 소설에서 이렇게 말한다.

"단어는 영혼이고, 정신은 그의 곰팡이다. 몸에 영혼을 가진 사람은 항상 단어를 필요로 한다. 세계의 모든 영혼의 상자에 담긴 광석이고 모두의 입에 있는 소중한 보석이다. 혀가 강철 쐐기인 경우, 단어는 진주다. 혀가 정원에서 열린 튤립이라면 단어는 그 위에 있는 이슬이다. 한마디는 죽은 사람의 몸에 깨끗한 정신을 선사한다. 또 한마디는 몸의 살아있는 영혼을 망칠 수도 있다."

이처럼 한마디의 가치는 매우 크다. 상대방과 소통할 때 우리는 이를 고려해야 한다.

연구참여자 1D는 한국인 친구들을 사귀고 소통하면서 자문화와 한국 사람들의 다양하게 소통하는 방식에 대해 알게 되었다. 중앙아시아 문화권 사람들의 대화가 주로 서술문 형식으로 이루어진다면, 한국 사람들의 대화는 주로 의문문 형식으로 진행된다.

> "한국 사람들과 대화할 때는 이야기하고 있는 것에 대해서 상대방의 의견을 물어보는 것이 예의더라고요. 이는 상대방에 대한 존중 및 공감을 의미한다는 뜻이죠. 예를 들면, 룸메이트 같은 경우에는 아침에 출근 준비를 하느라 좀 시끄럽게 해서 미안함을 표현할 때 우즈베크 문화권 사람들이라면 보통 '아침에 너무 떠들었어요. 미안해요'라고 해요. 같은 상황이 일어났을 때 한국 사람들은 보통 '아침에 너무 시끄러웠죠? 미안해요'라고 먼저 상대방에게 물어보고 미안함을 표현하더라고요. 다른 상황에서도 우리 문화권 사람들이 소통할 때 보통 서술문 형식으로 하고 한국 사람들이 주로 의문문 형식으로 해요. 다른 상황에서도 이를 쉽게 볼 수 있어요." (연구참여자 1D)

연구참여자 1D는 한국에서 생활하고 한국 사람들과 소통을 통해 어떤 것에 대한 상대방의 의견을 물어보는 것에 대해 배우고 있다. 그녀의 말에 따르면 우즈베크 문화권 사람들은 무엇인가를 하려고 할 때 일반적으로 먼저 자기주장을 한 후, 그 주장에 반대하는 사람이 있으면 그 자리에서 바로 반대한다고 말하고 서로 다른 방법을 찾아본다고 한다. 그러나 같은 상황이 한국 사람들 사이에서 이루어질 때는 일단 상대방에게 의견을 물어보는 것이 대부분이다. 따라서 연구참여자 1D는 한국인 친구들과 소통을 통해 이러한 소통방식에 대해 배워가고 활용하고 있다. 한국 사람들이 소통할 때 많이 쓰는 표현이나 어휘를 배우기 위해서는 충분한 시간과 경험을 가져야 한다. 더불어 문법적으로는 틀리지 않지만, 문화적으로 실수하지 않기 위해 소통 경험과 그 경험을 통해 배운 것을 실제로 해보고자 하는 마음이 필요하다.

연구참여자 1E는 한국 사람들과 원활한 소통을 위해 상대방의 이야기를 잘 들어주는 태도뿐만 아니라 상대방이 말하는 것에 대한 반응도 중요하다고 강조한다. 따라서 한국 사람들과 소통할 때 언어적으로든 비언어적으로든 잘 듣고 있다는 자세를 보여줘야 한다.

> "한국 사람들과 소통할 때는 상대방이 말하는 것에 대한 반응이 중요하다고 생각해요. 예를 들면, 상대방이 말할 때는 머리를 끄덕끄덕 하거나 '아, 그렇구나', '네'라고 상대방의 말에 관심을 보여주는 것이 중요하다고 생각해요. 그리고 상대방과 소통할 때 서로 간의 배려심이 있어야 되고 상대방을 주의 깊게 잘 들어야 돼요. 그리고 말을 할 때는 천천히 해야 한다고 생각해요. 아무래도 모국어가 아닌 한국말로 할 때는 못 알아들을 수 있는 사람들이 많으니까. 외국인이 한국어로 이야기할 때는 천천히 똑바른 발음으로 하면 원활한 소통이 이루어질 것 같아요." (연구참여자1 E)

연구참여자 1E는 한국 사람들과의 소통을 통해 크게 두 가지를 알게 되었다. 하나는 한국 사람들과 소통할 때 상대방의 말을 잘 들어주는 것에서 멈추지 않고 상대방이 말하는 내용에 맞는 자세를 취하고 언어나 비언어적으로 잘 듣고 있다는 의미로 반응해야 한다. 그리고 두 번째, 모국어가 아닌 언어로 소통할 때는 상대방이 이해할 수 있게끔 천천히 또박또박 말하는 것이 효과적이다.

연구참여자들은 한국에 유학 와서 한국인 친구들을 사귀고 소통하면서 한국뿐만 아니라 우즈베크 문화권 사람들의 소통방식에 대해서도 알게 되었다. 이를 통해 소통을 더욱 효과적으로 할 수 있다.

3) 상호 배려

세상의 모든 인간관계는 배려를 기초로 이루어진다. 타인에 대한 배려는 '차이'를 '틀림'이 아니라 '다양함'의 관점으로 보고 판단하는 시선을 뜻한다. 이러한 역량은 한 사회 속에서 다양한 문화권 사람이 평화롭게 살 수 있을 뿐 아니라 나라가 발전하기 위해서도 중요한 역할을 한다(김영순 외, 2017). 다른 사람에 대한 배려는 자아중심주의 인식에서 벗어나게 한다. 자아중심주의 인식이란 자신을 비롯하여 자신이 가지고 있는 모든 것을 다른 사람보다 높게 보는 시선을 말한다. 그러나 원활한 소통을 위해서는 상대방을 배려해주는 마음이 요구된다.

> "대학 생활에서 한국인 학생들과 같이 진행한 프로젝트는 도움이 되었던 것 같아요. 프로젝트 하나를 예로 들면, 1학년 2학기 때 자율자동차와 관련된 팀 프로젝트에 참석했는데 거기에서 전자공학과, 기계공학과 등 공학 학생들이 있어요. 그때 우리는 자율자동차를 같이 만들었어요. 자율자동차 안에 카메라 또는 기계적인 하드웨어가 있잖아요. 아무래도 기계공학은 하드웨어를 잘 이해하니까 제가 그들에게 물

어보면 친절하게 가르쳐줬어요. 그때 서로를 많이 도와주고 선배는 후배를 잘 배려해줬어요." (연구참여자 1A)

연구참여자 1A는 한국인 동료들과 팀 프로젝트에 참석하면서 친구들뿐만 아니라 선배들에게도 배려를 받았다. 같은 공학과 학생들이지만 다양한 전공을 가진 학생들이 팀 프로젝트를 수행할 때 서로에게 가르쳐주기도 하고 도와주기도 하면서 서로를 많이 배려해준 것이다.

그리고 상대방에 대한 양보는 인간관계를 형성할 때뿐만 아니라 이러한 관계를 지속해서 유지할 때도 중요한 역할을 한다.

"나는 한국 사람들과 이야기할 때 '내가 외국인이니까 가끔씩 실수할 수 있고 언어를 사용해도 잘못 사용할 수 있다. 그래서 그것에 대하여 미안하다'라고 먼저 양해를 부탁하는 스타일이에요. 다른 사람들도 그렇게 하면 도움이 될 수 있고. 거꾸로 한국 사람들도 외국인들이 자주 하는 존댓말이나 반말 같은 실수와 다른 실수들도 이해해줬으면 좋겠어요." (연구참여자 1E)

위와 같이 연구참여자 1E는 한국 사람을 만나서 소통하기에 앞서 자기가 다른 문화권 사람이어서 모국어가 아닌 한국어로 소통할 때 언어적이나 비언어적으로 실수를 할 수 있으니 이 부분을 양해해주기를 부탁한다. 서로에 대한 양해는 원활한 소통을 보장해주는 중요한 역량이기 때문이다.

연구참여자들이 경험한 서로에 대한 배려와 양해는 특히 타 문화권 사람들 사이에서 이루어지는 소통에서 중요한 역할을 한다. 상대방에 대한 배려 및 양해는 자아중심주의 의식에서 벗어나게 한다.

4) 상호 칭찬

칭찬이란 상대방이 가지고 있는 어떤 특별한 관점을 장점으로 보고 이를 상대방에게 아름답게 표현하는 것을 의미한다. 칭찬에는 여러 가지 종류가 있다. 이는 외모(생김새 또는 옷차림)에 대한 칭찬일 수도 있고, 어떤 일을 성공적으로 수행한 역량에 대한 칭찬일 수도 있다. 칭찬이 들어간 대화로 인해 상대방의 기분이 좋아지기도 하고, 상황과 맞지 않는 칭찬 때문에 기분이 나빠질 경우도 있다. 예를 들면, 사회적 지위가 높은 사람에게 옷차림만 집중하여 칭찬한다면 오히려 상대방을 화나게 할 수도 있다. 그 사람이 해온 여러 가지 사회적인 활동들을 보지 않고 다만 '옷차림'만 좋게 본다고 오해할 수 있기 때문이다. 따라서 특히 타 문화권 사람들과 소통할 때 칭찬하려고 한다면 적절한 시간과 상황에 맞춰야 할 뿐만 아니라 상대방이 지닌 문화적 배경도 고려해야 한다.

> "칭찬할 줄 알아야 해요. 한국 사람들이 칭찬을 좋아해요. 그리고 성실함, 순수함, 겸손함을 좋아하시는 분들이에요." (연구참여자 1B)

> "한국 사람들과 원만한 소통하기 위해 필요한 것은 밝은 미소와 그 분들을 이해하기 위한 노력과 칭찬이라고 생각합니다." (연구참여자 1C)

칭찬에는 크게 두 가지 종류가 있다. 하나는 외모나 가지고 있는 것에 관한 것이고, 다른 하나는 능력 및 업적에 관한 것이다. 누구에게 어떠한 종류의 칭찬을 할 수 있는지는 문화마다 다르므로 타 문화권 사람과 소통할 때 이 점에 주의해야 한다. 특히 타 문화권 사람들과 소통하는 데 칭찬을 사용하기 위해서는 상대방이 지닌 문화에 대한 지식이 우선 필요하다. 상대방이 가지고 있는 문화에서 자기가 하려고 하는 칭찬이 어떠한 의미를 부여하는지를 확실하게 알아야 한다. 문화마다 가치관 및 규범이 다르기 때문이다. 리페이린과 유가오펭(Li Feilin & Yu Gaofeng, 2005)의 미국과 중국 문화권 사람들의 칭찬 활용에 관한 연구에 따르면, 미국 문화에서는 외모나 지닌 것으로 모든 사람을 칭찬할 수 있다. 나이, 사회적 지위, 직업에 관계 없이 여성의 외모는 영원한 칭찬의 대상이 된다. 그러나 중국에서는 여성의 외모를 칭찬하는 것이 허용되지 않는다. 따라서 타 문화권 사람과 소통할 때 이러한 미묘한 점을 고려해야 한다.

5) 상호 신뢰

상대방과 긍정적인 관계를 형성하고 유지하는 데 상호 신뢰는 중요한 역할을 한다. 그러나 타인에 대한 신뢰는 바로 생기는 것이 아니다. 상호 신뢰를 확보하기 위해서는 서로에 대한 존중이나 인정이 필수다. 상대방을 존중해야 입장을 바꾸어 생각하고 그를 이해하려고 노력한다. 타인을 존중하는 마음으로 상대방과 소통이 이루어지면 서로 간에 신뢰 관계가 형성된다. 그리고 상호 신뢰를 높이기 위해서는 진실함과 솔직함이 요구된다. 이처럼 중앙아시아 유학생은 타 문화권 사람들과 소통할 때 이러한 진실함과 솔직함을 유지하면서 상호 신뢰감을 형성할 수 있었다.

"인간관계에 있어서 제일 중요한 것이 진심이에요. 아는 사람이든 모르는 사람이든 진심을 가지고 열린 마음으로 접근해야 해요. 진심이 있어야 사람들이 서로를 믿기 시작해요. 인간관계에서는 서로에 대한 신뢰도가 반드시 있어야 해요." (연구참여자 1C)

신뢰의 차이는 리처드 루이스(Richard D. Lewis)가 정의한 다양한 문화적 범주, 즉 선형 활성(linear-active), 다중 활성(multi-active) 및 반응성 문화(reactive culture)로 구분된다. 각 범주는 사람들이 주로 믿는 바에 따라 차별화된 방식으로 신뢰를 쌓는다. 선형 행동 문화(독일인, 스위스인, 미국인, 영국인, 캐나다인)는 성과와 기관 및 가치 요소를 신뢰한다. 다중 활성 문화(라틴아메리카인, 아랍인, 파키스탄인, 인디언)는 주로 집단 내 친인척을 신뢰하며 연민, 친밀감 및 관계를 인정한다. 마지막으로, 반응성 문화(일본인, 중국인, 핀란드인, 한국인)는 상대방의 표정을 주시하고, 호의에 보답하며, 예견 가능한 예의를 표하는 관점에서 정중한 행동을 통해 신뢰한다(Ihnatova, 2017). 따라서 연구참여자들은 타 문화권 친구들과 사귀면서 상대방에게 다양한 방식으로 신뢰를 얻고 이를 표현하는 방법을 경험했다.

5장

상호문화소통 경험의 생애사적 의미

1.
연구참여자 1A: 소통으로 새로운 것을 배워가는 마음

1) 상호문화소통 경험의 시기별 의미

(1) 어린 시절: 큰 꿈을 가지고 열심히 노력하기

연구참여자 1A는 초등학교 3학년 때 태권도 수업에 다니면서 한국과 한국문화에 대해 알게 되었고, 특히 한국어에 큰 관심을 가졌다. 큰 꿈을 가지고 그 꿈을 이루기 위해 중간에 포기하지 않고 끝까지 열심히 하는 성격은 그녀를 어린 시절부터 우수하고 인기 많은 사람으로 만들었다. 그녀는 어릴 때부터 부모님에게 배운 자신감의 중요성, 스스로 문제 해결, 다양한 문화권 사람들에 대한 존중 및 이해, 인간미 등을 배웠다. 이것은 후에 연구참여자 1A가 한국에 유학 와서 대인관계 형성과정에서 겪은 어려움을 극복하고 낯선 문화와 사회에 잘 적응하며 타 문화권 사람들과 원활한 상호문화소통을 가능하게 했다.

(2) 중 · 고교 시절: 시공간을 초월한 소통

연구참여자 1A는 중학교 때 처음으로 한국 사람을 만났다. 그 사람은 그녀에게 한국어를 가르쳐준 한국어 원어민 선생이다. 연구참여자 1A는 한국어교육센터에서 KOICA 선생님에게 한국어를 배우기 시작했다.

> "8년 이상 지속된 KOICA 선생님과 만남에 대해서 지금 생각해보면, 그때는 봄이었어요. 위치는 내가 태어났고 중학교 때까지 살았던 도시의 대학이었어요. 다른 사람들에 대해 알고 그들과 직접 이야기하고 그들의 문화에 대해 알아보는 것이 얼마나 재미있는지를 느꼈어요."

그 당시 한국어 수업에 다니는 학생 중 가장 어렸던 연구참여자 1A가 타 문화권 사람과 만나서 처음으로 소통한 것은 매우 흥미로운 경험이었다. KOICA 선생님은 20대 중반 여성이었다. 그녀는 10대 초반인 연구참여자 1A를 어린 동생처럼 챙겨주고 잘해줬다. 연구참여자 1A도 KOICA 선생님을 언니처럼 느꼈다. 또한 KOICA 선생님과 연구참여자 1A는 같은 분야에 관심이 있어 서로 간의 관계는 더욱 친밀해졌다.

> "KOICA 선생님과 대화하면서 우리 문화에 대해서도 한국문화에 대해서도 많은 것을 배웠어요. 선생님의 우즈베크 문화에 대한 질문에 답하기 위해 인터넷에서 정확한 정보들을 찾아보면서 우즈베크 문화

에 대해서 알아냈고 거꾸로 한국문화에 대한 궁금한 것을 선생님께 물어보면서 한국문화도 동시에 배워갔어요."

연구참여자 1A에 따르면 어떤 나라의 언어만 알면 그 민족의 문화와 사고방식도 언어와 동시에 배울 수 있다. 따라서 연구참여자 1A는 KOICA 선생님을 처음 만났을 때는 영어로 소통했지만, 선생님에게 한국어를 배워서 나중에는 한국어로도 소통할 수 있게 되었다. KOICA 선생님과 첫 상호문화소통 경험은 연구참여자 1A가 한국어를 더 열심히 배우는 데 큰 동기가 되었다고 할 수 있다.

소통, 특히 상호문화소통은 연구참여자 1A에게 단순히 정보를 전달하거나 얻는 수단이 아니라 서로에 대해 배워가는 과정이다. 상호문화소통을 통해 상대방을 비롯하여 상대방이 태어나거나 자란 나라 및 문화, 사람들의 세계관 및 사고방식에 대해서도 알아낼 수 있다.

"사람들은 다른 사람들을 만날 때 반응하는 방식이나 새로운 것을 알고 싶어 하거나 단순히 의사소통하는 것을 원해요. 나는 항상 새로운 사람과 이야기할 때마다 새로운 것에 대해서 알게 돼요."

위에서 살펴본 것처럼 KOICA 선생님과 이루어지는 상호문화소통 경험은 연구참여자 1A에게 한국, 한국의 언어 및 문화, 그리고 한국 사람들에 대한 배움이었다. KOICA 선생님과 연구참여자 1A는 나이 차이가 컸음에도 선생-학생, 언니-동생 관계뿐만 아니라 지금까지 연락을 주고받는 친구가 되었다.

(3) 대학생 시절: 경쟁이 있는 곳에 발전이 있음

연구참여자 1A는 고등학교 졸업 이후 한국행 유학을 선택했다. 그 이유는 우선 고등학교에서 IT를 전공한 연구참여자가 생각하기에 한국의 IT가 발전해 있다는 점과 한국이 교육열이 높고 교육 기관 안에서의 경쟁(상대평가 등)이 치열하다고 알려져 있었기 때문이다. 연구참여자 1A는 경쟁이 있는 곳에 발전이 있다고 말했다. 즉, 경쟁이 어떤 경우에는 좋은 동기가 된다는 것이다. 동기를 굉장히 중요하다고 생각하고 있으며, 여러 종류의 동기를 통해 새로운 것에 도전할 힘을 얻고 있다.

> "동기의 종류도 많잖아요. 어떤 칭찬이나 나쁜 것을 들을 때도 동기가 될 수 있고 저 같은 경우에는 칭찬이나 경쟁, 또는 어떤 일을 했을 때 좋은 결과가 나오면 또 도전해보고 싶다는 마음이 생겨요. 그런 것이 있어야 더 좋은 삶을 살 수 있다고 생각해요."

무엇인가를 잘했을 때 부모나 교수들께 받은 칭찬과 좋은 성적 그리고 상대평가라는 경쟁구도는 연구참여자 1A의 동기가 되어왔다. 연구참여자 1A는 인터넷을 통해 연락을 주고받던 친구에게 한국의 높은 교육열, 상대평가의 어려움 등에 대해 많이 들었지만, 이는 그녀를 두렵게 하지 않았다. 오히려 이는 한국 유학을 선택한 이유 중 하나가 되었다.

(4) 유학 후 계획: 새로운 기능의 컴퓨터 프로그램 개발

연구참여자 1A는 현재 컴퓨터공학을 전공하고 있으며, 전문가로 발전하는 것을 목표로 하고 있다. 앞으로 사람들을 위해 더 편하고 좋고 기능이 많은 컴퓨터 프로그램을 개발하는 것이 그녀의 꿈이다.

> "미래에 어떤 프로젝트나 그 프로그램을 개발하는 데에 많이 참여해보고 사람들이 잘 쓸 수 있는 그런 프로그램이나 소프트웨어든 하드웨어 쪽이든 그런 쪽에서도 프로그램을 개발하고 싶습니다. 그것에도 코드를 쓸 수 있는데… 그런 사람들이 잘 쓸 수 있는 것을 개발해보고 싶습니다."

연구참여자 1A는 컴퓨터 프로그램을 개발하는 프로젝트에 참여하고 컴퓨터 프로그램을 개발하고자 한다. 이 꿈을 이루기 위해 그녀는 자습도 많이 하고 연구실에도 다니면서 열심히 노력하고 있다. 또한 소셜 네트워킹을 통해 국내를 비롯하여 미국이나 러시아 등 다양한 나라에서 컴퓨터공학을 전공한 사람들을 찾아 의견을 교류하고 있다. 이러한 다양한 문화적 배경을 가진 사람들과 소통하면서 타문화뿐만 아니라 자문화에 대해서도 배우고, 사람들의 세계관이나 사고방식에 대해서도 많은 것을 알게 되었다. 아울러 타 문화권 사람들과 원활한 상호문화소통을 위한 역량, 즉 자아중심적인 마인드를 최소화하고 다양함을 인정하고 존중할 수 있는 개방적인 마인드, 타인을 자기와 같은 자리에서 바라보는 마음 등을 더 발전시키고 있다.

2) 상호문화소통 경험의 공간별 의미

(1) 가정: 막내이지만 독립적인 '나'

연구참여자 1A의 가족은 모두 다섯 명으로 아버지, 어머니, 오빠, 언니 그리고 연구참여자로 구성되어 있다. 그녀의 가정은 우즈베크, 타타르, 러시아 등의 세 가지 피가 섞인 혼혈 가정이다. 막내딸이지만, 오빠나 언니와 달리 어렸을 때부터 모든 문제를 스스로 해결하고자 한 독립적인 성격을 가졌다.

연구참여자 1A의 가족은 자율권을 갖는 것과 자기가 하고 싶고 잘하는 것을 하는 것을 중요하게 여겼다. 그래서 어렸을 때부터 자신의 문제를 가능한 한 타인의 도움 없이 스스로 해결해왔고, 누군가에게 부탁하는 것을 어려워했다. 가족 내에 존재하는 높은 자율권은 연구참여자 1A를 더 독립적인 성격으로 성장하게 했다. 물론 어떤 문제가 생겼을 때 부모님께 이야기하고 상의할 수 있지만, 그것보다 우선시되는 것은 자신의 생각과 행동이었다. 따라서 가족들도 그녀를 믿고 본인의 인생과 관련된 거의 모든 자율권과 선택권을 주었다.

연구참여자 1A는 누구와 어디에 있든지 간에 환경과 상관없이 똑같이 행동하며 부지런하고 진실한 편이다. 그래서 자신이 어떤 상황에 있더라도 상대방에게 진실을 알려주어야 한다고 생각한다.

> "진실이 담겨 있는 나의 말이 비록 상대방의 마음을 아프게 하더라도, 저는 그에게 거짓말하는 것을 싫어해요. 왜냐하면 진실을 아는 것

이 항상 중요하고, 필요하다고 생각하기 때문이에요."

많은 사람이 연구참여자 1A의 이러한 진실성을 존중하지만, 진실을 받아들이지 않는 일부 사람은 그녀의 진실성을 부정적으로 평가한다. 연구참여자 1A는 어떠한 것을 나중에 알게 되어 그때 고민하기보다는 지금 알고 받아들이는 것이 낫다고 판단한다. 그러나 진실을 알려줬을 때 받아들이지 않거나 무관심하게 듣는 사람들도 있다. 연구참여자 1A는 이러한 사람들을 두 가지로 분류한다. 하나는 마음속으로 이미 진실을 알고 있지만 다른 사람 앞에서 인정하지 않는 사람들이고, 또 하나는 자기중심적인 사람들이다. 즉, 자기가 하거나 말하는 것만 옳다고 생각하고 다른 사람들의 의견을 인정하지 않는 사람들이다.

(2) 학교: 선후배 간의 소통

공부에 대한 열정이 넘치는 연구참여자 1A는 학부 3학년이지만 1년 반 전부터 대학원생들이 있는 연구실에 다니고 있다. 그녀가 처음 들어왔을 때 연구실은 석 · 박사과정 학생으로만 구성되어 있었으며 학부생은 그녀뿐이었다. 연구실에서 가장 후배이지만 대학원생 선배들이 하는 것처럼 똑같이 논문을 쓰고 국제학술대회에 참여하기도 했다.

"학교에서 물론 학생이지만 지금 대학원 연구실에 다니고 있고… 이제 학교에서는 학부생만 아니라 어떤 쪽으로 보면 연구하는 사람이라고 볼 수도 있고요. 왜냐하면 작년에 국제 논문도 쓰게 되었고, 그런 것이 (저를) 학교에서 학부생(이라고)만 하는 것은 아니라고 생각해요."

연구참여자 1A는 대학원생들이 있는 연구실에 다니면서 자신이 속한 연구실뿐만 아니라 다른 연구실 학생들과 진행되는 종합세미나에서 논문과 저서를 발표해왔다. 연구실에 들어온 지 1년 6개월이 지난 현재는 대부분 선배인 석 · 박사들이 졸업하고 신입생들이 들어오면서 그녀는 세 번째 선배가 되었다. 신입생들이 들어올 때 예전에 선배들이 챙겨주었던 것처럼 그녀도 후배들을 챙겨주고 그들이 무엇인가를 모르거나 부탁하면 친절하게 가르쳐주고 있다. 연구참여자 1A는 선배들에게 받은 개방적이고 따뜻한 마음, 존중, 인정, 이해 및 공감을 후배들에게 전달하며 선후배 관계에서 상호이해, 상호존중, 상호인정 및 공감을 이루고 있다.

(3) 사회: 소통으로 이루어진 문화 습득

연구참여자 1A는 학교에서만 모범생이 아니라 사회에서도 다른 사람들에게 모범적이다. 그녀는 초등학교 때부터 태권도, 브레이크댄스(break dance) 등 다양한 동아리에서 활동해왔으며, 러시아어와 우즈베크어 외에 영어와 한국어를 유창하게 하는 편이다. 그리고 독일어도 중급 수준이다. 주변 사람들은 그녀에게 배울 점이 많다고 생각한다. 연구참여자 1A는 학교에서 '선배' 역할을 하고 있을 뿐만 아니라 사회에서 학업 및 인생에 대해 아는 것이 많아서 남들에게 '모범적인' 역할도 한다.

"사회에서는, 물론 자기 자랑 같지만, 다른 제 동료들 아니면 저보다 나이가 적거나 나이가 조금 많은 사람들도 '너한테 배울 점이 많다'라는 말을 많이 들어봐서 뭐 어떤 모범생(?)(웃음)이라는 역할을 하고 있다고 생각해요. 물론 자기 자랑인 것 같지만…."

연구참여자 1A는 한국어능력시험 5급을 취득하여 한국에 들어왔음에도 유학 초기에 언어적 및 비언어적으로 어려움을 겪었다. 그녀는 한국 사람들과의 소통에서 사전적인 어휘의 의미는 잘 파악하고 있었으나, 문화적 어휘에 맞는 대답을 찾는 데 큰 어려움을 겪었다.

"제가 다른 문화이기 때문에 이해하지 못한 부분이 있었어요. 예를 들면, 선배들이나 친구들에게 '수고해', '고생해' 등 표현들을 들으면 그 친구들이 왜 나의 고생을 바라고 있는지를 이해하지 못했죠. 그리고 들을 때 다 이해하지만 제가 원하는 거 다 전달할 수가 없는 경우도 많이 있었고요."

"특히 고급 수준의 학문적인 용어는 대부분 한자이기 때문에 한자를 사용하지 않는 우즈베키스탄 학습자들이 급수가 올라갈수록 어휘를 이해하고 활용하며 표현하기에 어려움이 커진다(김영순 · 갈라노바 딜노자, 2017)"라는 것을 실제로 경험했다. 그뿐만 아니라 언어는 문화의 한 부분이어서 문화를 잘 이해하지 않는 이상 언어의 내부적인 의미를 파악하기가 어려워진다. 연구참여자 1A는 한국 사람들과 소통하면서 그들이 사용하는 어휘나 표현의 내부적인 의미를 탐색하여 배움으로써 한국문화를 습득하게 되고 한국 사회와 학업 생활의 어려움도 극복할 수 있었다.

2.
연구참여자 1B: 자기만의 세상에서 이루어지는 소통

1) 상호문화소통 경험의 시기별 의미

(1) 어린 시절: 어린 나이부터 높은 학구열

연구참여자 1B는 어린 시절부터 학교 수업과 동시에 동아리나 여러 행사에 적극적으로 참석하여 자기계발을 위해 꾸준히 노력해왔다. 초등학교 4학년부터 한국어 동아리에 다니기 시작했다. 학교에서 근무하는 고려인 선생님이 교장 선생님의 허락을 받아 한국어를 가르치는 동아리를 만든 것이다. 그녀는 이 선생님과 지금도 연락을 주고받으면서 지내고 있다. 그녀는 한국어를 처음으로 가르쳐주신 선생님을 존경하며 고마운 마음으로 기억하고 있다. 한국어를 배우기 시작하고 몇 개월이 지난 뒤에 한국어 선생님은 연구참여자 1B에게 타슈켄트 한국교육원에서 개최되는 '한국어 말하기 대회'에 참여할 것을 권유했다.

연구참여자 1B는 '한국어 말하기 대회'에 참여하여 심사위원으로 온 한국 사람들을 처음으로 만났다. 초등학교 4학년 학생이던 그녀는 참여자 중에서 가장 어렸다. 단상에서 아기 같은 목소리로 환경오염에 대한 이야기를 한국어로 더듬더듬 말하자 심사위원들은 미소 지으면서 그녀의 이야기를 들어주었다. 긴장 때문에 중간에 멈췄지만, 심사위원의 눈빛과 미소에서 아버지가 딸에게 보내는 따뜻함과 응원을 느낄 수 있었다. 그들의 응원에 힘입어 준비한 내용을 끝까지 말할 수 있었다. 연구참여자 1B는 한국인 심사위원들의 표정에서 한국어뿐만 아니라 한국 사람들에 대한 따뜻한 마음을 가지게 되었다.

> "그때는 한국어를 배우고 있었지만 그 심사위원들은, (한국 사람은) 처음으로 본 것이거든요. 그 사람들이 쳐다보고 있는지를 보고 잠깐 멈췄다가 기억하는 부분부터 이야기를 계속했어요. 그 당시 심사위원들이 웃었지만 저는 3등을 받았어요. 이것은 예상하지 못했던 사건이었어요. (웃음) 이를 떠올리면 아직도 웃음이 나요."

연구참여자 1B는 '한국어 말하기 대회'에 처음 참여하여 3등을 하게 되었다. 이는 한국 사람들을 가까이에서 만나게 된, 이전에는 예상하지 못했던 사건이다. 이 사건으로 그녀는 한국어를 더 열심히 배우기로 결심했고, 한국 사람들과 한국문화에 관심을 가지게 되었다.

(2) 중 · 고교 시절: 소통에서 미소가 담긴 따뜻함

한국어 선생님 덕분에 한국어에 관한 관심이 생긴 연구참여자 1B는 중학교를 졸업한 후에 타슈켄트 국립 동방고등학교 한국어학과에 들어갔다. 그곳에서 한국어를 좀 더 전문적으로 배우게 되었다.

연구참여자 1B가 타 문화권 사람들과 가장 친밀하고 가장 오랫동안 교류한 것은 KOICA에서 근무했을 때였다. 연구참여자 1B는 타슈켄트 국립 동방고등학교를 졸업한 뒤에 2년 동안 KOICA에서 가이드로 활동했다. KOICA 근무자들은 연령별 · 직업별로 다양했다. 그녀는 KOICA 근무자들에게 우즈베크어를 가르치고 우즈베키스탄의 관광지를 안내하기도 했다.

연구참여자 1B는 KOICA 근무자들과 같이 일하면서 한국어를 완벽하게 습득해야겠다고 생각했다. 그녀는 초 · 중학교와 타슈켄트 국립 동방고등학교에서 배운 한국어를 좀 더 실제로 배우기 위해 한국행을 선택했다. 어떤 언어를 배울 때 그 언어를 더 잘 습득하기 위해서는 그 나라에 가서 배우는 것이 우선이라고 생각한 그녀는 한국 사회 및 한국문화 속에서 살면서 한국인과 접촉하여 한국어를 배워야겠다고 결심했다.

> "우즈베키스탄에서 한국어를 배우는 것과 한국에 와서 한국어를 배우는 것은 차이가 있어요. 당연히 한국에서 한국어를 빨리 습득할 수 있어요. 한국 사회에서 살면서 이 사회 구성원들과 한국어로 의사소통하면서 한국어를 자연스럽게 습득할 수 있게 돼요."

위와 같이 연구참여자 1B는 한국 정부 및 한국 대학교가 제공하는 여러 가지 장학금 프로그램을 계속 알아보았다. 그리고 기회가 생겼을 때 서류를 제출하고 장학생으로 입학하게 되었다.

"사실 한국어를 배우고 있었을 때 한국에 유학으로 갈 수 있는 장학금 프로그램에 대해서 많이 들었어요. 그리고 몇 명 내 친구들도 이러한 장학금 프로그램을 통해서 한국에서 유학을 했거든요. 그래서 나도 이런 프로그램에 대한 관심이 생겼어요. '한국어를 배우고 있으니까 한국에 유학을 가서 거기에서 배우는 게 훨씬 낫지 않을까?'라는 생각이 들었거든요."

연구참여자 1B는 한국에 있는 D 대학교의 학사학위과정에 장학생으로 입학했다. 한국에서 한국어와 함께 한국문화도 배우는 것이 큰 동기가 되었던 그녀는 현재 한국문화와 접촉하면서 한국어를 배우고 있다.

(3) 대학생 시절: 페미니즘에 대한 반대로 생긴 소통의 어려움

연구참여자 1B는 페미니즘에 절대적으로 반대한다. 그녀는 여성이지만 페미니즘을 지지하지 않는다. 어렸을 때부터 세 오빠와 같이 자라온 연구참여자 1B에게 여자들의 심리를 이해하기는 쉽지 않은 과제였다.

"일반적으로 여성들은 스스로를 약자라고 생각하지만 실제로 봤을 때는 그렇지 않아요. 여성들은 한편으로는 매우 내숭스럽고 또 한편으로는 어떤 역할도 완벽하게 하는 여배우… 원래 '약자'라는 개념인 가면을 쓰고 자신의 목표를 이루는 유명한 여배우로 봐요, 여성들을. 그래서 여성들에게 대한 믿음이 없어요, 거의. 그래서 저는 여성들만 참여하는 모임을 피하려고 해요.”

연구참여자 1B는 자매 없이 오빠들만 있는 환경에서 자랐다. 오빠들과의 긴밀한 관계는 그녀가 학교에 다닐 때나 사회생활을 할 때 여성들의 심리를 잘 파악하지 못하게 하는 데 영향을 미친 듯하다. 예를 들면, 연구참여자 1B는 어떤 문제가 생기면 스스로 잘 해결할 수 있지만, 많은 여성이 ‘약자’라는 개념의 가면을 쓰고 남성들을 이용하는 태도와 행동을 이해하지 못했다. 이는 그녀에게 충격이었다. 현재 그녀는 여자대학교에서 공부하며 기숙사 생활을 하고 있다. 연구참여자 1B의 제일 큰 어려움은 성장환경과 다른 현재 환경에서 비롯된 것이라고도 볼 수 있다. 우즈베키스탄은 강한 남성주의적 사회이지만, 한국은 이보다는 약한 수준의 남성주의적 사회다. 또한 그녀는 남성들과 함께 성장했지만, 지금은 가족과 떨어져 여성들과 함께 살아가고 있다. 게다가 여자대학교라는 상황은 그녀가 지금껏 살아온 것과 다른 새로운 환경이었다.

그녀는 여성들의 세계를 받아들이지 못하고 있다. 여성들의 세계관은 그녀에게 낯선 세계이고, 그녀는 이 세계에 들어갈 수도 없고 나올 수도 없는 상태다. 그녀는 여성들을 이해하지 못하고, 여성들도 그녀를 이해하지 못한다. 지금까지 생활하면서 주로 남성들에게 도움을 받아온 연구참여자 1B는 한국에서 맞닥뜨린 여성주의에 반대한다.

“…아빠나 친오빠들, 미래의 남편… 그들은 나에게 친구이기도 하고 모든 비밀을 나눌 수 있는 소중한 사람이기도 해요. 여자인 어떤 친구에게도 얻을 수 없었던 정신적인 도움을 그들에게 받을 수 있다고 생각해요. 저는 여성들한테 받았던 많은 상처들 때문에 페미니즘에 반대한다고 말할 수 있어요."

연구참여자 1B가 여성주의에 반대하는 이유는 여성들에게 받은 상처, 즉 그녀의 개인적 생활에 대한 것을 알아내어 다른 사람들에게 퍼뜨리거나 헛소문을 내고 또는 뒷담화를 하는 것 등으로 여성들에 관한 믿음을 잃어버렸다. 여성들에게 받은 상처는 여자로 태어난 것을 후회하게 했다. 연구참여자 1B는 여성들의 세계관을 이해하려고 노력해봤지만 결국 실패했다. 거꾸로 여성인 친구들은 그녀를 자신들과 좀 다르다고 여기고 있다.

연구참여자 1B는 대학교 수업 중 페미니즘과 관련된 수업을 듣지 않았다. 대학교에서 '여성 스토리텔링', '여성학 이론', '여성과 리더십' 등은 사회에서 여성들의 역할을 가르치는 과목들인데, 연구참여자 1B는 여성들이 굳이 이러한 수업을 듣지 않아도 이미 리더라고 생각한다. 어쩌면 연구참여자 1B는 페미니즘에 대해 오해하고 있는지도 모른다. 그녀가 페미니즘이라 여기는, 내숭을 떨거나 표리부동한 것은 오히려 페미니즘이 비판하는 모습이다. "페미니즘은 여성을 억압하는 역사적, 문화적, 정치적, 사회적 그리고 구조적 상황들을 파헤치고 그 억압된 상황에서 여성들을 해방시키는 것을 목적으로 한다."(이명선, 2005)

"여성들이 겉으로 자기 자신을 이렇게 보여주지 않아도 실제로는 매우 큰 리더예요. 민족이나 인종, 또는 종교나 문화와 관계없이 리더십은 모든 여성들의 피에 있어요. 어떤 나라에 가도 이것이 모든 여성들에게 똑같이 있는 것을 봐요. 그럴 때 '역시 여자이구나'라는 의식이 들어요. (리더십은) 민족과 관계없이 모든 여성들에게 있다고 생각해요."

연구참여자 1B는 성장한 환경과 현재 삶의 환경이 매우 다르며, 이러한 환경에서 그녀는 성장한 환경에서의 가치관을 좀 더 선호하고 있다. 다시 말하면, 그녀는 남성주의가 강한 편인 우즈베크 가정에서 태어났고 자랐지만, 한국에 유학을 와서 성장한 환경과 다른 여성주의가 더 강한 환경을 느끼게 되었다. 연구참여자 1B는 한국에서 어떤 분야를 봐도 여성주의가 매우 강한 것을 볼 수 있었으며, 이를 '여성과 리더십' 같은 수업을 통해 더 강조할 필요가 없다고 언급한다.

한편으로 페미니즘에 반대하는 것이 연구참여자 1B의 상호문화소통에 영향을 미쳤다. 상대방과 소통할 때 상대방의 민족이나 인종, 또는 성별과 관계없이 원활한 소통을 위해 노력해야 한다. 그러나 반대 입장에 서서 그들을 이해하려고 노력하지 않으면 성공적인 소통을 기대하기 어렵다.

(4) 유학 후 계획: 소통으로 지식 공유

자기계발을 위해 꾸준히 노력해온 연구참여자 1B의 전공은 정치외교학이어서 대학교를 졸업하고 우즈베키스탄에 돌아가 전공을 살리고 싶어 한다. 그녀는 외교관이 되어 우즈베키스탄의 발전을 위해 봉사하기 원한다. 그리고 교수가 되어 한국에서 배운 지식을 학생들에게 가르쳐주고자 한다. 그녀는 한국에서 배운 것처럼 토론 수업 방식을 진행하기로 계획했다.

> "우리나라에서 보통 교수님만 강의하시고 학생들은 듣기만 하잖아요. 그래서 학생들에게 토론이 무언지를 가르치고 싶어요. 우리 교수님께서 항상 하신 말씀이 '교수도 완벽한 인간이 아니다. 교수도 잘못

을 할 수 있다'예요. 그래서 한국 교육 체계에 근거하여 강의를 하려고 해요. 아울러 심리학 분야에서도 활동하고 싶어요."

연구참여자 1B는 교사로 근무하면서 뛰어난 학생을 키우는 것을 목표로 하고 있다. 또한 그녀는 심리학에 많은 관심을 가지고 심리학을 더 많이 공부하고 사람들의 심리를 충분히 이해하려고 한다.

2) 상호문화소통 경험의 공간별 의미

(1) 가정: 3남 1녀 중 막내로 태어난 '나'

연구참여자 1B는 우즈베크 민족계 가정에서 태어났다. 가족은 모두 다섯 명으로 어머니와 세 명의 오빠가 있다. 연구참여자 1B의 어머니는 장애인 유치원에서 교사로 근무했고, 현재는 은퇴하여 연금 수령 중이다. 연구참여자 1B에게 인생에서 가장 소중하고 가까운 사람은 어머니다. 어머니는 그녀가 닮고 싶은 사람이다. 큰오빠는 외무부 장관, 둘째 오빠는 항공 기술자, 막내 오빠는 경찰관이다. 아버지는 병으로 10년 전에 세상을 떠나셨다. 가족 중에서 막내이자 유일한 여자로 태어난 연구참여자 1B는 부모님과 오빠들에게 많은 사랑을 받고 자랐다.

연구참여자 1B의 가족은 남성주의에 해당하지만 강하지 않다. 가족 모두에게 어느 정도 자율권과 선택권이 주어져 있다. 여성들의 인권이 무시되지 않고 그들에게도 자유와 선택권이 주어져 상호존중 관계에 기초하고 있다.

"우리 가족은 남성주의라고 하지만 매우 강하지는 않아요. 예를 들면, 저는 아버지에게 딸이기 때문에 아버지를 따라야 하고, 오빠들에게는 동생이기 때문에 오빠들을 따라야 해요. 모두 자기의 위치를 잃지 않고 다른 사람의 인권을 침해하지 않아요."

(2) 학교: 혼자 있어야 안전함

연구참여자 1B는 사람들과 잘 어울리지 못하고 사람들과 소통하는 것을 어려워한다. 그녀는 자기 자신에 관한 것을 다른 사람들과 공유하는 것을 좋아하지 않으며 마음 깊은 곳에 숨기고 이를 아무에게도 열고 싶어 하지 않는 편이다. 연구참여자 1B는 자기 자신을 밝히지 않았을 때 안전감을 느끼고, 그렇지 않을 경우에는 불안을 느끼곤 한다. 그래서 사람들이 쉽게 하는 개인적인 질문은 그녀를 당황하게 하여 사람들과 멀어지는 원인이 되기도 한다. 이러한 성격 때문에 연구참여자 1B는 주변에 있는 사람들에게 '말수가 적다'거나 '차분하다'라는 이야기를 많이 들었다. 자신에게는 자신만의 세상이 존재한다고 생각한다.

"…사람은 혼자 있는 시간을 의미 있게 보내야 한다고 생각해요. 그래서 이런 취미는 유익하다고 할 수 있어요. 특히 저는 아이들을 위해 인형 만드는 것을 좋아해요. 이것을 스스로 유튜브를 통해 영상을 보면서 배웠어요. 원래 뜨개질하는 것을 어렸을 때 배웠지만 나중에는 시간 관계로 계속하지 않았어요. 그러나 여기 와서 혼자 있는 시간이 많아서 이런 시간을 유익하게 보내기 위해 이를 다시 시작했어요. 그래서 1년 전에 뜨개질을 통해 인형을 만드는 법을 배웠어요. 자기계발을 위해 모든 사람은 취미를 가져야 한다고 생각해요."

연구참여자 1B는 사람들과 함께 있는 것보다 혼자 있는 것을 더 좋아하지만, 나이가 많은 사람이나 어린아이들과 이야기하는 것은 좋아한다. 아이에게는 성실함을, 나이 든 사람에게는 인생에 대해 배울 수 있기 때문이다. 반면에 또래들과 이야기하며 시간을 보내는 것보다 혼자 있는 시간을 재미있고 의미 있게 보내는 것이 더 중요하다고 생각한다. 그래서 소셜네트워킹 서비스를 거의 사용하지 않으며, 수업 이외의 시간에는 혼자 하는 일을 즐긴다. 그녀는 다양한 종류의 옷감으로 옷과 장난감 만드는 것을 즐기고, 이렇게 만든 것을 주변 사람들에게 선물하기도 하고 주문을 받아 판매하기도 한다. 연구참여자 1B는 자기의 개인 생활을 친구들과 공유하고 싶지 않아서 혼자 있는 것을 선호하고 안전하다고 생각하지만, 각자 개인 생활이 있다는 것을 잘 이해하고 이를 존중해주는 사람이나 고마운 사람들을 만나면 그들과 이야기하고 선물하는 것을 좋아하는 편이다.

또한 연구참여자 1B는 눈에 띄는 것을 좋아하지 않고 평범하게 사는 것을 선호한다. 평범한 사람, 평범한 물건, 평범한 의상 등은 그녀의 취향을 나타낼 뿐만 아니라 연구참여자 1B 자신을 의미하기도 한다. 그녀는 화려함은 사람들을 눈부시게 하고, 옳은 길을 잃어버리게 하며, 오래가지 않는다고 이야기한다. 반면에 평범함은 시간이나 공간을 고르지 않고 자연처럼 늘 자기의 아름다움을 잃지 않는다고 생각한다. 이러한 신념에 따라 평범한 사람들과 조용히 사귀고, 평범한 의상을 입고 다니며 평범하게 살아가고 있다.

(3) 사회: 소통은 민족보다는 성격 문제

연구참여자 1B에게 한국 유학은 '인생의 큰 학교'였다. 인생에 대해 쉽게 생각했던 그녀는 해외에서 가족과 멀리 떨어져 생활하면서 인생과 사람에 대해 고민하고 깊이 생각하게 되었다.

> "특히 어려운 상황 속에서 어떻게 행동해야 할지에 대해서 많은 것을 깨닫게 되었어요. 자기조절력이 높아졌다고 할 수 있어요. 그래서 한국에서의 유학 생활은 나에게 인생의 큰 학교가 되었다고 할 수 있어요."

늘 가족과 함께 살아온 연구참여자 1B는 한국 유학을 통해 여러 사람을 만나게 되었고, 이 과정에서 인생 및 인간의 본질에 대해 생각하게 되었다. 연구참여자 1B는 유학 와서 만난 사람 중 누구를 믿을 수 있고 또 누구를 믿으면 안 되는지, 어떤 사람들과 어떻게 의사소통해야 하는지, 인생에서 어떻게 살아야 하고 어려움을 어떻게 극복해야 하는지를 알게 되었다. 예를 들면, 필요할 때만 연락하고 그 이후에 없어지는 '친구'들을 많이 보았다. 이 '친구'들에게는 나의 상황보다 그들의 부탁이 더 중요했기에 이런 사람들을 만나게 되면서 그들과 친해지지 않고 피하려고 노력한다.

또한 연구참여자 1B는 우즈베크인 성격을 가진 사람을 한국 사람 중에도 봤고, 한국인 성격을 가진 사람을 우즈베크 사람 중에서도 보았다. 예를 들면, 나이 든 사람일 경우 자녀처럼 자신을 이해해주고 배려해주는 사람들을 많이 보았다. 그래서 인간은 국적이나 민족별로 다르지 않고 성격에 따라 다르다는 결론을 얻게 되었다.

> "사람들 간의 차이점은 성격에서 온다고 생각해요. 다른 문화권 사람과 소통할 때도 '이 사람이 다른 문화적 배경을 지닌 사람이라서 그래'라는 생각이 하나도 들지 않아요. 국적이나 민족과 관계없이 그냥 '이 사람의 성격은 이렇구나. 이 사람은 이런 사람이구나'라는 생각만 들어요."

이러한 과정을 통해 그녀는 개인의 문제는 민족성과 상관없이 각 개인에게 달려 있다는 것을 알게 되었다. 즉, 연구참여자 1B는 사람들 간의 차이점은 민족이나 인종 또는 문화가 아니라 사람들의 성격과 관련 있다고 본다.

그뿐만 아니라 유학 생활을 하는 연구참여자 1B에게 자기의 정체성, 즉 '나'를 지키는 것은 매우 중요한 과제였다. 그녀는 '나' 자신을 잃지 않고 잘 지키려고 노력해왔다. 필요할 때마다 한국 유학 오기 전에 꿨던 꿈과 계획에 대해 생각해보고 현재 위치를 확인하며, 앞으로의 계획을 세우면서 '나'를 지켜왔다. 연구참여자 1B는 한국에서 사는 동안 자신의 길을 잃어버리고 자기 정체성을 잊으며 여러 가지 종교적인 문제에 얽혀서 인생의 길을 잘못 선택했음에도 "나는 옳은 길을 선택했다"라고 말하는 몇몇 젊은이를 만났다. 그녀는 그러한 실수를 피할 수 있게 된 것에 대해 감사의 마음을 느낀다. 그녀는 우즈베키스탄에서 한국으로 온 유학생 중에 이슬람 종교를 가졌지만 여기 와서 기독교를 믿게 된 젊은이들을 '종교적으로 자기의 길을 잃은 사람들'이라고 인식하고 있다. 이슬람 종교에 따르면, 무슬림 가정에서 태어났지만 커서 종교를 바꾸면 우즈베키스탄 사회 구성원들이 그 자녀를 같은 구성원으로 받아들이지 않고 배제시킨다. 심지어 이슬람 종교를 다른 종교로 바꾼 자녀를 자기 부모도 용서하지 않으며 자녀를 포기하는 경우도 많다. 우즈베키스탄에서 이슬람은 단지 종교가 아니라 우즈베크 민족의 문화와 사상을 드러내는 가치관이다. 즉, 우즈베크 문화권 사람들에게 이슬람 종교는 자신의 정체성을 의미한다. 따라서 연구참여자 1B는 어디에서 살고 있어도 자신이 가진 이러한 종교적 정체성을 평생 지켜야 한다고 언급한다.

3.
연구참여자 1C:
소통을 통해 공유하는 하나님에 대한 사랑

1) 상호문화소통 경험의 시기별 의미

(1) 어린 시절: 우정의 힘, 소통으로 성장한 '나'

아버지가 병으로 세상을 떠났을 때 여섯 살밖에 안 된 연구참여자 1C는 사람들과의 접촉을 두려워하고 주변 사람들과 어울려 사는 것을 힘들어했다. 그녀는 유아 시절에 다른 사람에게 다가가서 말을 걸어본 적이 없었기에 친구를 사귀는 것이 무엇보다 어려운 과제였다. 이는 그녀가 초등학생이 된 후에도 지속되었다. 그러다가 어느 날 한 여학생이 그녀에게 다가와서 먼저 말을 걸어 친구가 되었고, 시간이 지날수록 그들의 우정은 더욱 강해졌다.

“저는 매우 소극적인 편이었는데 친구는 매우 적극적인 편이었어요. 그리고 그녀는 사람들과 잘 어울리고 늘 밝은 모습이었어요. 그녀는 나에게 먼저 다가와서 말을 걸었고 무엇인가 하려고 하면 늘 같이 하자고 하면서 친하게 되었어요.”

연구참여자 1C는 그녀와 함께 초등학교 1학년부터 중학교 8학년까지 같이 공부하면서 많이 성장했다. 아버지의 병과 죽음으로 인해 소극적이고 자기 자신을 드러내는 것을 싫어하던 그녀는 적극적이고 사람들과 쉽게 사귀는 친구를 만나면서 성격도 행동도 바뀌어 중학교 9학년 때는 반장까지 하게 되었다. 초등학교 1학년 때의 우정 덕분에 연구참여자 1C의 소극적인 성격이 적극적인 성격으로 변화되었고, 인생에 대한 호기심과 인간에 대한 따뜻한 마음을 가졌다. 또한 인간관계를 맺을 때 두려움이 없어졌고, 매우 활발해져서 낯선 사람에게도 먼저 다가가게 되었다.

(2) 중 · 고교 시절: 한국어가 준 기회

연구참여자 1C는 타슈켄트 국립 재정고등학교에서 공부하던 2010년 여름방학 때 한국인을 처음 만나게 되었다. 당시 여학생과 남학생 각 3명으로 구성된 한국인 대학생팀이 그녀가 재학 중인 학교를 방문하여 2개월 동안 그들에게 IT와 한국어를 가르쳐주는 봉사활동을 했다.

“그때 처음으로 다른 문화권 사람들과 만나게 됐어요. 그 당시 엄청 많은 관심을 가졌어요. 왜냐하면, 그들이 한국어를 가르치는 게 아니라 우리에게 한국 음식도 만들어줬고 여러 가지 맛있는 과자도 가져오고 한국 노래도 불러줬거든요. 그 학생들이 우리 학생들에 비하면 굉장히 쾌활하고 사교적이고 활발한 편이었어요. 그리고 무엇인가를 할 때는 매우 열심히 했었어요."

연구참여자 1C는 한국인 대학생들을 처음 만났을 때 외모, 옷차림 그리고 행동에서 차이점을 느꼈지만, 이것이 그들과 친구가 되는 데 장벽이 되지 않았다. 한국어를 전혀 하지 못한 그들을 위해 한국인 대학생들은 영어와 러시아어를 섞어서, 때로는 통역가를 통해 대화했다. 그녀는 그 대학생들과 원하는 주제로 마음껏 소통하기 위해 한국어를 배우기로 결심했다.

연구참여자 1C는 2개월 동안 한국인 대학생들과 여러 가지 활동을 하면서 그들과 자신이 언어는 다르지만 마음은 똑같다는 것을 알게 되었다. 한국 사람들에게도 우즈베크 사람들에게도 '정'이 많다는 것을 느꼈다. 그래서 그 대학생들을 다른 나라 사람, 또는 다른 문화권 사람으로 보지 않고 소중한 친구로 생각하고 더 친해졌다.

"우리는 서로를 사랑하게 됐어요. 이는 남녀 간의 사랑이 아니라 서로가 서로에게 외국인이지만 우리 사이에 이루어졌던 친구로서의 사랑이라는 의미예요."

한국인 대학생들이 한국으로 돌아가고 나서 한 달 후, 연구참여자 1C는 한국어를 배우기 위해 우즈베키스탄 타슈켄트에 있는 한국교육원을 찾아갔다. 한국교육원은 우즈베키스탄 주재 한국대사관이 운영하고 있어 신뢰도가 높았다. 하지만 교육원은 이동 거리가 멀어서 자주 가기는 힘들 것 같다고 판단했다. 그래서 그녀는 교육원 대신 집 근처에 있는 한국어학원에 다니기 시작했다. 한국어학원에 다니면서 한국어를 배운 것은 인생의 전환점이 되었다.

"그때부터 한국어에 관심이 생겨서 고등학교 3학년 때부터 한국어를 배우기 시작했어요. 거기에서 한국어뿐만 아니라 한국문화에 대해서도 배웠어요. 학원에서 여러 가지 행사들도 진행되었고 한복을 입고 춤도 췄고…."

연구참여자 1C는 한국어학원에 다니면서 한국어뿐만 아니라 한국문화도 배웠다. 그녀는 한국어와 한국문화를 매일 배우면서 고등학교 때 만나 친해진 한국인 대학생들을 떠올렸다. 그리고 그들이 말하는 언어와 그들의 소중한 문화를 알아가면서 기쁨을 느꼈다.

(3) 대학생 시절: 인간은 늘 혼자임

연구참여자 1C는 타슈켄트 국립 재정고등학교를 졸업하고 미래에 좋은 직장을 얻기 위해 유학을 가기로 결심했다. 해외에서 유학 경험이 있는 사람은 더 좋은 직장을 얻을 수 있었기 때문이다. 유학 국가를 검토하던 그녀는 한국을 선택했다.

"한국에 유학을 온 이유는 물론 좋은 직장 나중에 좋은 환경에서 일하고 싶은 마음이 가장 큰 동기였지만, E 대학교 장학 프로그램에서 저를 뽑아주셨고, 그동안 재미있게 배웠던 한국어, 한국문화를 경험하고 싶었습니다."

한국어와 한국문화에 관심이 많던 연구참여자 1C는 드디어 한국에서, 한국문화 안에서 살 기회를 얻게 되었다. 그리고 2014년 E 대학교 국제통상학과에 장학생으로 입학했다. 이것은 우연히 만난 한국과의 인연을 한국어 공부를 통해 필연으로 만든 그녀의 노력 덕분이었다. 그녀는 한국에서 열심히 공부하면 우즈베키스탄에 돌아와 좋은 직장을 얻을 수 있을 것이라고 생각하며 우즈베키스탄을 떠났다.

한국 유학에 대해 쉽게 생각했던 연구참여자 1C는 비행기에 타자마자 두려움이 생겼다. '내가 지금 도대체 무엇을 하고 있지? 왜 가고 있지? 왜 이렇게 하고 있지?' 등의 생각이 들면서 갑자기 두려워졌다. 유학을 통해 자신의 인생이 어떻게 변화할지 고민해보지 않은 채 한국 유학을 선택해서 처음에는 힘들 수밖에 없었다.

"우선 한국 음식이 입에 잘 맞지 않았어요. 낯선 문화, 어려운 한국 교육 시스템 등등. 그래서 처음에 많은 스트레스를 받았죠. 지금 생각해보면, 예전에 인생에 대해서 쉽게 생각했던 것 같아요. 해외에서 공부하기가 쉬운 줄 알았는데…. 그런데 여기 와서 공부하면서 많은 것을 깨달았죠."

한국 대학의 높은 학구열은 해외에도 이미 많이 알려져 있지만, 준비를 충분히 하지 않은 채 한국에 유학 온 연구참여자 1C에게는 처음 접한 낯선 문화였다.

연구참여자 1C는 유학 생활을 하면서 독립적인 생활, 부모님과 떨어져 사는 것, 그리고 그 누구의 도움 없이 사는 것이 어떤 것인지를 느끼게 되었다. 그녀는 계획을 잘 세워서 공부하는 시간, 잠자는 시간 그리고 식사하는 시간 등을 잘 지키려고 노력하고 있다. 연구참여자 1C에게 한국에서의 유학 생활은 인생에 대해 많은 것을 가르쳐주는 '학교'다.

(4) 유학 후 계획: 하나님의 사랑

기독교인인 연구참여자 1C는 하나님에 대한 믿음이 가장 중요하다고 생각한다. 그리고 다른 사람들과 똑같은 목적을 가지고 살고 싶지 않다고 했다. 그녀는 사람이 얼마나 오래 사는지보다 어떻게 사는지가 중요하다고 생각하고 자기에게 주어진 인생을 의미 있게 보내기로 했다.

> "돈을 많이 벌기 위해 살고 싶지 않아요. 내가 누구이고, 왜 태어났고, 삶의 의미는 뭐고, 사랑이 뭔지…. 이를 알고 사람들에게 받은 사랑을 다른 사람들에게도 공유하는 사람이 되고 싶습니다."

연구참여자 1C는 이런저런 어려움을 겪으면서 인생과 죽음, 인간의 행동 등에 대해 많이 고민했다. 인간은 늘 행복하기 위해 노력한다. 그런데 가끔 행복하기 위해 자기에게 중요한 사람들이나 시간을 잃는다. '행복은 이렇게 희생한 후에 오는 것인가?' 아니면 '평생 기다려도 오지 않을 수 있는가?' 이런 질문들이 연구참여자 1C를 계속 생각하고 고민하게 한다.

"인생 자체가 무엇이고 인생에서 사는 목적이 또 무엇이고 죽음은 무엇인지…. 우리가 왜 태어났고 하나님은 왜 우리를 태어나게 했을까? 지금 세상은 어느 쪽으로 향하고 있는가? 세상이 무엇이고 자유가 무엇인지…. 모든 사람들이 행복하려고 노력하는데 실제로 행복할 수 있을까?"

연구참여자 1C에 따르면 인생에서 행복이 있기는 하지만, 영원한 행복은 없다. 그녀에게 세상은 고통이고, 이는 부정적인 생각이 아니라 사실이다. 그녀는 사람들에게 필요한 것은 돈이 아니라 사랑이라고 생각한다. 하나님에 대한 사랑, 인간에 대한 사랑 등. 그래서 연구참여자 1C의 꿈은 하나님의 사랑을 받고 인간적으로도 종교적으로도 발전하는 것이다.

2) 상호문화소통 경험의 공간별 의미

(1) 가정: 엄마에게 '시어머니'인 '나'

연구참여자 1C의 가족은 어머니와 여동생이 있다. 아버지는 그녀가 어릴 때 세상을 떠났다. 그녀는 어머니에게 사랑스러운 큰딸이다. 그리고 그녀에게 어머니는 세상에서 제일 중요한 사람이다. 음악가인 어머니는 어렸을 때부터 극장에 자주 데려가곤 했다. 연구참여자 1C 가족은 개방적이고 어느 분야에서도 자연스러운 대화가 가능하다. 보통 전통적인 우즈베크 가정에서는 부모님 앞에서 자녀들이 자기의 개인 생활에 대한 이야기를 잘 표현하지 못하는 경우가 많지만, 이와 달리 연구참여자 1C는 어떤 주제든 부모님과 개방적으로 이야기할 수 있다고 언급한다.

이러한 환경에서 자란 연구참여자 1C는 가정에서 리더 역할을 해왔다. 세 가족 중 어머니가 마땅히 리더 역할을 해야 하지만, 연구참여자 1C는 자신의 성격이 자신을 집안의 '시어머니'로 만들었다고 이야기한다.

"가정에서 나를 '시어머니'라고 해요. (웃음) 엄마도, 여동생도. (제가) 집에서 리더 역할을 해요. 집에서 질서를 잘 지켰으면 해요. 집이 매우 깨끗해야 하고 음식이 맛있어야 하고…. 예를 들면, 집에 감자가 떨어졌으면 만트(만두와 비슷한 우즈베크 음식)를 만들지 않는 것이 낫다고 생각해요. 그런데 엄마와 여동생이 감자 대신 호박으로 만들자고 해요. 그러나 이때 내가 항상 반대해요. 무언가를 할 때 완벽하게 제대로 할 수 없으면 이를 아예 하지 않아야 한다고 생각해요. (웃음)"

연구참여자 1C의 가정은 개방적인 분위기이지만, 그럼에도 집에서 모두가 지켜야 하는 규칙이 있어야 한다고 생각한다. 그리고 절차를 따라야 일이 잘 이루어질 수 있다고 생각하고, 표준이 있다면 그것을 따라야 한다고 여긴다. 예를 들어, 무엇인가를 만들고 싶으면 일단 그것을 만들기 위해 필요한 재료를 완벽하게 준비해야 한다. 재료 준비에 부족함이 있다면, 재료 중에 하나만 빠지더라도 음식을 만드는 것은 시작할 수 없다.

그녀의 이러한 성격은 모든 것을 완벽하게 해야 하는 완벽주의자에 가깝다. 그녀는 큰딸이고 동생에게는 하나밖에 없는 언니여서 가정에서 모든 책임을 지고 역할을 완벽하게 하려고 하는 의지에서 이러한 성격이 형성되었다. 이러한 완벽주의적인 성격은 집 밖에서도 그대로 드러나는데, 무엇을 하기 전에 계획을 잘 세우고 그대로 하려고 한다.

(2) 학교: 소통에서 농담 주의

연구참여자 1C는 유학 초기에 한국문화에 대한 부족한 지식으로 한국 사람과 소통할 때, 특히 농담할 때 종종 실수를 하게 되었다.

> "한국 친구에게 '머리카락이 긴 여자는 머리가 나쁘다'라는 우즈베크 속담을 농담으로 해본 적이 있어요. 그때 그 친구가 너무 화냈죠. 또 다른 한국 여자인 친구는 한 남학생에게 '못생겼다'라고 하면서 늘 비웃곤 했었어요. 그래서 그 친구에게 '무서워하는 것이 가까이 온다'라는 우즈베크 속담이 있다고 했더니 그 친구는 울어버렸어요. 이 말은 그 사람이 나에게 돌아온다는 말이냐고 하면서 울었죠. 그때는 절대 아니라고 우즈베크 문화에는 이런 속담이 있을 뿐이라고 많이 신경 쓰지 말라고 그냥 농담이라고 했었어요. 그 친구는 이런 농담을 다시 하지 말라고 했었죠."

연구참여자 1C는 농담을 많이 사용하는 편이어서 한국에 유학 온 후에도 한국 사람들과 농담을 즐겼다. 그러나 농담은 문화 및 사회와 관련되어 있으므로 한 문화와 사회 안에서 통용되는 농담이 다른 문화나 사회에서는 통용되지 않기도 한다. 이러한 미묘한 부분을 고려하지 않은 연구참여자 1C는 유학 초기에 한국인 친구들과 사귈 때 실수하게 되었다. 하지만 실수를 통해 한국문화와 사회에 대해 배웠고, 한국 사람들과 이야기할 때 특히 농담을 주의해서 사용하게 되었다.

(3) 사회: 한국에서 알게 된 소통의 가치

연구참여자 1C는 유학 생활을 하면서 예전보다 더 독립적인 사람이 되었고, 세상에 대한 사고방식도 많이 달라졌다.

> "한국에서의 유학 생활은 나에게 큰 수업이 되었다고 할 수 있거든요. 아무래도 부모님과 늘 살다가 뜻밖에 해외에 나가 살게 되면서 이렇게 된 것 같아요."

그녀는 유학 생활을 하면서 인간관계가 무엇인지, 우정이 무엇인지를 생각하게 되었다. 그뿐만 아니라 유학 생활은 가족의 중요성과 가족의 가치, 고향이 무엇인지 등을 알게 해주었다.

> "예전에 여동생과 가까운 사이가 아니었지만 내가 여기로 유학 온 후에는 매우 가까워졌고 매우 친해졌어요. 서로에 대해서 많이 걱정도 하고 이야기를 많이 나누기도 했어요. 어머니와 관계도 마찬가지예요. 다시 말하면, 상호존중이 높아진 것 같아요."

연구참여자 1C의 유학 생활은 특히 정신적으로 쉽지 않았다. 유학 온 지 2년이 지나서 어머니가 많이 편찮으시다는 소식을 듣고 바로 1년 휴학을 하고 걱정스러운 마음으로 급하게 집으로 돌아갔다. 의사에게 어머니의 상태가 굉장히 좋지 않고, 세상을 떠날 수도 있다는 말을 듣고 크게 놀랐다. 어머니의 상태는 상상해본 적도 없는 힘든 상황이었다. 그래서 연구참여자 1C는 휴학하고 1년 동안 되도록 많이 어머니와 시간을 보내려고 노력했다. 다행히도 시간이 지나자 어머니의 상태가 좋아졌고, 그녀는 다시 한국에 들어와서 공부에 매진할 수 있었다.

4.
연구참여자 1D:
소통에 근거한 학문적 성향

1) 상호문화소통 경험의 시기별 의미

(1) 어린 시절: 편지를 통한 소통

우즈베크, 타타르, 타지크 등 세 가지 피가 섞인 혼혈 가정에서 태어난 연구참여자 1D는 주로 러시아 문화권 사람들로 구성된 러시아 유치원에 다녔다. 그러나 아버지의 권유로 우즈베크어로 교육하는 초등학교에 들어갔다. 집에서는 주로 타타르어나 러시아어를 사용한 그녀는 우즈베크어에 대한 자신이 없었다. 초등학교 등교 첫날, 교실에 들어가서 러시아 사람처럼 생긴 한 학생을 보고 안심을 느꼈다. 그 학생과 러시아어로 말할 수 있었기 때문이다.

연구참여자 1D가 초등학교 교실에서 만난 학생은 전통적인 우즈베크 가정에서 태어났고 주로 우즈베크어로 소통하지만, 연구참여자 1D를 처음 보았을 때 러시아 문화권 사람인 줄 알고 그녀와 러시아어로 이야기했는데, 그 당시 그녀가 한 러시아어 한마디 때문에 그들은 친구가 되었다.

연구참여자 1D는 그 친구와 사귀면서 많은 것을 배웠다. 그 여학생은 상대방과의 소통에서 자기 자신과 관련된 비밀을 지키려 노력하고, 세부적인 내용보다 전체적인 내용만 이야기하는 소통 방식을 가지고 있었다. 또한 속담을 많이 쓰는 편이었다. 그녀와 이야기하면서 연구참여자 1D는 자기도 모르게 속담을 쓰게 되었다. 그리고 그 당시에는 휴대폰이 없었기에 그들은 서로 편지를 주고받으면서 소통했다.

> "그녀에게 배웠던 가장 큰 것은 글을 마음을 담아서 쓰는 방법이에요. 그녀는 말을 할 때 개방적이지 않지만 글을 쓸 때 독자의 마음을 움직일 수 있게 감동적으로 표현했었어요. 그녀의 편지를 읽을 때마다 감동받고 저도 이렇게 아름다운 표현을 사용해서 글을 쓰도록 노력하게 되었어요. 누군가에게 생일 축하 문자를 보낼 때 일반적인 표현을 피하고 예쁜 표현들을 쓰도록 해요."

연구참여자 1D는 초등학교 1학년 때 사귄 친구 덕분에 우즈베크어로 교육이 이루어지는 학교에 잘 적응하고 우수한 학생으로 학교를 졸업했을 뿐만 아니라 그녀와 매일 편지를 주고받으면서 자기 의견이나 감정을 감동적인 글로 전달하는 방법도 배웠다. 연구참여자 1D는 그 친구를 만나 글을 통해 마음으로 소통하게 되었다. 즉, 말로 할 수 없는 이야기를 글로 표현하게 되었다. 그녀는 현재까지도 이러한 소통 방식을 적극적으로 사용하고 있다.

(2) 중 · 고교 시절: 소통으로 얻은 동기

연구참여자 1D는 중학교 7학년 때 선생님과 같은 반 학생들과 같이 우즈베키스탄 유적지를 구경하기 위해 사마르칸트를 방문했다. 그때 처음으로 다른 문화권 사람들을 만나게 되었다. 유적지를 구경하고 있었을 때 50대 정도 되는 서양인 남자와 여자에게 눈이 갔다. 그들은 그녀를 바라보며 미소를 지었고 그녀도 미소를 지어 보였다.

> "우리는 서로에게 인사를 하고 5~10분 정도 이야기를 나누었어요. 이는 다른 문화권 사람들과 한 첫 만남과 첫 소통이었어요. 그때는 매우 기뻤어요. 그 사람들이 내가 영어로 말한 것을 이해해서 아주 기뻤어요. 우리는 더 많이 이야기하고 싶었지만, 우리가 또 다른 데를 방문해야 해서 갈 수밖에 없었어요."

7학년이던 연구참여자 1D는 그들의 외모나 옷 스타일, 대화하는 방식 등에서 차이점을 느끼기도 했지만, 친절하게 대답하는 모습에서 서로 간의 공통점을 보았다. 연구참여자 1D는 우즈베키스탄에 거주하는 다양한 민족의 사람들을 많이 만나봤지만, 사마르칸트 방문에서 미국 사람들을 봤을 때는 예전과 다른 새로운 느낌, 즉 행복함을 느꼈다.

> "미국 사람들과 소통하면서 행복을 느꼈어요. 다른 문화권 사람들과의 소통은 나에게 큰 기쁨이기 때문이에요. 그때를 생각해보면 긍정적인 느낌만 떠올라요."

연구참여자 1D가 미국 문화권 사람들과 소통하는 것을 보고 있던 담임선생님은 그녀를 자랑스러워했다. 그녀가 그들의 말을 이해하고 영어로 자기 의견을 표현할 수 있었기 때문이다. 미국 문화권 사람들과의 만남은 그녀에게 영어를 더 열심히 배우게 한 커다란 동기가 되었다. 그래서 그 이후 학교에서 개최된 영어 올림픽에 참여하면서 영어를 더 열심히 공부하기 시작했다.

> "그 만남 이후에 어떤 언어를 열심히 배우고 잘하면 다른 문화권 사람들과 소통할 수 있다는 생각이 들었고 다른 문화권 사람들과 이야기하고 싶은 마음이 생겼어요."

미국 문화권 사람들과의 만남은 연구참여자 1D에게 영어 공부를 열심히 하게 한 계기가 되었으며, 그녀는 타 문화권 사람들과 소통하고 싶은 마음을 가지게 되었다. 상호존중 및 상호인정을 바탕으로 하여 이루어진 타문화 사람들과의 소통 경험으로 인해 언어학을 전공했다. 그녀에게 언어는 마음의 열쇠였기 때문이다. 중학교 교장 선생님이 고려인이었는데, 그는 학교 안에서 한국어를 배우는 동아리를 개설했다. 한국 드라마를 통해 한국어에 대한 관심이 생긴 연구참여자 1D는 한국어를 배우러 그 동아리에 다니기 시작했다.

> "어느 날 중학교 교장 선생님이 학교의 발전을 위해 어떤 것이 생겼으면 좋겠냐고 학생들의 의견을 물어보셨거든요. 그때는 여학생들이 어떤 남학생에게 학교 안에서 한국어 동아리가 있었으면 좋겠다고 말하라고 시켰어요. 그때 교장 선생님은 이런 동아리가 우리 학교에 이

미 있다고 알려주셨죠. 그 이후에 친구 두 명과 같이 학교 안에 있는 한국어 동아리에 다니기 시작했어요."

연구참여자 1D는 한국어 동아리에 만족하지 않고 한국어를 더 자세히 배우기 위해 한국교육원에도 다니기 시작했다. 거기서 한국 사람들을 몇 번 만나봤지만, 한국어를 아직 잘하지 못해서 그들에게 다가가서 말을 건넬 수 없었다. 한국교육원 최고급반 수업은 원어민 선생님이 진행했다. 수업이 끝난 후에 그녀는 원어민 선생님에게 다가가 질문하고 대답을 들었다. 그녀가 한국 사람과 자신 있게 말한 것은 이때가 처음이었다.

연구참여자 1D는 중학교를 졸업한 후에 타슈켄트 국립 동방고등학교 한국어학과에 입학했다. 고등학교를 졸업하고 나서는 타슈켄트 국립 세계언어대학교에 입학했다. 거기서 제1 언어로 영어, 제2 언어로 아랍어를 배웠다. 그녀는 처음부터 제2 언어로 한국어를 선택하려고 했지만, 그때는 한국어반이 개설되지 않아서 어쩔 수 없이 아랍어를 선택할 수밖에 없었다. 그래서 연구참여자 1D는 한국교육원에서 한국어를 지속적으로 배우기로 했다.

(3) 대학생 시절: 소통과 공감의 경험

한국어와 한국문화에 많은 관심을 가지고 있던 연구참여자 1D는 한국 사람들과 소통하면서 더 자세히 배우기 위해 한국으로 유학하기로 했다. 고려인의 조국인 한국은 공간적으로 멀지만, 마음으로 가깝게 느껴졌다.

"… 그래서 한국을 우리나라와 문화적으로 가까운 나라라고 생각하고 여기에 유학하러 오기로 했어요. 한국에 오기 전에 한국에서 학사만 공부할 줄 알았지만, 대학교 3학년 때 석사도 하고 싶어졌고 석사학위를 받은 후 박사도 하고 싶어서 박사과정에 들어왔어요. 결국 9년 동안 한국에서 계속 공부하게 된 거죠."

연구참여자 1D는 대학교 1~2학년 때 정부 초청 장학생 프로그램을 계속 지원해왔고, 결국 3학년 때 합격했다. 합격한 뒤에 한국 유학을 가겠다는 말을 듣고 어머니가 반대하며 우셨지만, 시간이 지나자 공부하고 싶은 딸의 열정을 이해하고 허락해주셨다. 그녀는 우즈베키스탄 대학을 휴학하고 한국에 유학생으로 들어왔다.

연구참여자 1D는 학사과정을 시작하기에 앞서 서울에 있는 Y 대학교 어학당에서 한국어 공부를 했다. 한국의 Y 대학교 어학당에서 공부할 때 같은 어학당에 다니는 중국인 학생을 만나 친구가 되었는데, 중국에 잠시 갔을 때도 연구참여자 1D에게 연락하곤 했다. 그들은 어학당을 졸업하고 서울에 있는 Y 대학교에 같은 전공으로 들어가서 거기에서 4년 동안 같이 공부했다. 고향에서 늘 부모님과 살고 해외에 나가본 적이 없던 연구참여자 1D는 그녀와 사귀면서 학교생활 및 인생에 대해 많은 것을 배우고 독립적인 사람이 되었다.

"그녀 덕분에 유학 생활의 어려움을 잘 극복할 수 있었어요. 뿐만 아니라 한국의 사회와 문화에 적응하는 데 그녀의 도움이 커요. 물론 처음에 우리는 다양한 문화적 배경을 가지고 있어서 서로 간의 오해가 좀 생겼어요. 그런데 그때 우리는 네가 어떤 말을 하거나 어떤 행동을 할 때 나에게 불편함을 준다고 솔직하게 이야기했었어요. 그 이후에 오해가 다 풀렸어요. 그녀와 친해지면서 중국문화에 대한 관심이 생겼고 중국 음식을 즐겁게 먹게 되었어요. 중국 사람들에 대해서도 더 많은 것을 알게 되었어요. 내가 아는 중국 사람들은 매우 개방적이고 대접을 잘하고 직접적인 소통 방식을 선호하는 분들이에요. 중국인 친구와 사귀면서 중국이라는 나라와 이 나라의 민족에 대한 존중이 더 높아졌다고 할 수 있어요."

위에서 볼 수 있듯이 연구참여자 1D는 어학당에서 만난 중국인 친구와 친해지면서 한국의 사회 및 문화에 잘 적응하고 중국문화 및 중국 사람들에 대한 관심도 높아졌다. 또한 그녀는 타 문화권 사람과 소통에서 다양함을 존중하고 인정하며, 서로의 문화에 대해 관심을 가지고 공감하면서 소통하는 것을 배웠다. 또한 연구참여자 1D는 중국에서 진행한 그 친구의 결혼식에도 참석하여 그녀의 부모님과 시부모님을 만나 이야기를 나누었다. 그녀에게 그 친구는 단순히 친구가 아니라 가족같은 존재다.

(4) 유학 후 계획: 학문에 정진

언어학과 외국어교육에 많은 관심을 두고 있는 연구참여자 1D는 국어국문학과를 전공하기로 했다. 대학교 수업 때는 학생들이 교수님들께 활발히 질문하지 않았지만, 그녀는 다른 학생들을 신경 쓰지 않고 질문이 있으면 질문도 하고, 어떤 주제에 대해 의견이 있으면 자유롭게 표현했다. 그녀에게 수업은 상호작용 및 상호소통하는 장소였기에 적극적으로 참여했다.

열심히 공부해서 좋은 성적으로 학사학위를 마친 그녀는 석사과정에 진학하기로 마음먹었다. Y 대학교에서 석사를 하려고 했지만, 전액 장학금 프로그램이 없었기에 전액 장학금을 주는 서울에 있는 E 대학교에 입학했다. 그녀는 현재 이 대학교에서 국어국문학을 전공하고 있다.

연구참여자 1D는 박사학위를 마치고 이중언어교육, 이중문화교육, 소수민족 및 소수집단, 정체성에 대해 연구하고 소수민족이 많이 살고 있는 미국이나 유럽에 가서 현장조사를 하는 것을 목표로 하고 있다. 그리고 수집한 자료를 학술지 논문에 투고하거나 학술대회에서 발표하려고 한다. 충분히 연구하고 경험을 쌓은 후에 교수가 되어 학생들에게 언어학을 가르치는 것이 그녀의 꿈이다. 아울러 유치원이나 초등학교에서 1~2년 동안 교사로 근무해본 다음에 다문화 강사나 언어(우즈베크어 및 러시아어) 강사로 활동하고자 한다. 그리고 나중에는 저개발 국가에 가서 언어를 가르치는 봉사활동을 하려고 한다.

연구참여자 1D의 가장 큰 꿈은 실력과 함께 인간미를 가진 사람이 되는 것이다. 이 세상에는 실력 있는 학자들이 많지만, 인간미를 가진 인간다운 학자들은 손가락으로 셀 수 있는 정도로 적다고 생각하기 때문이다.

> "더 나은 삶을 살기 위해 다양한 사람들을 많이 만나보고 사람들을 이해하려는 노력이 필요하다고 봐요. 그리고 사람들에게 기회도 주고…. 가장 중요한 것은 좋은 인간이 되고 싶죠. 경험을 통해 말하자면, 가끔 사람들을 이해하는 것이 정말 어렵더라고요. 자기를 우선적으로 생각하고 상대방을 그 뒤에 생각하는 경우도 있거든요. 그래서 화가 날 때 되도록 대답하지 않고 조금 있다가 대답하도록 해요. 자기계발을 위해서 아직 많이 공부하고 노력해야 한다고 생각해요."

연구참여자 1D는 현재도 현장 연구를 하며 학문을 계속하고 있고, 학술지에 논문을 투고하고 있다. 그녀의 꿈은 인간으로서 자기 의무를 잘 수행하는 것이다. 그녀의 말에 따르면, 인생에서 인간에게는 의무가 있는데, 이는 타고난 인간미를 지키고 더 발전시키는 것이다. 연구참여자 1D는 상호이해, 상호존중, 상호인정 등을 통해 인간미를 발전시킬 수 있다고 본다.

2) 상호문화소통 경험의 공간별 의미

(1) 가정: 큰딸로 태어난 '나'

연구참여자 1D는 우즈베크, 타타르, 타지크 등 세 가지 피가 섞인 혼혈 가정의 큰딸이다. 가족은 모두 네 명이며 아버지, 어머니, 그녀 그리고 28세인 남동생이 있다.

연구참여자 1D는 어떤 일을 해도 그 일에 대한 책임을 깊이 느끼고 리더 역할을 하기 좋아한다. 가정에서 큰딸로 모든 일에 책임을 지는 것이 그녀를 지도자로 만들었다. 리더십 덕분에 대학교에서 과대표를 하고 있다.

> "남동생만 있고 여동생이 없어서 남동생을 믿고 어떤 일이 있으면 남동생과 상담해요. 어떤 문제가 생기면 혼자서 스스로 해결하려고 노력하지만, 남동생과 상담하면서도 해결해가는 문제들도 있어요. 남자의 지지가 필요할 때 동생한테 도움을 요청해요."

위와 같이 연구참여자 1D는 가정에서 큰딸, 누나로서 책임이 크고, 어떨 때는 부모-자녀, 누나-동생 관계를 벗어나 서로에게 친구가 된다. 다시 말하면, 그들의 관계는 권력적인 관계가 아니라 상호인정, 상호존중 그리고 상호이해에 기반을 둔 친구 관계다.

연구참여자 1D는 가정에서도, 학교에서도, 사회에서도 사람들에게 도움을 주려고 한다. 그녀는 어떤 일이든 잘하고 주변 사람들이 믿을 수 있는 사람이 되어 사람들에게 어떤 문제가 생겼을 때 가장 먼저 도움을 줄 수 있는 사람으로 자신을 찾아오게 하려고 노력하고 있다.

(2) 학교: 수업에서 이루어진 소통

연구참여자 1D는 Y 대학교에서 학사학위를 마치고 E 대학교에 석사과정으로 입학했다. 그녀는 석사과정에서 공부할 때 학생들 사이에서 진행되는 스터디그룹에 참석해보았다. 그녀가 참석한 스터디그룹은 외국인 유학생들을 도와주기도 하고 종합시험을 같이 준비하기도 하는 목적을 두고 있었다. 세미나 방식 수업으로 한국인 학생과 외국인 학생이 섞여 앉아서 서로를 도와주었다. 스터디그룹은 보통 10~15명 정도의 학생을 대상으로 진행했다. 스터디그룹에 참석했던 경험이 있던 연구참여자 1D는 학생 한 명이 발표하고 다른 학생들은 듣기만 하는 것을 보고 이러한 공부 방식이 자신과 맞지 않다는 것을 깨달았다. 그녀는 수업이나 스터디그룹에서 질문하기도 하고 자기 의견을 자유롭게 표현하는 것을 좋아하기에 그 자리에서 질문을 던졌다. 그러나 자신이 원하는 대답을 얻지 못하여 그냥 자기 의견을 내놓았다. 하지만 발표하던 학생은 그녀의 의견을 듣지도 받아들이지도 않은 채 자기주장만 했다. 모든 스터디그룹 구성원들 사이에 자유로운 토론이 이루어져야 스터디가 될 수 있다고 믿는 그녀는 그 스터디가 시간 낭비라는 생각이 들었다.

> "내가 원하는 스터디는 각자 자기 집에서 읽고 온 후에 모임에서는 토론하는 것이에요. 집에서 다 읽고 왔으니까 발표할 필요가 없잖아요. 그래서 바로 그 자리에서 '이 내용을 내가 집에서 읽고 왔으니까 이에 대한 발표를 들으면 시간을 낭비하는 것 같다'고 말했었죠. 그 이후에는 나를 싫어하는 것 같아요. 이건 내 생각이에요."

연구참여자 1D는 그 후 다른 스터디에 참여하지 않고 혼자 공부하기로 했다. 한국에 처음 온 유학생을 위해 진행된 스터디는 한국에서 학사학위를 마친 그녀에게 시간 낭비로 느껴졌다. 연구참여자 1D는 스터디에 참여하지 않아서 다른 학생들과 관계가 멀어지게 되었지만, 그래도 그때 공부에 도움을 주었던 자습을 선택한 결정이 옳다고 믿는다.

열심히 공부하여 우수한 성적으로 석사학위를 마친 연구참여자 1D는 같은 대학교, 같은 학과의 박사학위과정에 들어갔다. 박사과정에 들어간 후 연구참여자 1D는 스스로 스터디그룹을 만들었다. 그녀의 스터디그룹은 그녀 외에 한국인 학생 3명과 중국인 유학생 1명으로 구성되어 있다. 스터디그룹 구성원들이 주제를 함께 정하고 순서대로 한 사람이 주제에 맞게 생각해야 할 점을 찾고 일주일 전에 자료를 나누어준다. 자료를 집에서 읽고 와서 스터디 때 각각의 학생이 자기 의견을 내면서 토론 방식으로 진행된다. 연습 문제를 같이 만들기도 하고 비디오도 보며 이를 같이 논의하기도 한다. 그룹 구성원들이 잘 이해하지 못하면 그때 한 사람이 나가서 발표한다. 그들이 각 주제에 깊이 들어가서 문제점을 이해하고 답을 찾도록 한다.

> “우리가 했던 스터디에서 구체적인 증거를 가지고 자기의 의견을 내요. 내가 현실적인, 실제적인 것을 좋아하거든요. 우리는 1년 동안 이런 식으로 해왔어요. 요즘 모두 학위논문 쓰느라 바쁘기 때문에 하지 않고 있어요. 학생들의 나이는 나보다 좀 많아요. 스터디는 한국어로 진행해요.”

연구참여자 1D는 스터디를 하면서 다양한 학자의 이론을 읽어보고 어떤 주제에 대해 자료들을 찾으면서 학문적으로도, 개인적으로도 많이 발전했다. 자기 의견을 논리적으로 구성하고, 상대방에게 어떤 식으로 표현하면 그를 설득할 수 있는지도 많이 배우게 되었다. 중간고사 및 기말고사 기간에는 그룹 구성원들이 각자 쓴 보고서를 가지고 와서 서로의 보고서를 보고, 서로에게 코멘트도 해주었다. 그들은 이러한 협동적인 학습을 통해 서로를 응원해주고, 서로에게 힘을 주는 동료이자 친구가 되었다.

아울러 예전에는 작든 크든 어떤 일이 생기면 감동을 많이 받던 연구참여자 1D는 유학 생활을 하면서 어떤 일이 생겨도 놀라지 않고 좋은 것도 나쁜 것도 차갑게 받아들이게 되었다.

> “어떤 책에 이런 내용이 있어요. ‘여자들이 어떤 것에 대해서 상대방에게 말할 때 그것의 해결을 원해서 말하는 것이 아니라 상대방과 공감하고 싶어서 말한다. 그러나 남자들은 보통 이런 공감을 해결해야 할 문제로 받아들인다.’ 이와 마찬가지로 9년 동안 유학 생활을 하면서 친구들이 뭔가를 말하면 이를 공감이 아니라 해결해야 할 문제로

받아들이고 바로 그 자리에서 해결책을 찾아서 제시하게 됐어요."

이처럼 연구참여자 1D는 자국에서도 한국에서도 무엇을 하기로 결심하면 아무리 어려워도 중간에 포기하지 않고 그 꿈을 이루기 위해 최선을 다했다. 그리고 굉장히 적극적이고 활동적인 사람이 되었다. 가족 중에서도 독립적인 편이었지만, 유학을 와 모든 문제를 스스로 해결하면서 더욱 독립적인 사람이 되었다. 더불어 스터디그룹에서 리더 역할을 하면서 자신감과 상호존중, 상호인정 및 상호이해가 더 높아졌다.

"더 나은 삶을 살기 위해 다양한 사람들을 많이 만나보고 사람들을 이해하도록 하는 노력이 필요하다고 봐요. 그리고 사람들에게 기회도 주고…. 가장 중요한 것은 좋은 인간이 되는 것이죠. 경험을 통해 말하자면, 가끔 사람들을 이해하는 것이 정말 어렵더라고요. 자기를 먼저 생각하고 상대방을 그 뒤에 생각하는 경우도 있거든요. 그래서 화가 날 때 되도록 답하지 않고 조금 있다가 답하도록 해요. 자기계발을 위해서 아직 많이 공부하고 노력해야 한다고 생각해요."

그녀의 꿈은 인간으로서 자기 의무를 잘 수행하는 것이다. 그녀의 말에 따르면 인간에게는 의무가 있는데, 이는 타고난 인간미를 지키고 더 발전시키는 것이다. 연구참여자 1D는 상호이해, 상호존중, 상호인정 등을 통해 인간미가 발전할 수 있다고 본다.

(3) 사회: 책임감이 강한 '나'

연구참여자 1D는 모든 일을 자기가 맡아 책임을 지기 때문에 사람들이 그녀에게 더 많은 일을 맡기려고 한다. 그리고 어떤 정보가 필요하면 그녀를 찾는 사람들이 많다. 또한 어떤 사람이 자기가 맡은 일을 할 수 없어 포기하면 그녀가 대신 일을 맡아서 그 일을 끝까지 성공적으로 수행한 경우가 있다. 그리고 연구참여자 1D는 사람들을 모아서 그들에게 필요한 정보를 제공하는 것도 좋아한다. 그러나 가끔 무리하게 많은 일을 맡아서 힘든 경우도 있다.

연구참여자 1D는 누구에게 도움을 요청하기보다는 자기 문제를 스스로 해결하는 것을 선호한다. 그러나 다른 사람들이 그녀에게 도움을 요청하면 잘 도와주는 편이다.

> "내가 보기에는 내가 여성보다 남성들이 가진 성격을 갖고 있는 것 같아요. 독립적이고 모든 일에 책임을 지고…. 어떤 사람에게 어떤 것에 대해서 물어보는 것을 좋아하지 않아요. 모든 것을 내가 맡는 편이에요. 그리고 늘 긍정적으로 생각하고 하는 일을 적극적이고 활발하게 하도록 노력해요."

연구참여자 1D는 맡은 일이 크든 작든 구별하지 않고 끝까지 열심히 한다. 그녀는 불만을 토로하는 것보다 일에 집중해서 그 일을 재미있고 적극적으로 한다. 아울러 무슨 일이 있으면 그 일에 대해 부정적으로 생각하는 것을 피하고 긍정적인 생각을 가지도록 노력한다.

다른 사람들을 도와주는 것에 즐거움을 느끼는 연구참여자 1D는 가끔 자기의 이러한 성격, 즉 남을 도와주려 하는 성격 때문에 스트레스를 받을 때도 있다.

> "… 이 성격 때문에 가끔 고생도 하게 돼요. 사람들이 스스로 찾을 수 있는 것이나 아주 사소한 질문도 나에게 물어보더라고요. 일단 자기 스스로 답을 찾으려고 노력해보고 그때 안 되면 나에게 물어봐야 하는데 그렇게 하지 않고 사람들이 답을 쉽게 얻으려고 해요. 그때 짜증 나죠."

위와 같은 상황이 일어나면 연구참여자 1D는 상대방의 마음이 아프지 않게 간접적으로 이야기하고 설명을 부드럽게 잘하려고 한다.

> "사람들에게 직접적으로 '자기 일은 자기가 해!'고 할 수는 없고 간접적으로 '너도 할 수 있다'고 해요. 그래서 어떤 사람들에게 '네가 매니저나 비서가 될 수도 있겠다'는 말을 많이 들어요. (웃음)"

어떤 사람이 지나치다 싶을 때 연구참여자 1D는 참고 참다가 계속 참을 수 없으면 상대방에게 간접적으로 화를 내기도 한다. 그래도 상대방이 이해하지 못한 경우에는 말다툼이 생길 수 있다고 한다. 화를 내기도 하지만 빨리 제자리로 돌아오는 이러한 성격은 어머니에게서 물려받았다. 그녀는 그럴 때 자기 조절을 잘하도록 최선을 다한다.

연구참여자 1D는 어떤 일을 스스로 계획하고 수행하는 것을 잘하는 편이다. 큰딸로 태어나 가정에서 배운 책임감이나 리더십이 사회생활에도 영향을 미쳤다는 것을 확인할 수 있다. 또한 연구참여자 1D는 자신에게 나쁜 일을 해도 그 일을 오랫동안 기억하지 않고 그것을 계속해서 말하지 않는 것이 자기의 장점이라고 생각하고 있다. 그러나 마음을 매우 아프게 한 경우에는 10년이나 기억하는 예외도 있다고 한다.

연구참여자 1D는 상대방을 배려하는 마음이 크며, 어떨 때는 남동생이나 친구들과 말다툼을 해도 금세 분노가 사라지는 편이다. 그래서 남동생이 그녀를 화나게 하면 5분 후에 다시 전화할 거라고 하고 5분 뒤에 다시 전화한다. 왜냐하면 계속 말하면 화로 인해 남동생의 마음을 아프게 할 수 있기 때문이다.

이처럼 연구참여자 1D는 다른 사람들에 대한 공감과 배려심이 많으며, 아무리 화가 나도 자기 조절을 잘 수행함으로써 상대방의 마음을 다치지 않게 하는 편이다.

5.
연구참여자 1E: 친절한 소통으로 열리는 마음의 문

1) 상호문화소통 경험의 시기별 의미

(1) 어린 시절: 드라마 속의 '한국'

연구참여자 1E는 초등학교 때 우즈베키스탄에서 우즈베크어로 처음 방송된 「별은 내 가슴에」라는 한국 드라마를 보면서 한국에 관한 관심이 생겼다. 특히 드라마에서 남자주인공이 자기의 콘서트를 하는 중에 여자주인공에게 고백하는 장면은 그녀에게 큰 감동을 주었다. 드라마에 나오는 여러 장면을 보면서 한국은 예쁘고 깨끗하며, 사람들이 착하다는 생각이 들었다.

"그 당시 '코리아'라고 하면 왠지 북한이 생각이 났는데 그 드라마가 나오고 나서 '아, 대한민국이라는 나라가 있었구나'라고 생각하고 알게 됐고, 그다음에 「겨울 연가」를 보면서 한국에 대해서 더 많이 알게 됐고…. 그래서 '나는 한 번이라도 한국에 갔다와야겠구나'라는 생각이 들었죠."

한국 드라마를 통해 시작된 한국에 대한 관심으로 연구참여자 1E는 한국어를 스스로 배우기로 마음먹었다. 한국교육원에 다니려고 했지만 거리가 너무 멀고, 아직 중학생이었기에 부모님이 만류하셔서 결국 자습을 시작했다.

(2) 중 · 고교 시절: 선택과 집중

연구참여자 1E에게 가장 가까운 분은 어머니다. 그녀는 지금까지 어머니에게 많은 영향을 받았다. 의사가 되기를 원했던 어머니는 의학고등학교에 같이 가서 입학서류를 제출했다. 그러나 고집이 세고 자기가 하고 싶은 일을 다 하는 편인 연구참여자 1E는 어머니가 간 후에 제출했던 입학서류를 다시 돌려받아서 자기가 원하는 전문외국어고등학교의 영어영문 가이드 전공으로 지원했다. 외국어에 대한 관심이 많던 그녀는 한국어를 공부하고 싶었지만, 거주지에서 외국어를 공부할 수 있는 학교는 그 학교밖에 없어 일단 영어를 전문적으로 배우기로 결정했다. 이후 자기가 원하는 고등학교에 입학한 후 어머니에게 모든 사실을 알렸다.

"의학고등학교에 안 들어가서 한 번도 후회해본 적이 없어요. 가끔

'만약에 내가 이 길을 선택하지 않고 저 길을 선택했다면 나는 어떤 사람이 됐을까?'라는 생각을 조금 하는데 그래도 내가 잘못 선택했다고 생각하지 않아요. 나는 지금 행복하니까. (웃음)"

어머니는 처음에 화를 내고 섭섭해하셨지만, 나중에 시간이 지나서 딸의 선택을 이해했고 어머니와 자녀 간의 상호인정, 상호존중 그리고 상호이해가 높아졌을 뿐만 아니라 그녀의 인생도 달라졌다.

연구참여자 1E는 고등학교에서 영어영문과를 전공하면서 영어를 현장에서 실제로 사용하기 위해 가끔 학교 선생님과 미국대사관을 방문하곤 했다. 학생들은 거기에서 영어로 된 책을 읽거나 영화를 보는 등 여러 가지 활동을 했다. 연구참여자 1E는 미국대사관에 가면 바로 자기가 좋아하는 도서관으로 향했다. 대사관이나 도서관에서 타 문화권 사람들을 많이 만났지만, 그들에게 다가가지 않고 그냥 지나갔다. 그러다가 언젠가 복도에서 한 미국인 여자를 만났는데, 연구참여자 1E는 그녀에게 먼저 다가가서 말을 걸었다. 이는 그녀가 타 문화권 사람과 한 첫 소통이었다.

"처음에 이야기할 때는 내가 매우 긴장했거든요. 내가 오랫동안 영어를 공부했지만, 미국 사람이랑 이야기해보는 게 처음이기 때문에 좀 긴장했고 '이 사람은 알아들었나?'라는 생각도 들었어요."

연구참여자 1E는 고등학교에서 영어를 전공하고 영어로 수업받고 있었으나 원어민을 만나서 실제로 영어로 대화해본 적이 없었다. 미국대사관에서 미국 여성과 나눈 대화가 그녀의 첫 번째 경험이었다. 그녀는 자기 말을 상대방이 알아듣지 못할까 봐 걱정도 하고 긴장했지만, 그래도 타 문화권 사람과 첫 소통에 성공했다. 미국 여성은 그녀에게 자기와 같은 눈높이에서 바라보고 그녀를 인정하고 존중하면서 친절하게 대답해줬다. 이 만남은 그녀가 영어를 더 열심히 공부하게 된 계기가 되었다.

연구참여자 1E가 미국대사관에서 만난 미국 여성은 그녀의 질문에 친절하고 자세히 설명해주었기에 그때부터 타 문화권 사람들에게 큰 관심을 가지고 긍정적으로 생각하게 되었다. 그뿐만 아니라 미국 여성의 밝은 얼굴, 미소, 친절한 말투, 상대방에 대한 존중 및 공감 등이 연구참여자 1E의 마음을 움직였고 그녀도 그 사람에게 이런 태도로 대답했다. 그리고 나중에 사람들과 소통할 때도 이러한 태도와 행동을 계속 유지하고 발전시켜야겠다고 결심했다.

> "내가 친절하게 답변을 받았잖아요. 그래서 기분이 좋았는데 '다른 사람들이 뭘 물어볼 때나 나한테 요청할 때 나도 친절하게 가르쳐주면 그 사람들도 좋았을 것 같다'라는 생각이 들었고…."

연구참여자 1E는 미국 문화권 여성과의 소통을 통해 느낀 개방적인 마인드, 친절한 말투, 상대방에 대한 인정, 존중 및 공감 그리고 따뜻한 마음을 다른 사람들과 소통할 때 적극적으로 활용하고 있다.

(3) 대학생 시절: 한국은 내 가슴에

연구참여자들은 한국에서 유학 생활을 하면서, 특히 한국 사람들과 이루어지는 소통에서 언어 예절의 중요성을 알게 되었다. 서울에 있는 S 대학교 국제경영학과 학생인 연구참여자 1E는 한국 유학 초기에 자국과 다른 한국의 소통 방식으로 인해 지도교수와의 관계에서 실수를 했다.

"지도교수님에게 이메일을 보냈는데 교수님이 너무 화나신 거예요. 내가 매주 교수님 수업을 녹음을 했어요. 내가 외국인 유학생이기 때문에 몇 번 들어야 알아들을 수 있잖아요. 빨리빨리 이야기하시니까. 수업마다 녹음을 하고 있었는데 한 번은 집에 핸드폰을 두고 가버린 거예요. 교수님도 본인의 수업을 녹음하시거든요. 그래서 교수님에게 이메일 보내드렸어요. '교수님, 좀 있으면 기말고사인데 제가 준비하고 있어요. 교수님 수업을 매주 녹음했는데 이번에 제가 녹음을 못해서 죄송하지만 교수님 녹음하신 파일이 있으시면 저한테 보내주시면 기말고사까지는 제가 열심히 배우고 시험을 잘 보겠습니다' 이런 식으로 보냈는데 교수님한테 이렇게 답변이 왔어요. '외국인이라고 해서 우대가 없습니다. 그리고 내가 파일을 보내준다고 약속을 하지 않았습니다. 이번에만 보내줄 거고 다음에는 기대하지 마십시오.' 그것은 지도교수님께 받았던 첫 이메일이었고 많이 놀랐어요. 나중에 이에 대해서 다른 한국인 친구랑 이야기해봤어요. 그때 언제까지 보내달라고 했던 거는 부탁하는 입장이 아니라 명령하는 입장이었기 때문에 교수님이 화나셨다는 것을 그 친구를 통해서 알게 됐죠. 그래서 대화하거나 이메일을 할 때 말을 돌려서 부드럽게 해야 되는데 나는 그렇게 못 했으니까 이런 문제가 좀 있었어요. 지금은 다 이제 괜찮지만 그때는 처음이라서 깜짝 놀랐어요."

연구참여자 1E는 유학 초기에 한국의 언어 예절 문화에 대한 충분하지 않은 지식으로 교수님과의 소통에서 실수하게 되었다. "소통에서 언어 예절을 갖춘다는 것은 상대방을 적절히 대우하는 것, 즉 언어를 통해 상대방과 적절한 거리를 유지하는 것이다."(구현정 · 전영옥, 2017) 즉, 언어 예절이란 언어에서 반영하는 특정한 문화를 의미하며 이는 문화마다 다르게 나타난다. 따라서 타 문화권 상대방과 원활하게 소통하기 위해서는 그가 가지고 있는 언어 예절 문화에 대한 충분한 지식이 요구된다. 연구참여자 1E는 「별은 내 가슴에」에서 봤던 한국을 직접 눈으로 보고 그 드라마에서 들었던 한국말을 한국 사회 구성원들과 만나서 이야기해보고 싶은 의지로 대학교에서 영어영문학을 전공하면서도 한국어 공부를 계속했다.

> "한국에서 살면서 한국 드라마에서 봤던 곳들을 실제로 경험해보고, 사람들이랑 만나보고, 이야기해보고, 한복도 입어보고, 한식도 먹어보고 싶었죠."

위와 같은 결심으로 연구참여자 1E는 대학교의 여러 장학금 프로그램에 대해 알아보고 지원했고, 1학년 때 교환학생으로 한국에 와서 4개월 정도 공부했다. 그때는 자신이 꿈꿨던 것들을 다 경험해봤고, 먹고 싶은 것들을 다 먹고, 가고 싶었던 곳을 다 가보았다.

> "그때는 고향에서 이미 장학금을 받는다는 것을 들었지만 한국에 오기 전까지, 비행기 타기 전까지는 나도 안 믿었어요. '이거는 진짜인가? 꿈인가?'라는 생각을 했죠. 그런데 인천공항에 와서 하늘에 날아가는 것 같았고, 사람들이 다 친절하고 얼굴이 예쁘고… 처음에는 진짜 연예인 같았어요. 그때 기숙사 생활을 했고 기숙사에서도 사람들을

많이 만났고 한국인 친구들도 많이 사귀었고… 그들과 지금도 가끔 연락을 주고받고 있어요. 그때는 아주 좋았어요."

그녀는 해외에 나와서 생활하는 것이 처음이어서 좀 힘들었지만, 나중에는 시간이 갈수록 친구들을 많이 사귀면서 어려움을 극복할 수 있었다. 그래서 대학교를 졸업하고 석사도 한국에서 하려고 결심했다. 연구참여자 1E는 한국에서 유학 생활을 하면서 모든 일을 자기 스스로 해결하는 '해결사'가 되었다. 그녀는 문제를 스스로 해결해가면서 또 새로운 것을 알게 되기도 하고 여러 경험을 쌓기도 했다.

"유학 생활 경험은 내 인생에 영향을 많이 줬어요. 첫 번째는 외국에서의 생활은 나에게 더 힘을 준 것 같아요. '내가 노력을 하면 되겠구나'라는 생각을 하게 되었고. 그다음에 두 번째는 내 첫 번째 꿈도 이루어졌고 문이 열렸잖아요. '앞으로도 계속 노력하면 계속 문이 열릴 것이다'라는 생각이 들었고."

연구참여자 1E는 유학 생활을 하면서 여러 나라 사람들을 만나서 다양한 경험을 해보고 외국어를 배우는 것에 대해 관심이 더 많아졌다. 그녀는 한국에서 유학 생활을 하면서 누구의 도움을 기다리지도 기대하지도 않고 모든 문제를 스스로 해결해가는 사람이 되었다. 그래서 자신감도 높아지고 문제를 스스로 해결할 수 있는 힘과 역량이 생겼다.

(4) 유학 후 계획: 국제적인 인재로 성공

연구참여자 1E는 자기계발을 위해 더 많이 공부하는 것을 목표로 하고 있다. 석사를 졸업하고 박사학위에 지원하려고 한다. 그리고 그녀는 한 가정의 며느리, 아내, 어머니가 되는 여자로서의 행복도 꿈꾼다. 또한 자신의 전공 분야로 전문가, 즉 국제적으로 훌륭한 인재가 되어 성공하는 것을 목표로 하고 있다.

> "일단 성공한 사람이 되고 싶고. (웃음) 모든 분야에서. 첫 번째, 여자로서의 성공이 가족을 이루는 것이고, 두 번째로 성공으로서 지금 하는 전공을 살려서 취직하고 좋은 일자리를 잡고 좋은 데에서 일하고 좋은 사람들이랑 관계를 맺는 것입니다."

연구참여자 1E는 자신의 목적을 달성하기 위해 석사과정에서 열심히 공부하고 있다. 그뿐만 아니라 그녀는 모든 사람과 솔직하고 친절하게 이야기하며 사람들에 대한 이해를 높이고 있다. 그녀는 타 문화권 사람들과 다양한 주제에 대해 한국어 또는 영어로 소통하며 새로운 것을 알아내고 세계관을 넓히고 인간에 대한 이해를 높이고 있다.

2) 상호문화소통 경험의 공간별 의미

(1) 가정: 소통에서 온 기쁨

연구참여자 1E의 가족은 모두 다섯 명이며 아버지, 어머니, 남동생과 여동생 그리고 연구참여자로 구성되어 있다. 그녀는 큰딸이어서 동생들이 힘들어하면 도와주기도 하고 동생들에 대한 책임을 지기도 했다. 연구참여자 1E에게 가장 소중한 분은 어머니이며 가족을 굉장히 중요하게 생각하고 있다.

> "사람이 살면서 제일 필요한 것이 가족이라고 생각해요. 좋을 때는 옆에 사람들이 많지만 어려울 때는 진짜 옆에 있을 수 있는 사람이 가족, 식구들밖에 없어요. 그래서 가족이 제일 중요하고 가족이 잘되면 나도 잘되고 내가 잘되면 가족도 행복해지고… 그렇게 생각해요."

위와 같이 연구참여자 1E는 가족을 굉장히 중요시한다. 그녀는 가족과 자신을 분리하지 않고 가족의 행복을 자신의 행복, 거꾸로 자신의 행복을 가족의 행복으로 여기고 있다. 가족과의 상호작용은 상호존중과 상호이해를 바탕으로 이루어지고 있다.

(2) 학교: 소통으로 문제 해결

타슈켄트 국립 니자미사범대학교를 좋은 성적으로 졸업한 연구참여자 1E는 서울에 있는 S 대학교의 국제경영학전공 석사과정에 입학했다. 그녀는 굉장히 활발하여 사람들과 잘 어울리며 소통하는 편이다. 그녀는 자기 기분과 상관없이 주변 사람들을 밝은 얼굴과 미소로 바라본다. 그녀는 다른 사람이 다가오는 것을 기다리지 않고 자기가 먼저 다가가 소통을 시작한다. 주변 사람들은 그녀의 이러한 성격을 장점으로 평가하고 있다.

> "주변에서 많은 친구가 이야기하는데 첫 번째는 제 성격이 너무 급하고… (웃음) 두 번째는 활발하다고 해요. 최대한 사람들이랑 많이 어울리기 위해서 큰 노력을 하고 다른 사람이 나에게 다가오지 않아도 내가 먼저 그 사람에게 다가가는 성격이에요."

연구참여자 1E는 인간 사이의 네트워킹을 제일 중요하다고 생각한다. 그녀는 사람이 살면서 다른 사람들과 관계가 없으면 혼자서 외롭기도 하고 삶이 어려워지기도 한다고 생각한다. 무슨 일이든 사람들을 통해 이루어지므로 사람들과 잘 연결된 네트워킹은 성공을 위한 첫걸음이 될 수도 있다.

연구참여자 1E는 유학 생활을 하면서 여러 나라 사람들을 만나고 다양한 경험을 해보면서 외국어를 배우는 것에 대해 관심이 더 많아졌다. 아울러 자기계발을 위해 더 많이 공부해야 하는 것을 목표로 한다. 석사를 졸업하고 그녀는 박사과정에 지원하려고 한다.

(3) 사회: 소통으로 알게 된 속어

연구참여자 1E는 유학 생활을 하면서 한국문화권 친구들과의 소통을 통해 여러 나이대에 있는 다양한 사람의 사고방식, 태도 및 행동, 그리고 그들이 쓰는 언어도 배우고 있다. 특히, 그녀는 젊은이들과 소통하면서 그들이 많이 쓰는 어휘나 표현 방식, 그리고 속어까지 알게 되었다.

> "소통을 통해서 알게 된 거는… 음… 한국 사람들이 생각하는 방식을 알게 됐고 생각을 알게 됐고 행동을 많이 알게 됐고 성격을 알게 됐고 문화, 언어도 많이 알게 됐어요. 밖에서 쓰는 언어랑 여기 학교 안에서 쓰이는 언어가 다르잖아요. 그런 것도 많이 알게 되었고… 그리고 10대, 20대, 30대, 40대, 50대 사람들이 쓰는 언어가 다르잖아요. 10대 사람들이 '깜놀'이라고 하잖아요. (웃음) 처음에는 몰랐어요. '깜놀'이란 '깜짝 놀랐다'라는 뜻이더라고요. (웃음) 사람들이랑 만나서 이야기하면서 단어도 많이 배웠죠."

연구참여자 1E는 한국문화권 친구들을 사귀고 그들과 소통을 통해 한국문화뿐만 아니라 최근 한국 사회에서 흔히 쓰이는 속어를 배우고 있다. 언어의 순수함을 떨어지게 하는 요소로 평가된다. 따라서 일상 언어생활에서 사용하기 힘든 표현으로 인식되는 경우가 대부분이고 신문 기사 및 비속어와 관련된 논문에서도 사용을 자제해야 할 대상으로 보는 인식이 적지 않다(이선영, 2016). 그러나 실제로 어떤 사회든 일상생활에서 속어의 사용 비율이 높다. 사회언어학 관점에서 보면 속어는 어떤 특정한 시대와 사회를 이해하는 데 큰 역할을 한다. 따라서 연구참여자 1E가 한국인 친구들을 통해 배웠던, 최근 한국 사회에서 흔히 사용되는 속어는 그녀가 현재 한국 사회를 이해하는 데 크게 기여했다.

6.
연구참여자 1F: 적극적인 소통에서 오는 기쁨

1) 상호문화소통 경험의 시기별 의미

(1) 어린 시절: 어릴 때부터 배운 '한국어'

연구참여자 1F는 제2 언어로 중국어와 한국어를 가르치는 초 · 중학교에 다녔다. 그래서 그녀는 초등학교 2학년 때부터 한국어를 배우기 시작했다. 그런데 그 당시 한국어는 과목 중의 하나일 뿐 그녀에게 특별한 의미가 없었다. 그러다가 중학교 7학년 때 한국어 선생님 덕분에 한국어를 단순히 학교에서 배우는 과목이 아니라 한 나라의 언어로서 보게 되었고, 이 언어에 많은 관심이 생겼다.

"루바(박루보브) 선생님 덕분에 한국어에 관심이 생겼고 그 후부터 한국어를 재미있게 배우기 시작했어요. 루바 선생님은 한국어에 대한 내 능력을 알고 한국어 수업 후에 내가 어려워하는 부분을 따로 가르쳐주셨거든요. 그래서 7학년까지는 한국어를 한 나라의 언어로서가 아니라 우리 학교의 한 과목으로 봤지만, 7학년 이후에는 한국어를 언어로 보게 되었고 이 언어에 대한 관심이 생겼어요."

연구참여자 1F는 어린 나이부터 한국어를 배워왔지만, 7학년 때 한국어에 관심이 생기면서 그 후부터 열심히 배우고 있다. 중학교 8학년이 되었을 때는 한국어를 더 자세히 배우기 위해 한국교육원에 다니기 시작했다. 연구참여자 1F는 다른 언어로 책을 읽는 것을 매우 좋아했는데 한국어로 된 동화, 만화책 등을 읽으면서 한국어를 더욱 공부하고 싶어졌다. 그녀는 어렸을 때 읽은 한국어로 된 시나 동화를 아직도 기억하고 있다.

(2) 중 · 고교 시절: 마음을 전달하는 언어

연구참여자 1F는 타 문화권 사람을 한국교육원에서 처음 만났다. 그때 그녀는 중학교 9학년 학생이자 한국교육원에서 1급 학생이었다. 연구참여자 1F는 입문반을 가장 높은 점수로 졸업했다. 한국교육원에서 가장 우수한 성적으로 졸업한 그녀는 한국교육원 원장님께 수료증을 직접 받게 되었다.

"한국교육원의 원칙에 따르면 각 반을 높은 점수로 졸업한 학생들에게 수료증을 원장님이 직접 주셨거든요. 그때 입문반을 졸업한 학생들 중에 내 점수가 가장 높아서 수료증을 한국교육원 원장님께 직접 받았거든요. 한국교육원 원장님이 매우 착하셨는데, 우리에게 수료증을 주실 때 자기 자녀들에게 주는 것처럼 주시던 모습이 아직도 눈앞에 선해요."

연구참여자 1F는 한국교육원 원장님께 수료증을 받으면서 원장님의 눈에서 '수고했다'라는 말을 읽었다. 이것이 큰 격려가 되어 한국어를 더 열심히 배우게 되었다. 그때 그녀는 언어만 다를 뿐 한국 사람들도 우즈베크 사람들처럼 정이 많은 것을 깨달았고, 마음속으로 한국 사람들에게 따뜻함을 느꼈다. 연구참여자 1F는 중학교를 졸업한 뒤 한국어를 더 자세하고 전문적으로 배우기 위해 타슈켄트 국립 동방고등대학교 한국어학과에 지원하려고 했지만, 아버지의 권유로 의학고등학교에 지원했다.

"원래 내가 동방고등학교 한국어학과에 지원하려고 했을 때 아빠는 동방고등학교에 굳이 들어가지 않아도 지금처럼 한국교육원에 다니면서도 한국어를 배울 수 있다고 하셨어요. 그러나 의학고등학교에 들어가면 거기에서 평생 필요한 지식을 받을 수 있고 어디에 있든지 자기 건강을 잘 챙길 수 있을 거라고 하셨어요. 그래서 의학고등학교에 지원해서 거기에 다녔어요."

연구참여자 1F는 아버지의 권유에 따라 의학고등학교에 지원했다. 의학고등학교를 선택해서 그녀는 한 번도 후회해본 적이 없다. 오히려 그 고등학교에 다니면서 많은 것을 배웠고, 그때 얻은 지식은 지금까지도 유용하다. 물론 의학고등학교에 들어가서 처음에는 좀 적응하기 어려웠지만,

나중에 많은 것을 배우면서 좋아하게 되었다.

의학고등학교에서 공부하면서 의학이 좋아진 연구참여자 1F는 한국에서도 의학을 전공하려고 했지만, 외국인 유학생이 의학 전공으로 학부에 올 수 없다는 것을 듣고 의학은 자국에서 마치고 한국에서는 다른 전공을 하기로 결심했다.

(3) 대학생 시절: 소통을 통한 문화 습득

연구참여자 1F는 중학교 8학년부터 한국교육원에서 한국어를 계속 공부해왔으며 거기에서 같은 반 친구들이 여러 가지 장학금 프로그램을 통해 한국에서 유학한다는 것을 자주 보았다. 그리고 한국교육원에서 다양한 프로그램에 대해 많이 들으면서 한국에 유학 가기로 결심했다. 그 당시 그녀는 중학교 9학년 학생이었다. 한국에 유학 가기로 결심한 후에는 우즈베키스탄에 있는 대학교에 들어가기 위한 준비를 하나도 하지 않았다. 연구참여자 1F는 의학고등학교에서 공부하는 동안에도 한국교육원에 다니면서 한국어 공부를 지속했다. 그녀는 한국에서 의학 전공으로 학사학위를 취득할 수 없다는 것을 듣고 국어국문학과를 전공하기로 했다. 초 · 중학교부터 한국어를 배우고 한국교육원에 다니면서 한국 사람들을 많이 만난 연구참여자 1F는 한국문화권 사람들에게 큰 관심이 있었기 때문이다.

> "한국 민족에게 많은 관심을 가지고 있고 이 민족에 대해서 더 많은 것을 알기 위해 국어국문학과 전공으로 한국에 유학을 오기로 했어요."

연구참여자 1F는 한국어를 지속적으로 배우면서 한국, 한국문화 그리고 한국 사람들에 대해 관심을 가지게 되었다. 언어는 한 민족의 거울이므로 그 민족에 대해 배우고 싶으면 먼저 언어를 배워야 한다고 믿었던 연구참여자 1F는 국어국문학과 전공으로 한국으로 유학을 왔다. 그녀는 개방적이고 매우 적극적이며 먼저 다가가는 성격이어서 수업 중에 질문이 있으면 부끄러워하지 않고 바로 하는 편이다. 적극적인 성격 덕분에 그녀는 나이나 사회적인 지위와 상관없이 사람들과 쉽게 관계를 맺을 수 있었다. 연구참여자 1F는 한국 유학 초기에 대부분 한국어 학습자들이 하는 실수인 높임 표현을 적절하게 사용하는 데 어려움을 겪었다.

> "한국에 유학을 온 지 얼마 안 된 무렵에 우리 대학교 총장님과 우즈베키스탄 교육부에서 온 사람들 간의 모임이 있었고 그 모임에서 통역원 활동을 했었거든요. 그때는 양쪽 다 사회적 지위도 높고 나이도 나보다 많은 사람들이었는데, 내가 한국어로 통역할 때는 존댓말과 반말을 섞어서 한 거예요. 한국인 친구들이랑 반말로 많이 이야기해서 존댓말로 이야기하는 것이 아직 익숙하지 않았기 때문에 저도 모르게 가끔씩 반말이 계속 나오더라고요. 나중에 그때 옆에 있던 국제팀 직원들에게 이 실수에 대해서 들었어요. 그때 좀 창피했지만 언어를 배울 때 이런 실수가 있을 수 있는 것이 당연한 것이라고 생각하고 앞으로 이런 실수를 하지 않도록 노력하고 있어요."

연구참여자 1F는 한국 유학 생활 첫 단계에서 높임 표현을 적절하게 사용하지 못하는 실수를 하게 되었다. 높임법이란 화자, 청자, 주체 등의 사회적 지위와 연령, 친분 관계나 가족 관계 등을 고려하여 높임 및 낮춤의 정도를 구별하고 표현하는 방식 또는 체계를 말한다. 박덕유 외(2013)는 높임 표현은 주체높임법, 상대높임법 그리고 객체높임법 등을 포함하므로 다른 문화적 배경을 가지고 있는 대부분 사람들이 이런 미묘한 차이를 이해하고 사용하는 데 어려움을 겪는다고 한다. 연구참여자 1F는 한국어와 한국문화에 대한 충분하지 않은 지식으로 인해 한국 유학 초기에 이러한 실수를 했으나 지금은 한국문화권 친구들과 소통하면서 특히 높임 표현을 주의하며 사용하게 되었다.

(4) 유학 후 계획: 훌륭한 인재 되기

연구참여자 1F는 가족 중 작은딸이라서 역할이 크지 않았지만, 시간이 지나면서 그녀가 하는 역할도, 그녀에 대한 기대감도 커지고 있다.

> “내가 해외에서 공부하고 있어서 그런 것 같아요. 그래서 여기에서 열심히 공부하고 고향에 돌아가서 부모님이 원하는 대로 좋은 인재가 되고 싶어요.”

연구참여자 1F는 가족이 원하는 본인의 역할을 우선적으로 생각하고 있다. 부모님이 원하고 기대하는 훌륭한 인재가 되는 것이 그녀의 꿈이다. 그 꿈을 이루기 위해 그녀는 열심히 공부하고 있다. 또한 저개발국을 도와주는 것을 목표로 하고 있다. 그녀는 여러 가지 봉사활동에 참여하면서 다양한 문화권 사람들을 알고 그들이 사용하는 언어나 문화를 배우고 그들을 도와주는 것을 자기 인생의 주요 목표로 생각하고 있다.

2) 상호문화소통 경험의 공간별 의미

(1) 가정: 상호 신뢰성에 기초한 우리 가족

연구참여자 1F의 가족은 아버지, 어머니, 언니, 오빠, 동생이 있다. 가족이 중요하게 여기는 가치관은 가족 간의 믿음과 서로에 대한 사랑이다. 가족이 서로 멀리 떨어져 있어도 서로 간의 믿음과 사랑 때문에 먼 공간이 느껴지지 않고 오히려 더 가깝게 대한다.

> "…믿음이에요. 첫 번째는 식구들 간의 믿음이고 두 번째는 서로 간의 사랑이에요. 우리 가족은 서로에 대한 사랑을 가장 우선으로 생각하고 식구들 간의 사랑 없이는 가족이 존재할 수 없다고 봐요."

연구참여자 1F의 가족에서 볼 수 있는 믿음은 갑자기 생긴 것이 아니다. 서로 간의 믿음이 생기기 위해 서로를 인정해야 하고 이해하고 존중해야 한다. 이 세 가지 요소가 결합해야 믿음이 이루어진다. 그뿐만 아니라 여기에서 시간도 중요한 역할을 한다. 연구참여자 1F의 가족 간의 믿음은 상호인정, 상호이해와 상호존중의 결과물이라고 할 수 있다.

(2) 학교: 적극적인 소통을 통한 배움

4년 동안 공부하여 국어국문학과 학사학위를 마친 연구참여자 1F는 석사과정을 전공과 아예 다른 분야로 지원했다. 한국에서 유학 생활하면서 그녀는 자기 전공과 관련된 지식뿐만 아니라 인생 또는 사람들에 대해서도 많은 것을 깨달았다.

"학교에서도 사회에서도 학생 역할을 하고 있다고 생각해요. 인간은 나이와 사회적인 지위와 상관없이 늘 배움이 필요하다는 것을 깨달았어요. 많은 것을 배울수록 아예 배우지 않는 사람처럼 느껴지는 경우가 많더라고요."

연구참여자 1F는 유학 생활 경험을 통해 인생 및 인간 자체에 대해 알게 되었다. 그녀에 따르면 인간은 나이와 상관없이 늘 학생이고, 생활하면서 만난 각각의 사람들을 통해 무엇인가를 배워간다. 아울러 그녀는 배우면 배울수록 자기가 모르는 것이 얼마나 많은지를 알게 되고 부족한 부분은 채워간다.

(3) 사회: 명랑하고 적극적인 '나'

연구참여자 1F는 명랑하고 적극적인 성격이어서 다른 사람과 쉽게 친구가 되고 잘 어울리는 편이다. 게다가 그녀는 성격이 급한 편이라 좋지 않은 일이 생기면 그 일에 대해 생각하지 않고 빨리 잊어버리려고 한다.

"모든 것을 쉽게 받아들이는 편이에요. 예를 들면, 어떤 사건이 일어나면 이것 때문에 스트레스를 받지 않도록 하고 시간이 지나면 다

괜찮을 거라고 생각하고 넘어가요. 그래서 스트레스를 많이 받지 않아요."

연구참여자 1F는 인생은 스트레스를 받고 살기에는 너무 짧아서 스트레스를 받지 않도록 노력한다. 그녀는 사람이나 상황에 대한 부정적인 생각을 긍정적으로 바꿔간다. 그래서 주변 사람들은 그녀의 이러한 성격을 용감하다고 평가한다.

"나와 상대적인 성격을 가진 사람들에게 이는 용감한 행동으로 보일 수도 있어요. 하지만 그렇지는 않아요. (웃음) 그리고 그들에게 어렵게 보이는 것을 내가 쉽게 할 수 있다고 해요."

사람들은 주변 사람들이나 어떤 상황 때문에 스트레스를 자주 받으면서 산다. 이로 인해 그 사람의 인생이 더 어려워진다. 그러나 연구참여자 1F는 사람과 상황 때문에 스트레스를 받지 않도록 하는 데다가 이에 대한 부정적인 생각을 긍정적으로 바꿔서 생각한다.

7.
연구참여자 1G: 소통을 조심스러워하는 마음

1) 상호문화소통 경험의 시기별 의미

(1) 어린 시절: 소통을 위한 시도

어렸을 때부터 스포츠에 관심이 많던 연구참여자 1G는 초등학교부터 여러 가지 종류의 스포츠를 접하면서 스포츠를 통해 스트레스를 풀기도 하고 즐거움을 얻기도 했다. 우즈베키스탄에 있는 거의 모든 스포츠를 해봤으며, 그중에서 제일 오래 한 스포츠는 로잉이었다. 스포츠는 그에게 스트레스를 풀고 더 열심히 하도록 동기를 주는 수단이다.

연구참여자 1G는 경기를 위해 폴란드에 2~3번, 독일에 3번 정도, 중국은 한 번 방문했다. 2005년 폴란드에서 러시아어나 우즈베크어로 대화가 안 되는 타 문화권 사람을 만났다. 로잉 국가대표팀 선수였던 그는 경기를 위해 폴란드에 갔다. 이것이 첫 해외 방문이었다. 팀을 마중하러 나온 사람은 폴란드 사람이었는데, 이때 모국어가 러시아어도 아니고 우즈베크어도 아닌 다른 언어를 처음으로 들어보게 되었다.

연구참여자 1G는 1년쯤 지나 경기를 하기 위해 폴란드를 두 번째로 방문했다. 10일 동안 폴란드 가족들과 함께 생활하면서 그들이 말하는 폴란드어나 영어를 잘하지 못해서 언어적으로 소통할 수 없었지만, 식구들 간의 따뜻함을 느끼면서 비언어적인 소통을 했다. 그동안 폴란드, 독일을 2~3번 정도 방문했지만 영어를 배우거나 다른 문화권 사람들과 소통하는데 자신이 없었다. 그러다가 중국을 방문했을 때 처음으로 영어를 배우고 싶은 마음이 생겼다.

"중국에는 팀 구성원들 중에서 한 선배와 함께 우리 둘만 갔었어요. 그는 영어를 잘하니까 공항에서도 다른 모든 곳에서도 영어로 많이 대화했어요. 그 선배가 혼자서 외국에 가서 영어를 통해서 스스로 모든 것을 할 수 있는 것을 보고 영어를 더 열심히 배우기로 결심했어요. 이는 영어를 배우게 된 큰 계기가 되었어요."

중국에 갔을 때는 같은 팀 선배와 둘뿐이었다. 선배는 영어를 굉장히 잘해서 중국에 도착하자마자 주변 사람들과 영어로 소통하고 모든 것을 스스로 해결했다. 그러나 그는 영어를 잘하지 못해서 외로움을 느꼈고, 언어적 한계 때문에 자기 문제들을 스스로 해결하지 못했다. 선배가 다른 문화권 사람들과 소통하고 소통에서 오는 즐거움을 보여 매우 부러웠고 그 때문에 영어를 열심히 배우기로 마음먹었다.

연구참여자 1G는 중국에 방문했을 때 영어로 대화하기에 도전했다.

로잉 선수들이 모여서 식사하고 있는 자리에서 그리스 선수가 자기처럼 혼자 있는 것을 보고 그에게 말을 걸었다. 연구참여자 1G의 질문에 그도 친절하게 대답해주면서 서로 간에 원활한 대화가 이루어졌다.

> "그 사람과 대화하고 싶었어요. 다른 사람들이 나보다 나이가 많은데다가 몇 명 사람들과 모여서 다녔지만 그는 나보다 나이가 조금 많고 혼자 다녔기 때문에 같은 인간으로서 관심이 생겨서 이야기를 먼저 시작했어요. 그때 우리는 다 같이 식사했는데 식사를 하면서 우리는 이야기를 나눴고 집에 갈 때도 같이 가면서 이야기했어요."

연구참여자 1G는 중국을 방문했을 때 처음으로 타 문화권 사람과 영어로 소통해보았다. 그가 당시 만난 그리스 사람과 나눈 대화는 영어를 배우게 된 큰 계기가 되었다. 그래서 중국에서 돌아온 후 영어학원에 다니기 시작했다. 그때는 영어에 관심이 많아서 영어를 쉽게 배울 수 있었다. 그러나 나중에 다른 여러 가지 문제가 생겨서 영어학원에 다니는 것을 포기할 수밖에 없었다. 로잉 경기 참여로 폴란드, 독일, 중국 등 다양한 나라를 방문할 기회를 통해 타 문화권 사람을 만나고 소통하면서 인간관계에서 상호존중 및 상호이해가 가장 중요하다는 것을 알게 되었다.

(2) 중 · 고교 시절: 인생에서 제 자리 찾기

연구참여자 1G는 고등학교 2학년 때 휴학하고 돈을 벌기 위해 러시아로 떠났다. 모스크바에 사는 친구에게서 같이 일하자는 권유를 받고 그곳으로 떠났다. 그러나 친구와 같이 일을 시작한 지 얼마 되지 않아 그들이 살고 있는 집주인이 아무 이유 없이 갑자기 나가라고 해서 나올 수밖에 없었다. 집 때문에 많은 어려움을 겪었던 연구참여자 1G에게 타지크 가족이 여름철에 거주하는 집에서 살 수 있게 배려해주었다. 연구참여자 1G는 그곳으로 이사하고 매일 직장까지 걸어 다니기 시작했다. 그는 제일 먼저 출근하고 제일 늦게 퇴근하면서 매우 힘들게 생활했다.

연구참여자 1G는 1년 동안 모스크바에서 일하다가 우즈베키스탄으로 다시 돌아가 고등학교를 졸업했다. 고등학교를 졸업한 후 다시 러시아로 가서 6개월 정도 일했다. 그런데 두 번째로 러시아에 갔을 때 거기에 사는 제일 친한 친구가 한국에 가 있었다. 그 친구와 연락할 때마다 연구참여자 1G에게 한국에 오라고 했다. 그는 러시아 대학에 지원하고 거기에서 공부할 계획이었지만, 대학 입학 시기에 어려운 일이 발생하여 진학을 포기하고 일을 하게 되었다. 그때서야 친구가 자주 권유한 한국행을 시도해보자는 생각이 들었다. 그는 새해 무렵에 우즈베키스탄으로 돌아와서 한국에 갈 준비를 시작했다.

> "비자를 받았을 때 어떤 행동을 할지 몰랐어요. 그때 당연히 기뻤지만 그 기쁨을 표현할 수가 없었어요. 내가 감정을 잘 표현할 수 없는 성격을 가져서 그런 것 같아요. 이렇게 한국에 오게 되었고 여기에서 친구가 마중하러 나왔어요. 그리고 여기에서 공부하기를 시작했었죠."

이처럼 연구참여자 1G는 고등학교 때 해외에서 주거, 일자리, 인간관계 문제로 많은 어려움을 겪었다. 고등학교 때부터 인생에서 자기 길을 찾기 위해 쏟은 노력은 다른 친구들과 달리 어린 시절에 그에게 인생의 깊은 부분까지 보게 했다. 보통 사람들은 어린 나이에 인생의 앞모습만 본다. 그러나 러시아에서의 해외 경험은 그에게 인생 및 인간의 실제 모습, 즉 뒷모습을 보여주고 느끼게 했다.

(3) 대학생 시절: 한국어로 소통 도전

한국으로 먼저 간 친구에게서 한국에 대해 좋은 얘기를 많이 들은 연구참여자 1G는 한국에 유학하기로 결심했다. 한국어능력시험 1급을 취득하고 한국에 들어온 그는 친구와 같이 어학당에 다니기 시작했다.

> "어학당에서 같이 공부하고 있었던 여러 나라 사람들이랑 한국어로 이야기했어요. 우리는 같은 목적, 즉 한국어를 배우기 위해 한국에 온 사람들이었기 때문에 서로 한국어로 이야기했었어요. 그리고 알바를 하면서 한국 사람들이랑 많이 만났고 다양한 주제를 가지고 이야기했어요. 예를 들면, 우즈베크 문화라든가 사회라든가 등등."

연구참여자 1G는 한국 유학 초기에 어학당에서 다양한 문화권 사람들을 만나 소통하면서 그들의 문화 및 사회적 배경에 대해 배우기만 한 것이 아니라 자기 나라 문화나 사회에 대해서도 소개하면서 친구가 되어 서로를 더 잘 이해하게 되었다. 그는 어학당에서 1년 동안 한국어를 배우고 인천에 있는 I 대학교에 경영학과 전공으로 입학했다.

(4) 유학 후 계획: 나의 인생길을 위한 투자

연구참여자 1G는 자기에게 맞고 정말 원하는 것을 아직 못 찾았지만, 자기계발을 위해 시간과 돈을 투자하고 지속해서 발전하는 것을 목적으로 하고 있다. 또한 앞으로 좋아하는 일을 찾아내어 그 분야에서 발전하는 것이 그의 꿈이다. 연구참여자 1G는 다른 연구참여자들과 달리 경제적인 여유를 굉장히 중요시한다. 고등학교 시절에 돈을 벌기 위해 러시아로 떠나고 거기에서 경제적인 부족함으로 인해 신체적으로도 정신적으로도 많은 어려움을 겪어봐서 그런지 돈만 있으면 모든 꿈을 이룰 수 있다고 본다.

> "돈이에요. 내가 생각하기에는 더 나은 삶을 살기 위해 돈만 필요한 것 같아요."

그는 돈이 있으면 옆에 친구들도 많이 있을 것이고, 공부도 제대로 할 수 있어 행복하게 살 수 있다고 말한다. 그래서 경영학과를 선택했고, 수학이나 회계학과 관련된 수업이 많아도 계속 인내하며 열심히 공부하고 있다. 이로 미루어보아 연구참여자 1G의 러시아에서의 근로자 경험은 경영학과를 선택하고 열심히 공부하는 데 큰 동기가 되었다고 할 수 있다.

2) 상호문화소통 경험의 공간별 의미

(1) 가정: 상호이해의 중요성

연구참여자 1G는 우즈베크에서 태어났지만, 가족 간 대화는 러시아어로 했기 때문에 모국어는 러시아어이고 우즈베크어, 영어 및 한국어를 제2언어로 하고 있다. 어렸을 때 아버지가 어머니와 그를 버리고 다른 가족에게 가버려서 가족은 어머니뿐이다. 이는 그에게 큰 상처가 되었다. 연구참여자 1G는 외아들로 가족을 이끌어가고 인생에서 자기 길을 찾기 위해 열심히 노력하고 있다.

> "엄마와 외할머니, 이모와 같은 가족 식구들이 나를 자랑스러워하게끔 목적을 이룸으로써 저 자신을 보여줘야 해요. 앞으로 그들이 잘 살기 위해 그들을 도와주는 것이 내가 가족에게 해야 할 역할이에요."

연구참여자 1G는 가족에 대해 큰 책임감을 느끼고 있다. 그래서 '내가 잘되어야 가족도 잘될 것이다'라는 생각으로 자기계발을 위해 많은 시간을 할애하고 있다. 연구참여자 1G에 따르면 가족 간의 상호이해가 매우 큰 역할을 한다. 입장을 바꿔서 서로를 충분히 이해하려고 노력해야 가족이 오랫동안 행복하게 살 수 있으며, 그렇지 않으면 서로 간에 갈등이 발생할 수 밖에 없다고 생각한다.

(2) 학교: 숫자 중심 경영학과

경영학과에 지원한 연구참여자 1G는 1학기 초에 몇 개 과목을 들어본 후에 이 전공은 자기가 예전에 생각했던 학과와 많이 다르다는 것을 알게 되었다. 특히 무역 사업에 대해 많이 알고 싶었지만, 대부분 수업은 수학이나 회계학과 관련된 과목들이었다.

> "원래 경영학과를 선택한 이유는 비즈니스에 대해서 더 잘 배우기 위해서였는데 알고 보니까 그렇지 않더라고요. 우리 학과에서 비즈니스 수업보다 수학과 및 회계학과 관련 수업을 많이 들어요. 그러나 내가 좀 다른 수업을 배우고 싶었는데… 내가 숫자가 아니라 돈을 어떻게 잘 벌 수 있고 인간관계를 어떻게 잘 맺을 수 있는지 등 인생에서 일어나는 실제적인 상황들에 대해서 배우고 싶어요."

연구참여자 1G는 경영학을 깊이 공부하고 싶은 마음으로 경영학과를 선택했지만, 경영학과에서 가르치는 과목들은 대부분 숫자와 관련된 수학이나 회계학 등의 과목들이었다. 그래서 좀 실망했지만, 그래도 꿈을 이루기 위해 열심히 공부해오면서 어느덧 3학년이 되었다. 연구참여자 1G는 한국에서 유학 생활을 하면서 더욱 독립적인 사람이 되었다. 그는 자기계발을 더 열심히 하고 자기 발전에 더 많은 시간과 노력을 투자하고 있다.

(3) 사회: 신중하게 사람 사귀기

연구참여자 1G는 어렸을 때는 조급하고 작은 일에도 화를 잘 내는 성격이었지만, 자라면서 자기 조절력이 생기고 인내심이 강해졌다.

> "참고 참다가 안 되면 그때 화를 낼 수 있어요. 전체적으로 봤을 때 인내심을 가지고 있고 예전보다 더 많은 것을 참을 수 있어요."

또한 연구참여자 1G는 자기 자신을 밝히지 않고 마음속에 있는 것을 다른 사람들에게 보여주지 않는 편이다. 상대방에게 먼저 다가가서 말을 건넬 수 없는 성격을 고치고 싶지만, 어렸을 때부터 몸에 밴 습관을 고치는 것은 어렵게 다가왔다.

> "사람들을 무서워해요. 그래서 사람들에게 먼저 다가가지 않아요. 사람들 때문에 안 좋은 상황을 몇 번 경험해봤기 때문에 사람들에게 실망했어요. 그래서 사람들과 관계를 맺는 것이 매우 조심스러워요."

연구참여자 1G는 살아오면서 사람들에게 받은 상처 때문에 사람들을 무서워하고 마음을 숨기며 친구를 사귈 때 조심스러워한다. 주변 사람들과 잘 어울리지 못하는 연구참여자 1G는 자기만 생각하고 다른 사람에게 마음을 숨기는 이기적인 사람이라는 평가를 받은 경우가 많다. 하지만 사실 그렇지는 않다.

> "다른 사람들이 나를 이기적인 사람으로 봐요. 그러나 이는 맞지 않

아요. (웃음) 아마 그들이 이기적인 사람들일 수도 있어요. (웃음) 잘 몰라요. 아마 어떨 때 저는 저 자신을 매우 좋아해요."

연구참여자 1G는 주변 사람들의 평가를 듣고 어느 정도 자기반성을 하기도 하지만, 그들이 자신의 세계관으로 평가하는 것에 그다지 신경 쓰지 않으려고 노력한다. 그는 사람들과 소통하는 것에 큰 관심을 두지 않는다. 연구참여자 1G는 주변 사람들과 접촉해서 소통하는 것을 좋아하지 않지만, 누군가가 그에게 도움을 요청하면 도와주기 위해 최선을 다한다. 경제적인 어려움이 있는 사람에게는 할 수 있는 만큼 경제적으로 도와주고, 마음이 아픈 사람이라면 말로 치료해준다. 그래서 연구참여자 1G는 다른 사람에게 도움을 요청하거나 받는 것을 좋아하지 않으나 다른 사람들을 잘 도와주는 편이라고 표현한다.

8.
연구참여자 1H: 웃음에 기초한 소통에서 오는 즐거움

1) 상호문화소통 경험의 시기별 의미

(1) 어린 시절: 소통의 기쁨

우즈베키스탄에서 초등학교 입학 나이는 만 7세이지만 아이의 능력에 따라 조금 일찍, 즉 만 6세 때도 갈 수 있다. 연구참여자 1H는 이러한 학생 중의 하나다. 대학생들 사이에 나이가 한 살이나 두 살 정도 차이가 나는 것은 학교생활이나 대인관계에 큰 영향을 미치지 않지만, 나이가 어릴수록 나이 차이의 영향력은 매우 큰 편이다. 특히, 초등학교 입학을 만 6세 때 한 것과 만 7세 때 한 것에 따라 학교생활에 대한 적응력은 물론이고 대인관계, 즉 소통 능력도 다를 수밖에 없다.

연구참여자 1H는 다른 친구들에 비해 일찍 초등학교에 들어갔지만,

뛰어난 적응력을 소유한 데다가 다른 사람과 사귀는 것을 좋아하고 즐거워한 덕분에 학교생활에 잘 적응하고 대인관계에도 성공했다. 또한 연구참여자 1H는 매우 사교적인 사람이고 어렸을 때부터 가족 및 주변 사람들에게 많은 사랑을 받아왔다.

> "내가 어렸을 때부터 사람들한테 사랑을 받아왔는데 이는 내가 멋있어서가 아니라 단순히 사람들과 소통하는 것을 좋아하기 때문이에요."

연구참여자 1H는 어린 시절부터 사람들에게 인기가 많았다. 잘생긴 외모에다가 뛰어난 사교성과 유머 감각으로 사람들에게 많은 사랑을 받아왔다. 초등학생 때는 농담을 많이 해 동급생 사이에서 인기가 많았다. 상황을 재미있게 만들어가는 재치가 있어 '오락부장' 역할을 했다.

> "학교에서 농담을 많이 하여 상황을 재미있게 해요. 그래서 학교에서 '분위기메이커(Атмосферный человек)' 역할을 하죠."

위에서 살펴본 것처럼 연구참여자 1H는 단순히 인기만 있었던 게 아니라 학교 생활을 재미있게 해주는 역할도 해왔다. 따라서 그와 친구가 되고 싶어 하는 사람들이 늘 많았다.

(2) 중 · 고교 시절: 소통으로 마음 치료

중학교를 좋은 성적으로 졸업한 연구참여자 1H는 타슈켄트 국립 기상학고등학교에 지원했다. 그가 이 학교를 선택한 이유는 기상학에 관심이 많아서가 아니라 거기에서 공부하는 학생 중에 그의 친구들이 많았기 때문이다. 고등학교에서 친구들이 자기의 취향에 따라 여러 가지 팀을 만들었는데, 연구참여자 1H는 뛰어난 사교성과 소통 능력 덕분에 모든 팀 구성원과 잘 어울렸다.

> "우리 반에 여학생들끼리 공부 잘하는 팀, 화장을 잘하고 예쁘게 다니는 팀, 성격이 남자들과 잘 어울리는 팀 그리고 남학생들끼리 공부 잘하는 팀과 공부 못하는 팀이 있으면 나는 모든 팀 학생들과 친구였고 잘 어울렸어요. 공부 잘하는 학생들과 현명한 이야기를 하고 화장을 좋아하는 팀과 다른 것에 대해서 소통하고…"

연구참여자 1H는 초 · 중 · 고등학교 때 또래 친구들 사이에 인기가 많았다. 그 이유를 그의 의사소통 역량에서 찾을 수 있다. 첫째, 그는 상대방의 관심이나 수준을 고려하여 이에 맞춰서 대화를 시작한다. 다시 말하면, 그는 대화하기에 앞서 누구에게 어떤 이야기를 할지 그리고 상대방이 어떤 반응을 보일지 등에 대해 먼저 충분히 생각한다. 이는 "공부 잘하는 학생들과 현명한 이야기를 하고 화장을 좋아하는 팀과 다른 것에 대해 소통다"라는 말에서 잘 드러난다. 둘째, 연구참여자 1H는 자기와 상대방의 공통점을 찾아 접근하는 편이다. 셋째, 특히 청소년 시절에는 사랑에 대한 관심이 많아지는데 그는 남학생뿐만 아니라 여학생들과도 잘 소통할 수 있어서 대부분 남학생이 여자친구를 사귈 때 그에게 도움을 청했다. 그리고 네 번째로 그는 자신에게 도움을 요청하는 사람을 거절하지 않고 그를 이해하려고 하고 잘 도와주는 편이다.

연구참여자 1H는 상대방의 연령이나 사회적 지위와 상관없이 이야기하는 것을 선호한다. 그는 상대방과 소통할 때 자기의 모습을 있는 그대로 보여주고, 있는 그대로 소통하고 행동하는 것을 가장 중요하게 생각한다.

> "나는 모든 사람과 똑같이 이야기해요. 나는 사람들의 사회적 지위나 연령 등을 구별하지 않고 동일하게 소통해요. 어떤 사람들은 내가 말하는 스타일을 이해하고 또 어떤 사람들은 이해하지 못해요. 내가 어떤 사람에게 이런 식으로 이야기하고 또 어떤 사람에게 그런 식으로 이야기하는 스타일이 아니에요."

연구참여자 1H는 가면을 쓰고 다른 사람이 되어 소통하는 것보다 자기의 진짜 얼굴을 보여주면서 진심으로 소통하는 것을 선호한다. 그래야 관계가 오래갈 수 있다고 생각하기 때문이다.

(3) 대학생 시절: '칭기즈칸'의 후손들과 첫 소통

연구참여자 1H의 경우 어머니를 제외하고 모든 가족이 2003년 한국으로 이주했으나, 그는 고등학교를 졸업하고 2013년 어머니를 따라 한국에 들어왔다. 한국에 들어온 지 8개월이 지난 후에야 친한 친구와 같이 어학당에 다니면서 한국어를 배우기 시작했다. 한국에 와서 어학당에서 공부했을 때 여러 문화권 사람들, 즉 몽골, 베트남, 중국 사람들을 많이 만나게 되었다. 그리고 그들 중에 특히 몽골 사람들에게 많은 관심을 가졌다.

"아마 여기 어학당에서 공부했을 때 타 문화권 사람들을 처음으로 만났던 것 같아요. 거기에서 몽골 사람들을 보고 깜짝 놀랐어요. 내가 중국, 베트남 사람들이 있는지 알았지만 몽골 사람들은 거기에서 처음으로 만났죠. 살아있는 '칭기즈칸'들을 만난 기분이었어요."

연구참여자 1H는 한국에 와서 어학당에서 공부하면서 몽골 사람들을 처음으로 만났다. 몽골 사람들이 쓰는 글자는 러시아 글자와 동일한 키릴 문자여서 그들에게 관심이 생겼다. 연구참여자 1H는 어학당에서 한국어를 배우면서 거기에서 같이 공부하는 50명 정도 되는 몽골 사람 중 10명과 친한 친구가 되었다. 그들 간의 소통은 한국어로 이루어졌다. 그는 몽골 사람들을 만나기 전에 몽골 민족이 옛날에 존재했다는 것은 알고 있었지만, 지금까지도 있는지는 모르는 상태였다. 연구참여자 1H와 몽골 학생들은 서로가 가지고 있는 공통점, 즉 두 나라가 쓰는 키릴 문자와 두 나라에서 배우는 러시아어 등으로 인해 빨리 친해졌다. 그는 1년 동안 어학당에 다니면서 몽골 학생들과의 소통을 통해 자문화 및 몽골이라는 나라, 몽골문화, 몽골 사람들 등에 대해 많은 것을 알게 되었다.

"몽골 사람들과의 소통을 통해 많은 것을 배웠어요. 다른 문화권 사람들과 어떻게 대화해야 하고 특히 몽골 사람들이 무엇을 좋아하는지에 대해서 많은 것을 알게 됐어요. 지금 근무하고 있는 데에 몽골 사람들이 많은데 그전에는 몽골 사람들이 날 좋아했다면 지금은 그들과 소통한 경험이 있으니까 날 매우 사랑할 것 같아요."

연구참여자 1H는 몽골 사람들과의 소통을 통해 몽골문화권 사람들뿐만 아니라 다른 문화권 사람들과 성공적으로 소통하는 방법도 배웠다. 연구참여자 1H는 예전에도 사교성이 좋았지만 몽골 사람들과 소통하면서 사교성이 더 증가했다. 몽골 사람들과 모든 주제에 대해 편하게 이야기할 수 있어서 이 문화권 사람들과의 소통을 굉장히 재미있게 하고 있다.

"몽골 사람들이 정말 평범한 사람들이더라고요. 그들과 마음껏 이야기하고 웃을 수 있어요. 예를 들면, 내 여자친구는 몽골 사람이거든요. 우리는 모든 것에 대해서 편하게 얘기할 수 있어요. 그들에게 상대방이 어떤 사람이고 가정은 어떻고 돈이 있는지 없는지가 아예 상관없고 상대방을 있는 그대로 받아들이는 편이더라고요. 그러나 단점이 하나 있는데, 몽골 사람들이 약속을 아예 안 지키더라고요. 이것 빼고는 다 좋아요."

연구참여자 1H에게 몽골 사람들과의 소통은 상대방을 있는 그대로 받아들이고 상호인정, 상호존중, 상호이해를 지니며 서로 간의 공감을 바탕으로 이루어진다. 그는 몽골문화권 사람들과의 소통을 통해 자기 자신을 비롯하여 자문화에 대해 알게 되었고, 몽골문화에 대해서도 알아가고 있다. 그는 어학당에서 1년 동안 한국어를 배운 후 한국어능력시험 3급을 취득하고 인천에 있는 I 대학교에 입학했다. 대학생 시절 다양한 문화권 친구들이 많았지만, 몽골문화권 중 한 사람이 그에게 특별히 소중한 친구가 되었다. 그 친구의 도움으로 연구참여자 1H는 한국 사회나 문화에 잘 적응할 수 있었다.

"그런 친구들이 많은데 그중에서 제일 가까운 친구는 몽골 친구예요. 그는 자기의 한국인 친구들에게 나를 소개시켰고 노래방도 데려가고 술 게임도 가르쳐줬어요. 그 덕분에 많은 사람을 알게 되었어요. 그는 2013년에 나에게 일자리를 찾아줬고 도와줬는데, 저는 이것을 평생 고맙게 생각하고 잊지 않을 거예요. 예전에는 사람의 좋은 점은 받아들이고 나쁜 점들은 받아들이지 못했어요. 그러나 지금은 안 그래요. 마음속으로 아프지만 그들을 있는 그대로 받아들이고 그대로 인정해요. 물론 모든 사람을 이해하기는 어렵죠."

대화는 성공과 마음의 열쇠이며 이를 통해 모든 문이 열린다. 연구참여자 1H는 대화를 통해 몽골 친구와 사귀게 되었고 그를 통해 더 많은 사람을 만나서 일자리도 얻고 한국의 사회나 문화에 더 빨리 적응할 수 있었다. 연구참여자 1H는 소통에서 가장 중요한 요소로 '고마운 마음'을 제시한다. 상대방에 대한 고마운 마음은 상대방을 있는 그대로 받아들이고 그를 이해하고 그대로 인정해주기 때문이다. 그뿐만 아니라 고마운 마음은 배려심이나 신뢰성을 높이기도 한다. 따라서 연구참여자 1H는 원활한 소통을 위해 상대방에 대한 '고마운 마음'을 가지고 이를 언어적이나 비언어적인 방법으로 표현해야 한다고 언급한다.

(4) 유학 후 계획: 자아 찾기

연구참여자 1H는 대학교를 졸업하고 자아를 찾는 것을 인생의 주요 목표로 생각하고 있다. 한 인간으로 발전하고 인생에서 자아를 찾는 것이 이 세상에 존재하는 이유이기 때문이다.

"물론 먼저 학교를 졸업하는 것이 가장 큰 목표예요. 그 이후에 자아를 찾을 거예요. 나는 자아를 찾고 싶어요. 나의 목적은 자아를 찾는 것이에요."

아리스토텔레스는 "너 자신을 아는 것은 모든 지혜의 시작이다"라고 했다. 자신을 찾는 것은 본질적으로 자기중심적인 목표가 아니라 우리 모두 인생에서 해야 할 모든 일의 근거다. 가장 소중한 사람, 최고의 파트너, 부모 등이 되기 위해 먼저 내가 누구이고 자신의 가치가 무엇인지 등에 대해 충분히 알아야 한다. 자기 자신을 이해하지 못한 채 타인을 이해하는 것은 불가능하기 때문이다. 또한 자신을 있는 그대로 받아들이지 못하면 다른 사람도 있는 그대로 받아들일 수 없다. 그뿐만 아니라 상대방의 태도나 행동을 이해하려면 먼저 자기의 태도와 행동에 대해 설명할 수 있는 지식이 필요하다. 따라서 '자아를 찾는 것'이나 '자아를 아는 것'은 성공적인 소통하는 데 중요한 요소가 된다.

또한, 연구참여자 1H는 멋진 자동차를 구입해서 세계여행을 다니는 것을 꿈꾸고 있다. 그는 세계를 여행하면서 다양한 문화권 사람들을 만나고 이야기를 나누고 싶어 한다. 다양한 사람들과의 소통을 통해 즐거움을 느끼고 새로운 것을 알고 싶기 때문이다. 연구참여자 1H는 어느 곳을 여행하더라도, 어디에서 살더라도 자기 정체성을 지킬 것이라고 한다. 해외에서 자기 정체성을 지키는 것이 가장 어렵지만, 그는 '나'를 지키기 위해 최선을 다하고 있다.

2) 상호문화소통 경험의 공간별 의미

(1) 가정: 가족에게서 얻은 사랑

연구참여자 1H의 가족은 모두 6명이고 할머니, 어머니, 이모, 그와 남동생 2명으로 구성되어 있다. 그는 우즈베크인과 러시아인의 피가 섞인 혼혈 가정에서 태어났다. 연구참여자 1H 가족의 가치관은 자율권이다. 모든 식구가 자신이 원하는 것을 선택할 자유 및 선택권을 가지고 있다. 연구참여자 1H에게 가장 소중한 사람은 가족이고, 가장 중요한 것은 그들의 건강과 행복이다. 그리고 그는 가족의 의견을 제일 중요하게 생각한다.

(2) 학교: 소통으로 얻은 인기

현재 연구참여자 1H는 인천에 있는 I 대학교 경영학과 3학년 학생이다. 그는 연구참여자 1G와 마찬가지로 학과에서 배우는 과목들에 대해 불만이 많다. 연구참여자 1H는 경영학과를 다니면서 경영학에 대해 자세하게 배우고 싶었지만, 자신의 예상과 다르게 수학과 회계학과 관련된 과목들을 많이 배우고 있다.

"2년 동안 통계학만 배웠던 것 같아요. 우리 학과는 경영학과지만 수학과 통계학과 관련 과목들을 듣고 있어요. 이런 과목들이 경영학과에 왜 그렇게까지 필요한지를 이해할 수 없어요. 심리학과나 연극학과로 바꾸려고 했지만 벌써 2년 동안 공부해왔으니까 아깝죠."

연구참여자 1H는 경영학과에서 경영학보다는 수학이나 회계학에 대해 많이 배우고 있다고 생각한다. 그는 학과를 심리학이나 연극학과로 바꾸려고 했으나 경영학과에서 2년 동안 공부한 것이 아까워 그렇게 하지 않기로 했다. 연구참여자 1H는 대학교에서 특히 여학생들 사이에 인기가 많다. 농담을 잘하고 상대방을 웃게 하는 성격 때문에 여학생들에게 많은 인기를 얻게 되었다.

> "여자들이 '오빠', '띰* 오빠'(여성스러운 목소리로)라고 많이 해요. 내가 농담을 하고 모든 사람이 웃고. 학생들이 날 좋아해요. 왜냐하면 내가 농담을 많이 하고 사람들을 웃게 하니까."

연구참여자 1H는 여학생들 사이에서 '띰 오빠', '오빠' 등으로 불리며 많은 관심과 인기를 얻고 있다. 여학생들뿐만 아니라 대부분 사람이 그와 대화하는 것을 좋아한다.

(3) 사회: 미움받을 용기

연구참여자 1H는 사람들과 소통하는 것을 굉장히 좋아한다. 그는 사람들과 소통할 때 농담을 많이 하고 사람들을 재미있게 해준다. 그래서 그와 소통하는 사람은 기쁨을 느끼게 된다.

---

* 연구참여자 1H의 이름을 짧게 발음하면 '띰'이다. 그래서 친구들이 그를 부를 때 '띰'이라고 부른다.

"사람들이 나를 사랑해요. 10명의 사람 중에 9명이 날 좋아해요. 나머지 한 명은 정말 날 싫어해요. 그래서 그와 자주 싸워요."

연구참여자 1H는 농담을 잘하고 소통을 재미있게 이끌어가는 능력이 있다. 아울러 그는 매우 개방적이고 뛰어난 사교성을 지녔다. 그래서 그와 소통해본 사람은 대부분 그를 좋아하게 된다. 연구참여자 1H는 사람들과 소통하는 것을 좋아하고 즐거워하지만, 그를 안 좋게 보는 사람들도 있다. 예전에 그는 이러한 사람들에 대해 좋지 않게 생각하고 그들을 미워했으나 시간이 지나면서 그들에게 미움받을 용기가 생겼다. 다시 말하면, 자신을 미워하는 사람들을 이해하고 인정하게 되었다.

"모든 사람이 나를 좋아하지 않는 것을 잘 이해해요. 예전에는 나를 싫어하는 사람을 나도 싫어했고 그에 대해서 나쁘게 생각했지만, 지금은 안 그래요. 이제는 그 사람을 이해하고 미움을 받아들이게 되었어요. 예를 들면, 10명의 사람이 있으면 그중에 9명은 나를 좋아하고 1명은 나를 싫어할 수 있어요. 나는 그 1명에게 잘 보이려고 노력하지 않고 미움을 가라앉혀요. 그 사람을 욕하지도 않고 오히려 잘되기를 바라요."

연구참여자 1H는 미움을 좋게 받아들이면서 마음이 편해졌고 스트레스를 덜 받게 되었다고 한다. 개인마다 다른 사고방식으로 평가하므로 한 개인을 긍정적으로 받아들이는 사람들이 있는 반면, 부정적으로 보는 사람들도 있을 수밖에 없다. 그래서 아무리 완벽한 사람이라도 그를 모든 사람이 좋게 받아들이는 것은 불가능하다. 이 사실을 알게 된 연구참여자 1H는 자기를 싫어하는 사람들을 더 이상 나쁘게 보지 않고 오히려 그들을 이해하고 인정한다. 이처럼 연구참여자 1H는 매우 사교적이고 개방적인 성격으로 사람들과 소통하는 것을 즐거워한다.

6장

한국으로의 유학 동기와 준비 과정

1.
유학 동기

이 장에서는 고려인 유학생이 한국으로의 유학을 결정하는 과정에서 어떤 동기를 가지며, 유학 준비 과정은 어떻게 이루어지는가에 대해 다루고자 한다.

유학 선택과 그 과정에서 나타나는 모든 책임은 자신에게 있으며, 그 과정에서 겪는 경험은 미래에 자립할 수 있는 자산임과 동시에 능력을 향상시켜줄 수 있다. 또한 유학 경험을 통해 외국 문화를 더 잘 이해하고 수용하는 데 도움이 될 수 있으며, 국제 프로젝트 참여와 자원봉사를 통해 졸업 후 취업하는 데 장점이 될 수도 있다. 그 외에도 외국 대학의 경력 개발 프로그램을 통해 졸업 후 해외에서 일자리를 찾는 데도 도움이 된다. 그래서 외국 대학교에 입학하려면 좋은 학업 성적, 외국어에 대한 지식, 타문화에 대한 수용 의지뿐만 아니라 학생 자신의 동기가 필요하다. 고려인 유학생의 유학 동기는 크게 세 가지로 구분할 수 있었다. 첫째 한국문화에 대한 호기심, 둘째 가족과 친구의 영향, 그리고 셋째 교육 기관의 영향이다.

1) 한국문화에 대한 호기심

한국 드라마가 외국에 팬덤층을 많이 확보한 이유는 매우 다양하다. 외국인이 한국 드라마에 빠져드는 가장 일반적인 이유는 다음과 같다. 첫째, 한국 드라마에 등장하는 배우들은 대부분 잘생겼거나 예쁘다. 둘째, 문화적인 측면이다. 한국 드라마는 지루하지 않고 한국문화에 대해 많은 정보를 제공한다. 드라마 주인공들의 일상생활을 관찰하면서 한국의 사회적 규범에 대해 배울 수 있다. 따라서 대부분의 고려인 유학생은 한국 사람과 한국문화에 대해 긍정적인 이미지와 좋은 감정을 가지고 유학을 오게 된다. 그들이 한국에 대한 긍정적인 이미지를 갖게 된 또 하나의 이유는 본국의 한국교육원에서 문화 체험과 더불어 한국 드라마와 영화를 통해 한국의 아름다운 자연, 한국문화와 한국인에 대해 긍정적으로 생각하기 때문이다.

연구참여자 2C는 고등학교 시절 다른 친구들처럼 미국이나 유럽으로 유학 가고 싶었지만, 비싼 학비와 생활비로 인해 포기했다. 반면 상대적으로 학비가 저렴한 한국으로의 유학을 선택하여 한국 대학에 대한 정보들을 알아보고 난 후 한국에 오게 되었다. 또한 연구참여자 2C는 한국으로의 유학 결정에 한국 드라마의 영향이 컸다고 진술했다. 주말마다 어머니와 함께 한국 드라마를 보고 한국문화와 패션 등에 관한 이야기를 나누면서 즐거웠다고 한다.

> "고등학교 때 미국이나 유럽으로 유학 가고 싶었는데 학비도 비싸고 생활비도 너무 비싸서 안 가기로 했어요. 한국에서 부모님, 친척들과 지인들이 많이 계셔서 차라리 한국에 가서 공부하는 것이 낫다고 한국을 선택했어요. 고등학교나 대학과 관련 장면들이 나올 때마다 한

국인 학생들이 열심히 공부하고 경쟁하는 모습을 보고 대단하다고 생각하고 부러웠어요. 그런 생각을 가지고 한국으로 유학 오게 되었어요." (연구참여자 2C)

연구참여자 2F는 연구참여자 2C와 마찬가지로 한국에 대한 긍정적인 이미지를 가지고 있었다. 왜냐하면 한국 화장품과 전자 제품이 우즈베키스탄에서 인기 있을 뿐만 아니라 한국 회사를 선호하는 우즈베크 사람들이 많기 때문이다.

"저는 한국을 너무너무 좋아해요. 우즈베키스탄에서 고등학교를 졸업하자마자 바로 한국으로 유학 왔어요. 한국 제품이 다 좋잖아요. 특히 한국 화장품과 전자 제품들이 우리나라에서 인기가 많아요. 한국과 관련된 것이 우즈베크 사람들에게 다 인기 있어요. 우리 고려인은 우즈베크어를 잘 몰라서 러시아어로 번역되거나 자막이 있는 드라마를 봤어요. 한국 드라마에서 나오는 사람들을 보면 다들 똑똑하고 자기 목표를 잘 이루는 사람들이에요. 저도 자기계발을 하면서 성장하고 싶어요." (연구참여자 2F)

연구참여자 2F는 한국문화 및 드라마와 형제자매의 영향으로 한국 유학을 결심하게 되었다. 연구참여자 2C처럼 한국 드라마를 선호한 연구참여자 2F는 본국에서 한국어를 잘 이해하지 못하여 러시아어로 번역된 한국 드라마를 봤다고 했다. 그녀는 드라마를 통해 한국 사람들에 대한 긍정적인 인식을 갖게 되었다. 연구참여자 2F는 한국 사람들을 부지런하고 똑똑하며 자기 목표를 잘 이루는 사람들로 인식하고 있었다. 한국 사람들의 영향을 받은 그녀는 한국 드라마들 덕분에 자신감이 생기고 목표지향적인 사람이 되었다고 했다. 그래서 한국문화에 대해 더 많이 배워서 본국에 있는 고려인에게도 한국문화를 널리 전파하고 싶다고 말했다.

취미가 요리인 연구참여자 2I는 다양한 나라의 요리를 배우는 것을 좋아한다. 한국 전통 음식에 관심이 있는 연구참여자 2I는 본국에 있었을 때 한국 식당을 다니고 한국 요리 프로그램을 시청했다. 그녀는 중학교 때 타슈켄트의 한국교육원에서 처음 한식을 시식했다. 그때 먹었던 음식은 김치와 떡볶이였다. 한국 요리를 배우고 싶었던 연구참여자 2I는 한식을 배우기 위한 일념으로 한국으로 유학을 결정했다.

> "제 취미는 요리하는 것이에요. 다양한 나라들의 요리를 배우고 만들어보는 것을 좋아해요. 그래서 고향에 있었을 때 한국 식당도 자주 가고 한국 음식과 관련된 프로그램들도 많이 봤어요. 한국 음식을 중학교 때 한국교육원에서 처음 먹어봤어요. 그때 김치와 떡볶이를 먹어봤는데 떡볶이가 매워도 맛있었어요. 김치는 우리 고려인도 있긴 있는데 약간 맛은 다르지만 비슷한 반찬이라고 할 수 있어요. 점점 드라마 보면서 제가 모르는 음식 같은 거 나오면 바로 유튜브에서 찾아서 배웠어요. 한국 음식을 배우려면 현지에 와서 배우는 것이 낫다고 생각했는데, 아빠도 내 의견을 응원해주셨어요." (연구참여자 2I)

타문화에 관심이 많은 연구참여자 2P는 한민족임에도 고려인문화와 한국문화가 다르다고 했다. 그녀는 고려인문화원에서 한국문화에 대해 관심을 가지게 되었다. 고려인문화원 회원으로서 어렸을 때부터 한국문화와 고려인문화를 배워온 연구참여자 2P는 고려인문화와 한국문화를 비교했다. 연구참여자 2P는 시대가 변함에 따라 한국문화도 변하므로 한국에 유학 와서 한국문화를 직접 체험해보고 싶어 한국으로 유학 왔다고 했다.

> "어렸을 때부터 다양한 나라의 문화에 관심이 있었어요. 우리는 한국인과 같은 민족이지만 문화가 좀 다르잖아요. 고려인 문화센터에서 한국문화에 대해서 배운 적이 있었는데, 그때 한국문화에 관심을 가졌어요. 우리는 같은 민족인데 고려인 문화가 왜 다른지를 알고 싶었어요. 비슷한 점을 비교하고 인터넷을 통해서 한국문화에 대해 알아보고 배웠어요." (연구참여자 2P)

전 세계에 널리 알려진 한국인의 패션은 연구참여자들에게도 한국으로의 유학 동기에 큰 영향을 미쳤다는 것을 확인할 수 있었다. 연구참여자들은 한국이 현대와 전통의 문화를 유지하고 있는 '신기한 나라'라고 표현했다. 우즈베크 사람들은 한국의 패션을 잘 알지 못하지만, 한국 화장품은 우즈베크 시장에서 인기가 많다고 했다.

연구참여자 2H는 한국 화장품 홍보 포스터에 나오는 예쁘고 아름다운 한국 여성들의 모습을 보고 고려인 여성들이 그들의 패션을 따라 한다고 했다. 그녀는 한국의 패션은 아름다움에서 시작하는데, 그 아름다움은 한국 사람들이 외모에 신경을 많이 쓰기 때문이라고 설명했다. 연구참여자 2H는 한국인 여성들이 대부분 성형수술을 많이 하고 몸 관리를 잘한다고 했다. 이러한 한국인 여성을 따라 고려인 여성들도 외모에 신경을 많이 쓴다고 했다. 연구참여자 2H는 성형수술을 하는 사람들이 거기에 맞게 새로운 옷을 갖춰 입는 것처럼 외모를 다 고치면 그 사람의 자아정체성도 바뀌고 인생도 변화할 것이라고 했다. 연구참여자 2H의 경우 우즈베키스탄에서는 한국 옷을 구매하기 어려워서 한국으로 오고 싶어 했다. 한국으로 유학 와서 예쁜 옷을 입고 좋은 대학교에 다니고 싶었던 연구참여자 2H는 바람대로 한국으로 유학을 오게 되었다고 했다.

> "한국은 첨단 기술과 과거의 기억을 결합한 놀라운 나라라고 할 수 있어요. 우리나라 사람들은 한국, 특히 한국 사람들의 패션에 대해 거의 알지 못해요. 하지만 한국의 우수한 품질과 신기술 덕분에 우리나라 화장품 가게들에서 공고히 자리를 잡은 한국 화장품이 많아요. 다들 한국 화장품을 열심히 사용하게 되었어요. 특히 한국에서 사는 고려인은 한국 사람들의 영향을 받아 옷 스타일도 한국인처럼 입어요. 우리나라에서는 다들 화려하게 입고 화장도 진하게 하는데, 한국에서 너무 평범하게 입어요. 우즈베키스탄에 있었을 때는 한국 옷을 구매하기 어려웠어요. 그래서 한국에 오고 싶었어요. 옷을 예쁘게 입고 좋은 대학교에서 공부하는 것이 그 당시 저의 소원이었어요." (연구참여자 2H)

연구참여자 2Q도 연구참여자 2H와 마찬가지로 한국인 여성들의 몸 관리와 성형수술을 언급했다. 그녀는 한국인 여성들이 외모에 신경을 많이 써서 성형수술을 하여 외모를 바꾼다고 했다. 이러한 측면은 한국의 패션 광고 포스터들이 부정적인 영향을 미친다고 했다. 반면 아이돌들이 홍보하는 의류 패션은 과체중을 신경 쓰는 사람들에게 적합하다고 했다. 고려인은 밝고 화려한 모습, 짧은 치마와 반바지, 눈에 띄는 메이크업, 긴 머리 등으로 한국 사람들의 패션을 인식하고 있다고 했다. 이러한 이유로 K-pop을 좋아하는 고려인 젊은이들이 한국 아이돌의 옷 스타일을 따라 한다고 했다. 연구참여자 2Q도 한국 옷 스타일을 좋아하기 때문에 한국의 의류 사업에 관심이 있다고 진술했다. 그녀는 한국으로 유학 온 이후 카자흐스탄으로 한국 의류를 수출하려고 생각했는데, 실천하지 못했다며 아쉬움을 표현했다.

> "강남 미녀라는 표현을 많이 들었는데 '왜 굳이 강남이지?' 그런 생각을 많이 해봤어요. 알고 보니 서울 강남에서 80% 이상의 성형외과들이 강남에 위치하기 때문이라고 들었어요. 러시아 TV에서 어느 프로그램을 본 적이 있었는데, 거기서 한국 여성들의 옷 패션과 몸 관리에 대해서 설명을 하는 거였어요. 많은 한국인 여자들이 광고에 저항하지 못하고 완전히 모습을 바꿔요. 아이돌이 홍보하는 패션은 아주 어린 소녀들에게 적합해요." (연구참여자 2Q)

2) 가족과 친구의 영향

부모는 자녀가 인생의 길을 선택할 때 다양한 조언을 제공하고, 자녀에게 맞는 가장 적합한 미래의 청사진을 제시할 필요가 있다. 자녀가 인생의 어려운 단계에서 가장 믿고 의지할 수 있는 것은 부모의 지지와 의견이다. 따라서 부모의 의견은 자녀의 삶의 길을 선택하는 데 중요한 역할을 한다. 왜냐하면 그들은 이미 많은 것을 경험했고, 그들의 경험을 바탕으로 이 단계에 필요한 올바른 조언을 할 수 있기 때문이다. 연구참여자들의 진술을 통해 한국에 거주하는 친척이나 지인들이 있기 때문에 부모가 한국 유학을 제안한 경우가 있었음을 알 수 있었다. 또한 한국은 조상의 나라이며 고려인과 비슷한 문화 및 민족성을 가지고 있어서 다른 나라보다 한국 유학이 더 낫다고 생각하는 부모도 있었다.

연구참여자 2A는 한국으로 유학을 결정할 때 부모님과 친척들의 영향과 도움을 많이 받았다고 했다. 연구참여자 2A는 부모님이 한국 유학을 제안하여 한국으로 유학을 오게 되었다. 한국에서 일하는 친척들은 그녀에게 한국 교육에 대한 정보를 제공해주고 좋은 대학을 추천해주었다. 그녀는 친척들의 영향을 받아 그들이 추천한 대학에 입학 서류를 내고 유학을 오게 되었다.

그동안 중앙아시아와 러시아 유학생들은 대부분 유학을 결정할 때 주변 국가보다 본국과 멀리 떨어져 있는 유럽이나 미국 등으로 유학 갔다. 고려인 또한 마찬가지로 유학 결정 시 미국이나 유럽 국가들을 선호했다. 그러나 한국 정부가 재외동포를 위한 여러 가지 비자 서류를 제공하기 시작한 후, 고려인은 한국에 쉽게 입국할 기회가 생겼다. 이러한 기회를 잘 활용하여 한국으로 들어오는 고려인이 점점 많아졌다. 그들은 노동 목적뿐만 아니라 유학 목적으로도 한국에 입국했다. 한국에 거주하는 고려인이 새로이 입국하는 젊은 세대 고려인에게 긍정적인 영향을 미치고 그들에게 좋은 삶을 영위하는 방법을 가르치고 있다는 것을 연구참여자 2A의 진술에서 확인할 수 있었다.

> "친척들 덕분에 한국에 대한 관심이 있었어요. 친척들이 한국에 대해서 많이 얘기해주고 사진과 영상도 많이 보내줘서 점점 관심이 생겼어요. 한국에서 유학 중인 친척도 있고 친구들도 있는데, 다들 한국에 대한 좋은 이미지만 보여줘서 한국으로 유학 가고 싶었어요. 게다가 부모님이 한국은 우리 조상들의 나라이고 문화도 비슷하고 민족성도

비슷하다고 하시고 한국 유학을 제안하셨어요. 왜냐하면 다른 먼 나라에 가기보다는 친척들과 지인들이 있는 한국에 와서 공부하는 것이 낫다고 생각하셨어요." (연구참여자 2A)

연구참여자 2B는 한국 유학을 선택할 때 처음에 중국에 사는 언니 영향을 받았다고 했다. 중국에서 공부하는 언니의 유학 생활이 재미있고 좋다고 느껴져 연구참여자 2B는 유학을 결정했다. 그러나 한국을 선택한 이유는 바로 한류와 친구들의 영향이었다. 하지만 가장 중요한 동기는 한국에 거주하는 외할머니였다. 연구참여자 2B는 유학 오기 전까지 한국을 여러 번 방문한 적이 있었다. 한국 방문 이유를 외할머니 방문과 사업 때문이라고 설명했다. 고등학생 시절부터 연구참여자 2B는 어머니와 같이 한국 물건을 판매하는 사업을 했다. 그때 처음으로 한국문화와 한국 사람들을 접했고, 이는 한국에 대한 관심으로 이어져 한국어를 배운 계기가 되었다. 그래서 한국어를 잘 구사하는 그녀는 한국 유학 선택이 최고의 선택이었다고 진술했다.

"유학 동기가 한두 개가 아니에요. 음, 한류 영향도 많이 받았고…. 그리고 대부분 고려인 친구들은 한국 유학을 선택해서 저도 친구들과 같이 한국을 선택했고…. 제가 유학 생각을 하고 있었을 때 그 당시에 외할머니도 한국에서 거주하시는 것이 영향을 준 거 같아요. 그렇게 해서 한국으로 유학을 결정한 것 같기도 하고…. 외할머니가 한국에 계셔서 연관성이 있었어요. 그때 한국에 외할머니가 계시니까 혼자 아닐 거라고 외롭지 않을 거라고 생각을 했어요. 그래서 한국을 택했어요." (연구참여자 2B)

연구참여자 2N은 조부의 영향으로 유학을 결정했다. 왜냐하면 연구참여자 2N의 집안은 할아버지의 영향력이 절대적이었기 때문이다. 할아버지의 소원을 들어주고 한국으로 유학을 결정한 연구참여자 2N은 유학 생활을 열심히 하고 있으며, 시간이 날 때마다 한국문화를 배우기 위해 여러 가지 문화 행사 프로그램에 참여하기도 했다.

> "한국에 대한 관심은 우리 할아버지 덕분에 생겼어요. 좀 이상하지만 한국에서 제가 교육을 받아야 한다는 것을 저보다도 우리 할아버지가 더 원하셨어요. 그것이 우리 할아버지의 큰 소원이었어요. 우리 가족 식구들 다 카자흐스탄에서 교육을 받았고 한국어도 모르기 때문에 어렸을 때부터 우리 할아버지가 한국으로 유학 보내 주실 거라고 많이 하셨어요." (연구참여자 2N)

비록 한국이 조상의 나라일지라도 고려인 유학생에게 한국이라는 나라는 일반 외국인 유학생과 마찬가지로 낯선 나라 중 하나다. 이러한 낯선 나라에 혼자서 유학을 결정하는 것은 매우 어려운 일이다. 낯선 이국땅에 홀로 서 있다는 것만으로도 어린 고려인 유학생에게는 감당하기 어려운 일이기 때문이다. 하지만 친구와 함께라면 상황은 다를 것이다. 낯선 곳에서 친구와 함께 있으면 서로 의지하고 도움을 주고받을 수 있어서 유학생 자신뿐만 아니라 그들의 부모도 안심할 수 있을 것이다. 그래서 친구와 함께 한국으로 유학을 떠나는 것도 유학 동기 중 하나가 되었다.

3) 교육 기관의 영향

남을 배려하는 성격을 지닌 연구참여자 2O는 고교 시절부터 다양한 자원봉사 경험이 있었다. 그는 한국인 대학생들과 함께 자원봉사를 하게 되었는데, 그때 한국 대학에 대한 정보를 처음으로 접하게 되었다. 그 당시에는 한국어를 잘하지 못해 한국인 대학생들과 영어로 의사소통을 했다. 하지만 영어로 의사소통이 충분히 되지 않아서 한국어를 배워야겠다고 결심했다. 한국인 학생들과의 만남은 그의 삶을 완전히 바꾸었고, 한국문화와 한국어 및 한국 대학에 대해 관심을 가지게 된 계기가 되었다.

> "고등학교 때 여러 가지 봉사를 해봤는데 한국인 대학생들이 우리나라에 와서 봉사하는 프로그램도 있었어요. 그때 한국인 누나들과 같이 봉사하는 동안 한국에 대한 많은 정보를 얻게 되었어요. 한국에서 가장 인기 있는 학과는 공대라고 들었어요. 물론 한국은 IT 측면에서 잘 발전했고 우리나라도 한국의 지원을 많이 받는 것 같아요. 한국어학과 교실을 위한 컴퓨터 등 지원을 받았다는 걸로 알고 있어요. 봉사하는 10일 동안 형들과 누나들한테 궁금한 모든 질문들의 대답을 들었어요. 한국 IT 전문가들이 전 세계에서 인정받고 다들 부러워하는데…. 그리고 같이 봉사했던 한국인 학생들은 그 당시에 공대가 유명하다고 하셔서 공대에 지원하려고 했는데 실력이 부족할까 봐 겁이 났어요. 그래서 오래 고민하다가 경제학과를 선택했어요. 한국 공대생들이 얼마나 열심히 하고 연구실에서 밤새고 공부하는데 저는 그렇게 못하겠어요." (연구참여자 2O)

연구참여자 2O는 한국인 학생들과 자원봉사한 시간을 유익하게 활용했다. 그는 한국인 학생들과 같이 자원봉사하는 동안 한국 대학에 대한 다양한 조언과 정보를 얻었다. 또한 한국에서 유명한 학과와 입학 시 필요한 사항들을 알게 되었다. 한국인 학생들의 관점에서 공대가 가장 인기 있어 취업이 잘된다고 했다. 연구참여자 2O는 대학교와 학과를 선택하는 데 오랫동안 고민하다가 공대에 자신이 없어 경제학과를 선택하여 한국으로 유학 왔다고 했다.

연구참여자들의 사례를 통해 '동기'라는 개념은 '사람을 움직이게 하는 힘'으로 의미화할 수 있다. 동기는 "사람들의 소망, 흥미와 이상 등을 나타내며 사람들의 활동을 격려하는 주관적인 요소"다. 대부분 연구참여자와의 심층면담 내용에서도 알 수 있듯이 고려인 유학생은 한국어와 한국문화, 조상의 나라와 K-pop의 영향으로 한국 유학을 결정하는 공통적인 동기가 나타났으며, 부모와 친구의 제안 및 제의, 교육 기관의 영향도 유학을 결정하게 하는 동기 중 하나가 되었다.

한류의 영향력은 나이가 어린 학부생들에게서 더욱 분명히 드러나고 있다. 학부과정의 고려인 유학생은 대부분 중 · 고등학교 시절부터 한류의 영향을 많이 받아왔다. 인터넷을 통해 한국 드라마와 다양한 예능 프로그램을 즐겨 보았으며, K-pop을 좋아하면서 한국과 한국어에 대해 관심도 가지게 되었다. 또한 연구참여자 중 특정 아이돌 그룹의 팬덤 활동을 열심히 한 경우도 있었다. 이는 학부과정 고려인 유학생들의 전공이 문화경영학에 집중되어 있다는 사실에서 드러나고 있었다.

연구참여자들은 학창 시절 한국문화에 가졌던 호감과 본국에서의 한국어 학습경험을 통해 자연스럽게 한국 유학을 결정하게 되었다는 것을 밝혔다. 이 과정에서 한국어 교사들과 한국 유학 경험이 있는 친구들의 권유가 한국 유학을 결정하는 데 많은 영향을 미친 것으로 나타났다.

대학원에서 학위를 어디에서 취득할 것인가를 결정하는 데 있어 한국 유학을 선택하게 된 동기는 크게 기능적 차원과 합리적 차원 두 가지로 구분할 수 있다. 기능적 차원에서 미국이나 유럽 등의 나라보다 상대적으로 입학하기 쉬운 한국 대학과 대학원의 입학 조건이 한국 유학을 선택하게 된 동기 중 하나로 작용했다. 다시 말하면, 연구참여자들은 한국 대학에 입학할 경우, 별도의 시험 없이 서류 심사와 입학 면접만으로 입학할 수 있다는 것을 선호하는 것으로 나타났다. 합리적 차원의 경우에는 자비 유학에 따른 경제적인 부담을 상쇄시킬 기회를 제공해주는 한국 정부와 재외동포에 대한 장학 혜택 제도가 다른 많은 나라 중 한국을 유학지로 선택하게 된 동기로 작용했다. 대부분 연구참여자는 장학금을 받고 한국으로 유학을 왔다. 부모의 재정적 도움을 받는 연구참여자들도 있었지만, 대부분 재외동포재단을 통해 장학금 지원 여부를 확인한 후 한국을 유학지로 선택하게 되었다.

2.
유학 목적

해외 유학은 성공적인 미래를 위한 중요한 투자다. 해외 유학을 통해 개인은 시야가 크게 넓어지고 귀중한 문화적 체험을 할 수 있다. 중앙아시아와 러시아의 고등학교와 대학 졸업생들은 대부분 유럽, 미국, 호주 등에서의 학업을 선호하지만, 고려인 유학생은 문화적으로 가까운 '조상의 나라' 한국으로 유학 오는 경우가 많다. 이들은 한국 교육시스템에 대한 만족과 유학 후 한국에서 취업을 목적으로 유학하는 경우가 대부분이다.

1) 새로운 도전과 지식의 확대

전문가로서 불안한 사람, 즉 자신의 전공을 잘 모르고 자신이 없는 사람들은 자신의 약점과 게으름을 인정하는 것을 두려워하고 일자리를 찾는데 어려움을 겪는다. 하지만 지식이 많은 전문가는 일자리에 대해 걱정하지 않는다. 경험과 경력이 있는 전문가는 쉽게 일자리를 구할 수 있기 때문이다. 현재 전 세계에 많은 한국 기업들이 진출해 있다. 유학생들은 한국의 대기업인 삼성, LG, 롯데 등에 취업하기 위해 한국 유학을 선택하고 결정하게 된다. 대학 졸업 후에는 본국으로 귀국하지 않고 한국에 정착하여 한국 기업에 취직하고 경험과 경력을 쌓고 싶은 목표를 가진 연구참여자들도 있다. 한편 한국 회사의 높은 취업 경쟁률로 인해 졸업 이후 본국에 귀국하여 한국 회사에 취직하는 것을 목표로 세운 경우도 있다.

연구참여자 2C는 한국에서의 유학은 전 세계에서 인정한 교육을 받기 위한 기회이자 날로 발전하는 한국에서 생활하는 독특한 경험이라고 했다. 그녀에 따르면, 한국은 서구와 아시아를 연결하는 다리 역할을 하고 있으며, 서양 사람들에게 이국적인 한국인의 생활 방식을 경험할 수 있는 곳이다. 교육과 기술, 비즈니스 분야에서도 서양적인 기능을 포함한 한국 생활을 외국인이 선호한다고 했다. 연구참여자 2C는 한국을 아름답고 독특하며 편안하고 안전한 나라라고 평가했다. 이러한 이유로 한국 유학 생활은 외국인을 매료시킨다고 했다. 연구참여자 2C는 한국을 방문하는 대부분의 외국인이 드라마를 통해 알게 된 유적지와 관광지를 먼저 구경 다닌다고 말했다. 여행이 취미인 그녀는 다른 나라를 방문한 경험이 있었다. 여행을 통해 평소에 쌓인 스트레스를 풀 수 있으며, 자기 삶에 대해 생각할 시간도 가질 수 있다고 했다. 또한 해결하지 못한 문제들에 대해서도 여행하는 동안 해결책을 찾을 수 있다고 했다. 여행의 장점을 발견한 연구참여자 2C는 한국 여행사를 오픈하는 꿈을 가지고 있다. 한국 여행사를 오픈하려면 전문가로서 한국과 관련된 제반 사항에 대한 지식을 충분히 가져야 함을 인식한다. 따라서 그는 한국 유학 목적을 경영학과 전공 후 전공 분야를 심화시키는 데 둔다고 밝혔다. 한국 여행사를 오픈하는 것이 연구참여자 2C에게 가장 이루고 싶은 큰 목표이며 도전이었다.

"저도 보기에는 한국은 매우 아름답고 독특하며 편안하고 안전한 나라예요. 그래서 여기에서 공부하는 것은 여러 나라에서 온 외국인을 매료시키는 것 같아요. 저도 여행하는 것을 너무 좋아해서 여러 가지 나라를 다녀보고 경험을 많이 해봤어요. 여행할 때 일상생활에서 쌓인 스트레스를 풀 수 있고 여행 동안 생각을 많이 하고 문제들의 해결책을 찾아올 수 있다고 생각해요. 한국 여행사를 차리려면 한국에 대한 모든 정보를 알아야만 좋은 회사를 만들 수 있어요." (연구참여자 2C)

연구참여자 2D는 우즈베키스탄에 없는 문화경영학을 전공하고자 한국으로 유학을 왔다고 했다. 우즈베키스탄의 교육시스템은 한국처럼 잘 발전하지 않아서 부족한 점들이 많다고 했다. 특히, 우즈베크 교수들은 전통 교수법을 활용하여 수업을 진행하기 때문에 좋지 않다고 했다. 교육시스템의 부족으로 질 좋은 교육을 받기 위해 한국으로 유학 온다고 했다. 이를 통해 연구참여자 2D는 취직을 위해 필요한 전공 분야의 지식을 쌓고자 열심히 공부하고 인턴십도 할 생각이라고 했다.

"우리나라에서 못 배운 것을 한국 대학에서 배울 수 있는 것 같아요. 예를 들면 우리나라에서 따로 문화경영학과가 없거든요. 아직 교육시스템이 잘 발전되지 않아 부족한 점이 너무 많아요. 그리고 강의법 등은 옛날 교수법을 쓰고 있어 좋지 않다고 생각해요. 그래서 우리나라에서 한국으로 유학 오는 학생들은 이러한 측면들을 다 고려해요. 그래서 취직 시 필요한 지식을 얻기 위해서 공부도 열심히 하고 인턴

십도 열심히 하려고요." (연구참여자 2D)

연구참여자 2N은 좋은 대학의 졸업장은 좋은 회사에 취업할 수 있는 열쇠라고 생각하고 있다. 연구참여자 2N의 나라에서는 보수가 적음에도 좋은 직장을 구하는 것은 하늘에서 별을 따는 것과 마찬가지라고 했다. 한국에서도 직장 구하는 것이 쉽지 않다고 생각하는 그녀는 좋은 인재라면 취직할 때 문제가 없을 것이라고 믿고 있다. 한국에서 취업 생각을 가지고 있는 연구참여자 2N은 좋은 성적을 받기 위해 열심히 공부하고 있다고 했다. 그녀가 한국으로 유학 온 목적은 한국의 발전된 교육시스템과 교육법 때문이라고 했다. 본국 대학 교수들과 한국 대학 교수들의 차이점을 크게 느낀 연구참여자 2N은 자기계발을 하지 않는 교수들에게서 배울 점이 없다고 비판했다. 연구참여자 2N은 교육에 대해 무관심한 교수들이 미래의 인재를 양성할 수 없다고 생각하고 있었다. 그녀는 본국 교육의 장점도 있지만 단점이 많아서 한국 유학을 선택했다고 했다. 또한 연구참여자들은 한국 유학이 취업에 도움이 될 것이라고 기대하고 있었다.

"좋은 학교의 학위를 따고 좋은 회사에 들어갈 수 있잖아요. 우리나라는 보수가 적고 직장 구하는 것도 쉽지 않아요. 한국도 마찬가지지만 좋은 인재라면 좋은 회사에 붙을 수 있다고 믿어요. 그래서 앞으로 한국에서 취직할 생각이 있기 때문에 지금부터 대학교에서 좋은 성적을 얻기 위해서 노력을 많이 해요. 한국으로 유학 온 목적도 한국의 교육시스템은 발전되고 새로운 교육법을 활용해서 가르쳐요. 한국인 교수들은 자기계발을 하고 전 세계에 있는 좋은 대학들과 MOU를 체결하고 교류를 하는데 우리나라 교수들은 그냥 출퇴근만 하고 연구나 자

기계발을 위해 공부를 안 해요." (연구참여자 2N)

2) 한국 국적 취득을 통한 한국으로의 정착

한국을 방문할 기회를 가진 고려인은 모국과 비교하여 한국의 높은 생활수준 때문에 한국에 정착하고 싶어 했다. 연구참여자 2A는 한국에 거주하는 고려인 중 대부분이 한국 국적을 취득하고 싶어 한다고 했다. 그 이유는 한국이 모든 측면에서 편의시설이 잘되어 있기 때문이라고 했다. 이는 돈만 있으면 좋은 삶을 영위할 수 있다는 의미다. 고려인은 우즈베크 사람들이 아니므로 힘들어도 같은 민족과 같이 살기 위해 한국 국적을 취득하고자 한다. 고려인도 한국 사람들과 같은 민족이기 때문에 한국에 와서 살 권리가 있다는 것이다.

"제가 생각하기에는 한국으로 들어오는 모든 고려인이 한국에서 계속 살고 싶고 국적도 따고 싶어요. 저도 한국에서 사는 친척들의 이야기들을 들어보고 한국에서 살고 싶게 되었어요. 한국에서 사람들의 편의를 위한 모든 것이, 서비스 잘되어 있잖아요. 돈만 있으면 되고… 아무리 우리는 우즈베키스탄에서 잘살고 있어도 고려인은 우즈베크 사람들도 아니잖아요. 그래서 처음에 조금 힘들어도 똑같은 사람들과 민족과 같이 사는 것이 좋아요. 한국인도 고려인도 같은 민족인데 우리도 한국 와서 살 권리가 있어요." (연구참여자 2A)

연구참여자 2F의 언니와 오빠도 한국에 거주하고 있다. 그녀의 언니와 오빠는 본인보다 한국에 온 지 오래되었다고 했다. 그들은 한국에서 미래 비전이 있다고 생각하여 앞으로 한국에 정착할 계획이라고 했다. 연구참여자 2F는 한국에서 취직하고 부모님을 모시고 함께 거주할 생각이라고 했다. 한국에서의 삶은 그녀에게 밝은 미래를 향하는 길이었다.

> "우리 한국에서 형제 3명이 살고 있어요. 언니랑 오빠는 서울에서 사는데 제가 대학 때문에 떨어져 친구들과 생활하고 있어요. 언니랑 오빠는 저보다 일찍 한국에 왔어요. 우리 3명 다 한국에 유학 목적으로 들어왔어요. 한국에서 좋은 미래를 만들 수 있고 비전이 있기 때문에 한국에서 살고 싶어요. 같이 부모님도 모시고 한국에서 살고 싶어요. 부모님들을 설득할 수 있을 건지 잘 모르지만 우리 언니와 오빠 그리고 저는 한국에서 살고 취직하고 자리를 잡고 싶어요. 취직할 때 안정적인 좋은 회사에 취직하고 싶어요. 그래서 유학 온 이유도 한국에서 자리 잡고 밝은 미래를 만들어가고 싶기 때문이에요." (연구참여자 2F)

한국의 고객 서비스가 최고라고 생각하는 연구참여자 2O는 한국 직원들의 친절함과 '빨리빨리' 하는 업무를 매우 칭찬했다. 본국 문화는 느린 문화에 속하기 때문에 사람들도 느리고 자기계발을 위한 노력도 하지 않는다고 했다. 그 이유는 본인이 스스로 노력하고 자기계발을 해도 회사들이 그만큼 임금을 많이 주지 않기 때문이라고 했다. 그렇기 때문에 연구참여자 2O는 본국이 한국처럼 선진국이 되려면 아직 멀었다고 했다. 연구참여자 2O는 한국 대학을 졸업한 후 좋은 직장을 구하거나 개인 사업을 할 생각이었다. 한국으로 유학 와서 어렵게 대학 학위를 취득한 후 월급도 적고 미래가 보장되지 않는 본국으로 되돌아갈 생각이 없다고 했다. 또한 다른 나라로 갈 생각이 없고 한국에서 사회 구성원으로 거주하고 싶다고 했다. 외모가 한국 사람과 비슷하므로 다른 나라에 비해 차별을 덜 받게 될 것이라고도 했다.

"저는 한국에서 모든 것이 마음이 들어요. 특히 고객 서비스가 전 세계에서 1등인 것 같아요. 직원들이 친절하고 모든 업무를 빨리빨리 해요. 우리나라 문화는 느린 문화이기 때문에 사람들도 직원들도 느려요. 천천히 업무를 보고 성장하려고 노력을 안 하는 것 같아요. 그래서 한국에서 힘들게 고생하면서 공부를 하고 학위는 따면 좋은 회사에 취직을 하거나 비즈니스를 해야 된다고 생각해요. 힘들게 딴 학위를 가지고 우리나라로 돌아가서 취직하면 웃기는 일이에요. 월급도 적고 미래도 없는데 무슨 기대를 할 수 있을까요? 저의 미래를 한국에서 그릴 수 있어요. 다른 나라로 가게 되면 한국에 처음 왔을 때 적응을 하기 위해서 겪었던 어려움들을 다시 겪어야 돼요. 한국에서 살면서 그 과정을 무사히 지나가고 거의 한국 사회의 구성원이 됐어요. 외모도 한국인과 비슷하고 같은 민족이라 점점 차별도 덜 받을 거예요." (연구참여자 20)

3) 성공적인 취업을 위한 한국 대학 학위 취득

중앙아시아와 러시아에 진출한 한국의 기업들은 그 나라에서 사업을 확장하기 위해 한국어에 능통한 인력을 요구한다. 그들은 한국어를 잘 구사하는 전문 인력뿐만 아니라 한국문화를 잘 습득하여 이해하는 인력이 필요하다. 그 이유는 한국 기업에서 한국 사람들과 함께 일하려면 기업 문화와 한국문화를 이해해야 잘 적응할 수 있기 때문이다. 따라서 한국 기업에 취직하기 위한 목적으로 한국어를 배우려는 외국인이 많아지고 있는 실정이다. 대부분의 한국 대학생들과 마찬가지로 본 연구에 참여한 고려인 유학생들도 좋은 직장에 취업하고 싶어 한다는 것을 알 수 있었다. 연구참여자들은 공통적으로 한국 대학을 졸업하는 것이 자신들의 글로벌 경쟁력을 높여주며 최종적으로 좋은 직장에 취업하는 것과 직결된다고 생각하고 있다. 또한 그들은 새로운 교육 환경에서 경험을 축적하기 위해 한국으로 유학을 결정했다.

연구참여자들은 한국이라는 이미지에 대해 '세계적으로 인정받는 교육을 받을 기회', '독특한 경험', '본국보다 경제뿐만 아니라 모든 측면에서 발전한 나라', '높은 교육 수준' 그리고 '발전하고 교육 수준이 높은 학습 분위기'라고 말했다. 이러한 한국에서의 유학 경험은 연구참여자들에게 새로운 학습 환경에서 경험 축적 기회뿐만 아니라 미래에도 도움이 될 것이다.

연구참여자 2B의 유학 목적은 우즈베키스탄을 떠나는 것이었다고 했다. 우즈베키스탄에서 자기계발과 성장을 할 수 없다고 생각한 그녀는 한국으로 유학을 왔다. 친구들의 영향을 받은 연구참여자 2B는 한국 학위 취득이 가장 중요한 목적이라고 했다. 그녀는 한국에서 유학 중인 친구들의 소개로 I 대학에 대해 알게 되었다. 연구참여자 2B는 경영학을 전공하는 목적이 한국과 우즈베키스탄에서 사업 활동을 하고 싶기 때문이라고 했다. 그녀는 우즈베키스탄과 한국의 국가 간 관계가 좋아서 사업을 할 기회가 많다고 강조했다.

> "가장 중요한 목적은 지금 생각해보면 그냥 우즈베키스탄을 떠나는 목적? 우즈베키스탄을 떠나고 싶었어요. 왜냐하면 거기에 있으면 자기계발도 못하고 성장도 할 수 없다는 것을 잘 알고 있어요. 즉, 성장을 할 기회가 없었어요. 그다음으로 아마 다른 친구들과 마찬가지로 한국 학위를 취득하는 거죠. 학과가 경영학이라서 한국과 우리나라에서 사업을 하고 싶어요. 요즘 한국과 우리나라 관계가 좋아져서 사업을 할 좋은 기회들이 많아졌어요. 왜냐하면 한국은 우리나라보다 경제뿐만 아니라 모든 측면에서 발전한 나라이기 때문이에요." (연구참여자 2B)

연구참여자 2E는 본국의 대학 입학 조건에 대해 비판적인 시각을 가지고 있었다. 학과당 10명만 선발하고 대학 입학시험에 불합격한 학생들은 1년이라는 시간을 기다리고 난 후에 다시 시험에 응시한다고 했다. 불합격한 학생들은 대학에 합격할 때까지 시험에 응시한다고 했다. 본국에서는 대학 입학 조건들이 까다로워서 최근에는 젊은 세대들이 외국 유학을 선택한다고 했다.

연구참여자 2E에게는 본국보다 재정적으로 훨씬 더 많은 비용이 발생하지만, 한국 대학에서의 유학 생활이 좋은 경험이자 추억이 된다는 것을 알 수 있었다. 연구참여자 2E의 유학 목적은 한국 학위를 취득하는 것이어서 학위를 취득할 때까지 열심히 공부하여 대학을 졸업할 것으로 보인다.

"솔직히 말하면 나라에서 대학 입학 조건을 보면 한 학과에 10명 정도 학생들을 뽑는 경우가 되게 많아요. (중략) 떨어진 학생들은 1년 뒤에 다시 대학 입학시험을 봐요. 그렇게 몇 번 떨어지고 다시 시험 보는 사람들이 너무 많아요. 그래서 요즘 젊은 애들은 손쉬운 유학을 결정해요. 그래서 비싼 등록금을 내고 우리나라 대학에서 공부하기보다 한국 대학에 입학하는 것이 나아요. 국내 대학보다 돈은 좀 들지만 그만큼 좋은 경험과 추억을 만들 수 있어요. 그래서 학위를 따는 목적으로 한국으로 유학 오는 우리 같은 고려인이 주변에 너무 많아요. (중략) 제가 우선순위로 유학 목적은 학위 따는 것이에요. 처음에 장학금 받고 들어왔는데 나중에 자비로 공부하기 시작했기 때문에 끝까지 열심히 하고 대학을 졸업해야 된다고 생각해요." (연구참여자 2E)

연구참여자 2G도 학위 취득을 목적으로 한국에 유학 왔다. 한국 대학의 학위를 가지고 있으면 본국 회사에서도 인정해주며 좋은 한국 기업에 취업하기 쉬울 것이라고 말했다. 2G는 대부분의 사람이 한국 대학 학위 취득자는 교육 수준이 높을 것으로 여긴다고 했다. 그녀는 우즈베키스탄에 있는 한국 공장들이 3개 국어를 잘하는 직원들을 요구하는 것에 대해 언급했다. 이러한 회사에 취업하려면 우즈베크어와 러시아어뿐만 아니라 한국어도 잘해야 해서, 한국에 있는 동안 지식과 영역을 많이 성장시킬 것이라고 했다.

"한국 학위를 취득하는 것이죠. 한국 학위를 취득하면 높은 교육 수준을 가지고 있다고 생각하는 사람들이 많아요. 발전하고 교육 수준이 높은 학습 분위기에서 공부하면서 많은 지식을 쌓을 수 있을 뿐만 아니라 새로운 것에 대해서도 배울 수 있기 때문이에요. 특히 요즘 들어 우즈베키스탄에서 여러 가지 한국 공장들이 생기기 시작해서 영어, 우즈베크어, 러시아어와 한국어를 잘하는 인재들을 구하는 것 같아요. 특히 대부분 한국 사장들은 한국에서 공부를 했다는 걸 들으면 잘 뽑는다고 들었어요." (연구참여자 2G)

연구참여자 2I는 학사와 석사과정을 본국에서 마쳤다. 그녀는 한국어학과를 전공했는데, 한국어와 한국문화를 현지인 교수님들에게서 배웠다고 했다. 한국을 직접 방문하지 못한 교수들은 한국어 및 한국문화와 관련된 정보를 교과서와 인터넷을 통해 배웠다고 했다. 그는 전공 분야와 관련된 지식이 부족한 교수들이 학생들을 제대로 가르칠 수 없다고 비판했다. 그는 한국 소설들을 통해 한국문학에 대한 관심을 갖게 되었는데, 대부분 작품이 한국어로 되어 있어 많이 읽지 못했다고 아쉬워했다. 그는 한국문학작품들을 제대로 읽지 못했기 때문에 한국어 실력이 부족하다고 느꼈다. 왜냐하면 작품 하나를 번역할 경우, 시간이 너무 많이 소모되기 때문에 매우 힘들었다고 했다. 한국문학을 통해 한국문화와 한국 사회에 대해 많이 알게 되었지만, 부족한 지식을 채우기 위해 한국에서의 박사과정을 결정했다고 했다.

"석사까지 한국어와 한국문화에 대한 지식을 우리나라 교수들에게서 받았어요. 우리 학과에서 한국에 못 와본 교수들이 많았는데 그 교수들이 본인도 한국에 뭐가 있고 한국문화가 어떤지를 책과 TV나 유튜브를 통해 배우시고 알고 계세요. 우리는 한국문학과 한국 역사를 2학년 때 배우기 시작해요. 한국 소설과 단편소설들을 읽으면서 한국문학에 관심을 가지게 되었어요. 아쉽게도 대부분 작품들은 한국어로 되어 있어 많이 읽지 못했어요. 그래서 그때 아무리 한국어를 배워도 지식이 부족하다는 것을 느꼈어요. 한국문학 수업을 통해 한국문화와 사회에 대해서 많이 알게 되었어요. 그래서 한국 와서 박사학위를 따고 전문성이 있는 한국어 교수가 되고 싶습니다." (연구참여자 2I)

연구참여자 2P는 한국 대학원에서의 공부가 자신에게 좋은 기회라고 했다. 왜냐하면 장학금을 받고 한국에서 공부할 수 있었기 때문이다. 연구참여자 2P 나라에서의 대학 졸업장은 선진국에서는 인정이 안 되고 국내에서만 인정된다는 것에 대해 불만을 토로했다. 한국에서 대학을 졸업하고 학위를 취득하는 것이 연구참여자 2P에게는 자랑거리라고 했다. 그녀는 한국 대학 졸업장을 아무나 취득할 수 없으므로 한국에서 한국어학과를 졸업하고 한국어 교수가 되면, 누구나 신뢰할 수 있을 것이라 믿고 있었다. 그래서 연구참여자 2P는 한국어를 전공하려면 한국으로 유학 오는 것이 가장 좋다고 강조했다.

"한국에서 대학원에서 공부하는 것이 너무 좋은 기회예요. 무료로 공부할 수 있는 기회잖아요. 우리나라 대학 졸업장은 선진국에서 거의 인정 잘 안 되는 것 같아요. 국내에서만 인정돼요. 그리고 국내 대학을 졸업했다고 하는 것과 한국 대학을 졸업했다고 하는 것은 그 느낌이 달라요. 한국 대학 학위를 가지는 것이 아무도 가질 수 있는 것이 아니라 한국에서 한국어학과를 나온 교수라고 하면 신뢰가 있는 거죠. 한국어학과를 전공하려면 한국에서 전공하는 것이 제일 좋아요." (연구참여자 2P)

연구참여자 2Q는 고등학교 선생님이 한국 대학을 추천했다. 이 선생님은 영어권 교수들이 없는 대학에서 영어영문학을 전공하기보다는 영어권 교수들이 많은 한국 대학에서 영어영문학과를 전공하는 것이 더 좋다고 조언하면서 영어도 전공하고 한국어도 배우면 한국 기업에 취직할 수 있다고 했다. 연구참여자 2P는 영어영문학을 전공하여 영어 실력을 향상시키고 한국 대기업인 S 기업에 취직하고 싶은 목표를 가지고 있다.

> "고등학교에서 아는 교수님이 이 학교를 추천해주셨어요. 우리나라 고등학교와 대학들과 한국 대학 간에 MOU가 있기 때문에 연결하는 프로그램들이 다양하게 많아요. 국내 대학에 있는 영어영문학과 교수들은 거의 다 우리나라 사람들이고 영어권 사람들은 없어요. 그래서 그 교수님이 한국에 가서 공부하는 것이 좋다고 하시면서 조언을 해주셨어요. 제가 한국의 영향을 많이 받았다는 것을 그 교수님이 알고 계셔서 한국을 좋아하면 한국에 직접 가서 영어 전공할 겸 한국어도 배울 수 있으면 좋은 한국 대기업에 들어갈 수 있다고 하셨어요. 삼성에 취업할 때 한국 학위가 있다는 것을 알게 되면 우수 대상자가 될 수 있어요." (연구참여자 2Q)

연구참여자들의 진술을 통해 한국 유학은 새로운 경험을 토대로 그들을 성장시키고 삶의 기회로 의미화하고 있음을 알 수 있었다. 특히 대학원으로 유학 온 연구참여자들은 전공에 대한 학문적 관심과 더 많은 지식의 확대를 위해 유학을 결정했다고 했다. 이러한 현상은 해외 유학의 다변화와 대중화로 인해 경쟁력 있는 국제화 학력 자본 외에도 매우 다양화되어 가고 있다는 것을 보여준다.

3.
유학 준비 과정

유학을 결정할 때는 광범위한 유형의 조사가 필요하다. 그래서 유학생들은 먼저 어떤 나라의 교육이 필요한지, 왜 필요한지 결정하게 된다. 연구참여자들은 한국으로 유학을 결정하기 전까지 외국어에 대한 배경지식을 준비했다. 고려인 유학생들은 초등학교 때부터 영어를 공부하며, 나중에 한류의 영향을 받아 한국어를 공부하기 시작한 경우도 있었다. 연구참여자들의 유학 준비 과정을 언어 습득 과정과 한국 대학 사전조사 및 전공 선택 등 세 가지로 구분할 수 있다.

1) 언어 습득 과정

연구참여자 2B와 연구참여자 2E는 고등학교에서 영어를 전공했다. 연구참여자 2B는 한국 드라마를 통해 한국어를 공부하기 시작했고, 이후 타슈켄트 한국교육원에서 중급반을 수료했다. 또한 우즈베키스탄에 거주하는 한국 사람들과 만나고 통역하는 아르바이트를 한 경험도 있었다. 연구참여자 2E는 초등학교 때부터 영어를 배웠고 고등학교 진학 후 영어 시험 준비를 열심히 했다. 영어영문학과에 입학하기 위해서는 영어 실력 증명서를 제출해야 했기 때문이다. 그녀는 영어(IELTS) 시험에 합격하고 6.5점을 취득했다.

연구참여자 2E의 한국어 실력은 처음 한국에 들어왔을 때 4급이었고, 한국으로 유학 온 후 한국어 실력을 재확인하지 않았다. 그녀가 수강하는 모든 강의는 영어로 진행되므로 주로 영어만 사용하고 한국어는 일상생활에서만 사용한다고 했다. 연구참여자 2E는 우즈베키스탄에 있었을 때 한국어를 할 줄 알아도 실수할까 걱정되어 한국 사람들에게 말을 걸 수 없었다고 했다. 그녀는 한국어를 고등학교 방과 후 수업에서 KOICA 자원봉사 한국어 선생님으로부터 배웠다고 했다. 점점 한국어에 매료되어 깊이 있게 배우기 위해 타슈켄트 한국교육원에 어학연수를 신청했다. 그곳에서 중급반까지 배우고 한국으로 유학 오게 되었다. 연구참여자 2E는 한국교육원에 다니면서 한국과 관련된 축제와 행사들에 많이 참여했고, 다양한 축제와 행사를 통해 한국문화에 더 친근하게 다가갈 수 있었다고 했다.

> “영어를 고등학교에서 전공했고 한국어를 독학하고 배웠어요. 한국 드라마 많이 보고 여러 가지 우즈베키스탄에 거주하는 한국인들 만나고 통역하는 알바를 많이 했어요. 그렇게 하고 한국어를 배우게 되었어요. 우리나라에서 한국인 사업가들이 많기 때문에 같이 일하는 우즈베크 사람들이 한국어를 쉽게 빨리 배울 수 있는 것 같아요. 한국에서는 유럽권 친구들이 많기 때문에 영어를 자주 써요. 주변에 있는 친구들은

다 교환학생들이기 때문에 한국어를 배울 필요가 없고 강의 같은 것도 다 영어로 들어도 돼요. 그래서 저도 친구들과 많은 시간을 보내니까 영어를 더 많이 쓴다고 생각해도 돼요. 하지만 강의들은 거의 다 한국어로 하니까 한국어를 한국인 친구들과 많이 쓰고 연습을 하죠. 대신에 제가 영어를 도와주는 걸로 하고 언어 교환을 해요." (연구참여자 2B)

"영어는 물론 외국어처럼 초등학교부터 배워왔는데 고등학교에서 시험 준비를 해야 해서 열심히 배웠어요. 그리고 고등학교에서 전공이 영어학과에서 공부를 했어요. 영어학과 입학하려면 꼭 영어 합격 시험 증명서가 있어야 되고 그리고 토픽도 시험 증명서도 있어야 돼요. 고등학교에서 전공으로서 영어를 공부했지만, 한국어를 방과 후에 배웠어요. 고등학교에 한국어학과가 있기 때문에 KOICA 선생님이 계셨는데 그분에게서 한국어를 배우기 시작했고 그다음에 한국교육원에서 한국어를 배우게 되었어요. 한국교육원에서 한국어를 더 열심히 공부하고 한국문화에 대한 많은 것을 배웠어요. 타슈켄트 한국교육원 다니면서 한국과 관련된 축제와 행사들에 많이 참여했고 다양한 축제와 행사를 통해서 한국문화와 더 가까진 것 같아요." (연구참여자 2E)

연구참여자 2D의 한국어 실력은 상위급인 5급이었다. 그녀는 한국어 실력에 자신감을 가지고 있으며, 토픽 기준 5급보다 높은 수준이라고 자랑했다. 앞서 연구참여자들보다 연구참여자 2D는 영어도 한국어처럼 자신 있고 능통하다고 했다. 하지만 한국에 유학 와서 모든 수업이 한국어로 진행되기 때문에 영어는 외국인 친구들과의 소통 외에 자주 사용하지 않는다고 했다.

"한국교육원이 있는데 거기서 중 · 고급반을 수료했어요. 그리고 제가 사범고등학교에서 나왔거든요. 고등학교 때 전공은 한국어학이었어요. 3년 동안 고등학교 때 한국어를 배웠고 한국교육원도 다녔어요. 한국으로 유학 가려고 한국어를 열심히 배우고 한국인 선생님을 귀찮게 했어요. 한국어 숙제를 못 하는 친구들에게 도와주고 열심히 한 것 같아요. 시험 볼 때 5급의 가장 높은 점수를 받았는데 거의 6급이라고 할 수 있어요. 영어는 한국어처럼 아니지만 나쁘지는 않아요. 편하게 자유롭게 말을 할 수 있고 이해도 100%로 돼요. 우즈베크에서는 초등학교부터 영어를 학교에서 배우니까 거의 영어를 모두 할 줄 알고 있다고 할 수 있죠. 한국 와서 영어 많이 쓰게 됐어요." (연구참여자 2D)

본 연구의 참여자 11명은 공통적으로 한국에 유학 오기 전에 한국교육원이나 세종학당을 통해 한국어를 배운 경험이 있으며, 나머지 6명은 한국으로 유학 온 후 정규과정에서 한국어를 배우기 시작했다. 연구참여자들의 또 다른 공통점은 영어를 어렸을 때부터 배운 경험이 있어서 유창하게 구사할 수 있다는 것이다. 한국교육원과 세종학당 외에는 독학하고, 유튜브나 한국어 과외 수업을 통해 추가로 한국어를 습득한 참여자들도 있었다.

2) 한국 대학 사전조사 및 서류 준비

연구참여자 2D는 1년에 한 번 열리는 한국유학박람회를 통해 한국 대학들에 대한 정보를 수집하고 관심 있는 대학에 전자우편을 보내 입학 조건 등에 대한 사전조사를 했다. 그녀는 본인에게 맞는 조건의 대학교를 찾기 위해 시간을 많이 할애했다. 또한 주변 한국인 교수들과 한국인 지인들에게 한국 대학에 대한 추천을 받았다. 유학은 돈과 시간이 많이 소모되기 때문에 인정받을 수 있는 한국 대학교를 찾기 위해 조사했다.

> "특별하게 준비한 적이 없고 한국어만 열심히 배웠어요. 한국유학박람회에서 한국 대학들에 대해 정보를 수집하고 조사했어요. 궁금한 대학들에 이메일 보내고 유학에 대한 모든 정보를 수집했어요. 어떤 장학금이 있고 어떤 조건으로 입학할 수 있는 것에 대해 주로 알아봤어요. 대학 조건이 저랑 맞는 곳을 찾으려고 시간을 많이 냈어요. 한국인 교사들과 한국인에게도 물어보고 대학 추천을 받으려고 노력했어요. 그래도 우리보다 한국인이 어떤 학교가 좋은지 잘 알잖아요. 그래서 제가 좋은 대학을 찾으려고 주변 사람들을 귀찮게 했어요. 유학 가게 되면 돈도 쓰고 시간도 아깝기 때문에 될 수 있으면 좋은 학교의 학위를 받고 싶죠. 그래서 인정받을 수 있는 대학을 중심으로 조사했어요." (연구참여자 2D)

연구참여자 2E는 유학 준비를 할 때 부모님과 같이 어떤 분야가 좋은지, 인기 있는지 조사했다. 연구참여자 2E는 유학 가면 체계적으로 수행하고 꼭 졸업까지 해야 한다고 생각하고 있었다. 이는 유학 가서 학업 실패로 중간에 포기하고 고향으로 돌아온 학생들이 많이 있었기 때문이다. 한국의 유학 제도가 연구참여자 2E 나라의 교육 제도와 많이 달라서 귀국하게 되면 학업을 계속할 수 없다고 했다. 연구참여자 2E는 대학들의 장단점을 꼼꼼히 살펴본 후 한국 유학을 준비했다. 추가적인 정보를 얻기 위해 한국에 거주하는 친척들에게 연락하고 한국에 있는 좋은 학교들에 대한 정보를 얻었다. 5개 대학교를 소개받은 그녀는 각 대학교의 홈페이지에 들어가 입학 조건을 다 읽어보고 정리하여 자신의 조건에 맞는 대학교를 선택한 후에 필요한 서류들을 준비했다.

> "유학 준비를 할 때 우리 부모님과 같이 어떤 분야가 좋은지, 인기 있는지를 조사해봤어요. 왜냐하면 전문 분야에 수요가 있고 저에게 적합한 직업을 쉽게 찾을 수 있어야 좋은 것인데, 안 그러면 시간 낭비예요. 유학 가면 정말로 시간과 돈을 쓰면 체계적으로 수행하고 졸업까지 해야 된다고 생각해요. 왜냐하면 유학 가서 실패해서 포기하는 사람들이 많다고 SNS에서 많이 읽어봤어요. 한국 유학 제도가 우리나라 교육 제도와 다르기 때문에 귀국하게 되면 학업을 계속할 수도 없어요. 그래서 우리 부모님과 다 알아보고 장단점을 고려하고 한국 유학을 선택하고 준비하기 시작했어요. 한국에 거주하는 친척들에게 연락하고 한국에 있는 좋은 학교들 알아봐 달라고 했어요. 그다음 학교 홈페이지에 들어가서 입학 조건 같은 것들 다 읽어보고 정리했어요." (연구참여자 2E)

연구참여자 2E가 부모님과 함께 유학 준비를 했다면, 연구참여자 2M의 경우에는 부모님이 주로 정보를 알아보고 유학 준비를 해주셨다. 한국 사람들과 같이 일하시는 부모님은 사장님의 소개로 한국 유학센터를 운영하는 한국인을 소개받았다. 그 한국 유학센터는 한국 대학에 대한 정보를 찾아주고 모르는 것을 매우 친절하게 설명해주었다고 했다.

연구참여자 2N은 다른 연구참여자들과 달리 한국교육원을 통해 한국 유학에 대한 정보를 얻었다. 한국교육원은 1년에 봄 학기와 가을 학기 두 번에 걸쳐 한국 대학에 대한 홍보를 홈페이지에 게시한다. 한국 유학과 관련된 홍보 중 조건이 맞는 대학교를 선택하여 서류 지원을 하면 한국교육원이나 Skype 플랫폼을 활용하여 입학 면접이 이루어지는데, 연구참여자 2N은 선택한 대학 입학팀 담당자가 직접 와서 면대면 면접을 봤다. 연구참여자 2N은 면접에 합격하고 한국으로 유학 왔다.

> "저는 한국교육원을 통해서 한국 유학에 대해서 정보를 찾았어요. 1년에 두 번 봄가을 학기 전에 교육원 홈페이지에 여러 가지 학교들의 홍보가 떠요. 원하는 대학교를 선택하고 서류를 준비하고 신청한 다음에 교육원에서 면접을 보거나 그 해당되는 학교에서 Skype를 통해서 면접을 해요. 제가 선택한 대학교는 한국에서 입학처 팀이 와서 직접 면접을 받았어요." (연구참여자 2N)

3) 전공 선택

종종 전공과 대학 선택은 성공적인 취업, 비즈니스 및 개인 의사소통 범위, 관심사 및 개인 삶의 우선순위에 영향을 미친다. 외국의 교육 기관을 선택할 때 대부분 전공을 매우 신중하게 조사하고 선택한다. 대학에서 전공을 선택하는 것은 대학을 결정하는 것과 마찬가지로 어려운 일이다. 특히, 전공을 선택할 때는 자기이해, 환경, 진로 목표, 직업 세계에 대한 이해, 대학 전공에 대한 이해를 전체적으로 고려해야 한다. 특히, 대학 생활이 전공 영역별로 구분되어 있고, 전공 자체가 일반적으로 미래의 진로와 직접적으로 연결되어 있다(이건남 · 정철영, 2009). 따라서 전공에 대한 선택은 개개인의 대학 생활뿐만 아니라 미래의 직업 선택과 삶에도 중요한 영향을 미칠 수 있어 매우 중요하다(Logue, 2005). 즉, 학생들이 전공을 선택할 때는 대학을 졸업한 후에 갖고자 하는 직업의 사회적 지위나 기대되는 소득 등을 고려해야 한다는 것이다.

연구참여자들의 전공은 다양하게 나타났다. 연구참여자 중 5명이 경영학을 전공하고 있다는 것을 알 수 있다. 연구참여자 2A는 경영학과를 선택한 이유를 친구들과 지인들 사이에 가장 인기 있는 학과이기 때문이라고 설명했다. 이는 전공 선택의 외부적 요인으로 주변 사람들의 영향을 받은 것으로 해석된다. 경영학에 대한 관심은 해외 프로그램을 통해 가지게 되었다. 전공 선택에서 연구참여자 2A는 경제학과와 경영학과 중 어느 것을 선택할지 고민했다. 그는 경영학 전문가들의 수요가 많다고 판단하여 결과적으로 경영학을 선택했다. 또한 연구참여자 2A의 고향인 우즈베키스탄에서 최근 10년 동안 인기 있는 전공은 한국어, 중국어, 일본어여서 전공하는 학생들이 많고 졸업 후 통역사가 되는 경우도 많다고 했다. 이처럼 경쟁이 심한 전공을 선택하게 될 경우, 미래 진로에 대한 불안감 때문에 전공을 경영학과로 결정했다. 또한 한국에서의 경영학 전공의 장점은 경영학을 배우는 것뿐만 아니라 한국어도 같이 배울 수 있어서 좋다고 했다.

"경영학을 선택한 이유가 가장 인기 많은 학과이기 때문이에요. 경영학과를 졸업하면 전문가가 될 수 있어요. 사실은 해외 프로그램들을 많이 보면서 경영학에 대해서 관심을 가지게 되었어요. 경영 전문가들이 수요가 있다고 할 수 있어요. 다른 전공을 선택하면 미래 진로에 대한 불안이 생길 것 같아요. 왜냐하면 경영학을 전공해도 경쟁이 있기 때문에 취업이 바로 안 될 수도 있는데 외국어를 전공하는 사람들이 너무 많아요. 특히 우리나라에서 한국어, 중국어와 일본어가 가장 인기 있는 전공들이라 배우고 통역사 된 사람들이 되게 많아요. 그래서 경영학을 한국에서 전공하면 경영뿐만 아니라 외국어도 배워요. 외국어를 전공하면 외국어만 배워요." (연구참여자 2A)

연구참여자 2B는 어렸을 때부터 경영에 재능이 있어 고등학교 때 어머니와 같이 한국 물건을 수입 판매하는 사업을 했다. 사업을 하면 할수록 이 직업이 마음에 들었다고 했다. 연구참여자 2B는 본인이 선택한 대학교의 비즈니스스쿨을 10점 만점에 6점으로 평가했다. 그는 이 학교 교육의 질은 썩 나쁘지 않지만 학교 서비스만 좋다고 했다. 대학교수들을 부정적으로 평가하면 다른 대학에 비해 전문성이 떨어진다고 지적했다. 그리고 이 대학교의 경영학과를 선택한 이유 중의 하나는 전액 장학금 때문이라고 말했다. 연구참여자는 본인이 선택한 대학교에서 성적에 따라 100% 전액 장학금을 주는데, 이러한 기회를 놓치고 싶지 않았다고 했다.

"고등학교 때 엄마랑 한국 물건을 가져가고 우즈베키스탄에서 팔았어요. 그때부터 사업했어요. 사업을 하면 할수록 마음에 들었고 저에게 맞는 일이라는 것을 느끼게 됐어요. 우리 학교의 비즈니스스쿨을 평가해보면 10점 만점에서 6점이에요. 교육 질이 너무 좋다고 할 수 없어요. 학교의 서비스 등은 좋은데 교수들은 좀 다른 학교에 비해서 충분히 전문성을 가지고 있는 거 아니라고 생각해요. 면접만 보고 장학생으로서 입학했어요. 100% 장학금을 지원해주는데 그런 기회를 놓칠 수가 없었어요." (연구참여자 2B)

연구참여자 2C는 기능을 고려하여 경영학과를 선택했다. 경영학과를 졸업하면 비즈니스 분야뿐만 아니라 재무, 인사 등의 분야에 취직할 수 있다고 했다. 그렇기 때문에 경영학과를 졸업한 학생들은 여러 가지 분야에서 일할 기회가 있다고 했다. 다른 학과들보다 경영학과 졸업생들은 어느 나라에 가도 취업할 가능성이 크기 때문이다. 또한 연구참여자 2C는 한국 대학의 경영학과가 시스템이 잘 구축되어 있어서 한국 졸업장이 전 세계에서 인정될 것이라고 믿고 있었다.

"경영이라는 것은 비즈니스 관리, 비즈니스 운영 및 의사 결정의 실행 또는 관리, 인력 및 기타 자원의 효율적인 조직이 포함돼요. 일반적으로 경영학에는 관련 재무, 인사 등 광범위한 관리 기능이 포함돼요. 그래서 경영학과를 졸업한 학생들은 여러 가지 분야에서 일을 할 수 있어요. 다른 학과들보다 경영학과 졸업생들은 어느 나라에 가도 취업을 할 수 있는 가능성이 있어요. 제가 미래에 대한 아무 걱정을 안 하고 열심히 공부하기만 하면 돼요." (연구참여자 2C)

문화경영학과를 선택한 연구참여자 2D는 이 학과를 유튜브 강의를 통해 알게 되었다. 그녀는 다른 친구들과 함께 경영학과에 입학하고자 했는데, 문화경영학에 흥미를 느껴서 이 학과를 선택하게 되었다고 했다. 연구참여자 2D는 문화경영학을 전공하는 동안 한국의 아름답고 재미있는 공간을 방문하여 새로운 지식을 얻게 되었다. 그녀는 문화경영학 분야에서 뛰어난 전문가가 되고 싶다고 했다. 그 이유는 연구참여자 2D가 여행사를 오픈할 계획이 있기 때문이다.

> "저는 문화경영학이라는 학과가 있는 것을 유튜브 온라인 강의를 통해서 알게 되었어요. 원래 저도 다른 친구들처럼 경영학과로 가려고 했는데 문화경영학과에 흥미를 느끼고 이 학과를 선택하게 되었어요. 문화경영을 전공하는 동안 여러 가지 재미있고 예쁜 곳들도 방문하고 새로운 것들을 배웠어요. 다른 사람들이 잘 모르는 것을 하니까 너무 좋아요. 대학 졸업하고 나중에 여행사를 차리고 싶은데 이 목표를 이루기 위해 문화경영학과를 전공할 수밖에 없어요. 그래서 이런 학과가 있는 걸 알게 되자마자 문화경영에 대한 사전 공부를 하기 시작했어요." (연구참여자 2D)

연구참여자 2E는 초등학교 때부터 영어를 공부해왔다고 했다. 초등학교에서는 일주일에 세 번 영어 수업이 진행되어야 해서 우즈베키스탄 청소년들은 영어를 대부분 할 수 있다고 했다. 연구참여자 2E는 어렸을 때부터 영어 교사가 꿈이었다. 영어를 잘하기 위해 영어책과 동화 및 영어 노래를 많이 읽고 들었다고 했다. 그녀는 한국에서 영어영문학을 전공하게 되어서 너무 좋다고도 했다. 왜냐하면 우즈베키스탄과 달리 한국에서는 영어권 친구들을 사귈 기회가 많고, 영어권 교수에게서 영어를 배울 수 있기 때문이다. 이런 점에서 그녀는 자신의 전공에 만족하고 있다는 것을 알 수 있었다.

"영어영문학이에요. 어렸을 때부터 영어에 대한 관심이 많았습니다. 우리나라에서는 초등학교 1학년부터 일주일에 세 번씩 영어를 배웠어요. 정부의 관심이 크기 때문이에요. 우즈베키스탄에서 다들 영어를 어렸을 때부터 배워요. 저도 어렸을 때부터 영어 선생님 되고 싶었어요. 그래서 영어책도 많이 읽고 영어 동화도 많이 봤어요. 유학 오고 나서 영어권 친구들과 원어민 교수들도 많이 있지만 우리나라에서 공부했으면 영어권 사람을 만날 기회가 없었어요. 그래서 한국 유학에 대한 만족스러워요. 좋은 기회를 주니까요." (연구참여자 2E)

연구참여자 2G는 대사가 되고 싶어서 정치외교학과를 선택했다. 어렸을 때 아버지가 대사인 친구가 있었는데, 아버지를 따라 전 세계를 돌아다니며 경험한 친구를 몹시 부러워했다. 그녀는 나라를 대표할 수 있는 대사가 되기 위해 정치를 전공해야 한다고 생각했다. 그렇기 때문에 고등학교 때부터 이 분야에 관심을 가지고 온라인 강의를 통해 독학했다. 정치학이 적성에 맞을 것이라 생각하고 전공을 선택한 후 한국에서 유명한 교수들을 통해 다양한 분야를 배우고 있다고 자랑했다.

"정치외교학과를 선택한 이유는 꿈 때문이에요. 어렸을 때 친한 친구가 있었는데 아버지가 대사였어요. 대사이기 때문에 전 세계를 돌아다니고 살아왔던 경험이 있었어요. 저도 우리나라를 대표하는 사람으로서 대사가 되고 싶어요. 그래서 고등학교부터 이 학과에 대한 관심을 두게 되었고 온라인 강의도 많이 들어봤어요. 입학하고 나서 교수님들이 해주시는 강의 내용이 재미있으므로 강의에 몰입돼요. 우리 학과 교수들이 다 유명하고 훌륭한 교수들이에요. 이런 훌륭한 교수에게

지식을 받으니까." (연구참여자 2G)

연구참여자 2I는 한국어에 관심이 많아서 장래에 한국어 교수가 되는 것이 꿈이었다. 그녀는 본국에서 좋은 한국어 교재로 한국어를 배웠다고 했다. 외국어를 배울 때 가장 중요한 것이 교재 선택과 수업 내용이라고 말했다. 교재와 수업 내용에 따라 학습자의 만족도가 좌우되기 때문이다. 연구참여자 2I는 한국 사람처럼 한국어를 유창하게 하고 싶지만, 한국어가 외국어이기 때문에 모국어처럼 하기에는 어렵다고 아쉬워했다. 그녀는 한국어를 열심히 공부하고, 한국 교수의 교수법과 강의 방식을 배워서 모국 대학에 가서 한국어를 가르치고 싶다고 했다.

"한국어에 대한 관심이 많고 한국어 교수가 되고 싶은데 그래서 선택했어요. 고향에서 한국어를 배웠을 때 책들이 마음에 들었어요. 질이 좋고 사진들도 예쁘게 나왔어요. 외국어를 배울 때 교과서들과 수업 내용이 중요해요. 제가 완벽하게 하는 성격이라 한국어도 한국 사람처럼 유창하게 하고 싶어요. 한국어를 한국 사람처럼 하려면 아직 멀었어요. 우리나라 교수들의 교수법과 강의 방식이 옛날 방식들이라 그런 것에 대해서도 배우고 싶어요. 실제로 한국어를 한국인 선생님들이 어떻게 가르치는지 궁금해요." (연구참여자 2I)

연구참여자 2N은 한국 회사에 취업하기 쉬운 분야라고 생각해서 국제학부를 선택했다. 또한 인문대가 적성에 맞는다고 했다. 친구들을 통해 국제학부를 알게 되었고, 중앙아시아에서는 이 전공이 최근에 유명해졌다고 했다. 국제학부에 입학하기 위해서는 한국어를 별도로 공부하고 시험에 응시할 필요가 없으며, 영어 실력만 증명하면 충분히 입학이 가능하므로 중앙아시아 학생들이 이 전공을 선호한다고 했다.

> "한국 회사에 취직하려면 가장 좋은 전공은 국제학부라고 생각해요. 그래서 이 학과를 선택했어요. 저는 이공계보다 인문대가 잘 적성에 맞아요. 국제학부에 대해서 친구들한테서 많이 들었어요. 국제학부는 중앙아시아에서 인기 있는 학과예요. 왜냐하면 국제학부에 입학하려면 한국어를 몰라도 돼요. 모든 수업을 영어로 하기 때문이에요. 그래서 한국어를 몰라도 영어 시험을 보고 합격하면 지원할 수 있어요. 우리 학과에 경제, 경영과 국제경제가 다 포함되어 있어요. 한꺼번에 여러 분야를 배울 수 있어요." (연구참여자 2N)

전공은 어떤 지식이나 기술 수준을 달성하기 위해 이론과 더불어 실질적 부분을 통합적으로 연구하는 학문 분야다. 이에 대한 만족은 개인의 생활을 구성하는 활동으로부터 기쁨을 느끼는 것이다(왕용 · 최우성 · 나상문, 2016). 따라서 유학생들이 한국 대학에 입학할 때, 단순히 한국어능력시험을 통해 선발하기보다는 적성 및 흥미도 테스트 및 전공을 선택한 동기, 졸업 후 직업관 등에 대한 충분한 사전 검증을 통해 선발해야 할 것이다. 연구참여자들은 선택한 전공에 대해 후회하지 않고 밝은 미래를 기대하면서 만족하는 것으로 확인되었다.

7장

대학 생활에서의 문화적응 양상

1. 문화적응 범주

고려인 유학생은 한국이 '조상의 나라'임에도 한국에 대한 직접적인 경험이 전무한 상태여서 오베르그(Oberg, 1960)의 주장처럼 문화충격을 경험하는 것은 자명한 일이다. 문화충격이라는 현상은 본질적으로 두 가지 형태가 있다. 개인이 자신의 시야를 넓히면서 새로운 방식으로 세상을 바라보는 렌즈를 가지는 형태, 새로운 가치관과 문화적 현상으로 인해 개인에게 다양한 정신적 장애와 스트레스로 이어지는 형태가 있다.

오베르그(1960)에 의하면, 타문화에 이주하여 적응할 때 네 단계의 정서적 반응 단계를 거친다.

첫 번째는 밀월 단계로, 새로운 문화와 만나서 황홀, 감탄, 열정을 느끼는 단계다. 두 번째는 위기 단계로 초기의 밀월 단계가 끝나고 이민 사회에 적응하는 과정에서 좌절, 불안, 분노, 부적절함 등을 느끼는 단계다. 세 번째는 회복 단계로 적응과정에서의 위기를 해결하고자 적극적으로 대처하며 이민 사회의 문화를 배워가는 단계다. 네 번째 단계는 적응 단계로 새로운 환경을 즐기고 기능적으로도 유능해지는 단계다. 고려인 유학생의

〈표 7-1〉 고려인 유학생의 대학 생활에서의 문화적응 범주화

대범주	중범주	소범주
유학 밀월 단계	고향 친구들과 지인들과의 의존적 관계	- 친척과 친구들을 통한 심적인 안정감 - 한국어 교사와 친구들과의 즐거운 추억
	한국인 친구와 대학관계자로부터의 수혜적 입장	- 한국인 교수와 친구의 지원 - 학교 직원의 도움
	새로운 학교문화에 대한 기대	- 체계적인 교육시스템 - 고국에서는 상상도 하지 못한 학교문화와 행사
유학 위기 단계	대학 생활의 차이로 인한 정체성 위기	- 한국어 습득과 의사소통의 어려움 - 한국어 강의와 영어 강의 - 한국에서의 교육시스템과 강의법 - 한국 대학의 강의 분위기 - 대학 생활에서의 스트레스 - 대학 생활에서의 차별과 무시 - 재정적인 어려움
	가치관의 차이로 인한 정체성 위기	- 대인관계에서의 어려움 - 관점의 차이로 인한 어려움
유학 회복 단계	정상적인 대학 생활을 위한 노력	- 한국어 실력 향상을 위한 노력 - 여가활동을 통한 스트레스 대처하기
	체념을 통한 마음의 안정	- 교수 강의법에 대한 포기 - 친구 사귀는 것에 대한 포기 - 자원봉사를 통한 자존감 회복
	상호적 문화교류	- 자원봉사를 통한 문화교류 - 의사소통의 다름을 인정 - 한국 사람으로부터 인정받고 싶은 욕구
유학 적응 단계	대학 생활을 포용적으로 바라보기	- 학교 활동을 통한 학업 문제 극복 - 대학 강의에 익숙해지기 - 한국 대학에 대한 긍정적인 평가
	폭넓은 대인관계 가지기	- 인간관계의 중요성 인식 - 주변 한국 사람들과 어울리기 - 선후배 관계의 인정 - 한국 사회 · 문화에 대한 긍정적인 평가 - 자원봉사를 통한 정체성 협상 - 성공적인 미래를 위한 발달과 성장

문화적응을 범주화하여 대학 생활에서의 단계별 내용을 보면 〈표 7-1〉과 같다.

2.
유학 밀월 단계

새로운 문화권으로 유입된 이민자는 초창기 문화적응 시기에 어느 정도 밀월 단계를 경험한다고 한다. 이는 새로운 문화권의 문화가 자신의 문화와 달라서 호기심으로 이문화를 바라보거나 신선하여 해당 문화를 즐기며 재미있어한다는 것이다. 따라서 이 시기에 이민자는 타문화를 새롭고 경이롭게 인식한다.

오베르그(1960) 역시 밀월 단계에서는 개인이 새로운 문화 환경을 긍정적으로 인식하는 것이 특징이라고 했다. 이 단계에서 새로운 문화에 매료되고, 영감과 열정에 압도되어 희망으로 가득 차며, 항상 좋은 분위기를 동반한다. 또한 주변 사람들이 자신의 서툰 외국어를 이해하는 것만으로도 행복감을 느낀다. 다만 밀월 단계에서는 피상적인 지인과의 관계로만 제한되어 있어 자신이 원어민의 언어를 제대로 이해하지 못하는 것에 대해서는 그렇게 중요하게 여기지 않는다.*

---

* 기존 연구 결과들에서는 흔하게 나온 밀월 기간이 외국인 유학생에게 없었다는 것으로 보고되어 있다. 그 이유는 모든 외국인 유학생이 처음 한국에 도착한 후 대학교가 요구하는 서류를 제

연구참여자 중에는 ○○대학교 어학당*에서 보낸 시간을 추억하며 한국 생활에 대한 블로그를 시작하고 한국 사진들과 영상들을 기록한 학생들도 있고, 같은 어학당에서 한국어를 열심히 공부하면서 문화 체험 시간에 선생님이나 반 친구들과 같이 서울에 있는 유적지를 구경한 학생들도 있었다. 그뿐만 아니라 주말에 친구들과 외국인이 많이 찾아가는 ○○대와 이태원에 가서 여가를 보낸 학생들도 있었다.

이와 같이 밀월 단계에서는 한국문화가 새롭고 주변에서 자신을 긍정적으로 받아들이는 등 관심을 받는 경우가 많다. 본 연구참여자들도 밀월 단계에서 이러한 느낌을 경험했다. 또한 장학금 지원을 받지 못해 자비로 온 유학생들은 대부분 경제적 부담감으로 인해 아르바이트하며 생활하기 때문에 어려움을 경험한다. 그러나 본 연구참여자들은 대부분 장학금을 받고 한국으로 온 유학생들이어서 경제적인 어려움을 느끼지 않았고, 장학금으로 생활하며 모든 시간을 한국어를 배우는 데 집중하고 있었다. 고려인 유학생이 밀월 단계에서 구체적으로 경험하는 사례들을 살펴보기로 하겠다.

출하고, 숙소를 찾아 짐을 풀고 정착하는 등 계속되는 긴장 상태에 있기 때문이다. 그렇기 때문에 한국 사회와 문화를 누릴 수 있는 심리적인 여유가 없다고 보고되어 있다(장안리, 2017).

* 대학 부속 한국어학당은 1959년 연세대학교를 시작으로 하여 현재 많은 대학에서 운영하고 있다. 한국어학당의 프로그램을 살펴보면, 정규과정, 오후과정, 전문반과정, 야간과정, 3주 단기과정, 온라인 강의, 여름특별과정, 위탁과정 등 한국어를 배우려는 외국인 학생들의 일정을 고려하여 다양하게 운영되고 있다.

1) 고향 친구들과 지인들과의 의존적 관계

(1) 친척과 친구들을 통한 심적인 안정감

연구참여자 2B의 외할머니는 사할린 한인이어서 한국 국적을 취득하여 한국에서 거주한다. 연구참여자는 한국으로 유학 온 후, 학기가 시작될 때까지 외할머니 집에 거주하면서 외할머니와 즐거운 시간을 보냈다. 그녀에게 한국에 거주하는 외할머니는 큰 도움과 의지가 되었다는 것을 확인할 수 있었다.

> "우리 외할머니가 한국 국적이잖아요. 그래서 제가 한국에 도착했을 때 공부 시작하기 전까지 외할머니 집에 지냈어요. 매일 외할머니가 만들어주신 밥을 먹고 저녁에 같이 산책하고 좋은 시간을 보냈어요. 학기가 시작하자마자 기숙사로 옮기고 같이 한국에 왔던 친구들과 생활했어요." (연구참여자 2B)

연구참여자 2C는 가족과 떨어져 처음으로 혼자서 생활하기 시작하는 것을 많이 두려워했다. 혼자서 기숙사에서 살 것이라는 생각은 그녀를 두렵게 했다. 그러나 유학하러 같이 온 고향 친구와 같이 생활하게 되어 생각보다 어려움을 느끼지 않았다. 연구참여자는 고향 친구와 공부하는 분야가 서로 다를지라도 학교에서의 모든 행정적인 일을 같이하며 서로 의지하고 있었다.

"제가 처음으로 기숙사에서 살 거라고 걱정을 많이 했는데 저랑 같이 유학 왔던 친구와 같이 살고 함께 시간을 보내서 어려움을 느끼지 않았어요. 수업 끝나면 학교 주변을 돌아다니고 어디에 뭐 있는지를 다 구경해봤어요. 친구랑 같이 시장 가서 맛있는 것들 사 와서 저녁을 먹었어요. 학과가 달라도 행정적인 일을 다 같이 보고 서로 의지가 된 것 같아요." (연구참여자 2C)

연구참여자 2E는 우즈베키스탄 출신 선배들로부터 도움을 많이 받았다. 선배들과 같이 거주하고 있는 I시를 구경하고 자신들의 입에 맞는 식당을 찾아다니며 즐거운 시간을 보내기도 했다. 그래서 학기가 시작되기 전 3주가 한국 유학 생활에서 가장 기억에 남는 추억이라고 했다.

"우리보다 한 학기 먼저 온 우즈베키스탄 선배들이 있었는데 그 선배님들 덕분에 시간을 너무 잘 보낸 것 같아요. 여기 I시에 있는 모든 문화적인 공간을 구경했어요. 우리는 학기가 시작하기 3주 전에 한국에 왔거든요. 그래서 맛집 찾아다니고 공원들 구경하고 즐거웠어요. 그 3주가 잊지 못 할 추억의 시간이었어요." (연구참여자 2E)

연구참여자 2G는 고등학교 친구 6명과 한국으로 유학 왔다. 같이 온 친구들은 고려인이 아니라 다른 민족 출신이었지만, 고등학교에서 방과 후 수업으로 한국어를 같이 배웠다. 고향에서 한국 유학 준비 과정도 같이하고 한국에 유학 온 후에도 서로 상부상조하기 때문에 외로움을 느끼지는 않는다.

"한국에 6명이 같이 왔거든요. 같은 고등학교 친구들과 시험 보고 합격해서 한국에 유학 오게 되었어요. 민족이 달라도 다들 같이 고등학교 방과 후 한국어 수업에서 알게 되고 친구가 되었어요. 그 이후에 한국에 오기 전까지의 유학 준비 과정을 같이하고 한국에 오고 나서도 모든 일을 서로 알려주고 했어요. 이렇게 모여서 하니까 도움이 되고 외롭지 않았어요." (연구참여자 2G)

연구참여자 2F의 오빠와 언니는 그녀가 유학 오기 전부터 먼저 한국에서 유학 중이었다. 유학 경험이 있는 형제들 덕분에 연구참여자는 한국에 도착한 후 언니의 도움을 받아 대학 생활에 필요한 모든 정보를 받았다. 또한 대학 새내기들이 거치는 과정을 언니와 함께 거쳤기 때문에 어려움을 경험하지 않았다. 또한 형제들이 같이 한국에 와 있어 부모님이 연구참여자에 대해 걱정하지 않는다고 했다.

"저는 한국에 언니와 오빠가 있잖아요. 둘이 저보다 먼저 왔기 때문에 한국 교육시스템과 신입생이 필요한 모든 것에 대해서 잘 알아요. 그래서 학기 전 준비해야 하는 것들을 언니랑 같이했어요. 병원 가서 검사도 받고 비자 신청도 했고 언니가 곁에 있어서 유학 온 느낌이 들지 않았어요. 가족이 곁에 있으면 힘들어도 그 힘듦이 잘 안 느껴지는 것 같아요. 다 같이 있으니까 부모님도 걱정 안 하시고 저도 편했어요." (연구참여자 2F)

연구참여자 2H는 주말마다 서울에 있는 친구들을 찾아가서 친구들과 같이 서울에서 놀고 좋은 시간을 보냈다.

"주말마다 친구들과 서울 다녔어요. 신기해서 서울에 매주 가는 것이 습관이 됐어요. 서울에 5~6명 같이 가고 새벽까지 놀고 아침에 기숙사에 왔었어요. 첫 학기 때 뭐 신청했던 수업들은 그렇게 어렵지 않았어요. 그래서 과제도 많지 않았기 때문에 주말에 놀 시간이 있었어요." (연구참여자 2H)

한국에 도착한 후에 특별한 어려움과 스트레스를 경험하지 못한 연구참여자들의 공통된 특징은 한국문화를 적극적으로 즐기며, 여행을 했다는 것을 꼽을 수 있다.

(2) 한국어 교사와 친구들과의 즐거운 추억

학업을 본격적으로 시작하기 전에 한국어능력시험을 특정 수준 이상 획득해야 하는 외국인 유학생들의 경우에는 긴장감을 가지고 한국 유학 생활을 보내곤 한다. 한국어능력시험을 통과하지 못한 외국인 유학생들은 정규과정을 시작하기 전에 한 학기 동안 자비로 어학연수 프로그램에 참여해야 하는데, 이는 어느 정도의 한국어 수준을 요구하는 대학들의 입학 조건이 있기 때문이다. 이러한 조건으로 인해 일부 유학생들은 밀월 단계를 거치지 않고 더욱 스트레스를 받으면서 지내기도 한다.

또한 정부 초청 프로그램을 통해 유학 온 외국인 유학생들의 경우, 어학연수를 지방에 위치한 대학에서 수료해야 하므로 지방에서 짧게는 6개월, 길게는 1년 6개월 동안 거주해야 한다. 서울보다 다양성에 대한 수용도가 떨어지는 지방 생활은 외국인 유학생에게 큰 불편함으로 다가오며, 이로 인해 스트레스를 경험하게 된다. 또한 지방 대학의 경우에는 외국인이 많지 않고 현지인이 주로 사투리를 사용하기 때문에 한국어를 배우는 데 어려움이 더욱 가중된다. 그뿐만 아니라 외국인을 접한 경험이 있는 한국 사람들을 만날 기회와 자신과 비슷한 상황의 외국 사람들을 접할 기회도 거의 없다. 그 밖에 고향 음식을 접할 수 없어 가장 힘들다는 경우도 있었다. 하지만 본 연구에 참여한 고려인 유학생들은 음식 때문에 큰 어려움을 느끼지 않았다. 고려인 말을 사용하는 고려인 유학생은 사투리도 어느 정도 이해할 수 있었다.

연구참여자 2I는 한국에 들어오기 전에 한국어 실력은 중급이었지만, 토픽 시험을 본 적이 없어 1년 동안 대구에서 어학연수 프로그램을 거친 다음 한국어능력시험을 통과한 후 대학 공부를 시작했다. 대구에 아는 고려인이 있어 다양한 고려인 모임에도 참여하며 좋은 경험을 쌓았다. 또한 대구에는 중앙아시아 사람들이 많이 모여 살고 있어 관련 음식점이 많아 음식으로 인한 어려움을 경험하지 않았다. 어학연수 프로그램에서는 한국어 교사들이 표준어를 사용했고 학교 밖에서는 사투리를 주로 접했지만, 대구 사투리가 고려인 말과 비슷하므로 이해하기가 어렵지 않았다고 했다.

"저는 1년 동안 대구에서 어학연수 프로그램을 듣고 한국어능력시험을 통과한 다음에 서울로 왔거든요. 처음에 한국에 왔을 때 한국어 실력은 중급이었는데 토픽 시험을 본 적이 없어서 한국에서 시험 보게 되었어요. 그래서 대구로 가게 되었어요. 다행히 대구에 아는 고려인들도 있었고 고려인 모임들도 있었어요. 부모님께서 아는 사람들도 있었어요. 그리고 대구에서 중앙아시아 사람들이 많이 거주하잖아요. 그래서 우즈베키스탄 식당과 러시아 식당이 되게 많았어요. 고향 음식

먹고 싶을 때 친구들과 찾아가 먹었어요. 저는 원래 한국 음식도 잘 먹긴 해요." (연구참여자 21)

밀월 단계는 앞서 언급한 것과 같이 새로운 한국문화 속에서 자신이 긍정적으로 받아들여지게 됨을 느낀다. 연구참여자들은 친구들과 어학당 선생님들이 자신에게 친절하게 대해주고 언제든지 도움을 주려고 했다는 것을 알 수 있었다. 또한 같이 생활한 친구들은 모두 외국인 유학생이거나 본국 출신이어서 특별히 어떤 갈등이 발생하거나 문제가 된 적은 없었다. 또한 본 연구참여자들은 대부분 장학금을 받고 온 유학생이어서 경제적 어려움에 대한 경험은 밀월 단계에서는 나타나지 않았다.

2) 한국인 친구와 대학관계자로부터의 수혜적 입장

(1) 한국인 교수와 친구의 지원

대학 사회에서의 인적 상호작용 관계라는 것은 대학 구성원인 교수 · 학생 · 행정가 · 관리자 및 경영자 등의 상호교섭 혹은 통합관계라고 할 수 있는데, 이 가운데서 가장 중요하고 직접적인 관계는 역시 교수와 학생 간의 관계일 것이다. 모든 관계와 마찬가지로 교수와 학생 간의 관계도 상호 존경과 신뢰를 바탕으로 형성된다. 이러한 기본적인 관계에 기초해서 대학이라는 공동체가 성립할 수 있다. 왜냐하면 이와 같은 관계가 학생들의 일상생활뿐만 아니라 교육에서 학생들의 성격 형성이나 학습효과에도 영향을 미치기 때문이다(서창원, 1995).

고려인 유학생들은 한국에 유학 와서 한국 교수들과 학생들의 도움을 받았다. 그들은 적극적으로 도와주는 한국 교수들 덕분에 대학 생활 초기 때 어려움을 거의 경험하지 않았다. 연구참여자 2D는 한국에 오기 전에 우즈베키스탄에서 한국 교수의 소개를 받아 유학 온 후, 적극적으로 연락하면서 도움을 받았다. 그녀는 항상 자기를 응원해주는 교수님에게 고맙다고 했다. 연구참여자는 교수가 고려인 유학생들을 배려하는 이유는 우즈베키스탄을 여러 차례 방문하고 우즈베키스탄 사람들을 좋아하기 때문이라고 생각하고 있었다.

> "한국에 오기 전에 지금 공부하는 대학의 교수님을 우즈베키스탄에서 만나본 적이 있었어요. 학과가 달라도 한국 와서 그 교수님에게서 도움을 많이 받았어요. 아무도 없는 한국이었지만 응원해주는 사람이 있었기 때문에 힘내서 열심히 공부했어요. 그 교수님이 밥도 자주 사주시고 응원의 말씀도 많이 해주셨어요. 너무 고마웠어요. 한국 교수님들이 너무 착하시고 외국인 학생들에게 잘해주세요." (연구참여자 2D)

연구참여자 2I는 생활관에서 한국인 여학생 3명과 같이 생활한 경험이 있었다. 3명 중 미국 유학 경험이 있는 한국인 학생은 연구참여자에게 자주 도움을 주었다고 한다. 미국 유학 경험이 있는 한국인 학생은 유학 생활의 어려움을 잘 알기에 잘 적응할 수 있도록 응원하고 용기를 주었다. 연구참여자 2D와 2I는 해외 유학이나 방문 경험이 있는 한국 사람들은 외국인에 대한 태도가 좋다고 했다. 이는 외국인과 접해본 한국 사람들은 외국인의 입장을 이해하고 공감할 수 있기 때문이다.

"기숙사에 입실했을 때 한국인 여학생 세 명과 생활하게 되었어요. 세 명 중에 미국 유학 경험이 있는 언니가 계셨는데 저를 너무 예뻐해 주시고 같이 다니고 도움을 많이 주셨어요. 언니 부모님과 같이 밥도 먹고… 미국에서 살았을 때 언니를 도와준 미국 사람들 덕분에 유학 생활이 어렵지 않았기 때문에 한국어도 제대로 모르는 저를 도와주기로 하셨대요. 그 언니가 졸업하셨는데 우리 아직도 연락 주고받고 해요. 그렇게 곁에 좋은 한국인이 있으면 적응을 잘할 수 있는 것 같아요." (연구참여자 2I)

배려심이 많은 한국인 교수도 연구참여자 2K가 대학교에 입학할 때 많이 도와주었다고 했다. 외국인 유학생의 경우, 재정 증명서가 없으면 보호자 역할을 할 한국 사람이 필요하다. 연구참여자의 경우, 한국인 교수가 그의 보호자 역할을 대신 담당했다. 이를 통해 고려인 유학생들을 한 민족으로서 인정하고 도움을 주는 한국 사람들이 많이 있다고 생각한다.

"제가 어학연수 프로그램을 마치고 대학교에 진학할 때 K 대학교 출신 러시아어 전공하신 교수님의 도움을 많이 받았어요. 입학할 때 필요한 모든 서류를 준비할 때 도움을 주셨고 보호자의 역할을 해주셨어요. 친절하게 도와주는 교수님이 저를 혼자 두지 않고 도움이 필요할 때 거절하지 않으셨어요." (연구참여자 2K)

장기간에 걸쳐 교육 서비스를 제공받는 학생은 교수와의 상호 신뢰와 소통 관계를 유지하는 것이 교육성과 창출과 직접적인 관계가 있다(이영희, 2014). 교수와 학생 간 긍정적 관계는 학생 유지율(O'Keefee, 2013)과 학생의 교육성과(Klem & Connell, 2004; Antip, 2015)에 긍정적인 영향을 줄 뿐만 아니라 학생의 지적 · 사회적 성장(김희정 · 송인섭, 2013)과 자신감 형성에도 영향을 미친다(홍석범 · 황재욱, 2016). 또한 교수와 학생 간 따뜻하고 신뢰할 수 있는 관계를 유지하는 것은 학습자의 더 많은 노력과 자기효능감을 증가시키는 데 긍정적 영향을 미친다(Goodenow, 1993).

연구참여자들은 본국이나 한국에 도착한 후에 만난 한국인 교수들에게 도움을 많이 받았기 때문에 교수를 바라보는 시각도 긍정적이었다. 주변에 있는 여러 한국인 덕분에 초기 유학 생활 적응에서 많은 어려움이나 문제들을 해결할 수 있었다. 이러한 초기 경험은 대학 생활에서 좋은 대인관계를 유지하는 것이 중요하다는 것을 상기시킨다.

(2) 학교 직원의 도움

연구참여자들은 한국 유학 초기에 힘들고 어려웠을 때 교직원으로부터 도움을 많이 받았다고 했다. 문제가 발생했을 때 응원하고 도와주는 한국 사람들이 항상 곁에 있어주어 대학 생활에 적응하는 데 긍정적인 영향을 미친 것으로 보인다. 교직원들이 누군가에게는 친구, 누군가에게는 가족 역할을 담당해준 덕분에 고려인 유학생들은 외로움을 훨씬 덜 느꼈다. 한국 사람들의 친절한 태도는 고려인 유학생들에게 큰 힘이 되었다. 연구참여자 2G와 2H는 학교 직원들과 기숙사 직원에 대한 고마움을 많이 표현했다. 연구참여자 2G는 행정적으로 문제가 생기면 직원들의 도움을 많이 받아 그들에 대해 좋게 평가하고 있었다.

> "우리 학교 직원들이 되게 외국인 유학생들을 잘 도와줘요. 작은 문제가 생겨도 바로 학과에 찾아가서 물어봐요. 저처럼 자주 가서 물어보는 학생들이 많을 텐데 항상 친절하게 도와주시니까 너무 고맙죠." (연구참여자 2G)

기숙사에서 거주하는 연구참여자 2H의 경우, 경비 아저씨에 대해 많이 언급했다. 친절하게 인사를 매일 주고받는 아저씨는 연구참여자에게 따뜻한 위로의 말을 건네곤 했다. 이와 반대로 경비 아저씨의 인사를 무시하는 한국인 학생들의 태도에 불만을 가지고 있었다. 왜냐하면 경비 아저씨의 인사가 연구참여자에게는 부모를 대하는 것과 마찬가지라고 생각했기 때문이다.

> "기숙사에 경비 아저씨가 계시는데 너무 고마운 분이에요. 매일 인사하고 잘 지내냐고 물어보기도 하시고 방학 때 집에 못 갔을 때 따뜻한 말씀으로 위로해주셨어요. 그 아저씨가 모든 학생들에게 인사를 적극적으로 하시는데 한국인 학생들이 인사하지도 않고 받아들이지도 않아요. 누가 그렇게 기숙사에 오면 인사드리는 것은 너무 좋아요. 학교에서 집에 오면 부모님께 인사드리는 것처럼 느껴져요." (연구참여자 2H)

3) 새로운 학교문화에 대한 기대

(1) 체계적인 교육시스템

고려인 유학생들은 한국 대학의 교육이 매우 체계적이라고 표현했다. 심층면담을 통해 나타난 결과를 살펴보면, 대부분 연구참여자는 한국 대학의 행정, 학생 복지제도와 복지시설, 대학 분위기와 수업 분위기 그리고 대학관계자의 친절한 태도에 대해 매우 만족하고 있었다. 또한 학교의 훌륭한 교수진에 대한 만족감도 나타났다. 그 외에 연구참여자들은 재학 중인 대학 기관에 자부심을 느끼고 있으며, 대학 환경에 전반적으로 만족감을 나타냈다.

연구참여자 2D는 등록금을 낼 수 없어 휴학하면, 본국처럼 복학하기가 어려울 것이라고 걱정했다. 우즈베키스탄에서는 한국처럼 등록금 문제로 휴학은 물론 복학도 쉽지 않기 때문이다. 그래서 그는 한국 대학의 편리한 휴학 시스템에 만족했다. 온라인으로 어렵지 않게 휴학을 신청할 수 있는 것은 전혀 경험하지 못한 새로운 시스템이었기 때문이다.

"제가 한 학기 동안 등록금을 못 내서 휴학하게 되었거든요. 그래서 우리나라처럼 복학하기가 너무 어려울 거라고 생각했는데, 생각보다 어렵지 않았어요. 우즈베키스탄에서 휴학하려면 엄격한 이유가 있어야 되기 때문에 다들 건강 문제로 휴학을 해요. 한 번 휴학하면 다시 복학하기가 힘들어요. 여기에서 휴학하는 절차가 되게 쉬워요. 온라인으로 할 수 있기 때문에 별일이 아니에요. 복학하는 것도 금방 온라

인으로 진행할 수 있어요. 한국 교육시스템은 좋은 것 같아요" (연구참여자 2D)

무엇보다 외국인 유학생을 유치하기 위해 한국 대학마다 공통으로 가장 먼저 제시하는 것은 장학금이다. 일반적으로 대학에서의 장학금은 학교 자체 · 동문회, 개인 · 단체, 국가 또는 지방 공공단체 등에서 지급하는 것이 있다. 이는 성적이 우수하여 미래의 지도자로 성장할 자질이 있는 학생들, 입학성적 우수자에게 포상의 의미로서 지급하는 장학금, 학업 성적이 우수하지만 경제적으로 어려운 학생들에게 장학금을 지급함으로써 학업에 전념할 수 있도록 하는 복지제도다(신태진, 2003).

이 외에도 재외동포를 위한 장학금제도가 있다. 연구참여자들은 우수 학업 성적 재외동포 장학금, 한국 정부 초청 장학금과 대학에서 지원해주는 국제 장학금을 받고 한국에 유학 왔다. 이러한 한국 정부와 장학금을 지원해주는 재단들의 장학금제도에 대해 연구참여자 2F는 감사의 표시와 만족감을 보였다. 왜냐하면 한국 정부와 대학의 지원 덕분에 자신 같은 유학생들이 한국에 와서 공부할 기회가 생겼기 때문이다. 연구참여자는 이러한 기회를 제공해준 한국 정부에 고맙게 생각하며 열심히 공부에 정진해나가고자 한다.

"한국 교육시스템의 가장 좋은 부분은 장학제도예요. 한국 정부가 전 세계에 거주하는 외국인을 위해 매년 많은 돈을 내는 것 같아요. 한국인 학생들도 잘 못 받는 장학금을 외국인들이 받고 있어요. 저도 장학금을 받고 고맙게 생각하면서 공부하고 있어요. 한국 국민이 내는 세금으로 우리는 공부하는데 고맙게 생각해야 한다고 봐요." (연구

참여자 2F)

마리나와 필라(Marina & Pilar, 2012)는 교수와 학생의 관계는 긍정적인 관계가 되어야 한다고 주장했다. 이 연구에서 학생들은 교수와 편하게 만날 수 있고, 교수가 학생을 존중한다고 느낄수록 학생의 최종 성적이 높아지는 것으로 나타났다. 반면에 교수와의 관계가 부정적일수록 학생들의 최종 성적도 낮았다.

연구참여자 2H는 한국 대학 교수들 대부분이 유학 경험이 있고, 1개 이상의 학위를 가진 경우가 많다고 놀라워했다. 훌륭하고 친절한 교수의 수업 내용도 그에게는 재미있고 유익하게 느껴졌다. 또한 본국과 달리 수업 분위기가 대학마다 다르고, 교수들은 좋은 수업 분위기와 환경을 제공해준다고 칭찬했다. 본국 대학에서는 학생들이 수강 신청을 자유롭게 할 수 없으며, 학과에서 일방적으로 정해준 강의를 수강한다. 그러나 한국 대학에서는 학생들이 온라인으로 수강 신청을 쉽게 할 수 있을 뿐만 아니라 원하는 과목을 선택할 수 있어 매우 만족해했다. 또한 사소하지만, 한국 대학교에서 필요한 증명서나 서류 등을 학과를 방문하지 않고 온라인으로 프린트할 수 있는 편리함이 마음에 든다고 했다. 고향에 있을 때 행정적인 일로 인해 스트레스를 너무 많이 받아서 한국에서 이러한 스트레스를 받지 않아서 좋았다는 것이다. 하지만 연구참여자 2H는 유학을 마치고 고향으로 돌아가면 좋은 교육시스템에 익숙해져 있다가 재적응려면 데 어려움을 느끼게 될 것이라고 걱정하고 있었다.

"한국 대학들의 교수진이 너무 잘되어 있는 것 같아요. 우리나라의 경우 수강 신청을 학생들이 마음대로 할 수 없어요. 학과에서 정해주고 학생들에게 그냥 언제 어떤 과목을 들어야 되는지 알려주기만 해요. 우리나라에서 학교에 행정서류 요청하면 하루, 길면 일주일 시간이 필요해요. 그리고 자필로 증명서를 써주는 경우들도 있어요. 한국 와서 이런 좋은 시스템에 익숙해져서 우리나라에 돌아가면 어려움을 느낄 것 같아요. 한국 대학의 행정적인 측면이 되게 잘 마련되어 있다고 할 수 있어요." (연구참여자 2H)

연구참여자 2I는 외국인 유학생들과 한국인 학생들이 구분 없이 동일한 혜택뿐만 아니라 생활비 지원도 받을 수 있다고 좋아했다. 연구참여자 2H와 마찬가지로 과목 선택에서 학생이 원하는 것을 신청하는 것도 편하다고 했다. 이런 측면에서 연구참여자 2I는 한국 교육시스템에 대해 만족하고 있었다.

"한국에서는 학생 복지제도가 잘되어 있는 것 같아요. 한국인 학생들과 마찬가지로 외국인 유학생들도 혜택을 많이 받고 좋은 교육을 받기 위해서 생활비도 제공해주잖아요. 그리고 전공과목 외에는 우리가 알아서 원하는 과목의 수강을 자유롭게 신청할 수 있어요. 일정을 학생들이 자율적으로 정하는 것이 너무 편해요." (연구참여자 2I)

연구참여자들은 대부분 한국 대학을 졸업한 후 한국에 자리를 잡고 싶어 했다. 그렇기 때문에 그들에게는 취업하기 위해 도움이 되는 정보들이 필요했다. 대부분 한국 대학들의 도서관 서비스는 잘되어 있고, 한국인 학생들뿐만 아니라 외국인 학생들이 편하게 사용할 수 있도록 서비스도 마련되어 있다. 박은명 외(2015)는 대학 도서관에서는 홈페이지와 도서관 안내

서비스 및 이용자 교육 등 영역별로 기본적인 서비스를 지원하고 있으나, 대부분 한국어와 영어 위주임을 지적했다. 외국인 유학생의 절반 이상이 중국과 아시아권 출신의 학생들이어서 이러한 부분을 반영할 필요가 있다고 보았다. 따라서 마찬가지로 매년 증가하는 중앙아시아와 러시아권 출신 유학생을 고려하여 러시아어로 된 서비스도 필요할 것으로 보인된다.

또한 한국 대학들과 다르게 중앙아시아나 러시아에서 학생들은 학교에서 밤늦게까지 공부하지 않는다. 그렇기에 모국의 대학에서는 이에 대한 휴게실이 별도로 존재하지 않는다. 그러나 한국 대학에 늦게까지 공부하는 학생들을 위한 휴게실이 마련되어 있는 것을 보고 연구참여자 2K는 적지 않게 놀랐다고 한다. 이와 같은 공간 마련이 학생들에 대한 한국 대학들의 배려라고 생각하고 있었다.

> "학교에서 휴게실이 있는 것을 듣고 너무 놀랐어요. 우리가 생각하는 휴게실과 너무 달라서요. 밤새고 공부하는 학생들을 위한 여학생과 남학생 휴게실이 준비되어 있는 것이 너무 좋아요. 이것은 한국 대학들의 학생에 대한 배려를 의미해요. 학생의 가치가 얼마나 높기에 이러한 편의를 제공해주는지…" (연구참여자 2K)

공간에 대해 중요하게 생각하는 한국은 외국인 유학생들의 편의에 대해서도 많은 신경을 쓰는 편이다. 기숙사에서 생활하는 연구참여자 2L과 2M은 한국 대학 기숙사에 대해 높게 평가하고 있었다. 그들은 한국 기숙사는 주거 시설과 체육 시설을 중요하게 생각하고 있다는 느낌을 받았다고 한다. 또한 유학생들에게도 기숙사가 안정감과 편안함을 주면서 쉴 수 있는 공간으로 여겨지는 것에 대해 만족감을 표현했다.

"한국은 공간이라는 것에 대해 중요하게 생각하는 나라인 것 같아요. 왜냐하면 외국인 유학 생활의 편의를 위해 편안한 주거 환경을 준비했어요. 한국 유학 생활을 하면서 기숙사가 유학생의 공간이라서 가장 중요한 곳이에요. 힘든 하루를 보내고 쉴 수 있는 유일한 공간이기 때문이에요. 다른 대학 기숙사들을 잘 모르지만 우리 대학 기숙사의 시설이 너무 좋아요." (연구참여자 2L)

"학교의 모든 시설이 잘되어 있어요. 기숙사 시설과 체육 시설이 학생에게 가장 중요해요. 기숙사에서 잠자니까 시설이 좋아야 되고 체육관에서 건강을 지키기 위해서 운동을 하니까 시설이 좋아요 돼요. 우리나라 학교들은 따로 시설이 없어요. 한국에서 이런 시설이 잘 준비되어 있기 때문에 운동하기도 좋아요." (연구참여자 2M)

(2) 고국에서는 상상도 하지 못한 대학문화와 행사

고려인 유학생들은 대학생들을 위한 문화 프로그램과 행사에 좋은 평가를 내렸다. 한국 대학 생활에서 처음으로 답사, 탐방, MT와 대학 축제에 참여했다. 연구참여자 2C는 한국 대학의 시스템을 좋게 평가했다. 그녀는 한국 대학 차원에서 유학생을 위한 다양한 문화 체험과 여행의 기회를 제공해주어서 만족감을 표시했다. 그만큼 한국 대학이 유학생에 대해 관심을 가지고 노력하고 있다는 것을 의미했다. 연구참여자들은 한국 및 모국 친구들과 같이 MT에 참여하여 서로의 문화를 교류하는 시간을 가지기도 한다. 그들은 이러한 활동으로 한국인 학생들과 친해질 기회를 가졌을 뿐만 아니라 평소 학업으로 인해 국내 여행을 하지 못하는 고려인 유학생들과 교류할 기회라고 여긴다.

연구참여자 2C는 한국 대학이 제공하는 문화 체험과 여행 기회 등에 만족하면서 특히 인프라 시스템이 잘 구축되어 있다고 했다. 현지답사와 MT를 많이 경험해본 연구참여자 2D는 학교가 마련해준 기회를 활용하여 남한산성과 소나기마을을 방문했다.

> "한국 대학들은 아름다운 인프라 시스템을 가지고 있어요. 그리고 대학 차원에서 외국인 유학생들을 위한 다양한 문화 체험과 여행의 기회를 많이 제공해줘요. 대학이 마련해주는 문화와 관련된 모든 프로그램은 무료이기 때문에 외국인이라면 누구든지 참여할 수 있어요. 이런 측면에서 대학들은 외국인 유학생을 생각하고 뭔가를 해주고 싶은 것 같은 생각이 들어요." (연구참여자 2C)

> "MT와 현지답사 많이 다녀봤어요. 봉사단체 친구들하고 가평에 가봤고, 학교에서 보내준 프로그램도 잘 활용하여 남한산성과 소나기마을에 가볼 수 있는 기회를 얻었어요. 우즈베키스탄에서는 답사 같은 거 없잖아요." (연구참여자 2D)

우즈베키스탄 유학생들과 같이 1박 2일로 강릉을 방문한 연구참여자 2E는 자국 친구들과 같이 시간을 보내면서 마치 고향에 있는 느낌이 들었다. 고향 친구들과 같이 시간을 보내는 것이 정서적으로 많은 안정감을 주었기 때문이다. 방학마다 고향을 방문하기 위해 저축하고 있지만, 고향에 못 갈 때는 고향 친구들과 시간을 보내며 아쉬운 마음을 달랜다.

"한국인 친구들과 못 가봤는데 우즈베키스탄 유학생들끼리 다녀왔어요. 1박 2일로 강릉 같이 갔다 오고 재미있는 시간 보냈어요. 우리나라 친구들과 같이 가니까 고향에 있는 느낌이 들었어요. 다들 우리 말 쓰고 하니까 갑자기 집에 가고 싶은 느낌도 들었어요. 그래서 방학이 될 때마다 돈을 모아서 집에 갔다 와요." (연구참여자 2E)

한국에서 유학 생활을 하는 동안 문화 체험을 하고자 하는 연구참여자 2H는 대학에서 마련해주는 모든 프로그램과 행사에 적극적으로 참여하고 있었다. 왜냐하면 무료로 한국문화를 체험할 수 있기 때문이다. 그는 한국 시인과 작가들이 살았던 곳을 방문하여 그들에 대한 추억을 많이 만들었다. 이러한 문화 체험을 하기 위해 수시로 학교 홈페이지를 확인하고 기회가 있을 때마다 신청한다.

"한국문화를 직접 접하고 경험할 수 있는 기회가 주어지는 것이 제일 좋아요. 우리는 경제적인 부담으로 인해 국내 여행을 자주 못 하고 문화 체험도 돈 내고 하기가 좀 어려워요. 하지만 수업을 통해서 문학 탐방 같은 경험을 해봤는데 듣지도 못했던 한국문화와 문학에 대해서 많이 알 수 있었어요. 한국의 시인이나 작가가 살았던 장소에 직접 방문하는 것이 기억에 오래오래 남을 거예요. 그래서 학교에서 제공하는 모든 문화 체험에 참여하기 위해서 학교 홈페이지 등을 열심히 확인해요. 한국에 있는 동안 문화 체험을 많이 해보고 싶어요." (연구참여자 2H)

연구참여자 2J는 대학문화 중 가장 선호하는 행사가 학교 축제라고 했다. 한국 대학들의 축제는 본국에서 진행되고 있는 학교 축제와는 사뭇 다르다. 한국 대학 축제를 좋아하는 이유 중 하나는 K-pop에 대한 관심이 주요한 유학 동기였기 때문이다. 고려인 유학생들은 유명한 가수들을 직접 만나기 위해 1년 동안 열심히 공부하고, 고생에 대한 보상으로 대학 축제에서 스트레스를 모두 날리면서 좋은 시간을 보낸다. 또한 대학 축제를 통해 대학 구성원으로서의 자부심을 많이 느끼고 있었고, 서로 간의 유대감을 가질 기회가 되었다고 했다.

> "제가 제일 좋아하는 것은 학교 축제예요. 축제 때 유명한 가수들이 많이 오고 일주일 동안 놀고 좋은 시간 보낼 수 있어요. 우리나라에는 대학 축제는 따로 없는데 명절 때만 행사 같은 걸 해요. 한국처럼 대학에서 지원해주고 가수나 유명한 사람들을 학교 축제에 초대하지 않아요." (연구참여자 2J)

연구참여자 2M은 1학년 때 MT와 답사에 참여한 경험이 많았다. 하지만 연구참여자 2M은 답사를 마친 후에 작성해야 하는 보고서에 대한 불만을 품고 있었고, 한국 교수들이 답사 핑계로 해외여행을 많이 다닌다고 느꼈다. 그렇기 때문에 답사나 MT 프로그램을 통해 다른 사람들과 관계를 맺고 더 가까이 친해질 수 있다고 생각한 연구참여자 2K는 실망감을 감추지 못했다. 연구참여자는 이런 점에서 아쉬움을 표현하면서 한국 사람들과 친해지기 위해서는 유학생들에게 도움이 되는 프로그램이 많이 제공되었으면 좋겠다고 말했다.

> "MT는 자주 가죠. 특히 1학년 때 자주 여러 가지 MT 프로그램들이 있었고 교수님들과 답사도 자주 다녔어요. 답사 다니는 것이 좋기

는 한데 돌아와서 보고서 쓰는 것이 마음에 안 들어요. 그리고 가끔 그냥 답사 핑계로 국외 여행을 많이 하는 것 같아요. 답사나 MT 덕분에 사람들과 친해지고 친구들도 많이 만들 수 있다고 생각을 했는데 같이 1박 2일 보내고 와서 한 달 정도 인사하고 지내는데 나중에 그냥 모른 척해요. 가짜 관계라고 해야 되나요? 뭐라고 표현해야 하는지도 모르겠어요. 그냥 아쉬워요." (연구참여자 2M)

축제는 제품이나 서비스와 달리 지속적이지 않고 일시적이며, 특성과 편의보다는 감정적인 방향에 중점을 둔 감각재다(홍대길 · 김경훈, 2014). 축제의 중심이 바로 체험이기 때문이다. 김창수(2016) 역시 대학 축제는 다른 축제와 마찬가지로 "대학의 문화가 반영된 다양한 놀이문화와 함께 대학이라는 공동체를 강화"하는 하나의 행사라고 주장했다. 대학 축제는 대학생들에게 소속 대학에 대한 소속감과 정체성 확립에 도움이 되며, 대학만의 '놀이문화'가 반영된 행사라는 것이다(김송이 · 정철, 2017).

3.
유학 위기 단계

1) 대학 생활의 차이로 인한 정체성 위기

이민자가 한 사회에 적응하는 과정은 이주한 시점부터 현재까지 계속해서 진행형이다. 이민 온 지 상당한 시간이 흘렀다고 하더라도 한 사회의 구성원으로 살아간다는 것은 그 사회에 원래 거주하며 살던 사람이 살아가는 것과는 차이가 있을 것이다. 하지만 '허들 경주'에서 하나하나의 허들을 뛰어넘는 것과 같이 이주민은 한 단계를 뛰어넘을 때마다 장애물을 만나서 그에 걸맞게 뛰어넘기 위해 다시 도약할 것이다. 만약 도약에 실패했다면 실패한 원인을 찾아서 그에 맞는 대책을 준비할 것이다. 이렇게 외국인 유학생들은 타문화에서 하나의 장애물을 만났을 때 그에 맞는 대처법을 찾아서 이를 극복할 것이다.

외국인 유학생들은 한국이라는 낯선 것, 특히 한국 대학 생활에서 여러 가지 장애물 형태를 만난다. 이들은 한국 사회에서 장애물이나 걸림돌을 만날 때마다 스스로 극복할 수 있는 학습전략을 선택할 것이다. 이러한 학습방식은 자발적일 수도 있고 비자발적일 수도 있으며, 공식적인 경로를 채택할 수도 있고 비공식적인 경로를 채택할 수도 있다. 어떤 장애로 인해 고려인 유학생들의 위기 상황이 나타나는지를 살펴볼 필요가 있다.

(1) 한국어 습득과 의사소통의 어려움

일반적으로 언어 능력은 의사소통 능력(Communication competency)을 의미한다고 할 수 있다. 하임스(Hymes, 1972)는 의사소통 능력은 "인간이 특정 상황에서 상황적 · 규범적 조건에 맞게 메시지를 전달하고 해석하며 상호 간의 의미를 조율하는 능력"이라고 정의했다. 바크만(Bachman, 1990)은 의사소통 능력이란 "언어 지식뿐만 아니라 적절하고 의미 있는 의사소통적 언어 사용에서 그 지식을 실행할 수 있는 능력"이라고 했다.

한국어 의사소통 능력은 외국인이 일반적인 의사소통 언어 능력을 바탕으로 "한국어를 사용하는 데 필요한 지식을 학습 또는 습득하여 자신의 생각을 표현하고 타인의 생각"을 이해하는 능력이다. 한국어 의사소통이 부족한 외국인 유학생들은 유학 생활의 모든 측면에서 어려움을 겪게 된다. 마찬가지로 고려인 유학생들이 한국 사회와 대학 생활에 적응하는 데 가장 어려운 요인 중 하나는 한국어 능력 부족이었다. 또한 연구참여자들은 한국 사람들과 어울리고 같이 생활하는 자체가 불편하다는 것을 느꼈다. 연구참여자들이 불편함을 느끼는 이유는 같은 한민족임에도 문화와 언어가 다르기 때문이다. 연구참여자들은 언어와 문화가 달라서 자기의 의견을 마음대로 표현할 수 없었다. 그들은 부족한 한국어 실력으로 인해 대화를 계속해서 이어갈 수 없어 대화를 중단하거나 회피했다. 한국 대학 생활에서의 가장 불편한 점이 무엇인지에 대한 질문에 연구참여자들은 의사소통이라고 어려움을 토로했다.

대학 생활에 적응한다는 것은 고려인 유학생들이 자신이 속한 사회에 적응하는 것과 마찬가지다. 왜냐하면 그들이 속한 사회는 한국이라는 사회이기 때문이다.* 한국어로 인해 어려움이 있는 고려인 유학생들의 경우, 가장 먼저 그들이 겪는 어려움은 한국어로 진행되는 강의였다. 또한 고려인 유학생들은 강의 내용의 이해 외에도 보고서나 발표, 과제를 제출하는 방식과 작성 방식을 숙지해야 했다.

(2) 한국어 강의와 영어 강의

한국어를 배우는 재외동포들에게 한국어가 제2 언어나 외국어로서의 한국어일 경우와는 그 의미가 다르다. 이들은 모어 혹은 제1 언어와 제2 언어의 구분이 모호한 이중 또는 삼중 언어 사용자가 다수이며, 경우에 따라 한국어에 능숙하지 못해서 사용이 어려운 언어이기도 하다(원미진, 2020).

현재 한국 대학에 입학하는 유학생들의 한국어능력시험 기준 완화로 인해 유학생들의 한국어 능력이 대학에서 수학하기에 다소 미진한 경우가 많다. 다시 말하면, 유학생의 한국어가 대부분 중급 이하이거나 간단한 의사소통만 한국어로 할 수 있다는 것이다. 이들은 기본적인 의사소통 외에 학업 수행을 위한 의사소통 능력을 갖추지 못한 상태에서 대학 생활

* 대학 생활에 적응한다는 것은 다양한 의미를 함축하는데, 적응이라는 말에는 학업, 교우관계, 수업 태도 등 다양한 범주를 포함한다. 다시 말하면, 이 범주는 대학에서 발생할 수 있는 '모든 생활'을 포함한다.

에 어려움을 겪으며, 중도 탈락할 위험성을 안고 있는 실정이다(김경훤 · 신영지, 2015). 언어가 다른 문화권으로 유학 온 외국인 유학생들은 수업 시간이나 일상생활에서 언어 장벽에 부딪힐 수밖에 없다. 한국 대학에 유학 온 고려인 유학생들도 마찬가지다. 물론 고려인 유학생들의 개별적인 한국어 실력에 따라 강도가 다를지라도 언어 장벽으로 인해 한국인 학생들과의 학점 경쟁에서 절대적으로 불리할 수밖에 없다.

연구참여자들이 한국어로 인해 어려움을 느낀 점은 전공과 관련된 용어나 특수한 용어를 못 알아듣는 경우와 한국인 교수들이 어떠한 농담을 하는지 못 알아듣는 경우였다. 다시 말하면, 상황과 맥락에서 어떤 대화가 오갔는지에 대한 이해도가 떨어진다는 것이다. 전공과 관련된 용어는 외국인 유학생뿐만 아니라 한국인 학생들에게도 생소한 전문 용어여서 어려워할 수 있다. 하지만 한국어와 전공 분야에 대한 배경이 부족한 고려인 유학생들에게는 더욱 이해하기 힘든 부분이다.

최유하(2012)는 학문을 습득할 목적을 가지고 온 외국인 유학생들이 경험하는 어려움은 의사소통 문제보다 교재 독해와 보고서 작성, 발표 및 질의 등 학문적이고 전문적인 언어 능력의 문제라는 것을 보고했다. 이 연구 결과는 본 연구참여자들의 사례와 일치한다. 연구참여자 2C는 짧은 시간 내에 어려운 내용을 설명하는 교수들의 강의법을 비판했다. 그는 내용이 어려운 전공 수업의 주차 수를 더 연장할 필요가 있다고 제안했다. 한국어 실력이 고급 수준인 연구참여자 2D는 일상에서 한국 사람과의 의사소통에서는 문제를 느끼지 않지만, 수업 내용, 정치와 경제, 사회생활과 관련된 한국어 어휘를 사용하는 데 어려움을 경험했다. 그래서 발표나 보고서 작성을 위해 모르는 어휘부터 사전에서 찾고 문제를 해결하고 있었다.

"교수들은 짧은 시간 안에 많은 양의 내용을 설명하려고 하는데 그게 되게 어려워요. 우리뿐만 아니라 한국인 학생들도 전공 분야이면 잘 이해 못하는데요. 그래서 따로 독학을 해야 하는 것이 시간을 많이 뺏겨요. 과제도 제출해야 되고 발표도 준비해야 되는데 그 짧은 시간에 숙지하고 배울 수가 없어요. 강의 주차 수를 좀 늘렸으면 좋겠는데요." (연구참여자 2C)

"한국어는 등급으로 말하자면 5급이지만 실제로는 5급보다는 높은 것 같아요. 자랑하는 건 아니지만…. 시험 볼 때 5급의 가장 높은 점수를 받았는데 거의 6급이라고 할 수 있거든요. 일상생활에서 문제가 없어요. 하지만 수업 수준으로 따지면 정치나 경제 등과 관련된 내용 같은 것이 좀 어려워요. 특히 전문 용어들이 그래도 익숙하지 않기 때문에 상당히 어려워요. 발표나 보고서 같은 거 준비하기 위해서 새로운 단어부터 외워야 돼요." (연구참여자 2D)

학문 습득 목적의 한국어 능력은 "일상적 언어 능력과 더불어 학업 수행이라는 특수한 목적이 부가됨으로써 전문적이거나 추상적인 어휘와 맥락에 대한 강도 높은 이해력과 표현력"을 포함한다. 또한 논리적이면서 내용 요약, 정리 활동, 보고서 및 논문 작성, 이메일 작성, 발표문 준비, 설문조사 등과 같이 학생으로서 해결해야 할 과제가 많다는 것이다(김민경, 2012). 수업 내용을 잘 이해하지 못하는 연구참여자 2F는 수업 내용에 대해 질문이 있어도 물어보지도 못하고 강의를 계속 들어야 했다. 그는 전공 분야에 대한 부족한 지식을 개선하기 위해 수업 전후 미리 예습과 복습을 해야 한다는 해결책을 찾았다. 한국어 실력을 늘려야 하고 한국 사람들과 대화해야 한다고 생각하면서도 대부분 연구참여자는 자신의 한국어 발음이 틀리거나 못 알아들을까 봐 상당히 고민하고 있었다.

"강의 들을 때 교수님의 강의를 100% 이해 못 하게 돼요. 한국인 학생들은 이해가 가니까 반응하고 고개를 끄덕이는데 저는 잘 이해 못하고 그냥 의문만 생기고 물어보지도 못하기 때문에 넘어가요. 특히 전공에 대한 배경지식이 기초였을 때 뭐가 뭔지 이해 못하고 바보 같았어요. 그래서 수업 전에 강의를 미리 읽어보고 모르는 단어 다 번역하고 예습했어요. 그래도 부족해요. 한국어를 매일 공부할 계획을 세우고 고급한국어를 배울 생각이에요." (연구참여자 2F)

한국으로 유학 오고 난 후, 처음으로 전공 수업에 참여한 연구참여자 2K는 첫 강의부터 당황했다. 한국어로 진행되는 강의를 수강하고 있었지만, 한국인 교수의 말을 이해하기가 힘들었다. 첫 시간에는 전공과 관련된 이야기를 하지는 않았지만, 강의 계획서와 한 학기 동안 강의가 어떻게 진행될 것인지에 대한 내용이었다. 교수의 농담을 알아듣지 못 해서 한국인 학생들이 웃는 이유도 몰랐다. 연구참여자는 강의에서뿐만 아니라 일상생활에서도 언어적인 어려움을 겪었다. 그래서 한국 대학 생활이 자신에게 맞지 않는다고 느꼈다. 그는 또한 전공과 관련된 모르는 내용을 설명해주는 사람이 없었다고 불평했다.

"쉽게 되는 것이 없구나 생각했어요. 첫 학기 때 아무것도 이해 안 가고 제가 뭘 배우고 있는지도 모르고 혼자서 한국 대학 생활이 저에게 안 맞는다고 생각했어요. 한국 대학 생활이 저에게 너무 어렵게 느껴졌어요. 제가 선택한 학과에는 우리나라 학생들이 한 명도 없었어요. 선배라도 있었으면 그렇게 힘들지 않을 건데요. 특히 전공이 어렵고 새로운 분야라 한국인 선배들도 잘 몰라서 물어보면 설명을 해주지도 못했어요." (연구참여자 2K)

연구참여자 2L은 빠른 속도로 진행하는 수업을 이해하기가 어려웠다. 이해하지 못한 부분에 대해 질문하고 싶어도 질문 내용을 제대로 표현하기가 어려웠기 때문에 질문조차 꺼린다는 것이다. 또한 연구참여자는 같이 수업을 듣는 한국인 학생들에게 다가가는 것도 쉽지 않다고 했다.

"강의 시간에 교수님이 말하는 것을 거의 다 이해했지만 가끔씩 교수님의 말씀을 해석할 때 어려웠어요. 이제 무엇을 해야 되는지 다 알아듣긴 했지만 확실하게 무엇을 어떻게 해야 할지를 모르는 경우도 많았어요. 교수님들이 빨리빨리 말을 하시잖아요. 수업 듣는 애들은 서로 잘 안 지내고 말을 잘 안 섞잖아요. 그래서 녹음도 했어요. 집에 와서 녹음했던 내용을 반복하면서 들으면서 과제를 했어요." (연구참여자 2L)

수업 내용을 제대로 이해하지 못한 고려인 유학생들은 수업 중에 방관자가 되며, 이에 따른 성적 또한 좋지 않을 가능성이 높다. 하지만 이는 고려인 유학생만 방관자가 되어버리는 것이 아니라 같이 수업을 신청한 한국인 학생들도 같은 어려움을 겪을 수 있다. 이는 한국인 학생과 같이 조별 과제를 하게 되었을 때, 고려인 유학생들은 한국어를 잘 모른다고 안 하는 경우가 있었다. 이때 한국인 학생들은 두 가지로 반응하는데, 무임승차를 허용하거나 교수님께 그 사실을 말해서 아예 다른 과제를 내게 하는 방식이다. 하지만 조별 과제의 의미가 협력을 통한 학습이라는 것을 생각해볼 때, 이 두 가지 방식 모두 좋은 방식이 아니라는 것을 알 수 있다. 물론, 고려인 유학생도 적극적이어서 자신의 역량에 맞는 부분을 조사하고, 한국인 학생은 이에 대해 적극적으로 지원해주고 서로 도움을 줄 수 있는 부분에서 공조하는 것이 맞지만 이런 모범적인 사례는 드물다.

영어로 수업을 듣는 고려인 유학생들도 한국어로 인해 일상생활에 영향을 받고 있었다. 고려인 유학생들은 한국에 살기 위해 한국어를 구사하는 능력이 가장 필요하다고 했다. 특히, 한국에서 계속 살기 위해서는 직업을 가져야 하는데, 한국인과의 경쟁에서 살아남기 위해서는 한국어를 제대로 구사해야 한다고 했다.

(3) 한국에서의 교육시스템과 강의법

우즈베키스탄에서 강의를 진행하는 방식은 한국의 그것과 사뭇 다르다. 우즈베키스탄에서는 주로 전통적인 교수법을 활용하여 교수 중심으로 강의를 진행한다. 강의는 이론과 실습 방식으로 진행되는데, 이론은 강의 방식이고, 실습은 학생 중심의 발표 방식과 교수의 질문에 대한 대답을 준비하는 방식으로 진행된다. 이러한 강의 방식에 익숙해진 연구참여자들은 강의법의 차이로 인해 어려움을 겪고 있었다.

연구참여자 2A는 우즈베키스탄 강의법과 한국 대학 강의법을 비교했다. 우즈베키스탄에서 교수들은 출석을 부르면서 각 학생에게 질문을 던지기 때문에 학생들은 매 수업 준비를 열심히 해야 한다. 우즈베키스탄 교수들은 수업마다 학생을 평가하기 때문에 학생들은 한 학기 동안 쌓여가는 점수를 알게 된다. 고려인 유학생들은 한국 강의의 경우, 교수들이 한 학기 동안 강의하고 보고서와 발표로 학생들을 평가한 후, 평가에 대한 정보를 제공하지 않는다고 불평했다.

> "우즈베키스탄에서는 강의를 어떤 식으로 하냐면 한 번은 이론을 하고 이론 수업 때 교수님만 강의하고 질의응답 시간도 가져요. (중략) 교수님이 출석부를 읽으시면서 지난 강의 주제에서 질문을 하시면서 평가해주세요. 그리고 매주 학생들의 평가를 해주시니까 다들 자기 점수를 알고 있어요. 한국 교육시스템은 다르잖아요. 한 학기 동안 거의 교수님만 강의하시고 중간고사나 기말고사 때만 학생들이 발표하거나 보고서를 내요. 그리고 성적도 학기가 끝나야 알 수 있는데, 교수님이 어떤 식으로 평가를 해주셨는지 왜 성적이 그렇게 나왔는지 잘 몰라요." (연구참여자 2A)

연구참여자 2C는 한국의 상대평가 시스템에 대해 불만을 품고 있었다. 더 나아가 한국의 교육시스템이 잘못되어 있다고도 했다. 연구참여자 2D는 공부에 대한 중압감과 시험에 대해 좋지 않게 인식하고 있었다. 절대평가 시스템에 익숙한 고려인 유학생들은 상대평가 시스템으로 인해 대학 생활에서 어려움을 겪고 있었다. 또한 연구참여자들은 공부에 대한 중압감으로 인해 스트레스를 경험하고 있었다. 연구참여자들은 시험 준비를 열심히 하지만, 시험을 본 후에는 암기한 내용이 머릿속에 남아 있지 않다고 했다.

"우즈베키스탄은 절대평가만 하고 한국은 상대평가잖아요. 절대평가이기 때문에 매 수업받은 점수를 알 수 있고 학기 말에 나올 수 있는 성적을 예측할 수 있는데 여기서 그렇게 잘 모르더라고요. 그런 것들이 처음에 너무 어려웠어요. 한국의 교육시스템이 좀 잘못된 것 같기도 해요. 굳이 학생들을 그렇게 힘들게 해야 되나요? 상대평가 때문에 서로 경쟁하고 아는 정보를 공유하거나 알려주지도 않아요." (연구참여자 2C)

"다른 어려움은 공부에 대한 중압감이에요. 한국 대학 생활에서는 나한테는 가장 어려운 것은 시험인 것 같아요. 아무리 외워도 바로 머릿속에서 날아가요. 그래서 시험 보기 전 너무 열심히 준비해요. 준비를 열심히 안 하면 큰일이에요. 장학금 받으려면 시험도 잘 봐야 해서 시험 며칠 전 도서관에서 열심히 시험 준비를 해요. 근데 사실은 시험 전에 외우는 방법이 안 좋아요. 외우기만 하니까 금방 잊어버리고 배운 게 하나도 머릿속에 안 남아요." (연구참여자 2D)

연구참여자 2H는 한국인 학생들이 대학에서 친구를 안 사귀는 이유도 성적 때문이라고 지적했다. 그는 한국인 학생들이 좋은 성적을 받기 위해 경쟁하고 서로 응원하거나 도와주지 않고 대학에서 혼자 다니면서 공부한다고 했다. 연구참여자들은 이러한 평가시스템으로 인해 한국 사회가 개인주의로 변화하고 있다고 생각했다. 연구참여자는 한국 대학 생활에서의 대인관계에 대해 부정적으로 인식하고 있다는 것을 알 수 있다.

"한국인 학생들이 대학에서 친구들도 안 사귀는 것 같아요. 다들 서로 경쟁자로 보는 것 같아요. 평가시스템 때문에 다들 자기 입장만 생각하고 혼자서 공부하고 혼자서 다녀요. 한국 사회가 개인주의화되어 가는 것 같아요. 우리나라에서는 시험 때 다들 서로 도와주고 공부 잘 못 하는 친구들의 시험까지 풀어주기도 했어요. 같이 공부하는 친구들인데 굳이 성적 때문에 경쟁할 필요가 있는지 모르겠어요. 예를 들면 러시아권 유학생들은 한국 오면 상대평가 때문에 제일 힘들어하는 것 같아요." (연구참여자 2H)

(4) 한국 대학의 강의 분위기

고려인 유학생들은 본국의 강의 분위기와 한국 강의 분위기가 크게 차이가 난다고 했다. 본국에서의 강의 분위기는 학생들이 시끄럽고 내용이 재미없기 때문에 싫었지만, 한국에서의 강의 분위기는 전문성 있는 교수들 때문에 재미있다고 했다. 연구참여자 2D는 고등학교 시절, 한국어 교사에 대한 실망을 토로했다. 학생보다 한국어 실력이 없는 교사는 학생들에게 낮은 수준의 교육을 했다고 했다. 연구참여자 2E도 2D의 말에 동의하면서 한국 교수들의 전문성을 높이 평가했다. 본국 교사들은 자기계발을 하지 않는다고 비판하면서 아쉬워했다.

"한국 수업 분위기는 다르죠, 엄청 달라요. 우리 학교 분위기는 너무 시끄럽고 다들 떠들고 제대로 교수님 말을 안 들어요. 여기서 훨씬 더 재미있는 것 같구요. 우리나라에서 제가 고등학교를 다녔을 때 거기 외국어 학부가 있었어요. 거기 한국어 선생님이 제가 그때 4급이었는데 선생님이 3급이었어요. 말도 안 되는 거죠. 가르칠 때 막 틀리고 그거 안 되는 건데. 그래서 고등학교에서 한국어를 가르쳐주는 선생님들의 가르치는 방법뿐만 아니라 실력도 낮은 수준이에요. 어떻게 선생님의 수준이 학생보다 낮을 수가 있죠?" (연구참여자 2D)

"한국에서는 교사들이 자기계발을 하고 학술대회 같은 거 많이 다니고 해외도 많이 다니는데 우리 교수들이나 교사들은 그런 기회가 잘 없어요. 실력을 늘리려고 아무 노력을 안 해요. 뭐 교육부에서 신경을 안 써서 그런지 교육 수준이 좀 아쉽게도 낮아요." (연구참여자 2E)

연구참여자 2G는 한국 대학의 강의에서 가장 놀라운 점이 한국인 학생들의 침묵이라고 했다. 그녀는 교수의 질문이 학생들에게 부담을 주기 때문에 대답을 안 한다고 생각했다. 학생들의 침묵으로 인해 연구참여자는 교수에게 질문을 하지 못한다고 했다. 적극적으로 수업에 참여하는 것도 그녀에게 부담이 된다고 했다. 그녀는 본국의 강의 분위기와 비교하면서 한국 대학 강의 분위기의 단점을 지적했다. 하지만 학생들에게 피해를 주지 않기 위해 모르는 것이 있으면 교수를 직접 찾아보고 물어본다고 했다.

"한국에서 제일 놀라운 것은 수업 때 교수님이 무엇을 물어보면 한국인 학생들이 생각을 표현하는 게 부담스러워서 그런가 말을 안 하고 있기 때문에 무엇을 말하고 싶은데 이 상황에서 나도 부담스러움을 느끼게 되니까 수업 때 참여를 하고 싶은 대로 못 하게 돼요. 한국인 학생들이 이렇게 침묵하면 제가 혼자서 바보처럼 질문하고 떠들 수가 없잖아요. 우리나라에서는 막 대화도 할 수 있고 여기 와서 아 저도 말을 안 하게 되었어요. 그래서 저도 궁금한 거나 이해 못 하는 것이 생기면 다른 학생들한테 피해를 줄까 봐 수업 후에 교수님을 찾아가고 물어봐요." (연구참여자 2G)

연구참여자 2I는 강의에서의 토론 분위기에 대한 불만을 토로했다. 그에 의하면, 토론은 상대방의 말을 경청하고, 의견을 공유하면서 해야 한다. 그러나 본국에서의 토론 분위기와 한국의 토론 분위기가 달라서 적응하기가 힘들었다고 했다. 그래서 연구참여자는 한국인 학생들의 침묵 의미가 무엇인지 궁금했다. 러시아와 중앙아시아 학교에서는 수업 시간에 교수가 질문하면 반드시 대답해야 하고, 모르면 모른다고 대답해야 한다고 했다. 그래서 한국에서도 마찬가지로 교수의 질문에 대답해야 한다고 생각하고 있었다.

"한국에서는 토론 분위기가 진짜 토론 분위기 아니에요. 토론 분위기 같지 않아요. 우리나라에서 교수님이나 선생님이 질문하면 다들 손 들고 대답하려고 해요. 우즈베키스탄에서 뜨겁게 토론하고 논의할 수 있는데, 한국에서는 그렇게 잘 안 돼요. 왜 그렇게 하는지 이해가 잘 안 가요. 몰라서 질문을 안 하는지 부끄러워서 질문을 안 하는지 아직 그 의문에 정답을 못 찾았어요. 교수님 물어보면 대답해야 되는 거 아니에요?" (연구참여자 2I)

종합하면, 고려인 유학생들은 수업 중에 모르는 내용이 있더라도 교수에게 물어보기가 어려웠다. 질문을 하지 못하는 이유는 다음과 같이 두 가지로 설명할 수 있다. 첫째, 고려인 유학생들은 자신의 한국어 발음에 많은 문제점이 있다고 생각하고 있다. 고려인 유학생들은 교수에게 친구 같은 집단에서 사용하는 말보다는 공식적인 한국어를 사용해야 한다는 어려움과 두려움이 있었다. 둘째, 침묵하는 한국인 학생들 때문이다. 한국인 학생들이 침묵하기 때문에 고려인 유학생들도 한국인 학생들을 따라 학습 분위기를 맞추고 있었다. 고려인 유학생들은 종종 본국과 한국의 상황을 비교하는 경우가 있는데, 이는 개인이 가진 학습경험을 무시할 수 없기 때문이라고 할 수 있다.

연구참여자들은 한국어로 진행되는 수업 중 일부만 이해할 수 있어 따라갈 수 없었다. 따라서 고려인 유학생들은 수업에 참여하더라도 수업에 대한 흥미도가 떨어지며 노력하지 않기 때문에 학력 저하로 나타나기 쉽다. 수업에 흥미가 없어지고 상황이 심해질 경우, 학업을 중단하는 고려인 유학생들이 생길 가능성도 있다. 고려인 유학생들의 학업 중단은 여러 가지 측면에서 한국 사회와 대학에 손실이 될 수도 있다.

(5) 대학 생활에서의 스트레스

외국인 유학생은 익숙하지 않은 새로운 환경에서 스스로 적응해야 하는 중압감을 가지고 있다. 즉, 새로운 학교 공간에서 각 나라를 대표하는 차원에서 성취 의욕에 따른 개인적인 학업 스트레스가 발생할 가능성이 농후하다는 것이다. 이와 같은 학업 스트레스는 글자 그대로 학업으로 인해 유발되는 부정적 심리 상태로 학업으로 인해 우울증이나 긴장감이 발생하고, 걱정이나 초조함이 심할 경우 공포감 등의 다양한 심리를 경험할 수 있다. 따라서 외국인 유학생들에게 학업 스트레스는 가장 큰 스트레스 중 하나일 것이다.

외국인 유학생이나 한국인 학생 모두에게 대학 생활에서 가장 어렵고 힘든 것은 단연 성적에 대한 스트레스일 것이다. 고려인 유학생들도 아무리 공부해도 성적이 잘 나오지 않을 경우, 대학 생활에 대한 기대보다는 강한 압박감으로 인해 우울증 같은 증상들이 나타날 수 있다. 하지만 본 연구에서는 안주연(2012)의 연구 결과와 일치하지 않는 다른 결과가 나타났다. 안주연(2012)은 외국인 유학생의 개인적 스트레스가 가장 높게 나타난 반면, 학업적 스트레스는 가장 낮은 것으로 나타났다. 개인적 스트레스가 높게 나타나는 이유를 외국인 유학생이 미래에 대한 불확실성으로 스트레스를 받고 있다고 설명했다. 그의 연구에서는 외국인 유학생들이 교수와의 관계와 수업에서는 낮은 스트레스를 경험하고 있었다.

연구참여자 2B는 가장 어려운 것이 학업 스트레스였고, 그다음이 가족에 대한 그리움이라고 했다. 그녀는 한국 유학을 온 후 가족에 대한 가치를 더 느끼며 예전과 다르게 부모님에게 감사함을 더 많이 느꼈다. 연구참여자의 이러한 변화는 학업에서의 스트레스가 영향을 끼쳤다고 볼 수 있다. 왜냐하면 그녀는 힘들고 어려울 때 스트레스를 해소하는 방법으로 부모님과의 소통에서 찾았기 때문이다. 또한 그는 학업 스트레스를 해소하기 위해 음악을 듣고 친구들과 시간을 보낸다고 했다. 또한 학업에 대한 스트레스를 받지 않기 위해 추가로 공부를 더 많이 한다고 했다.

> "가장 어려운 것은 학업 스트레스라고 할 수 있어요. 그리고 가족에 대한 그리움이에요. 제가 될 수 있으면 매년 고향에 갔다 오는데 그래도 부모님, 특히 조카를 너무 보고 싶어요. (중략) 우리 엄마가 만들어주신 아침밥을 먹고 싶어요. 한국 와서 가족과 부모님에 대한 생각을 많

이 하고 … 또 유학 생활을 하면서 우리 부모님이 얼마나 소중한 사람들인지를 깨달았어요." (연구참여자 2B)

연구참여자 2C는 한국 사람과의 호칭 문제가 어렵다고 했다. 즉, 언제 어디서 누구에게 어떤 호칭을 사용하는지를 잘 몰랐다. 그에게 호칭에 대한 문제는 문화충격이라 할 수 있다. 외국인 유학생에게 문화충격은 사회적 · 심리적 적응에 부정적인 관계로 나타나고, 대인관계가 문화적응에서 충돌을 경감시킨다(Presbitero, 2016). 또한 외국인 유학생들의 문화적응 스트레스가 낮을수록, 모국 대학교의 지원이 높을수록 학업 적응도가 높아진다(Cura & Isik, 2016). 따라서 이러한 스트레스를 해소하기 위해 대학들의 적극적인 지원이 필요하다고 판단된다.

"한국 사람 이름을 기억 못하면 어떻게 불러야 돼요? 당신이라고 할 수 없고 너라고 할 수 없고 너는 친구끼리만 부를 수 있는데 그런데 어떻게 불러야 돼요? 저보다 나이가 적은 학생이 저에게 언니 부르면 저에게는 불편해요. 저를 이름으로 부르면 저에게 좋은데 언니, 선배 싫어요." (연구참여자 2C)

외국인 유학생은 유학하는 나라에서 모국어가 아닌 외국어를 사용해야 해서 시험이나 강의 등에서 명확한 의사 전달과 학업 이해 능력의 어려움으로 인해 스트레스를 많이 경험한다. 연구참여자 2E도 강의에서 교수의 과제 사항을 잘 이해하지 못하여 어려움을 겪었다고 했다. 이 문제를 해결하기 위해 연구참여자는 같은 수업에 참여하는 학생들에게 질문하지만, 모른다며 거절하는 바람에 무시를 당한다고 생각하고 있었다. 이로 인한 스트레스를 크게 경험하고 있었다.

"가끔 이런 거 있어요. 과제나 교수님이 해오라는 것을 이해 못 했는데 물어볼 사람이 없어서 힘들었어요. 설명하실 때 이해 다 가는데 하려고 하면 안 되고 계속 막히고 하는 방법이 맞는지 모르니까 골치가 아팠어요. 같은 수업 듣는 사람들에게 물어보면 잘 모른다는 답변밖에 못 받았어요. 알면서도 알려주고 싶어 하지 않는 것 같아요. 그때 스트레스 많이 받아요." (연구참여자 2E)

연구참여자 2J는 첫 학기 때 너무 힘들어서 자주 울었다고 했다. 그래서 우는 것보다는 더 공부해야 한다는 것을 깨닫고 도서관에 가서 열심히 공부하고 러시아어와 영어로 된 자료를 찾고, 유튜브 강의도 많이 살펴보았다고 했다.

"첫 학기 때 스트레스가 많았기 때문에 답답해서 많이 울었어요. 근데 울면 도움이 되는 것이 아니잖아요. 그래서 울기보다 더 공부를 해야 한다는 것을 깨달았어요. 그래서 도서관에 가서 열심히 공부하고 러시아어, 영어로도 자료를 찾아보고 유튜브 강의도 많이 봤어요. 그런데 그렇게 하니까 해결할 수 있었어요. 교수님의 모든 자료들을 다시 읽어보고 요약하고 외웠어요. 너무 이해 안 되면 교수님에게 이메일 보내거나 찾아가서 물어봤어요." (연구참여자 2J)

(6) 대학 생활에서의 차별과 무시

차별은 불평등한 대우여서 평등의 원칙과 동등한 대우의 원칙에 어긋나며(허영식, 2015), 차별로 인해 영향을 받는 사람은 그 결과로서 불이익을 받거나 손해를 입게 된다. 지각된 차별이란 개인이 자신이 속한 집단의 낮은 지위 때문에 자신이 불공평한 대우를 받는다는 지각이다(Mirage, 1994; Sanchez & Brock, 1996; 서한나, 2009). 이 용어는 차별행위가 실제로 존재했는가가 중요한 것이 아니라 당사자 스스로 차별을 인식하고 감지했는가에 초점을 둔다.

고려인 유학생들은 한국 생활을 하면서 사회구조적 차별과 개인적 차별을 경험한 것으로 나타났다. 중앙아시아 출신 고려인 유학생들은 중앙아시아의 경제 수준이 한국에 비해 낮아 저평가되고, 한국 사람들의 편견으로 인한 사회적 차별을 경험하고 있었다. 한국 사람들은 중앙아시아 국가를 북한과 같이 사회주의 국가에 속한다는 편견과 한국 사회와 비교하여 아직 발전이 덜 된 나라로 인식하고 있어서 고려인 유학생들은 차별감을 느낀다고 생각하고 있었다. 연구참여자들의 진술에 따르면, 대학에서의 차별은 크게 경험하지 않지만, 대학 밖에서는 차별을 심하게 느낀다고 했다.

연구참여자 2A는 일부 한국 사람들로부터 차별을 경험했다. 나이 많은 한국 사람들은 한국 정부가 우즈베키스탄을 오래전부터 경제적으로 지원하고 있어 우즈베키스탄에 대한 부정적인 인식이 있다고 했다. 연구참여자는 본국에 대한 부정적인 이미지를 긍정적으로 바꾸기 위해 많은 노력을 하고 있었다.

"대학교에서는 한국인 학생들이 저에 대한 무관심이나 차별은 거의 없는데 학교 외에서는 차별을 많이 느껴요. 일부 한국 사람들이, 특히 나이 많은 사람들의 경우에 우즈베키스탄에 대한 부정적인 인식을 가지고 있어요. 옛날에도 지금도 한국 정부가 우즈베키스탄을 많이 지원해준다고 해요. 우리나라는 너무 가난한 나라도 아닌데 한국처럼 선진국가가 아니라도 중앙아시아에서 카자흐스탄 다음에 우즈베키스탄이 잘사는 나라이거든요." (연구참여자 2A)

한국인 초등학생에게 화상 통화로 러시아어 과외를 하는 연구참여자 2C는 학생들로부터 차별을 경험했다. 우즈베키스탄 사람들을 접한 경험이 있는 한국인 학생들은 우즈베키스탄 사람들이 가난해서 한국에 와서 일하고 있다는 편견을 가지고 있었다. 연구참여자는 한국인 학생에게 우즈베키스탄에 대한 긍정적인 이야기를 해주고 이들의 편견을 없애도록 노력했다.

"제가 초등학생 한국인 학생에게 러시아어 과외를 하는데 그 학생이 우리나라에 대한 편견이 너무 심해요. 대구에 사는데, 대구에서 우즈베키스탄 근로자들을 많이 봤대요. 우즈베키스탄이 못 살기 때문에 우리나라(한국)에 와서 일을 한다고 해요. 우즈베키스탄 사람들이 왜 못살아요? 기분이 너무 나빠져서 친절하게 그렇지 않다고 설명을 해줘도 그래도 우즈베키스탄이 한국처럼 부자 나라 아니라고 해요. 아직 애기라서 넘어가는데 그렇게 열받게 할 때마다 스트레스를 받아요." (연구참여자 2C)

연구참여자 2D는 택시 기사에게 자신이 우즈베키스탄 출신이라고 말하자, 공장에서 일하는 노동자로 오해를 받은 경험도 있다. 그녀는 우즈베키스탄에서 온 사람들 모두가 공장에서만 일하는 사람들이 아니라고 택시

기사의 말을 단호하게 잘랐다고 했다. 연구참여자는 택시 기사가 우즈베키스탄 사람들이 돈을 벌면 대부분 고향으로 보내고 있다는 말에도 동조하지 않는다고 했다.

"택시 타고 러시아어로 통화하면 택시 아저씨들이 러시아에서 왔냐고 궁금해요. 한국 사람들이 호기심이 많기 때문에 질문을 많이 해요. 우즈베키스탄이라고 하면 '공장에서 일을 하는구나. 우리나라는 우즈베키스탄 근로자 많이 있다고. 한국에서 돈 벌고 모든 월급을 우즈베키스탄으로 보낸다'라고 했어요. 그때 제가 바로 제가 근로자 아니라고 학생이라고 했어요. 왜 우즈베키스탄이라고 하면 꼭 근로자여야 되냐고 했는데 '아 미안 미안… 아가씨 학생이구나' 하셨어요." (연구참여자 2D)

연구참여자 2E는 기숙사 지원 문제로 인해 차별을 받았다고 했다. 한국인 학생들과 함께 방을 공유하고 싶은 마음으로 기숙사 행정실을 찾아간 그녀는 한국인 학생들이 외국인 학생들과 함께 방을 사용하는 것을 좋아하지 않는다는 이유로 직원으로부터 거절당했다. 기숙사 직원은 고려인 유학생을 외국인 유학생으로 인식하고 있으며, 연구참여자에게 외국인이라는 것을 반복해서 강조했다. 또한 한국인 학생들은 영어권 외국인 유학생들과 방을 공유하는 것을 선호한다는 직원의 말을 들은 연구참여자는 기숙사 행정실에 고려인 유학생들에 대한 잘못된 인식을 지적하는 내용으로 편지를 보냈다고 했다.

"기숙사에서 생겼던 일인데 첫 학기 때 기숙사 행정실에 가서 한국인과 살고 싶은데 혹시 한국인과 같은 방 쓸 수 있게 해주실 수 있느냐고 물어봤는데 행정실 직원이 한국인들이 외국인들과 사는 것을 싫어한다고 하셨어요. 그 말에 화가 나서 저도 영어를 할 줄 아는데 토익 시험 증명서를 보여주면 되겠냐 했더니, 그 직원이 '그런데 서양에서 온 거 아니잖아요'라고 했어요. 그때 처음 차별받았어요. 방에 와서 억울해서 제 불만에 대한 기숙사 행정실로 이메일을 보냈어요. 제가 외국인이 아니라 같은 한민족, 고려인이라고 저를 외국인이라고 인식하시는 것이 잘못된 인식이라고 이메일을 보냈어요. 답변이 없었어요." (연구참여자 2E)

학원에서 영어 아르바이트를 하는 연구참여자 2F는 학원 원장으로부터 차별을 당했다. 학원 원장은 근로 조건으로 자신을 미국 교포라고 소개해야 한다고 부탁했다. 학원 원장은 한국인 학생들이 교사가 우즈베키스탄 사람이라는 사실을 알게 되면 수업을 신청하지 않기 때문이라고 설명했다. 연구참여자는 같은 한민족으로서 인정받지 못하는 것에 대해 불만을 토로했다. 그녀의 진술에 따르면, 한국 사람들은 한민족인 동포를 국가별로 구분하고 차별한다고 했다.

"학원에서 영어를 가르치는데 학원 원장님이 저 보고 미국 동포라고 자기를 소개하라고 우즈베키스탄 동포라고 하면 아이들이 싫어할 거라고 해요. 우즈베키스탄에서 왔으면 사람이 아니에요? 왜 미국 동포를 인정하는데 우리를 아무도 아닌 것으로 보죠? 저도 영어를 잘하고 대학교에서 장학금 받으면서 생활하는데 장학금 받는 것을 다들 받을 수 있는 것도 아니고 우수 학생들만 받을 수 있는데요. 억울했어요.

이런 차별을 받으면 한국 사람들이 자기 한민족인 재외동포를 국가별로 구분하고 차별해요." (연구참여자 2F)

주말에 편의점에서 아르바이트하는 연구참여자 2I는 술에 취한 나이 많은 한국인 남성으로부터 차별을 경험했다. 그 남성은 편의점 점장이 외국인을 고용한 것과 외국인의 능력을 지적하면서 서비스를 비판했다. 차별을 당한 그녀는 이 문제를 더 이상 크게 확대하지 않기 위해 고객이 항상 옳다는 생각으로 침묵하면서 그 순간을 모면했다고 했다.

"특히 술 취한 아저씨들이 와가지고 계산대에서 줄 서서 제가 너무 느리다고 욕하면서 빨리 해달라고 잔소리 쳤어요. 그런 경우에는 한두 번도 아니었고. 그래도 손님이라 손님들은 항상 옳다고 생각해요. 그래서 제가 아저씨 좀 기다려 달라고 했을 때 왜 한국 사람들을 채용 안 하고 사장들은 이렇게 느린 외국인들을 채용하느냐고, 외국 사람들이 와서 한국 서비스의 질이 떨어졌다고 하셨어요. 그래서 그때 제가 참다못해 '아저씨, 죄송합니다. 좀 기다려주시면 빨리 해 드리겠습니다'라고 했는데 그 아저씨 갑자기 화내신 거예요. 왜 나에게 짜증 내느냐고 내가 나이가 얼마나 많은데 나이 많은 사람에게 예의 있게 말해야 한다고 하셨어요." (연구참여자 2I)

연구참여자 2G는 카자흐스탄과 우즈베키스탄의 차이를 모르는 한국 사람들로부터 차별을 경험했다. 한국 사람들은 '~스탄'으로 불리는 국가 사람에 대한 잘못된 인식, 즉 동일하게 생각하고 있다고 불만을 표출했다. 한국 사람들이 미국을 제외하고 다른 나라에 무관심해서 이러한 오해를 한다고 했다. 또한 연구참여자가 만난 한국 사람 중 우즈베키스탄 사람들과 카자흐스탄 사람들의 관계에 대해 물어보면서 민족 간 분쟁을 일으킨다고 느꼈다.

> "우즈베키스탄과 카자흐스탄을 한국 사람들이 구별을 잘 못해요. 스탄으로 끝나는 나라들을 다 같은 민족으로 봐요. 한국은 미국만 알고 다른 나라들에 대한 관심 1도 없어요. 그리고 '우즈베키스탄과 카자흐스탄 사람들이 서로 안 좋아하지?'라는 질문을 자주 해요. 민족 간 분쟁을 만들려고 하는 것처럼… 한국도 이웃 나라들과 관계 좋지 않은데요." (연구참여자 2G)

고려인 유학생들은 대학 생활에서 한국인 친구 또는 교수들로부터 무시와 차별을 받는다고 생각할 때, 유학에 대한 회의감 또는 위기감이 몰려온다고 했다. 연구참여자 2A는 어느 교수가 대학교는 본인이 알아서 공부해야 한다고 말해서 많이 속상하다고 하면서, 이것은 분명히 외국인에 대한 차별이라고 했다.

> "교수님 한 명이 계셨는데 저보고 뭐라고 했냐면 여기는 고등학교가 아니라 대학이라 다들 알아서 공부하고 Self study를 주로 해야 한다고…. 그 교수님도 유학 다녀오신 교수님이라 유학 경험이 있으면서도 그런 말을 하시니까 너무 속상했어요. 속상하고 실망도 했어요. 교수님이 뭐라고 했냐면 본인도 유학 갔을 때 모든 문제를 혼자서 해결하고 공부도 열심히 하고 이해 못 했을 때 주변 사람들이나 교수님을 찾아가서 묻지 않고 힘들어도 혼자서 다 배우고 공부하고 그랬대

요. 그렇게 말을 하시니까 어떻게 다시 그 교수님을 찾아가서 물어볼 수가 있어요? 못하죠. 교수님의 말씀이 잔인하게 들렸어요." (연구참여자 2A)

연구참여자 2D는 출신 국가로 인해 차별을 받고 있다고 했다. 그녀는 한국인 학생이 자신과 사귀지 않으려는 이유가 국가 때문이라고 했다. 영어를 사용하는 미국도 유럽도 아닌 국가 출신이어서 언어 교환을 할 수 없으므로 한국인 학생들이 무시한다고 했다. 그러면서도 한국 생활을 잘하기 위해 한국 사람들과의 교류가 필요하다고 했다. 이는 한국문화와 한국어 향상에 도움이 되기 때문이다.

"우리와 한국인 학생들이 안 친해지는 이유가 그거는 제 생각에는 나라 때문인 것 같아요. 우리 미국도 아니고 유럽도 아니고 우리랑 언어 교환도 할 수 없어서 그것 때문에 무시하는 거 아니에요? 그런데 여기 오니까 한국 생활을 훨씬 더 잘하려면 한국 사람들과 친해지면 한국 생활에 훨씬 더 체험할 수 있고, 한국 사람들과 친해지면 한국어도 당연히 늘어날 거구." (연구참여자 2D)

연구참여자 2E는 자신의 본국과 다르게 한 학기 동안 같은 수업을 수강하면서 서로에게 무관심하다는 것에 불만을 품고 있었다. 연구참여자의 나라에서는 학생들이 수강하고 나서 첫 수업 때 서로 소개한 후에 식사도 같이하고 서로 친하게 지내려 노력한다고 했다. 한국인 학생들의 이러한 무관심은 매 학기 같이 수강하는 학생들이 바뀌기 때문이라고 생각하고 있었다. 연구참여자가 알고 있는 대학문화는 한국의 대학문화와 다르다. 우즈베키스탄에서는 대학에 입학하면 4년 동안 같은 사람들과 공부한다. 그래서 4년 동안 학생들끼리 서로 친하게 지낼 수밖에 없다고 한다.

> "한 학기 동안 수업 듣는데 어떻게 같이 공부하는 사람들에게 무관심할 수 있을까요? 우리는 수업 첫날 자기소개하고 다들 같이 밥 먹고 친하게 지내도록 노력을 하거든요. 우리는 한국과 달리 대학교에서 똑같은 사람들과 입학부터 졸업할 때까지 같이 공부해요. 그래서 그것은 거의 한 가족 된다는 말이죠. 한국인 학생들은 한 가족조차 친구도 안 되어주잖아요. 이것이 가장 충격이었어요. 그냥 교실에 와서 수업 듣고 바로 나가서 다들 집에 가요. 다들 바쁘다는 것을 잘 알지만 그래도 그 정도는 너무해요." (연구참여자 2E)

연구참여자 2H는 기숙사 행정실에 가서 한국인과 살고 싶다고 말했는데, 한국인과 룸메이트가 될 수 없다는 그 직원의 말에 분개했다. 행정실 직원은 한국인 학생들과 방을 같이 못 쓰는 이유는 외국인이기 때문이라고 설명했다. 또한 기숙사 직원은 한국인 학생들이 기숙사를 같이 사용하고 싶어 하는 유학생은 영어권 학생이라고 했다. 기숙사 행정실 직원의 이 말에 화가 난 연구참여자는 방에 돌아와 기숙사 이메일로 편지를 보냈다고 했다. 편지 내용에서는 행정실이 연구참여자를 '외국인'이라고 인식하는 것은 잘못되었다고 지적했다. 같은 민족으로서 한국 사람에게 '외국인'이라고 들은 것은 그녀에게 크나큰 상처가 되었다.

> "기숙사에서 생겼던 일인데 첫 학기 때 기숙사 행정실에 가서 한국인과 살고 싶은데 혹시 한국인과 같은 방 쓸 수 있게 해주실 수 있느냐

고 물어봤어요. 행정실 직원이 한국인들은 외국인들과 사는 것을 싫어 한다고 하셨어요. 외국인이랑 살고 싶어 하는 경우도 영어권 학생들과 영어 배우려고 사는 거라고 했어요. 직원의 그 말이 화나게 해서 저도 영어를 할 줄 아는데 토익 시험 증명서를 보여줄 거냐고 했을 때 그 직원이 '그런데 서양에서 온 거 아니잖아요!'라고 했어요. 그때 처음 차별받았어요." (연구참여자 2H)

(7) 재정적인 어려움

유학생들은 처음 한국에 왔을 때 한국문화와 한국어, 본국보다 물가가 비싼 한국 생활에 스트레스를 받는 경우가 많다. 한국으로 가장 많이 유학 오는 학생 중 중국과 일본을 제외하면 대부분 한국보다 물가가 낮은 개발도상국 출신의 유학생들이다. 장학금 지원을 받지 못하는 유학생들은 체류비용을 스스로 부담해야 한다. 따라서 비싼 등록금과 높은 물가에 적응하기 위해 경제적인 스트레스(Financial Stress)를 많이 받는다(나임순, 2006).

권양이(2008)는 한국의 높은 물가에 따른 학비와 생활비 부담이 초기 적응과정에서 겪는 어려움 중의 하나라고 주장했다. 또한 기숙사 배정을 받지 못한 유학생의 경우 가중되는 경제적 부담감이 더욱 크다는 것이다.

유학생들은 언어적 미숙과 구직 관련 정보 접근성이 낮아 곤란을 경험할 뿐만 아니라 언어적 조롱과 비하로 인해 차별을 경험하며 위축되기도 한다. 제한된 한국어 의사소통은 구직 정보를 얻을 수 있는 범위가 제한됨을 의미한다. 같은 유학생들 사이에서는 구직 정보가 제한되어 있어 학교 주변에서 일자리를 구하고자 한다. 하지만 학교 주변에도 간단한 영어를 하지 못하면 일자리를 구할 기회는 그만큼 사라진다.

유학생들은 법적 · 사회적으로 보았을 때 약자의 입장에 서 있을 수밖에 없다. 악질적인 업주가 고의적인 임금 체불이나 임금 삭감을 시도한다 하더라도 법적인 대응이 어려울 수밖에 없다. 본국에서의 경력을 활용하여 일자리를 구하려고 해도 사실 별다른 효력을 발휘하지 못한다. 따라서 고급 언어나 숙련된 기술이 필요하지 않은 편의점이나 음식점 등 서비스 직종에서 일자리를 구하는 경우가 흔하다.

개개인의 상황과 경험이 모두 달라서 고려인 유학생들의 재정적인 어려움은 여러 측면에서 살펴볼 필요가 있다. 연구참여자들은 장학금 지원을 받고 있음에도 비싼 한국의 생활수준과 물가로 인해 재정적인 어려움을 느끼고 있었다. 생활비가 부족하다고 호소하는 연구참여자 2D의 말에 한국 사람들이 장학금을 받으면서 왜 불평하냐고 해서 그녀를 속상하게 만들었다. 부모와 같이 생활하는 한국 사람들은 그녀의 입장을 절대로 이해할 수 없다고 했다.

> "한국 물가가 너무 비싸잖아요. 돈이 항상 부족해요. 식품 같은 것을 자주 사기 때문에 돈을 관리하기 어려워요. 그래서 처음에 공부하면서 알바를 동시에 해서 병행 때문에 힘들고 스트레스를 안 받을 날이 없었어요. 장학금이 있어도 그 장학금으로 등록비도 내야 되고 생활비도 포함돼서 많지 않아요. 장학금이 있는데 왜 호소하느냐고 하는 한국 사람들이 있는데 그 사람들이 자기 집에서 부모님과 같이 살기 때문에 생활비가 얼마나 들지를 잘 몰라서 그렇게 말을 해요. 장학금으로만 충분히 유학 생활을 보낼 수 없어요." (연구참여자 2D)

연구참여자 2E는 한국인 학생들과 경쟁하기가 쉽지 않아서 장학금 신청을 하지 못했다. 장학금을 신청하려면 성적 평균이 4.2가 되어야 하는데, 그렇지 못하기 때문이다. 연구참여자는 대학 생활을 열심히 하고 수업에 적극적으로 참석하고 과제를 제시간에 제출해도 부족한 실력으로 성적이 잘 나오지 않음을 속상해한다. 어쩔 수 없이 장학금을 포기하고 졸업하기 위해 필요한 학점만 채워야 한다. 또한 공부와 아르바이트를 병행하는 것이 너무 어렵고 기숙사에서 생활하더라도 식비는 스스로 감당해야 한다. 그럼에도 연구참여자는 포기하지 않고 씩씩하게 대학 생활을 해나가고 있다.

> "처음에 우즈베키스탄에서 대학 입학시험을 보고 1년 동안 등록금 장학금을 지원받게 되었는데 나중에 한국에 와서 다른 평가 시스템인 상대평가 때문에 성적이 나빠져서 장학금이 잘렸어요. 거의 대부분 학생들은 처음에 장학금으로 들어오고 나중에 자비로 공부하게 돼요. 제가 알기에는 대학원은 절대평가인데 학부생들도 우리나라처럼 상대평가 말고 절대평가 시스템으로 공부했으면 해요. 실력이 부족하고 잘 안 돼서 그냥 포기한 거죠. 알바 끝나고 기숙사에 돌아오면 피곤해서 잠만 자고 싶어요. 생활비를 학교에서 제공 안 하니까 편의점에서 아르바이트하고 생활하거든요." (연구참여자 2E)

연구참여자 2F는 일자리를 구하려고 면접을 다닐 때 서투른 한국어로 인해 면접에 떨어져서 한국어 실력에 대한 자신감도 떨어진 상황이다. 연구참여자는 드라마에서 본 한국의 모습과 실제 한국의 모습이 달라서 실망했다. 하지만 자신의 미래를 위해 끊임없이 노력하려고 한다.

"한국 생활비가 많이 들어요. 한국어가 완벽하지 않아도 알아들을 수 있는 수준인데 면접 보러 갈 때마다 떨어지고 대답하면 못 알아듣는 척하고 다시 물어보고 했어요. 그때 한국어 실력에 대한 자신감도 떨어지고…. 한국은 드라마에서 본 한국의 모습과는 다르고 꿈꿔왔던 것과도 많이 달랐어요. 근데 제 미래를 위해 노력하고 열심히 하고 생활방식도 꼭 바꿔야 된다는 생각들이 많이 들었어요." (연구참여자 2F)

초청 장학생인 연구참여자 2H와 2I는 장학금을 받는데도 비싼 물가로 인해 어려움을 많이 겪고 있었다. 그들은 매달 받는 장학금으로는 유학생활이 불가능하다고 이야기한다.

"저는 대학 초청 장학생인데 장학금을 매달 정해진 생활비를 받아요. 생활비가 한 달에 90만 원이에요. 큰돈은 아니지만 적은 돈도 아니에요. 그 돈으로만 먹고살 수가 없더라고요. 꼭 알바하고 돈을 벌어야 어느 정도 유학 생활의 부담이 덜 느껴져요." (연구참여자 2H)

"저는 장학금을 연구 조교로 받아요. 장학금이 얼마 안 되는데 거기서 개인 소득을 부과해요. 부과하고 나서 돈이 별로 안 남아요. 대학 초청 장학금의 정책을 좀 바꿔야 돼요. 제한적인 정책으로 우리 외국인 유학생들이 유학 생활을 좀 더 낫게 보낼 수 있을까 싶어요. 장학금에서 세금까지 빼는 것이 아니라고 생각해요." (연구참여자 2I)

이상의 결과를 종합하면, 유학생을 성공적으로 유치하기 위해서는 이들이 경험하는 경제적인 어려움을 해결해야 한다. 왜냐하면 고려인 유학생들이 한국에서 유학하는 동안 재정적인 어려움으로 학업에 온전히 매진할 수 없기 때문이다. 또한 이를 해결하기 위한 일자리를 마련하기도 어려워 결과적으로 학업 부적응으로 이어질 확률이 높아질 것이다.

2) 가치관의 차이로 인한 정체성 위기

(1) 대인관계에서의 어려움

일반적 개념의 인간관계는 인간과 인간의 심리적 관계, 대인관계, 인화 등의 의미로 사용된다. 심리적 관계에서의 인간관계란 특별한 목적의식 없이 자연스러운 관계에서 형성되는 일정한 심리적 관계 자체를 의미하는 것으로 여기에는 이념이나 가치 판단의 의미는 전혀 개입하지 않는다. 한편 대인관계에서의 인간관계는 다른 사람을 대면하는 경우 개인의 언행과 태도에 관심을 갖고 형성되는 상호관계이므로 개인과 개인의 교양과 개성 수준의 정도 및 대인적 교섭과 수용 태도에 치중하는 내용으로 이해될 수 있다.

• 교수와의 관계

고려인 유학생들은 한국 교수들과 특별한 관계가 아니라고 했다. 장학금을 받는 연구참여자 2B는 부당한 성적에 대해 비판했다. 열심히 공부했음에도 개인적인 문제로 교수가 성적을 낮게 주었다는 것이다. 그녀는 이유도 모른 채 낮은 성적을 받은 것에 대해 스트레스를 호소했다. 연구참여자가 받는 장학금은 성적에 따라 수혜 여부가 결정되어 있음을 알면서도 교수는 그녀의 이야기를 신경 쓰지 않았다. 주변 한국 사람들의 조언으로 문제 삼지는 않았으나, 교수에게서 무시와 차별을 당한 것에 불편함을 느꼈다.

> "교수님과 지내는 데 어려움이 없는데 지난 학기 어떤 교수님이 개인적인 문제로 성적을 나쁘게 주셨어요. 무슨 이유로 이렇게 하셨는지 잘 모르지만 너무 억울했어요. 공부를 열심히 하는 것 동기 친구들도 보고 다들 나쁜 성적을 받게 되어서 많이 놀랐어요." (연구참여자 2B)

연구참여자 2E는 학과 교수들에 대해 긍정적으로 생각했지만, 교수 한 분으로 인해 수업 시간에 지적을 받아서 매우 힘들었다. 교수가 연구참여자를 다른 학생들 앞에서 망신을 주는 행동으로 인해 불만을 품고 있었다. 수업에서 지적을 당한 그녀는 매우 억울했음에도 그 교수의 강의가 재미있다고 긍정적으로 평가했다.

> "한국인 교수들과의 특별한 관계는 없어요. 우리 학과 교수님들은 잘해주시는데 한 명 빼고요. 그 교수님이 무시하시고 항상 강의하실 때 '이거 아냐?' '그것도 모르냐? 아, 힘들겠다.' 그렇게 말씀하시고. 사실은 그 교수님이 강의하시는 내용이 되게 재미있고 하시는 말씀은 다 맞지만 그렇게 저를 낮추는 것은 이해가 안 가더라고요. 너무 억울해요. 모르면 그거 설명해주셔야 되는데 우리나라 경우에는 교수들이 학생들을 그렇게 낮추지는 않아요." (연구참여자 2E)

찰스와 스튜어트(Charles & Stewart, 1991)는 교수와 많은 시간을 가지면서 소통하는 것이 유학생들의 학업 성과에 긍정적인 영향을 끼친다고 했다. 또한 교수의 타문화에 대한 관심과 타문화를 이해하기 위한 노력 등이 유학생들에게 큰 영향을 끼치기도 한다고 보고했다. 따라서 교수와 유학생의 관계 발전을 위해서는 대학 차원에서의 지원이 필요해 보인다.

• 교우와의 관계

웨스트우드와 바커(Westwood & Barker, 1990)는 외국인 유학생들이 갖는 친구 패턴을 모국 학생, 현지 학생, 다른 문화권 학생의 세 가지로 구분했다. 이에 따르면, 모국 학생들과의 친구 관계는 44%로 가장 높은 비중을 차지했으며, 현지 학생들과의 친교 관계는 29%로서 개인적인 친분을 유지하는 것이라기보다는 학문 목적이나 행정처리 등을 위한 공식적인 관계 위주였다. 마지막으로 현지인이 아닌 다른 문화권 학생들과의 관계는 가장 낮은 빈도로 나타났다. 본 연구의 결과도 이와 유사하게 나타나고 있다. 고려인 유학생들은 수업을 같이 듣는 경우와 조별 과제를 할 때만 이야기를 하고 학기를 마치거나 조 구성이 바뀌면 교류가 이어지지 않는다. 고려인 유학생들은 한국인 학생과 친구가 되어 지속적인 관계를 유지하고 싶지만, 이러한 관계를 유지하기가 쉽지 않았다. 그들은 한국인 학생과 지속적인 관계를 맺을 방법에 대해 모르고 있었다. 그래서 연구참여자들은 대부분 같은 문화권, 외국인과 친구 관계를 맺고 있었다. 연구참여자 2A는 자신이 우즈베키스탄 사람이라고 해서 한국 학생들이 자신을 상대하지 않는다고 믿고 있었다.

“우리 우즈베키스탄 사람들과 친구 안 되는 이유는 우리는 발달하지 않은 나라에서 오기 때문인 것 같아요. 왜냐하면 우리 미국도 아니고 유럽도 아니고 중앙아시아에서 왔는데요. 왜냐하면 우즈베키스탄에서 왔다고 하면 그냥 ‘음, 알겠어…’라고 하고 연락 안 하는 학생들이 있었어요.” (연구참여자 2A)

연구참여자 2D는 대학 입학 초기에 정신적으로 외로움을 많이 느꼈다고 했다. 왜냐하면 주변에 다른 나라 출신 외국인 유학생들과는 친하게 지내는 친구가 많은데, 한국인 친구가 없었기 때문이다. 그 외로움을 극복하기 위해 연구참여자는 다른 사람들과 친해지려고 노력했다. 자신이 한국에 유학을 왔기 때문에 한국 사람들과 반드시 관계를 맺고 친하게 지내야 한다고 인식하고 있었다. 연구참여자 2E도 마찬가지다. 유학 생활을 하면서 한국 친구와 친하게 지내지 못한 것에 아쉬움을 표현했다.

“처음에 주변에 다 모르는 사람들인데 제가 어떻게 할까 생각하고 어떻게 살아야 될까 고민도 의문도 되게 많았어요. 정신적으로도 좀 힘들고 외롭고 그랬는데 시간이 지나가서 익숙해졌어요. 점점 조금 아는 사람들도 생겼고 괜찮아졌어요. 다른 학생들과 말 섞고 친해지려고 했어요. 계속 혼자서 살 수도 공부할 수도 없잖아요. (중략) 그런데 지금 친구들이 많아요. 중국 친구들도 있고, 베트남 친구들도 있고, 대만 친구도 있어요. 난 한국 사람들과 친해지고 싶어요. 한국까지 왔는데 한국 사람들과 친하게 지내야죠. 한국 친구들은 거의 없어요.” (연구참여자 2D)

"한국에서의 대학 생활은 사실은 우리나라에서의 학교 생활과 완전 달라요. 우리는 학교 들어가면 첫날부터 인사하고 자기소개하고 친구를 만들거든요. 한국인들이 상상도 못하는 일이지만 여기에서는 한 학기 동안 공부를 했는데 저랑 친구 되어준 사람 한 명도 없어요." (연구참여자 2E)

연구참여자 2F와 2G는 한국 대학 생활에서 가장 어려운 것이 대인관계라고 했다. 연구참여자 2J는 한국 생활에서 가장 어려운 점이 문화 간 의사소통이라고 했다. 왜냐하면 한국인 학생들이 외국인 유학생들을 꺼린다고 생각하기 때문이다. 외모도 한국 사람과 비슷하고 한국어도 잘한다고 생각하는 연구참여자 2J는 자신에게 한국 친구가 없는 것을 이해할 수 없었다. 사실 한국인 학생들과 동아리 활동을 한 적이 있는 그는 한국 학생들의 사고방식이 개방적이지 않다는 것을 발견했다. 이로 인해 동아리 활동에서 한국인 학생들과 논쟁을 벌였고, 상처를 크게 받았다.

"한국 대학 생활 중에서 어려운 점은 대인관계인데 한국인 친구와 친해지는 과정에서의 어려움, 생활양식 차이로 인한 어려움, 한국어 경어와 표현방식 미숙으로 대인관계 오해를 초래하고, 원인은 자신의 한국어 능력은 부족하니까 교수님을 만날 때 좀 무섭습니다. 이것을 해결하기 위해 한국 친구하고 사귀고 이야기해야 합니다." (연구참여자 2F)

"대학 생활에서 가장 어려운 점은 한국인 학생들과의 관계라고 할 수 있어요. 한국인 학생들끼리 지내는 것을 보면 부러워요. 한국인 학생 친구 만들고 싶어요. 같이 놀 수 있고 같이 언어와 문화 교류도 할

수 있고 단기적으로 말고 장기적으로 친구 하고 싶어요. 그것 잘 안 돼요." (연구참여자 2G)

"가장 어려운 것은 문화 간 의사소통인 것 같아요. 그리고 사고방식 차이가 있어서 한국인과 소통이 잘 안 되는 경우들이 있었어요. 한국인 학생들이 외국인 유학생들을 좀 두려워하는 것 같아요. 피하고 될 수 있으면 말을 안 걸고 인사도 안 해요. 그래서 한국인 친구 사귀기가 좀 힘들었어요. 제 외모도 100% 한국인과 비슷함에도 불구하고 한국어도 잘하는데 그래도 한국인 친구들이 거의 없어요. 그리고 개방적인 사고방식을 가지고 있는 한국인들은 많지는 않아요. 어떤 동아리에 참여했을 때 논쟁하고 말다툼으로 인해 상처받은 적도 있었어요. 어려운 것이 좀 많이 있는데 그중에 가족에 대한 그리움이 심해요. 힘들 때마다 엄마, 아빠 보고 싶어요. 부모님들이 같이 계셨으면 이런 어려운 유학 생활을 쉽게 극복할 수 있을 것 같아요." (연구참여자 2J)

고려인 유학생들은 한국인 학생들과 친근한 관계를 유지하기 위해 나름대로 노력하고 있었지만, 본인이 만든 장벽 때문에 상당 부분 어려움을 겪는 경우가 있었다. 이러한 장벽을 사라지게 하기 위해서는 유학생들 스스로가 좀 더 적극적으로 한국인과 접촉함으로써 한국인의 특성을 이해하고, 한국인도 외국인 유학생들의 특성을 이해할 필요가 있다. "천 리 길도 한 걸음부터"라는 격언처럼 여러 가지 갈등 상황을 하나씩하나씩 겪은 후에는 결국 상대방을 이해할 수 있는 하나의 '통로'가 열리게 될 것이다.

종합해보면, 고려인 유학생들은 같은 문화권인 러시아어를 사용하는 친구들로부터 안정감을 느끼고 있었다. 이는 같은 언어를 사용한다는 것과 유학 생활을 통해 비슷한 어려움을 경험하기 때문에 더욱 친밀감을 느끼게 된다. 연구참여자들은 학업 문제에 어려움을 겪을 때 유학생 선배나 학업성적이 좋은 유학생 친구에게 도움을 요청하기도 한다. 이러한 상황에서 한국인 학생보다는 같은 문화권 학생에게 우선순위를 두고 있다는 것을 알 수 있었다. 또한 고려인 유학생들은 대학 생활 적응의 위기 단계에서 같은 문화권 친구들의 도움을 직접적으로 받거나 학교 수업 혹은 행정 일과 관련된 것에 대한 정보를 공유하고 있었다.

고려인 유학생들은 동향 친구들과 함께 모여서 같이 과제를 수행하거나 각자 공부하기도 한다. 학업 외에도 동향 친구들과 국내 여행을 많이 해서인지 한국인 학생과 있을 때보다 친밀한 유대감을 강하게 느낀다. 따라서 고려인 유학생들은 한국에서의 대학 생활 적응에서 고향 친구들이 긍정적인 역할을 담당하고 있다는 것을 알 수 있었다.

(2) 관점 차이로 인한 어려움

고려인 유학생들은 문화적 차이로 인해 서로 간 갈등 상황에 놓이는 경우가 종종 발생한다고 했다. 특히 종교적인 이유로 대화할 경우, 한국인 학생들이 지닌 종교에 대한 선입견으로 무시를 당하는 경우가 많다.

연구참여자 2A는 편의점에서 아르바이트할 때, 문화적 차이와 편견으로 인해 오해를 받은 적이 있다고 했다.

> “문화 차이 때문에 오해받은 적이 몇 번 있긴 있는 것 같아요. 편의점에서 일을 하고 있었을 때 손님들과 말다툼으로 인해 문제가 생겼었

어요. 그런데 그것도 문화 차이 때문인지, 그 사람의 외국인 사람들에 대한 가지고 있는 편견 때문이라고 해야 되나요? 제가 아무리 외모가 약간 한국인 사람처럼 생겨도 한국어가 서툴러서 외국인이라고 바로 알 수 있거든요." (연구참여자 2A)

한국 사람들은 출신 국가가 곧 민족이라고 여기는 경우가 많다. 우즈베키스탄에서 온 연구참여자 2D는 어떤 한국인에게 우즈베키스탄에서 왔지만, 자신은 고려인이라고 강조했음에도 그 한국인은 계속 자신을 우즈베키스탄 사람이라고 했다. 우즈베키스탄은 다민족 국가여서 여권에 각 민족 표시가 되어 있다. 즉, 국적은 우즈베키스탄, 민족은 고려인이라는 의미다. 이것에 익숙해진 연구참여자 2D는 본인의 민족을 강조하면서 우즈베키스탄 사람에 속하지 않는다는 것을 보여주고 싶었다. 이를 통해 스스로 고려인 민족정체성을 강하게 지니고 있다는 것을 알 수 있었다. 한국 사람과 이러한 문제를 회피하기 위해 연구참여자는 대화를 계속하지 않았다. 그는 한국 사람들이 모든 고려인을 노동자로 간주하지 않았으면 좋겠다고 생각하고 있었다. 그것이 고려인에 대한 편견이며, 실제로 유학을 목적으로 한국에 온 고려인도 많다고 강조했다.

"어떤 한국인이 제가 학생인 걸 모르고 어느 나라 사람이냐고 질문했을 때 우즈베키스탄이라고 대답했어요. '오, 우즈베키스탄 사람이구나'라고 했어요. 저는 '아니에요. 저는 고려인이에요'라고 했는데 '아, 한국으로 일하러 왔구나. 고려인들은 다들 일하러 와요. 우리나라는 고려인들에게 좋은 기회를 해줬어요. 와서 일하고 모든 돈을 자기 나라로 보내요'라고 하셨어요. 그때 그 이야기를 이어가기를 싫어서 그냥 제가 유학생이라고 하고 말을 끊어버렸어요. 모든 고려인들을 근로자라고 생각하고 무식하다고 생각하는 것 같아요." (연구참여자 2D)

연구참여자 2E는 이슬람에 대한 한국인의 부정적인 시선에 불만을 품고 있다. 이슬람을 믿는 사람이면 모두 히잡을 써야 하는데, 그러한 종교문화를 모르는 한국 사람들은 연구참여자에게 계속 질문했다. 이로 인해 연구참여자는 스트레스를 받았고, 종교와 관련된 이야기를 피하고 있다. 또한 종교문화에 대한 몰이해뿐만 아니라 모국에 대한 차별과 부정적인 인식으로 속상해한다.

"이슬람교라고 할 때 부정적으로 생각하는 한국인들이 많은 것 같아요. 이슬람교이면 왜 히잡을 안 쓰냐고 물어보는 사람들이 많아요. 이슬람교이면 꼭 히잡 입고 다니는 사람들이 그 종교를 믿는 것 아니에요. 우즈베키스탄 고려인이라고 하면 '아… 우즈베키스탄….' 한숨 쉬면서 뭐라고 안 하거나 대화 주제를 바꿔요. 그런 것들이 아마 제일 기분 나쁘게 하는 것들이에요." (연구참여자 2E)

연구참여자 2F는 자신의 모국에 대해 한국 사람들이 낮게 평가하는 것에 불만을 품고 있었다. 자신이 본국을 낮게 평가하면 모를까, 다른 나라 사람이 자신의 모국을 나쁘게 평가하면 기분이 썩 좋지 않기 때문이다.

"우리 문화적 가치를 이해하지 못하면 많이 속상하죠. 누구든 속상할 것 같아요. 그런 것 있어요. 제가 우리 문화에 대해 불만은 하고 부정적으로 생각하면 괜찮은데 누가 우리나라 사람 말고 다른 사람들은 우리 문화에 대해서 뭐라고 하면 기분 상해요. 우리나라에 살지도 못하면서 부정적인 것을 말하면 우리나라 편을 들어줘요." (연구참여자 2F)

4.
유학 회복 단계

고려인 유학생들은 한국의 대학 생활에서 종종 위기 상태에 놓여 있었음에도 현재의 갈등적 상황을 극복하기 위해 다양한 방법으로 대처하고 있었다.

1) 정상적인 대학 생활을 위한 노력

(1) 한국어 실력 향상을 위한 노력

고려인 유학생들은 한국의 대학 생활에서 가장 중요한 것이 의사소통이라고 인식하여 한국어 실력을 향상시키기 위해 노력하고 있었다. 특히 강의 시간에 교수들의 말을 이해하기 위해 강의 내용을 녹음하고, 집에서 다시 들으며 한국어와 전공과목에 대한 열의를 보여주고 있었다.

연구참여자 2E는 한 학기 동안 한국어 글쓰기를 수강했음에도 한국어 쓰기가 약하다고 했다. 그래서 한국어 글쓰기를 향상하기 위해 추가로 글 쓰는 연습을 하면서 어려움을 극복하고자 노력하고 있었다.

> "여러 가지 과목들이 있었는데 '한국어 글쓰기'였나 기억이 잘 안 나는데 글쓰기와 관련된 수업이 있었어요. 그 수업에서 글 쓰는 방법을 한 학기 동안 배웠어요. 그런데 그래도 아직까지 글쓰기 잘 못 써요. 토픽 시험 볼 때도 글쓰기 점수가 가장 낮았어요. 그래서 주로 한국어 글쓰기 능력을 향상시키려고 노력을 해요." (연구참여자 2E)

연구참여자 2M은 같은 한국 사람이라도 한국어 발음과 억양이 달라서 말을 이해하기가 어렵다고 했다. 그래서 교수들의 강의 내용을 녹취하여 집에서 반복해서 듣고, 모르는 어휘는 사전을 찾아가며 공부했다. 현재는 고급 어휘도 스스로 독학하고 있다고 했다.

> "교수님들 강의하실 때 교수님의 말씀을 이해하려고 가끔 녹음했어요. 말하는 것과 쓰는 것이 다르고 그리고 사람마다 발음도 다르잖아요. 그래서 교수님의 말씀을 알아듣는 것도 쉽지 않았고 가끔 단어들이 사전에서 안 나와서 힘들었어요. 단어를 못 찾고 짜증 나고 그냥 수업하는 것도 싫어질 때가 있었어요. 그래서 고급 어휘 사전을 사고 사회와 경제 분야와 관련된 것들을 독학하고 있어요. 내가 모든 일을 꼼꼼히 하는 편이라서 공부할 때도 그래요." (연구참여자 2M)

(2) 여가활동을 통한 스트레스 대처하기

길버트와 압둘라(Gilbert & Abdullah, 2004)는 여가는 '행복 추구'를 위해 중요한 역할을 한다고 했다. 행복은 '긍정적 감정'과 '최상의 의미'를 추구하는 것으로 여러 형태의 여가활동을 통해 얻을 수 있어 여가활동 참여와 관계성이 높은 편이다(윤소영 · 박두용, 2014). 다양한 여가활동 참여를 통해 건강 증진과 삶의 질 향상 및 심리적 행복감을 경험하게 되며, 참여자의 이러한 인지는 여가의 유형에 따라 다르게 나타난다(김승현, 2015).

유학생들은 유학지에서 교육뿐 아니라 그 나라의 문화와 여행 등 다양한 여가활동을 향유하고 있으며, 이 경험을 통해 거주국의 사회 · 문화적 이해를 높이고 유학지에서의 문화적응에도 긍정적인 영향을 미친다(Glover, 2011; Jamaludin, Sam, Sandal, & Adam, 2016). 유학생들에게 여가활동은 스트레스 해소나 심리적 어려움을 덜어주는 데 효과적인 방법 중 하나다. 또한 여가활동은 유학생들에게 즐거움과 성취감을 느끼게 해주며, 교우관계 형성 및 학교생활 적응에도 도움을 주는 역할을 한다(김재운 · 유생열, 2006). 이러한 이유로 유학생들은 학업성과 제고와 유학 목적을 달성하기 위해 적절한 여가활동을 하는 것이 중요하다(주양 · 한상혈, 2017). 고려인 유학생들은 영어나 러시아어 과외, 문화 체험 활동, 봉사활동 등 다양한 여가활동을 통해 사회적인 경험을 쌓고 있었다.

연구참여자 2A는 영어학원에서 한국인 고등학생들을 가르치는 아르바이트를 하고 있다. 그녀는 아르바이트의 장점으로 재정적인 수입과 동시에 한국 사람들과 대인관계를 맺고 교류할 수 있다는 점을 꼽았다. 연구참여자 2B는 토론하고 서로 의견을 나누는 것을 좋아해서 영어 말하기 활동에 자주 참여하는 편이다. 이러한 활동을 통해 다양한 주제의 여러 생각을 교류할 수 있어 유익한 활동이라 생각한다.

"지금은 한국 고등학생들에게 학원에서 영어를 가르치고 있어요. 영어 수업을 통해서 한국 사람들도 만나고 대인관계를 맺을 수 있고 생활비도 벌 수 있어요. 그리고 고려인 사람들과 고려인 문화에 대해서도 소개해주고 알려줄 수 있는 기회예요." (연구참여자 2A)

"제가 토론하고 지적하고 논란을 하는 것을 좋아해요. 이런 활동을 통해서 새로운 것을 배우고 경험할 수 있어요. 그래서 주로 영어 말하기 활동을 자주 해요. 다양한 주제를 가지고 토론을 해요. 그런 동아리를 통해서 사람들의 의견도 들어주고 자기 의견도 표현할 수 있어요. 재미있고 유익한 활동이라고 생각해요." (연구참여자 2B)

호기심이 많은 연구참여자 2C는 자기계발을 위해 대학교에 있는 다양한 동아리 활동, 즉 태권도, 노래 부르기와 자원봉사 활동 등을 했다. 그녀에게 동아리 활동은 기분 전환을 하기 위한 좋은 방법이었다. 일상생활을 특별하게 보내고자 하는 연구참여자 2D는 주말에 외국인 및 한국인 친구들과 함께 문화교류 활동을 하고 있었다. 그녀는 여러 가지 경험을 쌓기 위해 유학 왔기 때문에 시간이 있을 때마다 문화교류를 하고자 한다.

"어렸을 때부터 호기심과 욕심이 많은 편이에요. 궁금한 것이 많고 늘 자기계발을 하고 새로운 것을 배우려고 해요. 그래서 대학교에 있는 다양한 동아리와 행사에 참여했어요. 태권도도 배웠고, 봉사활동도 하고 노래도 부르고 여러 가지 활동을 해봤어요. 기분 전환을 할 수 있고

힘이 빠지고 기가 죽을 때 재충전이 될 수도 있어요." (연구참여자 2C)

"늘 흐름과 변화가 없는 삶을 벗어나고 싶었어요. 일상생활을 색다르게 보내고 싶어요. 새로운 경험, 사람들과 만남을 위해서 한국으로 유학 왔어요. 한국 사람들과 다른 외국인과 교류를 할 수 있고 다른 문화도 배우고 경험할 수 있어요. 그래서 주말에 외국인 친구들이나 한국 친구들과 기분 전환과 문화교류를 위한 여러 가지 활동을 하고 같이 시간 보내요. 활동할 시간이 없으면 식사라도 같이 먹어요." (연구참여자 2D)

연구참여자 2E도 한국문화 체험을 많이 하기 위해 동아리에 적극적으로 참여하는 편이다. 연구참여자는 문화 체험이 한국에서 잘 적응하기 위한 '해결책'이라고 인식하고 있었다. 동아리 활동을 통해 사물놀이를 배우기도 하고, 연극 공연에도 참여했다. 그녀에게 사물놀이는 스트레스를 해소하는 가장 마음에 드는 방법이었다.

"한국 사회 문화에 적응하려면 한국문화를 배우고 한국 사람들과 자주 만나야 돼요. 한국 사람들과의 교류를 통해서 한국어 실력도 향상시킬 수 있고 한국문화도 배울 수 있다고 생각해요. 한국문화를 자주 체험하면 한국 생활에 빨리 적응할 수 있어요. 그리고 부모님과 떨어져 혼자 사는 것에 익숙해지기도 해요. 그래서 제가 한국문화와 관련된 동아리를 참여했어요. 사물놀이도 배워보고 한국 연극도 해봤어요."(연구참여자 2E)

연구참여자 2G는 어렸을 때부터 연주하는 것을 좋아했다. 그래서 피아노와 기타 치는 것을 배웠다. 시간 여유가 있을 때 친구 집을 방문하여 피아노를 연주하기도 했다. 피아노를 구입할 여유가 없던 연구참여자는 기타만 구입하여 집에서 노래를 부르면서 연주한다.

"제가 연주하는 것을 좋아해요. 시간 날 때 피아노 치거나 기타 쳐요. 피아노는 집에 없기 때문에 자주 칠 수가 없지만 기타를 사서 새로운 노래를 외우고 연주해요." (연구참여자 2G)

연구참여자 2H는 취미로 독서활동을 즐기고, 모국에서는 영어와 러시아어 책을 많이 읽었다. 한국으로 유학 온 후에는 웹툰에 관심이 생겼는데, 한국 사람들과 대화 주제를 찾을 때 웹툰을 소재로 이야기를 건네기도 한다. 그녀에게 웹툰은 여가로 즐기는 수단일 뿐만 아니라 한국어 실력 향상에도 많은 도움이 되었다.

"제 취미가 독서예요. 영어와 러시아어로 자주 읽는데 요즘 웹툰에 빠졌어요. 처음에 흥미를 못 느꼈는데 한국 친구 덕분에 관심을 가지게 되었고 추천해준 웹툰을 읽으면서 새로운 걸 발견하고 웹툰 팬이 되었어요. 웹툰 보니까 한국 친구들과 이야깃거리도 생기고 만나면 서로 독후감도 얘기해줘요. 웹툰을 통해서 현대 한국어도 배우고 실제로 사용하는 표현들도 많이 배울 수 있어요." (연구참여자 2H)

연구참여자 2I는 박사과정생이기 때문에 여가활동을 할 시간적 여유가 없으므로 별도로 동아리 활동을 하지 않는다. 시간적 여유가 있을 때, 그녀는 연구실 사람들과 산책하는 것만으로도 큰 만족을 느끼고 있다. 고려인 유학생 중 남학생들은 여가활동으로 신체 운동, 등산, 축구와 농구 등 육체적인 활동을 통해 건강을 관리하는 편이다. 연구참여자 2K는 유학 온 후 교수와 등산을 자주 하는데, 등산에 관심을 갖게 되어 교수와 등산 가는 것을 좋아한다. 왜냐하면 등산할 때 다양한 주제와 관련된 이야기도 나눌 수 있고 스트레스도 풀 수 있기 때문이다.

> "박사과정이라 따로 여가활동을 할 시간이 잘 없어요. 그래서 여유 시간이 있으면 피로를 풀고 머리를 식히기 위해서 연구실 사람들과 산책을 해요." (연구참여자 2I)

> "한국 사람들은 등산을 좋아하잖아요. 우리 교수님도 등산하는 것을 좋아하시고 주말에 등산 다녔을 때 저도 데리고 가셨어요. 같이 등산하면서 스트레스도 풀고 인생의 이야기도 하고 그렇게 등산을 좋아하게 되었어요." (연구참여자 2K)

백경화(2013)에 따르면, 여가활동에 참여한 유학생들은 유학지에 더 잘 적응하고 여가 제약 수준이 낮을수록 대학 생활에 대한 적응 수준도 높다고 했다. 따라서 여가활동은 유학생에게 문화 학습과 수용, 문화적응 스트레스 해소 및 치유 공유를 통한 지지체계 형성으로 이어진다. 이는 대인관계에서 사회적 거리감을 줄일 수 있다는 장점이 있기 때문이다(오세경 · 김미순 · 백보예바 아이굴, 2015).

고려인 유학생들은 여가활동을 통해 한국문화를 습득하고 한국 유학생활에 잘 적응하고자 노력한다. 그들에게 여가활동은 문화와 언어적 차이, 대학 생활에서의 여러 가지 어려움을 해결하는 데 효과적인 도움을 주고 한국 대학 생활에 적응하고 만족감을 느끼게 해준다. 연구참여자들은 주로 건강을 위한 활동으로 축구와 농구, 신체 활동, 문화교류와 언어 향상을 위한 문화 체험과 지적 활동, 기분 전환을 위한 예술 활동과 오락 활동, 사회활동 등을 적극적으로 하고 있었다.

대학생에게 여가활동은 단순히 학습하거나 여유로운 시간이 아닌 개인적으로 성취감을 느끼고 창조적인 기회로 활용할 수 있는 가치 있는 시간이다(김홍렬 · 이태희 · 윤설민, 2010). 즉 대학생에게 다양한 여가활동은 삶의 질에 영향을 미치는 중요한 요인이며, 이것은 결국 행복한 삶을 추구하기 위해 인생을 더욱 가치 있게 해주는 원동력이다(심상신, 2016).

고려인 유학생들은 한국어와 한국문화를 습득하고 이해하기 위한 여가활동에 참여한다고 했다. 이는 여가활동을 통해 학교 생활 적응과 학교생활에서 발생하는 어려움과 스트레스를 해소할 수 있다는 오세경 · 김영순(2018)의 연구 결과와도 일치했다.

2) 체념을 통한 마음의 안정

고려인 유학생들은 문화적 차이로 인해 생기는 다양한 갈등 상황에서 스스로 체념함으로써 갈등 상황을 모면하려고 했다. 특히, 강의방식이 다른 한국의 대학 생활에서 교수와의 갈등을 '없애기 위해' 스스로 포기하는 방식을 채택했다.

(1) 교수 강의법에 대한 포기

고려인 유학생들은 체념을 통해 마음의 안정감을 찾아가고 있음을 알 수 있었다. 그들은 한국 강의법에 대한 불만을 품고 있으며, 이에 대한 해결책을 찾는 데 스트레스를 많이 경험한다. 연구참여자 2C는 영어로 진행되어야 하는 강의가 한국어로 진행되어 스트레스를 많이 받았다. 수업 시간에 교수님이 한국어로 질문하자 일부러 영어로 대답하여 교수님이 수업을 영어로 진행하도록 유도했다. 하지만 영어로 답을 받은 교수님은 연구참여자를 무시하고 다수가 한국인 학생인 반에서 한국어로 강의를 진행했다. 교수님의 강의방식을 바꾸기 위한 그녀의 노력은 결국 수포로 돌아가 체념했다. 그래서 교수님의 질문에 영어가 아닌 한국어로 대답한다. 포기한 연구참여자는 스트레스가 줄고 학업 생활을 잘하고 있었다. 한국인 교수의 강의법을 비판하기보다는 익숙해지기 위해 노력하고 있었다.

> "강의를 영어로 등록해 넣고 한국어로 진행되는 교수님 때문에 처음에 스트레스 너무 많았어요. 한국어로 질문하시면 제가 일부러 영어로 대답했어요. 제가 영어로 수업 듣기 위해서 등록금을 내는데 대부분이 한국인 학생들이라고 한국어로 진행하셨어요. 제가 아무리 영어로 말을 하고 질문해도 교수님이 계속 한국어로 강의를 진행하셨어요. 그래서 나중에 그냥 포기했어요. 한국어로 대답하게 되었어요." (연구참여자 2C)

연구참여자 2E는 한국어로 된 과제를 영어로 작성하여 제출하고자 했지만, 교수의 거절로 결국 한국어로 작성하여 과제를 제출했다. 연구참여자들이 어려워하는 낯선 교육시스템과 과제 등을 자신에게 맞는 방식으로 바꾸기 위해 노력했지만, 결과적으로 교수의 수업방식에 맞추고 있다는 것을 알 수 있었다. 이는 고려인 유학생들이 스스로 스트레스를 줄이기 위해 노력하는 행위로 해석된다. 연구참여자들은 강의 내용에 대한 이해도가 떨어지는 것에도 개의치 않고 쉬운 방법인 '자포자기'를 선택했다.

"한국어로 과제를 내는 것이 좀 어려워서 영어로 내도 되냐고 부탁을 몇 번 했는데 교수님이 거절하셔서 어쩔 수 없이 힘들어도 한국어로 냈어요." (연구참여자 2E)

처음에 강의 내용을 녹취하여 집에서 독학한 연구참여자 2K도 나중에는 포기하게 되었다고 했다. 연구참여자 2M은 이해하지 못하는 강의 내용을 교수에게 문의하는 것이 교수를 곤란하게 만든다고 느꼈다. 이러한 이유로 그녀는 교수에게 질문에 대한 문제로 연락하지 않았다. 모든 연구참여자는 포기를 통해 문제를 해결하는 방식을 채택했다. 그렇기 때문에 관심이 많았던 어떤 강의에서는 고려인 유학생들이 점점 흥미를 잃어버리는 경우가 생겼다.

"교수님의 강의를 다 이해하지 못해서 녹취하고 집에서 다시 듣고 공부했는데 시간도 많이 걸리고 귀찮으니까 그냥 포기했어요. 왜냐하면 그 시간에 다른 과목들을 열심히 준비하고 성적을 잘 받을 수 있기 때문이에요. 잘 안 되는 것에 시간을 낭비하면 안 되는 거죠." (연구참여자 2K)

"강의에 대한 질문이 있으면 교수님을 찾아가거나 이메일을 자주 드렸어요. 너무 곤란하게 하는 것 같아서 교수님을 귀찮게 하지 않기 위해서 궁금한 것이 생기면 찾아가거나 연락을 하지 않게 되었어요. 저만 찾아가서 물어보는 것 같았어요." (연구참여자 2M)

(2) 친구 사귀는 것에 대한 포기

고려인 유학생들은 유학 초기에 적극적으로 한국인 학생들과 친해지려고 노력했지만, 시간이 흐르면서 친구 사귀는 것을 자연스럽게 포기했다. 수업 시간에 한국인 학생들로부터 무시당한 연구참여자 2E는 자존심이 상해서 더 이상 노력할 마음이 생기지 않았다고 말했다. 그래서 그녀는 아르바이트하는 곳의 친절한 한국 사람들과 친하게 지냈다. 연구참여자의 친구는 대부분 고향 친구들과 몽골 친구들이었다.

"수업 때 저를 그렇게 무시하면 저도 노력하고 싶진 않았어요. 저를 무시하는데 어떻게 먼저 친구 되자고 해요. 저도 자존심이 있고 저도 사람이에요. 그래서 다른 데에서 친구들 사귀려고 노력을 했어요. 다른 수업 때 조별 과제를 했을 때 몇 번 같이 밥 먹고 그렇게 했는데 친구가 되지는 않아요. 같이 일하는 한국인들과 친구를 해요. 그 사람들이 되게 잘해줘요. 그리고 친구들이 대부분이 우리나라 사람들과 외국인들이에요. 몽골 친구들도 있어요." (연구참여자 2E)

연구참여자 2L은 친구를 사귀기 위해 자주 연락하면, 한국인 학생들이 자신을 이상하게 생각할 수도 있다고 걱정했다. 또한 그는 전공 분야와 관련된 프로그램에 참여하고 있어 친구를 만나거나 사귈 여유가 없다고 했다. 그는 대학에서 한국인 학생들과 관계를 갖지 않고 나중에 직장생활을 하면서 한국인 친구를 사귈 것이라고 했다. 연구참여자는 한국 친구를 사귀는 것에 시간을 투자하는 것보다는 설정한 목표를 이루고 대학을 졸업하는 것에 더 많이 집중하고 있었다.

> "친구? 포기했죠. 억지로 연락하고 만나려고 하면 이상하다고 생각하잖아요. 제가 요즘 전공과 관련된 여러 가지 프로그램에 참여해서 여유 시간이 잘 없어요. 고려인 친구들끼리도 한 달에 한두 번 겨우 만나요. 다들 바쁘게 지내요. 한국인 친구들의 경우에는 기대는 안 해요. 친구 되면 되어주고 안 되면 괜찮고 다들 이 어려운 사회에서 살아남기 위해서 공부하고 노력하기 때문에 친구 만들 시간이 없어요." (연구참여자 2L)

한국 유학 생활을 시작할 때 연구참여자들은 한국어와 한국문화를 알기 위해 한국인 학생들을 사귈 필요성을 느꼈다. 그래서 그들은 유학 초기에 한국인 학생들과 친해지기 위해 많은 노력을 기울인다. 새로운 환경에서 현지인 친구를 사귀면 대학 생활에 잘 적응할 수 있을 것이라는 생각으로 한국인 학생들과 친하게 지내고자 한다. 그러나 친해지려는 노력만큼 한국인과 친구가 되는 것은 어려운 일이었다. 결국 본국에서 온 친구와 함께 살거나 친구가 되는 경우가 많았다. 연구참여자들은 한국 생활 적응 초기 단계에서 같은 문화권 혹은 같은 나라에서 온 친구들로부터 큰 도움을 받거나 서로 의지했다. 하지만 시간이 지나면서 본국에서 온 친구들과 관계를 끊는 예도 있었다.

(3) 자원봉사를 통한 자존감 회복

고려인 유학생들은 자원봉사를 통해 스스로 사회적 책임감을 느끼게 되었다고 했다. 연구참여자 2D는 한국 정부의 도움으로 좋은 교육을 받고 있어 한국 사회의 구성원으로서 그에 대한 보답으로 자원봉사를 결심하게 되었다.

> "한국인 학생들을 위한 자원봉사를 한 이유는 한국 정부에 고마운 마음 때문이었어요. 한국 정부 덕분에 좋은 교육을 받고 있는데 저도 한국 사람들에게 도움이 되고 싶었어요. 받기만 하면 곤란하기 때문에 주는 것도 알아야 된다고 부모님에게서 많이 들었어요. 그래서 앞으로도 한국 사회를 위한 열심히 자원봉사를 하고 싶어요. 우리도 한국 사회 구성원들인데 조금이라도 자부심을 가지고 기여를 해야 돼요." (연구참여자 2D)

재외동포 우수 장학생인 연구참여자 2E는 한국에 거주하는 고려인 청소년들에게 영어 자원봉사를 하고 있었다. 그녀는 한국어도 모르는 후배들에게 영어라도 가르쳐주고 싶은 마음으로 자원봉사를 시작했다. 이 자원봉사는 재외동포재단에 대한 감사의 마음도 내포되어 있는 행위다.

> "재외동포재단에서 지원을 받고 유학 생활을 하는데 너무 받기만

하면 안 된다는 생각이 들었어요. 그래서 한국에 거주하는 고려인 청소년들을 위한 한국어와 영어 가르치는 자원봉사를 했어요. 그 친구들은 다문화가정 자녀나 한국 사람과 재혼을 한 부모의 자녀들이었어요. 초등학교나 중학교 나이 때 한국어도 모르는 한국에 오면 힘들잖아요. 그래서 후배들에게 조금이라도 도움을 주고 싶었어요." (연구참여자 2E)

3) 상호적 문화교류

(1) 자원봉사를 통한 문화교류

고려인 유학생들의 자원봉사 경험을 통해 그들의 출신국 문화와 한국문화가 상호교류가 이루어지고 있다는 것을 알 수 있었다. 고려인 유학생들은 자원봉사를 하는 동안 한국문화의 장점을 배웠고, 봉사하는 한국 사람들에 대한 긍정적인 인식을 가지게 되었다. 중 · 고등학생 시절부터 자원봉사를 중시하는 한국 정부의 교육시스템을 높이 평가하기도 하고, 한국 복지시설이 본국보다 잘 갖추어져 있다는 것을 깨닫게 되었다.

연구참여자들은 한국 사람들 대부분 자원봉사를 하는 것이 매우 신기하다고 했다. 특히, 자원봉사 실적을 위해 열심히 봉사하고 노력한다고 했다. 하지만 연구참여자들은 실적을 위해서만 봉사하는 것은 좋지 않다고 평가했다. 한국 대학들의 졸업 조건으로 봉사를 해야 한다는 의무가 있지만, 아직 이러한 의무사항이 외국인 유학생들에게는 부과되지 않는다.

연구참여자 2A는 우즈베키스탄은 한국과 달리 자원봉사를 중요하게 생각하지 않지만, 고등학교 때 담임선생님과 함께 고아원에서 자원봉사를 한 경험이 있었다. 그녀는 한국처럼 자주는 아니지만 점점 우즈베키스탄 학교들에서도 선생님과 같이 자원봉사하는 기회를 늘려가고 있다고 한다. 이는 학교의 의무적인 프로그램이어서 학생들이 꼭 참여해야 했다. 그래서 초등학교 때부터 자원봉사를 하는 한국 사람들이 대단하다고 생각하고 있었다. 연구참여자의 생각으로는 한국 사람들이 자원봉사를 하는 것은 단지 실적이 필요하기 때문이라고 말하면서도 한국 정부의 자원봉사 관련 시스템만은 잘되어 있다고 강조했다.

> "사실 우리(우즈베키스탄 사람들)는 한국 사람들처럼 봉사를 많이 안 해요. 한국처럼 초등학교부터 대학 졸업할 때까지 실적을 위한 자원봉사를 해야 한다는 것이 없어요. 한국에서는 자원봉사 홈페이지까지 있고 대학에서도 봉사를 해야 졸업을 할 수 있다고 들었어요. 우리 외국인 유학생들에게 아직 졸업 조건으로 해놓지 않아요." (연구참여자 2A)

연구참여자 2C는 자원봉사를 하는 한국 사람들이 대단하고 마음이 넓다고 감탄한다. 왜냐하면 그가 우즈베키스탄에서 처음으로 만났던 한국인 교사들은 자원봉사를 하던 한국어 파견 교사들이었기 때문이다. 한국보다 생활수준이 낮은 나라에서 살면서 무료로 수업을 하는 한국인 교사들의 도움을 고맙게 생각했지만, 해외 자원봉사가 장점만 있는 것은 아니라고 언급한다.

> "한국 사람들이 너무 대단하고 마음이 커요. 우즈베키스탄에서도

처음으로 만났던 한국 사람들은 봉사를 하는 한국인 선생님들이었어요. 우리에게 시간도 내주시고 한국어도 가르쳐주시고 집에도 초대하신 선생님이 계셨어요. 타국에 와서 한국보다도 못사는 나라에서 생활하면서 거의 돈도 벌지 못하고 자기 도움만 주는 거잖아요." (연구참여자 2C)

연구참여자 2D에 의하면 형편이 어려운 우즈베키스탄 사람들은 남을 돕기보다 본인에게도 도움이 필요하다고 인식하므로 자원봉사를 많이 하지 않는다. 일반 시민과 달리 NGO(비정부기구) 단체들과 공무원들은 한 달에 한두 번 후원금을 내고 1년에 몇 번 정도는 직접 자원봉사를 하기도 한다. 또한 자원봉사를 하는 사람들은 주로 단체에 가입한 특정 사람들이었다. 연구참여자는 유학 오기 전에 한국 사람들과 함께 한국교육원에서 자원봉사를 한 경험이 있었는데, 그러한 경험을 통해 한국 사람들과 교류하면서 한국어 말하기를 향상시킬 수 있었다.

"우즈베키스탄에서 자원봉사를 하는 사람보다 안 하는 사람들의 수가 많은 것 같아요. 일반 사람들은 안 하는데 자원봉사 단체들이 있어요. NGO 단체도 있고 국가에서 만든 단체들도 있는데, 거기서 제가 알기에는 회사들이 매달에 얼마씩 후원을 해요. 자원봉사 단체에 가입하고 회원이 된 사람들은 물론 봉사를 자주 하죠. 근데 이러한 단체 가입을 고등학교나 대학 때만 알게 되고 가입하는 것 같아요. 제가 고향에 있었을 때 봉사를 많이 해봤는데 그것도 한국교육원이나 한국 사람들이 하는 봉사활동에 끼어들고 통역 같은 것을 했어요." (연구참여자 2D)

연구참여자 2H는 자원봉사를 자발적으로 하는 한국 사람들을 부러워하면서 본국에서는 SNS에서 인기를 얻기 위해 온라인 블로거들이 주로 자원봉사를 한다고 말했다. 연구참여자는 이러한 자원봉사 형태에 반대했다.

"우리나라 사람들도 한국 사람들처럼 좀 봉사를 하고 남에 대한 관심을 좀 더 가졌으면 좋겠는데 아직 한국처럼 되려면 너무 멀었어요. 지금 SNS에서 인기를 끌기 위해서 우리나라 블로거들이 가난한 사람에게 도와줘요. 봉사하는 것처럼 난리 치고 다들 봉사한다고 알려줘요. 사실은 이런 봉사는 진실이 아니고 팔로우하는 사람들의 수를 늘리기 위해서 하는 거예요." (연구참여자 2H)

연구참여자들은 본국의 복지시설 또한 부정적으로 인식하고 있었으며, 본국 자원봉사 문화의 단점을 지적했다. 본인도 먹고살기 힘들어하는 사람들은 자기 입장만 생각하여 가정형편이 어렵거나 힘들어하는 사람들에 대해 걱정하지도 않고 배려심도 없다고 불평했다. 그래서 한국의 복지시스템을 본국에서도 적용하여 국민에게 한국처럼 자원봉사를 하도록 하여 남에 대한 생각을 가지도록 해야 한다고 주장한다.

연구참여자들의 모국에도 자원봉사 단체들이 있기는 하지만, 일반인들은 자원봉사에 대해 관심이 없고 단체의 회원만 봉사활동을 한다. 그러나 자원봉사 단체들이 많지 않을뿐더러 그곳에 대해 모르는 사람들이 더 많다. 왜냐하면 사람들은 자원봉사에 대해 고등학교나 대학교에 진학할 때 학교 프로그램을 통해서만 알게 되기 때문이다.

연구참여자들은 자기 인생을 희생하고 해외 자원봉사를 선택한 한국 사람들이 대단하다고 평가한다. 가족을 한국에 두고 한국보다 어려운 나라에서 외국인을 가르치고 돕는 자원봉사를 결심하는 것이 쉽지 않다고 생각하기 때문이다. 자원봉사는 보상 없이 사회 또는 특정 사회집단의 이익을 위해 자발적으로 수행하는 활동으로, 경제적인 목적이 아니라 다른 사람을 도움으로써 소중한 삶의 경험을 얻기 위해 참여하는 것이다. 하지만 연구참여자들은 가족과 떨어져 자원봉사를 하는 한국 사람들의 행동을 잘 이해하지 못했다. 이것은 그들이 아직 어리고 자원봉사 활동을 하는 한국 사람들처럼 남에 대한 따뜻함이 없고 아무 보상 없이 자신의 시간을 소비하는 것에 대한 이해심이 부족하기 때문인 것으로 보인다.

자원봉사는 보상 없이 남을 돕는 활동만을 의미하는 것은 아니다. 자원봉사를 통해 자신과 주변 세상을 새로운 방식으로 바라보고, 무엇인가를 배우고, 인간관계를 맺고, 새로운 지인을 얻을 많은 기회를 제공해주는 활동이다. 연구참여자 2A는 한국에 유학 오기 전에 한 번 정도 자원봉사한 경험이 있다. 그때 고등학교 선생님, 친구들과 같이 고아원을 방문하여 아이들을 위한 봉사를 했는데, 사실 그 활동은 자발적인 참여가 아니었다. 연구참여자 2C는 고등학교 때 방과 후에 한국에서 파견된 KOICA 선생님으로부터 한국어를 배웠다. 그때 처음으로 한국 사람을 접한 연구참여자는 한국어 선생님이 자원봉사를 통해 무료로 한국어를 가르쳐주는 것에 놀랐다. 우즈베키스탄이라는 낯선 곳에서 자신들을 위해 봉사하는 것에 고맙게 생각했다. 그녀는 한국어 선생님의 열정에 미안해하면서 고마운 마음으로 한국어를 열심히 배웠다고 했다. 연구참여자 2D는 우즈베키스탄에서 한국교육원을 통해 한국 사람들과 교류하고 한국어 말하기를 향상시키기 위해 의도적으로 자원봉사 활동을 했다.

(2) 의사소통의 다름을 인정

고려인 유학생들은 한국 사회와 사람들에 대해 전반적으로 이해하고 있었다. 처음에는 한국 사람들이 사용하는 표현들을 이해하지 못해 어려움을 겪었지만, 시간이 흐르면서 이를 수용하고 인정하게 되었다. 한국 사회를 이해하면서 자신에게 맞는 부분은 받아들이지만, 받아들이기 어려운 부분은 다름을 인정하고 수긍하는 태도는 자신을 보호하기 위한 일종의 '방어기제'였다.

연구참여자 2H는 한국 사람들의 '의례적인 인사'로 인해 대인관계에서 오해를 받았다고 했다. 그녀는 한국 사람들이 인사로 사용하는 표현에서 기대감을 가지고 있었다. 한국 사람들이 나누는 의례적인 인사말이 사실은 '그냥 인사말'이었다는 사실을 안 그는 문화적인 충격을 경험했다. 처음에는 적응이 잘되지 않아서 힘들었는데, 나중에 적응되면서 본인도 '의례적인 인사말'을 사용하게 되었다고 했다.

> "한국인들과의 관계에서는 오해가 많이 생긴 적이 있었어요. 예를 들면 우리나라에서 꼭 가자고 하면 약속처럼 하는 점. 근데 여기서는 '나중에 밥 먹으러 가자', '나중에 밥 사줄게', '나중에 만나자', '뭐 하자 같이' 하고 말을 해놓고 약속을 안 지켜요. 그래서 그건 그냥 빈말인 걸 알게 되고 충격받았어요. 그 이후에는 누가 나중에 밥 먹자고 하면 기대도 안 하게 됐어요. (하하하) 기대하고 기다리면 나만 힘들고…." (연구참여자 2H)

연구참여자 2K도 한국 사람들과의 의사소통에서 연구참여자 2H와 같은 경험을 했다. 2K는 시간이 지나도 한국 사람들과의 의사소통에서 '빈말'을 구별하는 것이 어렵다고 토로한다. 연구참여자들은 시간이 흐름에 따라 한국 생활에서의 어려움을 극복하면서 회복하고 새로운 환경에 적응하기 시작했다는 것을 알 수 있었다.

"한국 사람들이 의사소통을 할 때 빈말을 되게 많이 써요. 한국어를 처음 배우기 시작할 때 빈말 같은 것을 잘 모르고 좋아하면서 기뻐하는데 한국어 실력이 배우면 배울수록 높아지면 구별이 되는 거예요. 그래서 처음에 이해 못 하고 짜증 났는데 점점 시간이 지나가서 익숙해졌어요. 왜냐하면 주변에 한국 사람들이 자꾸 쓰면 자동적으로 배우게 되는 것 같아요. 하지만 빈말로 하는 칭찬 같은 것을 진실인지 빈말인지 아직도 구별을 잘 못 하지만 저도 한국 사람들을 따라 빈말 잘 쓰게 되었어요." (연구참여자 2K)

(3) 한국 사람으로부터 인정받고 싶은 욕구

고려인 유학생들은 자신과 말이 통하거나 자신에게 편한 사람을 정기적으로 만나려는 경향이 보이는데, 이는 한국에서 자신의 정체성을 형성하는 것과 밀접하게 연결되어 있다. 그들은 본국에서와는 다른 사회적 지위를 마주하며 이전과는 다른 정체성이 필요하다는 것을 깨닫는다. 고려인 유학생들은 한국 사회에서 자신의 입지를 다지기 위해 타자와의 관계 속에서 자신의 영역을 만들어나간다. 한국 사회에 필요한 여러 가지 맥락을 학습하면서 한국에서의 고려인 유학생이라는 정체성을 형성하고 있다.

연구참여자 2A는 한국 사람들이 고려인을 한민족으로 인정하지 않는 것에 대한 불만을 호소했다. 어렸을 때부터 한국어를 사용하는 조선족은 한민족으로 받아들이는 반면, 러시아어를 모국어로 사용하는 고려인은 러시아 사람으로 인식한다. 한국 사람들이 고려인도 같은 민족으로 인정해주길 바란다.

"한국 사람들은 우리 고려인들을 한민족으로 잘 안 받아들이잖아요. 우리는 뭐 한국어도 제대로 못 하고 외모도 한국 사람들과 다르게 생겼어요. 물론 한국에 거주하지 않는 고려인들은 그런 것을 신경 안 쓰겠지만, 한국에 있는 고려인들은 신경을 많이 써요. 예를 들면 조선족은 어렸을 때부터 한국어를 사용하기 때문에 한국 사람들은 그들을 받아들이는데, 우리는 주로 러시아어 사용해서 러시아 사람으로 인식되어 있는 것 같아요. 우리 보면 러시아 사람이나 우즈베키스탄 사람이라고 하니까…." (연구참여자 2A)

연구참여자 2B는 한국에 처음 왔을 때 한국어에 자신이 없었고, 자신이 외국인이라는 것을 지각했다. 외모는 한국 사람처럼 생겼지만, 한국어 발음 때문에 외국인이라는 티가 났다. 그러나 해외동포를 위해 재외동포재단이 지원해주는 프로그램에 참여하면서 해외동포도 같은 한국 사람들이고 해외에서 태어난 것뿐이라는 인식을 가지게 되었다. 해외동포와 같이 지내면서 연구참여자는 자부심을 가지고 고려인이라는 민족정체성에 대한 자부심도 강해졌다. 또한 이제는 한국 사회에서 한국 사람과 같은 민족으로서 살아가고 있음을 느낀다.

"내가 처음에 한국 왔을 때 내가 한국 사회에서 외국인이라는 느낌이 들었어요. 그 이유는 한국어에 대한 자신감이 없기 때문이었어요. 제가 입을 벌리지 않고 한국어로 말하지 않으면 한국인들이 나를 한국인처럼 받아들였어요. 그래도 제가 속으로 외국인이라는 것을 100% 느꼈어요. 그 이후에는 제가 재외동포재단(OKF) 프로그램에 참여했어요. 그 프로그램의 핵심은 고려인들도 똑같은 한국인들이라는 것이에요." (연구참여자 2B)

연구참여자 2E는 한국 사람들이 다른 환경과 배경에서 태어난 고려인을 같은 피가 흐르고 있음에도 한국 사람이라고 인정하지 않는 것은 옳지 않은 인식이라고 지적한다. 고려인을 같은 민족으로 인정하더라도 전체 한국인이 아닌 일부에게만 인정받고 있을 뿐이다. 이러한 문제가 발생하는 이유에 대해 한국인이 단일 민족으로 살아오면서 다른 민족을 인정하지 않으려 하기 때문이라고 이야기한다.

"다른 나라, 다른 환경에서 태어나고 자라서 사고방식과 사회의식도 다르고 그럼에도 한국인들이 우리 피가 똑같기 때문에 한국인이라고 인정할 거라고 하면 옳지 않다고 생각해요. 그리고 인정할 거라고 해도 모든 한국 국민이 우리를 인정 못 할 거라고 생각해요. 인정 못하기보다도 인정 안 하고 싶을 거예요. 하지만 우리의 조상들도 한국 사람들이에요. 우리는 같은 피라고 인정하는데 한국 사람들은 안 해요." (연구참여자 2E)

연구참여자 2H와 2M은 한국 사람들이 해외동포 중에서도 재미동포는 한민족으로 인정하는 모습을 보며, 고려인을 대하는 태도와 괴리가 있다는 것을 느낀다. 어느 나라에 살고 있든 편견 없이 모든 해외동포를 똑같이 인정해야 한다고 생각하지만, 여전히 존재하는 고려인에 대한 불인정과 차별 속에 많은 스트레스를 받고 있다.

> "예를 들면 우리는 고려인이잖아요. 중앙아시아에서 사는 고려인들 그리고 미국에서 거주하는 재미교포가 있어요. 한국 사람들이 미국에 거주하는 교포를 한국인이라고 인정하잖아요. 그래서 재미교포에 대한 대우와 고려인에게 대하는 것을 비교해보면 그럼 저도 우리 고려인을 재미교포를 인정하는 것과 우리도 인정해주기를 원해요. 차별하는 거예요." (연구참여자 2H)

> "미국에서 사는 교포들이 한국 들어오려면 특별하게 비자 발급을 해야 하는 것이 아니에요. 무비자로 들어와요. 그런 측면에서 우리 고려인에게도 이런 대우를 해줬으면 해요. 나라별로 거주하는 교포로 구별하지 않고 교포이면 다 교포예요." (연구참여자 2M)

5.
유학 적응 단계

1) 대학 생활을 포용적으로 바라보기

(1) 학교 활동을 통한 학업 문제 극복

고려인 유학생들은 한국에서의 대학 생활 적응을 위해 적극적으로 노력하고 있었다. 이들은 주변 사람들과 긍정적인 관계를 유지하고자 하는데, 이를 통해 한국에서의 유학 생활을 긍정적으로 받아들이고, 자신감도 배가된다. 다시 말하면, 고려인 유학생들은 자신들의 장점인 개방적이고 긍정적인 성격을 활용하여 어려운 상황을 극복하고자 노력했다.

"토론이나 발표가 있으면 적극적으로 참여하고 한국인 학생들과 같은 수준으로 진도에 맞춰서 도와주고 조별 과제에 도움이 되도록 했어요. 과제가 어려워도 맡은 부분에 대한 책임을 져야 해서 열심히 하고 이해 못 가면 조별 친구들에게 적극적으로 연락하고 부족한 부분에 대한 도움을 요청했어요. 적극적으로 참여하니까 한국인 학생들도 저의 의견으로 고려하고 도와주고 나와서 대표로서 발표할 수 있는 기회도 줬어요." (연구참여자 2A)

"저는 하고 있는 모든 노력은 제 삶의 성공을 위해서 하는 거예요. 그래서 한국 대학 생활에서 꼭 성공을 해야 하는 의지력을 키우고 있어요. 학업이나 대인관계에서의 어려움을 극복하지 못하면 늪에 가라앉는 느낌이 들어요." (연구참여자 2K)

고려인 유학생들은 부정적인 경험을 통해 스스로 어떤 생각과 마음을 가지고 있었는지 반추하기도 한다. 부정적인 상황임에도 긍정적인 마음을 갖기 위해 노력하는 모습을 보인다.

"제가 한국에 와서 명상을 하게 되었어요. 힘들거나 부정적인 생각들이 들면 명상을 해요. 공부할 때도 만트라를 들으면서 공부해요. 진짜 도움이 많이 돼요." (연구참여자 2D)

"쉽게 되는 것이 없고 모든 문제가 바로 해결되는 것도 아니에요. 그래서 기가 죽으면 안 돼요. 힘든 상황에서도 긍정적으로 생각해야 돼요. 우리의 모든 문제는 부정적인 생각을 하기 때문이에요. 우리 아버지는 늘 저보고 기죽지 말라고 하세요. 힘들 때 아빠 생각이 나고 그때 바로 긍정적으로 생각하려고 해요. 기가 죽으면 우울증에 빠지잖아요." (연구참여자 2I)

유학 생활에서 학업적 어려움을 경험하지만, 열심히 노력해서 받은 좋은 성적은 스스로의 노력에 대한 결실이자 척도로 간주하고 있었다. 따라서 좋은 성적은 대학 내에서 적응하기 위한 하나의 '동력원'이자 긍정적인 '사회적 자원'으로 여겼다.

(2) 대학 강의에 익숙해지기

고려인 유학생들은 유학 초기에 어려웠던 강의법에 익숙해졌다. 연구참여자 2B는 보고서와 과제를 작성하는 방법을 배우면서 한국 대학 강의법을 본국 대학에 적용했으면 좋겠다고 했다. 이는 한국 강의를 통해 독립성과 책임감을 향상시킬 수 있다고 보기 때문이다. 연구참여자 2G는 영어 강의로 인한 어려움을 극복했고, 현재는 영어 강의에 적극적으로 참여하고 있다. 연구참여자 2G도 한국의 강의법에 익숙해졌다고 말했다.

> "한국인 교수들의 강의방식에 잘 적응했어요. 처음에 너무 힘들었는데 지금 아무 문제 없이 과제도 작성하고 제출해요. 한국 강의법을 우리나라 대학에서도 적용했으면 좋겠어요. 학생들이 한국 강의를 통해서 독립성과 책임감을 키울 수 있어요." (연구참여자 2B)

> "첫 학기 때 영어 강의를 피하고 신청하지 않았어요. 그때 영어에 대한 자신감이 없었어요. 근데 요즘 영어로 강의를 많이 신청해요." (연구참여자 2G)

연구참여자 2M은 온라인 강의가 단점도 있지만, 집에서 편하게 수강할 수 있어 선호하는 편이다.

> "이제 편해졌어요. 특히 온라인 강의가 마음에 들어요. 집에서 쉬면서 들을 수 있어요. 단점도 있지만… 교수님에게 질문할 수 없어요."
>
> (연구참여자 2M)

(3) 한국 대학에 대한 긍정적인 평가

고려인 유학생들은 한국 대학 생활에 적응하면서 한국문화를 긍정적으로 평가했다. 한국에 대한 긍정적 이미지는 유학 생활을 하는 동안 한국 대학 생활 적응에 큰 도움이 된 것으로 나타났다. 또한 인간 중심적인 한국 대학의 시설과 수업 분위기는 본국의 대학문화와 차이가 있음을 느낀다. 유학 경험에 대해 '봉사활동이 의무화된 한국 대학', '다양하고 재미있는 활동이 많은 한국 대학', '학교 행사와 풍부한 축제를 제공해주는 한국 대학', '학생의 능동성과 창의력을 양성하는 대학', '편리한 학업 서비스'가 도출되었는데, 이를 통해 고려인 유학생들이 자발성과 능동성을 키우는 데 유학 경험이 긍정적인 영향을 미쳤다는 것을 알 수 있다.

연구참여자 2A는 한국 대학의 다양한 활동에 대해 긍정적으로 평가했다. 그녀는 시간적 여유가 없어 대학 활동에 적극적으로 참여할 수 없었다고 아쉬워했다. 그녀의 유학 생활에서의 마지막 목표는 남은 대학 생활을 추억하기 위해 동아리 활동 등에 열심히 참여하는 것이다. 연구참여자 2H는 기숙사 개방 행사에 참여하여 외부 친구들을 초대하여 즐거운 시간을 보내기도 했다. 독서가 취미인 연구참여자 2M은 한국 대학 도서관 시스템에 만족했다. 러시아 작품을 희망 도서로 신청했던 그녀는 한국 대학들이 학생들에게 좋은 분위기와 서비스를 제공해주고 있다고 긍정적으로 평가했다.

"한국 대학에서는 다양한 활동들이 많아요. 모든 활동에 참여하고 싶은데 공부 때문에 시간이 잘 없어요. 근데 졸업할 때까지 여러 가지 활동을 하고 싶어요. 대학 시절은 평생 추억에 남는 시절이라 재미있는 활동들에 참여해야 된다고 생각해요." (연구참여자 2A)

"한국식 대학교… 특별하고 특이한 분위기의 대학문화라고 할 수 없어요. 나라마다 대학문화가 있지만, 한국 대학문화는 진짜 재미있어요. 기숙사에 'Open doors'라는 축제가 있어요. 그날 외부에서 사람들이 와서 축제에 참여하고 기숙사 안에 진입할 수 있었어요. 그때 한국인 학생들의 부모님이 와서 자녀들과 같이 시간을 보내는 것을 보고 너무 부러웠어요." (연구참여자 2H)

"도서관 서비스를 만족해요. 너무 잘되어 있고 희망 도서 서비스도 있어요. 제가 러시아 작품들을 주문했는데 대학교에서 5권이나 사줬어요. 너무 비싼 책들인데 금액을 신경 쓰지도 않고 사줘서 너무 고마웠어요. 학생들이 이렇게 원하는 책을 주문할 수 있어서 너무 좋아요." (연구참여자 2M)

2) 폭넓은 대인관계 가지기

(1) 인간관계의 중요성 인식

고려인 유학생들은 대학 생활에서 발생하는 문제들을 해결하기 위해 적극적인 자세로 노력했다. 그들은 다른 외국인 유학생들과 다르게 직면한 문제를 회피하지 않았다. 이러한 상황에서 고려인 유학생들은 인간관계의 중요성을 인식했다. 그래서 대학 생활에서 나타나는 어려움과 문제를 해결하기 위해 인간관계에 많은 노력을 기울였다. 복잡한 대인관계를 애써 피하지도 않았는데, 대인관계를 유지하기 위해 술자리에 참여하고, 주변 사람들과 많이 어울리고자 했다. 대학 생활에서 학업적으로 어려움에 부딪혔을 때도 고향 및 한국 친구, 한국 교수 등을 통해 적극적으로 문제를 해결하고 있었다.

> "한국 친구들을 많이 사귀고 그들에게 모르는 것을 물어봐요. 적극적으로 도와주는 한국 친구들이 있어요. 알바할 때도 사장님이나 다른 직원들에게 물어봐요. 물어보니까 알려줘요. 알려주면 문제를 만들게 돼요. 역시 사회생활을 잘해야 문제가 안 생겨요." (연구참여자 2A)

> "모르는 것이 있으면 문제없이 그냥 수업 교수님을 찾아가고 물어봐요. 다른 학생들한테 피해를 줄까 봐 수업 시간에 안 물어봐요. 그리고 수업 후에 아니고 어떤 다른 날에는 수업 없는 날에는 교수님의 연구실에 찾아가요." (연구참여자 2D)

"그때 '문학의 이해' 듣고 있는데 거기 교수님이 소설 같은 거 A4 정도 쓰라고 그랬는데 우리 팀별로 나눠서 과제를 다 해가지고 온 사람이 발표하는 걸로 결정했어요. 근데 제가 쓴 거는 고쳐준 사람들이 없었는데, 옆에 있는 한국인 친구들이 다 읽고 고쳐주고 제가 나와서 발표했어요." (연구참여자 2E)

(2) 주변 한국 사람들과 어울리기

고려인 유학생들은 대학 생활에 잘 적응하기 위해 한국 사람들과 어울리고자 노력한다. 그들은 한국 사람들과 어울리는 것이 한국 생활에 적응하는 데 긍정적으로 영향을 미친다고 말한다.

"한국에서 2년 가까이 생활하고 있지만 솔직히 한국 사람과 만나는 기회가 없었어요. 하지만 이제 아르바이트하는 가게에서의 한국 사람들, 같이 연구실 사람들과 교회 사람들, 점점 한국 친구들이 많아져요. 제가 한국 사람들과 만나고 어울리기 위해서 여러 프로그램에 참여해요. 교회 생활도 해요." (연구참여자 2I)

"저는 동기들과 잘 지내요. 같은 수업 듣고 수업 후에 밥도 같이 먹고 4명 같이 다녀요. 3명은 한국 사람이에요. 저만 외국인인데 소외되는 느낌이 안 들어요. 너무나 잘해주시기 때문에 같이 잘 어울려요." (연구참여자 2L)

"한국 사람들과 어울리기 위해 같이 밥도 먹고 술도 먹고 노래방도 가요. 이래야 친해질 수 있어요. 한국 사람들과 관심사가 똑같아야 많은 친구를 사귈 수 있어요." (연구참여자 2K)

연구참여자들은 제한적인 공간에서 몇몇 한국 사람하고만 접촉하지만, 대학교 차원에서 만남의 기회를 제공해주는 프로그램과 동아리 및 문화 활동에 적극적으로 참여함으로써 교제 범위를 확대하려고 노력하고 있었다. 그렇지만 고려인 유학생들은 한국 사람들과 만남에서 일대일 대화방식을 선호한다. 이는 일대일 만남이 서로에게 집중할 수 있고, 상대방의 수준에 맞는 대화를 할 수 있기 때문이라고 해석된다.

한국인 학생들에게 영어를 가르치거나 자국 문화를 교육하는 자원봉사 경험이 있는 연구참여자 2명은 처음에 한국인 학생들과 어색한 분위기와 무시로 인해 소통에 문제가 있었다고 했다. 하지만 시간이 지나면서 학생들과의 관계가 친밀해졌고, 자원봉사가 끝날 무렵에는 다 같이 이별을 슬퍼하기도 했다. 고려인 유학생들은 이와 같이 한국인 학생들과 조화로운 소통에 이르기까지 큰 노력을 했다. 고려인 유학생은 한국인 학생들의 관심을 유도하기 위해 다양한 수업방식을 준비하기도 했다.

"제가 다문화 다양성이라는 자원봉사에 참여한 적이 있는데 거기에서 외국인들이 초 · 중 · 고에 가서 자국 나라 문화를 소개하고 여러 가지 활동을 같이해요. 학생들이 처음에 저를 낯설어했고 질문하면 대답도 안 하고 무시했어요. 같이 도와주는 한국인 교사가 학생들의 집중을 위해 좋은 말씀도 해주시고 적극적으로 도와주셨어요. 방과 후 봉사라 학생들의 집중력이 떨어져 수업에 대한 관심을 가지지 않았어요.

그래서 제가 같이 러시아어로 노래도 부르고 게임도 했어요. 우즈베키스탄 전통춤도 추고 그랬어요." (연구참여자 2A)

"한국인 학생들이 영어를 원어민에게 배우는 것을 선호하잖아요. 원어민도 아닌 한국인처럼 생긴 외국인이 와서 영어를 가르쳐주는 것이 다른 느낌인가 봐요. 학생들이 '중국 사람인가?' 등등 서로 이야기를 하는 것을 들었어요. 제가 한국어 모른 척하고 모든 수업을 영어로 진행하기로 했거든요. 제가 한국어를 모른 줄 알고 여러 가지 말을 했어요, 애들이…. 그래서 제가 소개를 할 때 같은 민족 사람이라고 고려인 사람에 대해서도 설명을 했는데, 아이들이 놀라서 신기하다고 하고 열심히 수업에 몰입했어요. 같이 영어도 배우고 영화도 보고 해석하고 하니까 학생들이 저에 대한 신뢰를 가지게 되었고 친하게 지내게 되었어요." (연구참여자 2E)

고려인 유학생들은 자원봉사 초기에는 한국인 학생들과의 소통에 어려움이 있었다가 시간이 흐르면서 함께 해결할 수 있었던 문제라는 것을 깨닫는다. 영어로 고려인 문화를 소개하는 자원봉사를 했는데, 이를 통해 한국인 학생들에게 고려인에 대한 긍정적인 이미지를 심어주고 싶어 했다. 소통이 잘되지 않을 때는 학생들에게 흥미로운 이야기 등을 하면서 수업을 이끌었다. 이들은 자원봉사를 통해 한국인 학생들과의 거리감을 좁히고 서로 우호적인 관계를 만들고자 했다. 자원봉사는 본국의 문화와 고려인을 한국 학생들에게 소개할 기회를 제공했다.

또한 영어를 꼭 원어민만 가르치고 잘하는 것이 아니라 고려인 유학생도 영어를 잘할 수 있고, 잘 가르칠 수 있다는 인식을 한국인 학생들에게 심어주었다. 이러한 경험을 통해 고려인 유학생들은 한국인 학생과 문화적 교류를 하며, 대인관계를 맺을 수 있었다.

(3) 선후배 관계의 인정

고려인 유학생들은 유학 생활 동안 대학에서 여러 가지 어려운 학업적인 문제와 대인관계 문제에 직면한다. 한국 대학 생활에서의 이러한 문제를 극복하기 위한 대처 방식으로 적극적인 생활 태도와 대인관계를 꼽았다. 이러한 대처 방식을 통해 고려인 유학생들은 자신감이 높아지고, 자신의 '많은 자원'을 활용함으로써 더 좋은 기회를 만들어가면서 한국 대학 생활에 적응해나간다.

연구참여자 2H는 같은 연구실 선배들에게 도움을 받기 위해 좋은 관계를 유지하려고 한다. 학위논문을 작성하는 데 모르는 부분에 대한 도움을 받고 싶기 때문이었다. 연구참여자 2I도 선배들로부터 도움을 받고 있어 대학 생활의 어려움을 잘 극복할 수 있었다.

> "요즘 학위논문을 준비 중이라 우리 연구실 선배들에게 매달려요. 계속 귀찮게 하고 물어보고 봐 달라고 해요. 졸업한 선배들은 이 과정을 밟았기 때문에 도움을 줄 수 있어요. 그래서 밥도 사주고 커피 대접도 하고 도움을 받을 수 있도록 해요." (연구참여자 2H)

> "연구실 생활을 하면서 한국인 선배님 덕분에 어려움을 극복할 수 있었어요. 잘 챙겨주시고 밥도 사주시고 하시고 문화 체험 같은 프로

그램도 찾아주시고 도움을 많이 주세요. 학술대회에 참여할 때마다 발표문 같은 것을 봐주시고 고쳐주세요." (연구참여자 2I)

(4) 한국 사회 · 문화에 대한 긍정적인 평가

고려인 유학생들은 한국이라는 나라를 "유교의 장점을 유지하면서도 서구의 문명을 수용한 특이한 문화"로 간주하고 있었다. 또한 연구참여자들은 한국에서 대학 생활을 하면서 편하고 좋은 공공시설 및 의료 서비스와 고객 서비스 같은 것들이 한국 생활 적응에 도움이 되었다고 했다.

"한국에서 마음에 드는 것들 중에 하나는 A/S 서비스예요. 너무 잘 되어 있는 것 같아요. 무엇이든 쉽게 빠른 서비스를 받을 수 있어요. 우리나라 경우에는 한국과 반대라고 해도 돼요. 서비스 잘 못 받아요." (연구참여자 2A)

고려인 유학생들은 한국과 본국의 제도적인 차이와 문화적인 차이가 존재하는 것을 이해했고, 한국문화에 더욱 적극적으로 수용하는 태도를 취하고 있었다. 그들은 한국 사회 · 문화를 긍정적으로 평가하면서 자신이 처한 현실적인 문제들을 능동적으로 대처해나갔다.

시간이 지나면서 대학 생활을 점차 이해하고 스스로 편해지기 시작했다. 아직도 대학 생활에서 어려움과 정서적인 불안정이 상존하고 있지만, 그들은 회피보다는 적극적으로 대처하는 방식을 택했다. 행동적 측면에서 이전보다 상대적으로 대학 생활에서 더욱 적극적인 모습을 보였지만, 내적인 측면에서는 여전히 계속해서 스트레스와 갈등하는 모습이었고, 아직도 이러한 부정적인 상황에서 벗어나지 못하는 상황이었다. 이러한 내외적인 갈등 상황에서 한편으로는 이러한 상황을 극복하기 위해 적극적으로 대처하는 모습도 있었지만, 때때로 회피하는 모습도 나타나곤 했다. 이러한 내외적 갈등 상황에서도 긍정적이고 적극적인 태도로 생활하고자 하는 특징을 보였다. 이들은 대학 생활이 장기화되면서 한국문화를 좀 더 깊이 있게 이해하게 되었다. 한국 친구와의 대화를 통해 한국 사람들이 술문화와 선후배 관계 등 같은 유교 국가인 중국과는 완전히 다른 문화를 가지고 있다는 것을 인식하면서 그들이 중국인에 대해 왜 편견이 있는지도 이해했다. 더욱이 고려인 유학생들은 모든 일에 적극적으로 임하지 않고 계속해서 남의 도움만을 기다리면 많은 기회를 놓칠 수밖에 없다는 것을 알게 되어 긍정적인 성격과 사고방식을 가지고 대학 생활 적응을 위해 활발하게 움직인다. 특히, 학교 내에 있는 외국인 단체와 함께 외부에 있는 시설이나 단체들과 연계하여 능동적으로 활용한다.

(5) 자원봉사를 통한 정체성 협상

차별을 경험한 외국인 유학생들은 차별을 당하면서까지 봉사활동을 하는 것에 회의감을 느껴서 그만두는 경우도 있었지만, 민족적 자존감을 바탕으로 자신의 정체성을 협상하고자 하는 시도 또한 파악되었다. '정체성 협상(identity negotiation)'이란 사람들이 대인관계에서 '누군가의 정체(who is who)'에 대해 동의에 이르는 과정을 의미한다. 흔히 사회적 상호작용에 참여하는 지각자(perceiver)와 대상자(target)가 있을 때, 지각자의 신념에 따라 대상자의 사회적 실체가 형성된다. 그렇지만 일부 대상자는 자신에게 붙여진 '꼬리표'에 저항하며, 이때 대상자의 사회적 실체는 지각자의 행위에 의해서만 결정되는 것이 아니라 지각자와 대상자에 의해 협상된다. 이 정체성 협상에서 대상자는 자신이 자신을 보는 관점대로 지각자도 봐주기를 바란다(Swann, 1987).

중앙아시아와 러시아 출신 고려인 유학생들의 경험에서도 이러한 정체성 협상이 나타나고 있다. 고려인 유학생들은 자국에서 비교적 '행복하게' 살다가 한국으로 유학 왔는데, 한국 사람들에 의해 형성된 자신들의 '개인적 또는 사회적 실체'를 인식하고 매우 당황스러웠다. 고려인 유학생들은 경제적인 결핍과 불행한 상황으로 한국 사람들에게 도움만 받는 사람들이라는 인식이 잘못되었다고 생각하고 있었다. 그래서 연구참여자들은 고려인 유학생들의 실체를 알리기 위해 자원봉사를 결심한다.

한국 사람들이 본국에서 하는 자원봉사에 보답하기 위해, 또는 고려인에 대한 부정적인 인식과 이미지를 개선하기 위해 자원봉사 활동에 참여한다. 자신의 나라가 불행하다는 '허구적' 실체를 깨기 위해 멋진 춤과 맛있는 고향 음식을 선보였다. 이처럼 그들은 한국 사람들에 의해 '가짜로' 형성된 고려인의 실체에 저항하면서 끊임없이 자신들의 '진짜' 모습을 한국 사람들에게 전달하고자 노력했다는 것을 알 수 있었다.

> "한국 정부와 한국 사람들은 우리 고려인을 위한 많은 지원을 해주는데, 우리도 대신에 뭔가를 해줘야 되는 거 아니에요? 그래서 제가 한국 사람들에게 우리도 고마움을 아는 고려인이라는 것을 알리고 싶었어요. 대신 시간이 날 때 자원봉사를 하고 이를 통해서 문화를 알려줬어요." (연구참여자 2A)

"한국에서 고려인에 대한 부정적인 이미지를 만든 고려인 근로자들 때문에 우리 고려인들에 대해 나쁘게 생각하는 한국 사람들이 많아요. 그래서 모든 민족에서 나쁜 사람도 있고 좋은 사람이 있다는 것을 보여주고 싶어요. 한두 명 나쁜 사람 때문에 우리 모든 고려인 사람들은 나쁜 사람이 되어야 되는 것 아니잖아요." (연구참여자 2B)

(6) 성공적인 미래를 위한 발달과 성장

대학원에 재학하고 있는 고려인 유학생들은 장래 희망을 한국 유학 동기나 목적과 마찬가지로 정확하게 말했다. 그들은 일반 회사에서는 경쟁적이고 성과지향적인 삶을 살아야 하기 때문에 교수라는 직업을 선택하여 상대적으로 안정적이고 편안한 삶을 살아가고자 하는 희망을 가지고 있었다.

"안정된 직업을 가지고 싶어요. 그래서 한국 사람들과 마찬가지로 저도 대학교수 되고 싶어요. 공무원이나 대학 직원이면 안전하잖아요. 그래서 대학교수 직업은 편안하지 않을까 싶어요. 대학교수가 되려면 박사까지 공부해야 해요. 그래서 석사과정을 성공적으로 마치고 바로 박사과정으로 진학하려고 해요." (연구참여자 2H)

"한국어 교수가 되고 싶어요. 석사과정 때 한국어를 과외 수업으로 가르쳤는데 가끔 학생들의 문법과 관련된 질문에 대답을 못 한 경우들이 있었어요. 교수가 되려면 멋지고 능력이 있는 교수가 되고 싶습니다. 우리나라에서 고려인 교수로서 유명한 교수가 되고 싶어요. 우리

친척들이 다 자랑할 수 있도록….” (연구참여자 2I)

결론적으로 고려인 유학생들은 지식수준을 향상시키면서 미래의 안정적인 직장을 갖기 위해 열심히 노력하고 있었다. 그들은 한국 유학을 통해 ‘장밋빛 미래’에 대한 꿈을 준비하고 있었다.

고려인 유학생들의 자원봉사 경험을 통해 개인적으로 얻을 수 있는 다양하고 긍정적인 성과들을 ‘성취’와 ‘성장’이라는 주제로 분류할 수 있다. 무엇보다 자원봉사를 통한 개인적 성취에서 가장 많은 유학생이 언급한 것은 한국어 향상과 한국문화 습득이었다. 그들은 자원봉사를 통해 한국어가 향상되고 젊은 층이 주로 사용하는 한국어도 배우게 되었다.

“한국 친구들과 자주 만나다 보니 한국어가 저도 모르게 늘었어요. 한국어로 의사소통을 많이 하고 학생들끼리 이야기하는 것을 들으면 모르는 단어와 표현을 배울 수 있어요. 한국 젊은 사람들이 줄임말도 많이 쓰고 속어도 많이 쓰니까 덕분에 많은 속어를 배웠어요.” (연구참여자 2D)

“한국인 학생들에게 영어 가르치는 자원봉사를 한 적이 있는데 그때 너무 재미있었어요. 영어 노래도 하고 같이 영어로 게임도 하고 영화도 봤어요. 즐거운 시간도 보내고 새로운 친구들도 사귈 수 있어서 정말 좋았어요. 그리고 영어를 가르치면서 남에게 도움이 되는 것이 스스로 자랑하게 했어요. 외국어를 가르치는 것이 쉽지 않은데 제가 될 수 있으면 학생들이 저에게 많은 지식을 얻을 수 있도록 최선을 다 했어요. 학생들과 일하면서 저도 많은 것을 배웠고 영어 선생님으로서

성장도 했어요." (연구참여자 2E)

"한국인 학생들과 교육 자원봉사를 하게 되는 것을 알게 되었을 때 좀 긴장을 했어요. 소통이 안 통할까 봐. 그런데 생각보다 같이 봉사하는 사람들이 너무 착하고 친절했어요. 같은 전공을 하는 대학생들이라 전공에 대한 이야기도 나누고 우리나라에 대한 사례를 통해서 비교하기도 하고 좋은 정보를 많이 얻었어요. 같이 이렇게 경험을 나누면서 지내서 도움이 많이 됐어요. 즐거운 시간도 보내고 같이 맛있는 밥도 먹고 스트레스도 풀었어요." (연구참여자 2F)

자원봉사를 통해 대인관계가 확대되었을 뿐만 아니라 타인에게 도움을 줄 수 있다는 자부심도 느끼게 된다. 또한 한국인 학생들의 관계망에 진입할 수 있게 되었다는 점에 매우 만족했고, 교육 봉사를 하면서 같은 전공을 하는 한국인 학생들로부터 전공에 대한 다양한 지식과 정보를 제공 받았다. 연구참여자들은 이러한 지식과 정보를 나중에 대학교를 졸업하고 취직할 때 도움이 될 것으로 생각하고 있었다. 대학교에서 맺지 못한 대인관계를 자원봉사를 통해 맺기도 하고, 한국인 학생들과 즐겁게 지낼 수 있었으며, 쌓인 스트레스도 풀기도 한다. 한 연구참여자는 복지관에서의 자원봉사가 전공 능력 향상에 도움이 되었을 뿐만 아니라 자신이 좋아하는 음악을 통해 봉사함으로써 스스로도 즐거웠다고 했다. 또한 스트레스가 많은 시기에 아이들과의 봉사활동은 스트레스를 해소하는 데 많은 도움이 되었다.

참고문헌

갈라노바 딜노자 · 강미영(2017). 「한국과 우즈베키스탄의 비언어적 의사소통 표현 방식 연구」. 『문화교류연구』 6(3), 5-27.

강현민 · 니고라혼 · 홍유나(2014). 「중앙아시아 출신 유학생들의 한국 대학 초기 적응에 관한 연구」. 『교육문화연구』 20(4), 215-240.

구현정 · 전영옥(2017). 『의사소통의 기법』. 서울: 박이정.

국립국어원(2014). 『외국인을 위한 한국어문법 2』. 서울: 커뮤니케이션북스.

김상욱 · 윤지원(2017). 「중국인 유학생 대학생활 적응지수의 지역별 비교: 서울과 대전지역을 중심으로」. 『아세아연구』 60(4), 157-184.

김순임 · 민춘기(2014). 「'상호문화능력' 학습을 위한 교양 교과목 개발을 위하여」. 『교양교육 연구』 8(5), 517-555.

김영순 · 갈라노바 딜노자(2017). 「재한 우즈베키스탄 유학생들의 한국어 의사소통능력 함양을 위한 한국어교육 방안」. 『인문사회 21』 8(3), 547-564.

김영순 · 오영훈 · 정지현 · 김창아 · 최영은 · 정소민 · 최승은 · 조영철(2016). 『처음 만나는 다문화교육』. 서울: 북코리아.

김영순 외(2018). 『질적연구의 즐거움』. 창지사.

김영순 · 최승은(2016). 「상호문화학습의 실천적 내용에 관한 탐색적 연구」. 『언어와 문화』 12(2), 1-27.

김옥선(2011). 「상호문화 의사소통능력의 내용과 평가」. 『외국어로서의 독일어』 28, 5-29.

김태현(2017). 『메타포 관점의 인포그래픽 유형이 문화적 사고 차이에 따라 정보처리와 정보수용 태도에 미치는 효과 연구』. 홍익대학교 박사학위논문.

김해옥(2010). 『(외국인을 위한) 한국문화 읽기』. 서울: 한국방송통신대학교출판부 에피스테메.

대한민국 외교부: www.mofa.go.kr/

대한민국 보건복지부: http://www.mohw.go.k

마달레나드 카를로, 장한업 역(1998). 『상호문화 이해하기』. 서울: 한울아카데미.

문영인(2017). 『글로벌 시대의 문화 간 커뮤니케이션』. 서울: 한국문화사.

문영하 · 김현진(2014). 「정부초청 장학생을 위한 문화적응 프로그램 요구 조사 및 설계 방안」. 『이중언어학』 55, 51-82.

민영하 · 김현진(2014). 「정부초청 장학생을 위한 문화적응 프로그램 요구 조사 및 설계 방안」. 『이중언어학』 55, 51-82.

민혜경 · 이영희(2020). 「국내 우즈베키스탄 유학생들의 문화충격 요인에 대한 질적 연구 : 포커스그룹인터뷰를 중심으로」. 『한국민족문화』 76, 321-350.

박인철(2015). 『현상학과 상호문화성』. 서울: 아카넷.

백세영(2014). 『세상을 딛고 서는 세상 수업』. 서울: 그림책.

서종남(2013). 『다문화교육 이론과 실제』. 서울: 학지사.

서한나(2009). 「아시아권 유학생의 지각된 차별감 수준이 우울 및 불안에 미치는 영향」. 이화여자대학교 대학원 석사학위논문.

송원영 · 리난(2008). 「재한 중국인 유학생의 문화적응유형에 따른 유학 초기 심리학 적응의 차이」. 『한국심리학회지』 5(2), 159-173.

신경림 · 조명옥 · 양진향(2010). 『질적 연구 방법론』. 서울: 이화여자대학교출판부.

아지조바 피루자(2018). 「재한 우즈베키스탄 유학생들의 한국 대학 생활 적응에 관한 연구」. 『예술인문사회융합멀티미디어논문지』 8(4), 517-531.

압둘라예바 닐루파르 · 고장완(2019). 「우즈베키스탄 대학원 유학생들의 한국 대학 생활 적응 분석」. 『성인계속교육연구』 10(1), 67-86.

엄미정 · 이윤지 · 박동오 · 김도훈(2012). 「이공계 분야 외국인 석박사 유학생 현황과 유치방안」. 『정책연구』, 1-136.

오세경 · 김미순 · 백보예바 아이굴(2015). 「외국인 유학생의 문화적응을 위한 여가 경험의 의미」. 『여가학연구』 13(4), 79-99.

오세경 · 오영훈(2017). 「상호문화 역량 강화를 위한 다문화 멘토링 캠프 프로그램 개발」. 『예술인문사회융합멀티미디어논문지』 7(3), 805-812.

오영훈(2009). 「다문화교육으로서 상호문화교육: 독일의 상호문화교육을 중심으로」. 『교육문화연구』 15(2), 27-44.

오영훈 · 김창아(2015). 「교육연극을 활용한 상호문화교육의 이해: Schulz-von Thun의 의사소통 모델을 중심으로」. 『독일언어문학』 67, 23-42.

오영훈 · 방현희(2016). 「독일의 상호문화교육 사례에 대한 연구: 베를린 EU학교의 교육과정을 중심으로」. 『예술인문사회융합멀티미디어논문지』 6(11), 81-90.

오정은 외(2014). 「한-CIS 관계증진을 위한 CIS 출신 동포 활용방안: 국내체류 경험 고려인을 중심으로」. 『고양: IOM이민정책연구원』.

원승룡(2007). 『문화이론과 문화철학』. 경기도: 성광사.

유기웅 · 정종원 · 김영석 · 김한별(2012). 『질적 연구 방법의 이해』. 서울: 박영사.

유수연(2012). 「상호문화 의사소통능력 개발을 위한 이론과 실제」. 『외국어로서의 독일어』30, 81-101.

윤용선(2006). 「이문화간 의사소통 이론에 관한 연구」. 『국제지역연구』 10(2), 161-192.

이명선(2005). 「한국 간호학문에서의 페미니즘」. 『한국간호과학회』 35(5), 914-923.

이미정 · 우루쿤치에브 아들백 · 박수정 · 아이고자에바 아이게림(2015). 「중앙아시아 유학생들이 경험하는 문화적응 스트레스 요인 연구」. 『교육문화연구』 21(5), 283-307.

이선영(2016). 「속어 동사의 사용 양상에 대하여」. 『반교어문학회』 42, 234-257.

이선희(2012). 「재한 외국인 유학생의 적응과정에서의 상태 학습목표지향성의 역할」. 『한국심리학회지: 사회 및 성격』 26(2), 101-116.

이성범(2015). 『소통의 화용론』. 서울: 한국문화사.

이소연(2017). 「문화간 의사소통능력을 고려한 한국문화 교수요목 설계 연구」. 부경대학교 박사학위논문.

이수범(2004). 「문화 간 대화의 이면: 비영어권 화자의 상호작용에 대한 탐색적 연구」. 『커뮤니케이션학연구』 12(5), 123-138.

이은화(2015). 「한 중 양국 외국인 유학생 유치정책의 발전과 주요 제도 비교 연구」. 『중국학』 53, 161-184.

이춘호 · 슈쿠로바 메흐리니소(2018). 「우즈벡 유학생의 유목적 사유 분석을 통한 이동성 연구」. 『인문사회 21』 9(6), 311-326.

임수진 · 한규석(2009). 「중국인 유학생이 겪는 심리적 부적응에 미치는 사회-심리적 요인 분석」. 『한국심리학회지 학교』 6(3), 413-427.

임지영 · 박환보 · 아즈바르쿠자(2020). 「우즈베키스탄 유학생의 세계시민의식에 관한 탐색적 연구」. 『국제이해교육연구』 15(2), 97-133.

장안리(2017). 「국내 동남아시아계 유학생들이 인식하는 문제와 대응기제 방법」. 『아태연구』 24(2), 101-141.

장한업(2014). 『이제는 상호문화교육이다』. 파주: 교육과학사.

______(2016). 「상호문화교육의 철학적 기반에 대한 고찰」. 『교육의 이론과 실천』 21(2), 33-54.

정진아(2014). 「국내 거주 고려인, 사할린 한인의 생활문화와 한국인과의 문화갈등」. 『통일인문학』 58, 35-65.

조해정(2014). 「말(Ram Adhar Mall)의 상호문화적 해석학과 문화적 중첩」. 『법한철학』 74, 501-531.

주관숭(2016). 「상호문화철학의 비전」. Journal of the DaeDong, 76, 268-289.

주휘정(2010). 「외국인 유학생의 국내대학 학습경험에 관한 질적 연구」. 『고려대학교 교육문제연구소』 36, 135-159.

최현덕(2009). 「경계와 상호문화성: 상호문화 철학의 기본 과제」. 『코기토』 67, 301-329.

최희정(2020). 「한국 유학, 기회와 제약 사이에서: 중앙아시아 출신 이공계 유학생의 A대학 경험을 중심으로」. 『현대사회와 다문화』 10(3), 1-26.

허영식(2015). 『다양성과 간문화』. 서울: 박영 story.

현남숙 · 김영진(2015). 「다문화 사회에서 상호문화적 대화의 가능성」. 『시대와 철학』 26(3), 151-177.

Abdullah-Pretceille, M. (1999). L'education interculturelle. 장한업 역(2010). 『유럽의 상호문화교육』. 서울: 한울.

Adena, M. Klem, James, P. Connell (2004). Relationships Matter: Linking Teacher Support to Student Engagement and Achievement. Journal of School Health, 74(7). 262-273.

American Council on International Intercultural Education. (1996, November). Educating for the global community: A framework for community colleges. Paper presented at a conference convened at Airlie Center, Warrenton, VA. Retrieved August 21, 2003, from http://www.theglobalcommunitycollege.org/reports.html

Arasaratnam, L. A. (2004). Intercultural communication competence: Development and empirical validation of a new model. Paper presented at the annual meeting of the International Communication Association.

______ (2005). Sensation seeking and international students' satisfaction of experiences in the United States. Journal of Intercultural Communication Research, 34(3), 184-194.

______ (2006). Further testing of a new model of intercultural communication competence. Communication Research Reports, 23(2), 93-99.

______ (2009). The development of a new instrument of intercultural communication competence. Journal of Intercultural Communication, 20.

Arasaratnam, L. A., & Banerjee, S. C. (2007). Ethnocentrism and sensation seeking as variables that influence intercultural contact-seeking behavior: A path analysis. Communication Research Reports, 24(4), 303-310.

______ (2011). Sensation seeking and intercultural communication competence: A model test. International Journal of Intercultural Relations, 35(2), 226-233.

Arasaratnam, L. A., Banerjee, S. C., & Dembek, K. (2010a). The integrated model of intercultural communication competence (IMICC): Model test. Australian Journal of Communication, 37(3), 103.

_____ (2010b). Sensation seeking and the integrated model of intercultural communication competence. Journal of Intercultural Communication Research, 39(2), 69-79.

Arasaratnam, L. A., & Doerfel, M. L. (2005). Intercultural communication competence: Identifying key components from multicultural perspectives. International Journal of Intercultural Relations, 29(2), 137-163.

Bennett, M. J. (1993). Towards ethnorelativism: A developmental model of intercultural sensitivity. In R. M. Paige (Ed.), Education for the intercultural experience (2nd ed., pp. 21-71). Yarmouth, ME: Intercultural Press.

Bogdan, R. & Biklen, S. K. (2007). Qualitative Research for Education: An Introduction to Theories and Methods. University of California.

Byram, M. (1997). Teaching and assessing intercultural communicative competence. Clevedon, UK: Multilingual Matters.

Carlo, M. de (1998). L'interculturel. 장한업 역(2011). 『상호문화 이해하기: 개념과 활용』. 파주: 한울.

Clandinin, D., & Connelly, F. (2004). Narrative Inquiry. 소경희 역(2007). 『내러티브 탐구』. 파주: 교육과학사.

Clandinin, D. J. (2007). Handbook of Narrative Inquiry: Mapping a Methodology. 강현석 · 소경희 역(2011). 『내러티브 탐구를 위한 연구 방법론』. 파주: 교육과학사.

Clandinin, D. J., & Connelly, F. M. (2000). Narrative Inquiry: Experience and story in qualitative research. San Francisco: Jossey_Bass.

Chen, G. M. (1993, November). Dimensions of intercultural communication competence. Paper presented at the Annual Convention of the Speech Communication. Association, Miami Beach, FL.

Chen, G. M., & Starosta, W. J. (1996). Intercultural communication competence: A synthesis. Communication Yearbook, 19, 353-383.

_____ (1999). A review of the concept of intercultural awareness. Human Communication, 2, 27-54.

Collier, M. J. (1989). Cultural and intercultural communication competence: Current approaches and directions for future research. International Journal of Intercultural Relations, 13, 287-302.

Council of Europe (2007). Autobiography of Intercultural Encounters. http://www.coe.int/t/dg4/autobiography

Creswell, J. W. (2013). Qualitative Inquiry and Research Design.
조흥식 · 정선욱 · 김진숙 · 권지성 역(2015). 『질적 연구 방법론』. 서울: 학지사.

Deardorff, D. K. (2006). Identification and assesment of intercultural competence as a student of internationalization. Journal Studies in Intercultural Education, 10(3), 241-266.

______ (2009). The Sage Handbook of Intercultural Competence. Sage Publications.

Denzin, N. K., & Lincoln, Y. S. (2011). Handbook of Qualitative Research. 최욱 역(2014). 『질적 연구 핸드북』. 서울: Sage 아카데미프레스.

Fantini A. E. (2000). A central concern: Developing intercultural competence. About our institution, 25-42.

______ (1997). New Ways in Teaching Culture. Alexandria, VA: TESOL Inc.

Ghemawat, P., & Reiche, S. (2011). National Cultural Differences and Multinational Business. Globalization Note Series, 1-18.

Greatbatch, D. & Clark. T. (2005). Management speak: Why we listen to what management gurus tell us. Routledge.

Gudykunst, W. B., & Kim, Y. Y. (1992). Communicating with strangers: An approach to intercultural communication (Vol. 19). New York: McGraw-Hill.

Gudykunst, W. B. (2004). Bridging Differences: Effective Intergroup Communication (4th edition). Thousand Oaks, CA: Sage Publications.

Hammer, M. R., Gudykunst,W. B., & Wiseman, R. L. (1978). Dimensions of intercultural effectiveness: An exploratory study. International Journal of Intercultural Relations, 2, 382-393.

Hewitt, J. P. (1976). Self and Society. 윤인진 외 공역(2001). 『자아와 사회』. 서울: 학지사.

Hofstede, G. MH. B. (1988). The Confucius connection: From cultural roots to economic growth. Organizational Dynamics, 16(4), 5-21.

Ihnatova, Z. (2017). Trust as a Cultural Factor in Communication. Journal of Zhejiang Wanli University, 30(1), 4-10.

Jeffrey LEROUX * *

Juan, I. Sanchez & Petra Brock (1996). Outcomes of Perceived Discrimination Among Hispanic Employees: Is Diversity Management a Luxury or a Necessity?. Academy of Management Journal, 39(3),

Kerzil, J., & Vinsonneau, G. (2004). Principes et realites a l'ecole. 장한업 공역(2013). 『상호문화: 학교의 원칙과 현실』. 파주: 교육과학사.

Kim, Y. Y. (1992). Intercultural communication competence: A systems-thinking view. In W. B. Gudykunst & Y. Y. Kim (Eds.), Readings on communicating with strangers: An approach to intercultural communication (pp. 371-381). New York: McGraw-Hill.

Koester, J., & Olebe, M. (1989). The behavioral assessment scale for intercultural communication effectives. International Journal of Intercultural Relations, 12, 233-246.

Li, Feilin, & Yu, Gaofeng (2005). Cultural Differences in Compliments. Canadian Social Science, 11(1), 68-72.

Mitchell, R., & Nicholas, S. (2006). Knowledge Creation in Groups: The Value of Cognitive Diversity, Transactive Memory and Open-mindedness Norms. Electronic Journal of Knowledge Management. University of Sydney, Australia.

Morgan, S. E., & Arasaratnam, L. A. (2003). Intercultural friendships as social excitation: Sensation seeking as a predictor of intercultural friendship seeking behavior. Journal of Intercultural Communication Research, 32, 175 - 186.

Mstsumoto, D. & Leroux, J. & Hee Yoo S. (2005). Emotion and Intercultural Communication. Kwansei Gakuin University Journal 90, 15-38.

Mucchielli, J. L. (1991). Alliances stratégiques et firmes multinationales : une nouvelle théorie pour de nouvelles formes de multinationalisation. Revue d'économie industrielle. 55, 118-134.

Nadeem, M. U., Mohammed, R., & Dalib, S. (2017). Religion and Intercultural Communication Competence. Journal of Philosophy, Culture and Religion, 28(3), 25-29.

Samovar, L. A., & Porter, R. E. (Eds.). (2001). Communication between cultures (4th ed.). Belmont, CA: Wadsworth.

Samovar, L. A., Porter, R. E., McDaniel, E. R., & Roy, C. S. (2015). Communication between cultures: Nelson Education.

Sawir, E., Marginson, S., Deumert, A., Nyland, C., & Ramia, G. (2008). Loneloness and International Students: An Australian Study. Journal of International Education, 12(2), 148-180.

Searle, W. & Ward, C. (1990). The prediction of psychological and sociocultural adjustment during cross-cultural transitions. International Journal of Intercultural Relations, 14(4), 449-464.

Spitzberg, B. H. (1997). A model of intercultural communication competence. Intercultural communication: A reader, 9, 375-387.

Spitzberg, B. H., & Changnon, G. (2009). Conceptualizing intercultural competence. The SAGE handbook of intercultural competence, 2-52.

Spitzberg, B. H., & Cupach, W. R. (1984). Interpersonal communication competence

(Vol. 4): SAGE Publications, Incorporated.

Stake, R. E. (1995). The Art of Case Study Research. SAGE.

Tomkins, S. (1962). Affect imagery consciousness: Volume I: The positive affects.

UNESCO (2013). Intercultural Competence. Paris. France: Place Fontenoy.

찾아보기

ㅇ

ㅈ

ㅊ

저자소개

김영순 kimysoon@inha.ac.kr

중앙대학교를 졸업하고 독일 베를린공과대학교에서 문화교육학부 석사, 베를린자유대학교에서 철학박사 학위를 취득했다. 현재 인하대학교 사범대학 사회교육과 교수, 대학원 다문화교육학과 학과장, 인하대 다문화융합연구소 소장, BK21 FOUR 글로컬다문화교육연구단장을 맡고 있다. 주요 저서로는 『다문화 사회와 공존의 인문학』, 『다문화교육의 이론과 이론가들』, 『다문화교육과 협동학습 경험』, 『이주여성의 상호문화 소통과 정체성 협상』, 『공유된 미래 만들기』가 있다. 연구방법론 분야의 공동저술로는 『질적 연구 여행』, 『질적연구의 즐거움』이 있다. 또한 다문화교육 및 교육인류학 분야에서 등재지 이상 학술지 논문 140여 편이 있다.

갈라노바 딜노자 dilnoza.temurovna@gmail.com

우즈베키스탄 국립대학교 우즈벡어문학과를 졸업하고 동 대학교 대학원에서 우즈벡어문학과 언어학 전공 석사학위를 받았다. 이후 인하대학교 대학원 다문화교육학과에서 BK21 박사과정 연구원으로 근무했고, 재한 우즈베키스탄 유학생들의 상호문화소통 역량에 관한 연구로 교육학 박사학위를 받았다. 현재 호남대학교 국제교육원 조교수로 재직 중이다. 주요 논문은 「재한 우즈베키스탄 유학생이 경험한 상호문화소통의 공간별 의미 탐색」, 「우즈베키스탄 청소년들이 한국드라마를 통해 인식한 한국의 이미지와 재현」, 「우즈베키스탄 고려인 결혼이주여성의 자녀 이중언어교육 방식에 대한 사례연구」 등이 있다.

아지조바 피루자 firuza142004@daum.net

우즈베키스탄 타슈켄트 국립 동방대학교 문헌학과 한국어문학 전공에서 학사와 석사학위를 취득했다. 이후 인하대학교 대학원 다문화교육학과에서 BK21 박사과정 연구원으로 근무했고, 중앙아시아 출신 고려인 유학생의 문화적응에 관한 연구로 교육학 박사학위를 받았다. 현재 인하대학교 다문화융합연구소 외래연구원 및 경기꿈의대학 강사직을 수행하고 있다. 주요 논문으로는 「우즈베키스탄 거주 한국인 교원들의 문화적응에 관한 연구」, 「우즈베키스탄 유학생의 대학생활에서의 의사소통 경험에 관한 연구」, 「재한 우즈베키스탄 유학생들의 한국대학생활 적응에 관한 연구」 등이 있다.